绩效量化考核与薪酬体系设计

全案

（第2版）

王瑞永◎编著

人民邮电出版社

北　京

图书在版编目（CIP）数据

绩效量化考核与薪酬体系设计全案 / 王瑞永编著 .
2 版 . -- 北京 : 人民邮电出版社，2025. -- ISBN 978-7-
115-66162-3

Ⅰ . F272.92

中国国家版本馆 CIP 数据核字第 2025T2S559 号

内 容 提 要

在现代企业管理中，绩效量化考核与薪酬体系设计是激励员工、提升企业竞争力的重要工具。本书
从战略、经营、业务、部门、岗位五个层面逐级展开，依照"目标设置＋目标分解＋目标量化＋量化
考核＋薪酬设计"五位一体的模式，为企业的生产、销售、技术研发、采购、财务、人力资源等部门的
绩效量化考核与薪酬体系设计提供了精细化的解决方案。另外，通过具体的案例分析，展示了绩效量化
考核与薪酬体系设计在实际工作中的应用，使读者可以更加深入地理解绩效量化考核与薪酬体系设计的
理论和方法，并学会如何将其应用于实际工作中。

本书不仅适合企业高层管理者、人力资源管理人员使用，还可作为企业培训师、咨询师和高校相关
专业师生的参考用书。

◆ 编　　著　王瑞永

责任编辑　程珍珍

责任印制　彭志环

◆ 人民邮电出版社出版发行　　　北京市丰台区成寿寺路 11 号

邮编 100164　　电子邮件 315@ptpress.com.cn

网址 https://www.ptpress.com.cn

三河市中晟雅豪印务有限公司印刷

◆ 开本：787×1092　1/16

印张：32　　　　　　　　　　2025 年 2 月第 2 版

字数：450 千字　　　　　　　　2025 年 2 月河北第 1 次印刷

定　价：128.00 元

读者服务热线：（010）81055656　印装质量热线：（010）81055316

反盗版热线：（010）81055315

广告经营许可证：京东市监广登字 20170147 号

前　言

　　绩效量化考核与薪酬体系设计是相辅相成的。绩效量化考核为薪酬体系设计提供了依据和支撑，而薪酬体系设计则为绩效量化考核提供了保障。通过将绩效量化考核结果与薪酬体系挂钩，企业可以更好地激励员工，提高员工的工作积极性和创造力。同时，薪酬体系设计也可以根据绩效量化考核结果进行调整和优化，以更好地适应企业发展的需要。

　　衷心感谢《绩效量化考核与薪酬体系设计全案》一书**上市十几年来**广大读者的厚爱和给予的支持！我们在充分研究读者反映的问题和意见的基础上，结合市场调研的结果，对《绩效量化考核与薪酬体系设计全案》进行了修订和补充，以使其更加符合读者的实际工作需求，更好地实现我们**"拿来即用"**的承诺。

　　本书的具体修订工作体现在以下三大方面。

1. 两个主题，五个层面

　　本书围绕**"量化考核"**和**"薪酬设计"**两个主题，从**"战略、经营、业务、部门、岗位"**五个层面逐一展开，设计了相应的量化考核与薪酬体系方案。读者可以直接使用这些设计方案，或者根据自身情况进行调整后应用。

2. 三类目标，五位一体

　　本书围绕"战略、经营、业务"三个维度的目标展开，采用**"目标设置、目标分解、目标量化、量化考核及薪酬设计"**五位一体的模式进行构建。该模式旨在确保内容的**实用性与易用性**，便于读者快速查找和应用相关知识。

（1）目标设置：四大层面，十类人员

　　企业应当围绕其经营目标来规划和执行各项活动。本书详细阐述了如何从**战略、经**

营、业务及岗位四大层面出发，为涵盖**生产、销售、技术研发、电商、新媒体运营、项目管理、供应链管理、财务管理、人力资源以及后勤支持**在内的十个关键职能领域设定具体且可操作的目标。

（2）**目标分解：一个原则，四大体系**

在**战略目标和经营目标**明确的情况下，本书按照**"横向到边、纵向到底"**的原则，将企业的战略目标和经营目标逐层分解到各个**区域、组织、部门和岗位**，确保这些目标能够落实到每一个层级。

（3）**目标量化：一个基础，四个维度**

本书在横向上突出目标管理的**整体性**，在纵向上强调分解过程的**连续性**。基于这一框架，本书从**"数量、时间、质量、成本"**四个维度出发，对**十类人员、29 个部门**的目标予以量化，以便于目标的分解、监控、考核和评价。

（4）**量化考核：两层分解，四大模块**

量化的目标需层层分解并落实到部门和岗位两个层级，在逐级分解的同时，本书又对**量化指标、考核量表、考核关键点、考核制度**四大模块进行分析，并提供量化指标分析图表、考核量表、量化考核制度、目标考核管理方案，方便读者直接应用。

（5）**薪酬设计：两条主线，三位一体**

本书对薪酬设计内容进行了精心编排，横向上覆盖了**生产、销售、科技**等多个行业领域，纵向则沿着**"战略—业务—人员"**的逻辑线索展开，提供了**十类人员**的薪酬管理制度，以实现**岗位、绩效、薪酬**三位一体的薪酬体系设计，为企业薪酬管理提供参考范例。

3. 十类人员，29 个部门

本书提供了适用于**十类人员、29 个部门**的量化考核与薪酬体系设计方案，旨在为各类企业提供可以参照的范本。

在实际工作中，读者可根据自己企业的实际情况和具体工作要求，参考书中介绍的范例并加以适当的修改，制定出适合本企业的方案，不断提高人力资源管理工作的效率。

对于书中的不足之处，敬请广大读者指正。

目 录

第 **1** 章

绩效考核指标的量化

1.1　绩效管理与绩效考核

1.1.1　企业绩效管理

绩效管理是以绩效考核为基础的人力资源管理的子系统。它体现为一个有序且复杂的循环管理过程（见图 1-1）。绩效管理需明确企业与员工个人的工作目标，并在达成共识的基础上，采取行之有效的方法进行管理。绩效管理不仅着眼于员工个体绩效的提高，还注重员工绩效与企业绩效的有机结合，以实现企业总体效率和效能的提升。

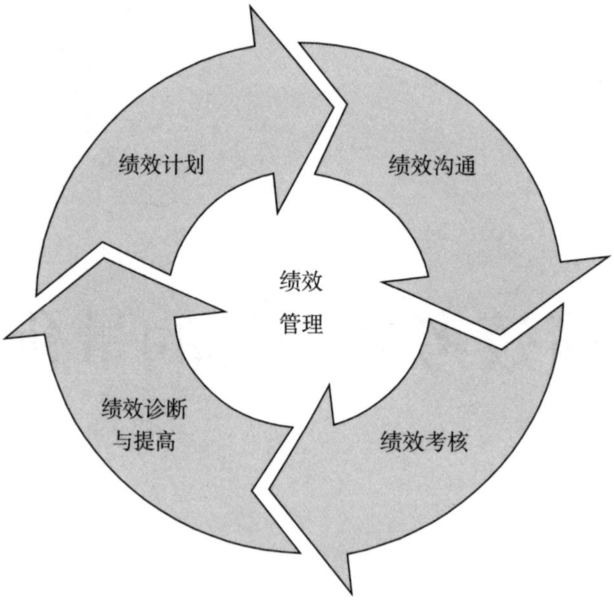

图 1-1　绩效管理循环流程图

1. 绩效管理循环

（1）绩效计划。

绩效计划是整个绩效管理过程的起点。其主要包括以下两个方面的内容。

① 绩效计划目标及衡量标准。员工在绩效管理期间需达成的工作目标包括预期的成果、各项工作目标的权重及怎样做才能更好地实现目标。此外，还需确定如何量化这些成果，并明确评判的标准。绩效计划目标范例如表 1-1 所示。

表 1-1 某企业生产部人员季度绩效计划目标

姓名		职务		绩效时间	
工作目标	完成期限	权重	行动实施计划		评估信息来源
产品产量达到 ××		30%	1. 制订科学的生产计划并引进部分先进生产设备		生产部
产品质量合格率达到 ××%		30%			
成本控制在 ×× 元以内		25%	2. 进行目标成本管理 3. 开展员工技能培训		财务部
关键员工的培养		15%	定期或不定期对员工进行培训，使其快速成长		生产部 人力资源部

② 确定目标计划的结果。

制订绩效计划的过程是一个双向沟通的过程，管理者与员工通过沟通，建立了有效的工作关系，明确了达成目标计划的结果。

在这个过程中，双方需要传递出如图 1-2 所示的相关信息。

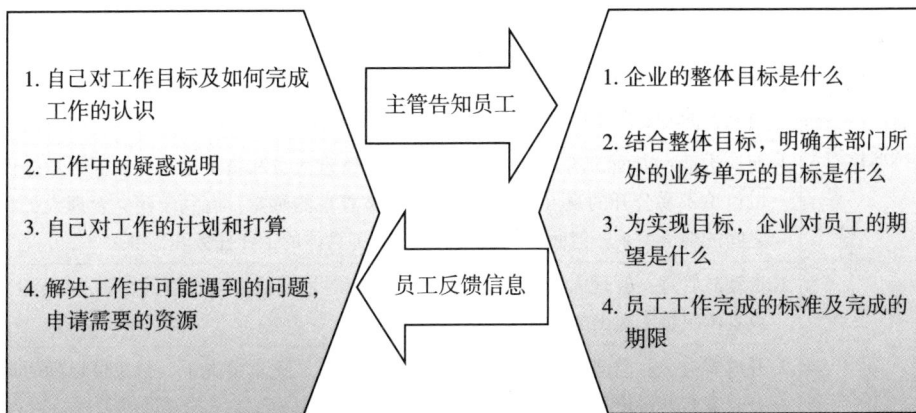

图 1-2 绩效计划阶段双方沟通的信息

（2）绩效沟通。

员工和管理人员通过沟通制订了绩效计划，但这并不意味着后续的绩效计划执行就会完全顺利。因此，员工和管理人员必须进行持续的绩效沟通。

① 绩效沟通的主要内容如图 1-3 所示。

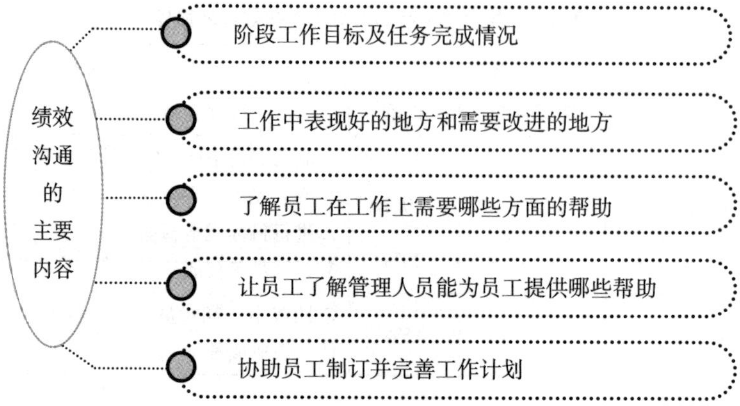

图 1-3 绩效沟通的主要内容

② 绩效沟通的方式主要可以分为表 1-2 所示的正式沟通方式和非正式沟通方式两类。

表 1-2 绩效沟通的方式

正式沟通方式（即事先计划和安排好的沟通行为）	1. 书面报告：员工通过文字或图表的形式向上级领导报告其工作进展情况，主要的形式有周报、月报、季报、年报等
	2. 会议沟通：可以满足团队交流的需要。参加会议的人员能掌握相互之间的工作进展情况，同时上级领导也可以传达企业战略目标等相关信息
	3. 面谈沟通：以面谈的方式进行沟通可以使管理人员和员工进行比较深入的探讨；可以讨论不易公开的观点；使员工有一种被尊重的感觉，有利于建立管理人员和员工之间的融洽关系。但面谈的重点应放在员工具体的工作任务和标准上
非正式沟通方式	1. 走动式管理：管理人员在员工工作期间不定时地到员工工位附近走动，与员工交流，或者解决员工提出的问题
	2. 开放式办公：管理人员的办公室随时对外开放，正常情况下，员工可以随时进入其办公室与其讨论工作中的问题
	3. 工作间歇时的沟通：管理人员可以在工作间歇与员工谈一些较为轻松的话题，从而切入到工作中去
	4. 非正式会议：如企业举办的各种联欢会，管理人员与员工在较为轻松的气氛中进行沟通

③ 绩效信息的收集和记录。并非所有的信息都需要收集和分析，也并非收集的信息越多越好，主要是收集那些与员工绩效有关的信息。

绩效信息收集的主要目的如图 1-4 所示。

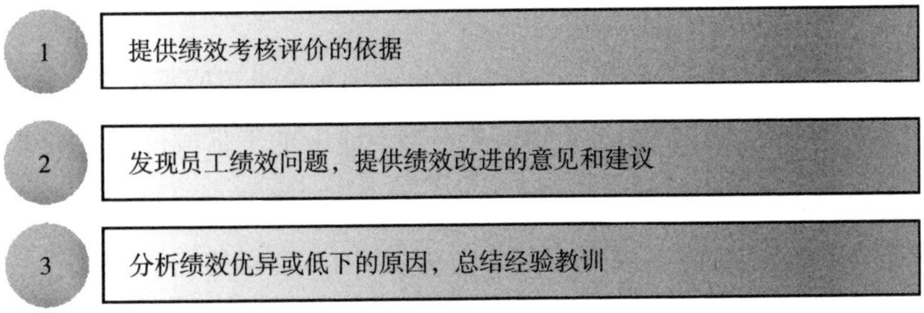

图 1-4　绩效信息收集的主要目的

绩效信息的来源有多种，图 1-5 列举了其中四种常见的方式。

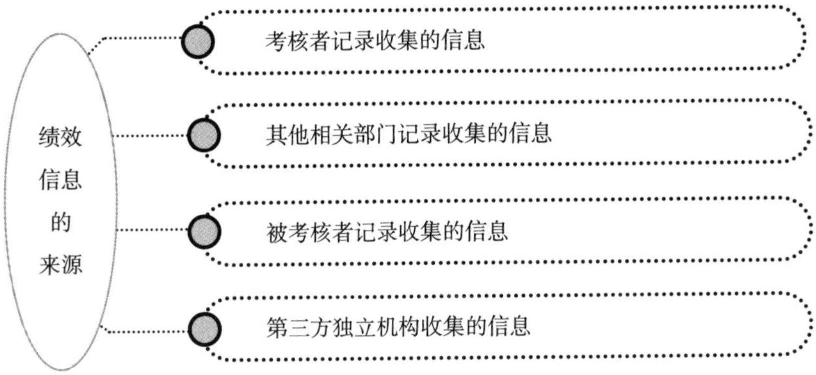

图 1-5　绩效信息的来源

信息收集和记录是绩效管理的一项基础工作，对绩效管理工作的效果有着非常重要的影响。绩效信息收集的方法主要有如表 1-3 所示的五种。

表 1-3　绩效信息收集的方法

信息收集的方法	方法说明
工作记录法	对员工的部分工作目标完成情况以工作记录的形式予以展现，如生产统计表上记录的产品数量、消耗原材料数目等
观察法	管理人员直接观察员工在工作中的表现，并对员工的表现进行记录
抽查法	定期或不定期对员工的生产、服务等情况进行抽查，并由专人记录抽查情况
关键事件记录法	对员工特别突出或异常失误的情况进行记录
问卷调查法	由于员工的某些工作不是管理人员可以直接观察到的，也缺乏日常工作记录，所以采取问卷调查法是必要的。例如，对从事客户服务工作的员工，可以通过发放客户满意度调查表的方式了解其服务情况

（3）绩效考核。

绩效考核是绩效管理的重要环节，它依据企业中每位员工所承担的工作任务，应用科学的方法，对员工的工作行为、工作效果及其对企业的贡献或价值进行考核和评价。绩效考核不仅是企业人力资源管理的重要内容，也是企业管理的一种有效手段。

从组织架构层次上来看，绩效考核可以分为如图1-6所示的三个层面。

图1-6　绩效考核的三个层面

（4）绩效诊断与提高。

① 绩效面谈。绩效管理过程并不是给出绩效评价分数就结束了，管理人员还需要与员工进行一次面对面的交谈，这是实现绩效评估目标的重要环节。

绩效面谈的目的主要有如图1-7所示的三点。

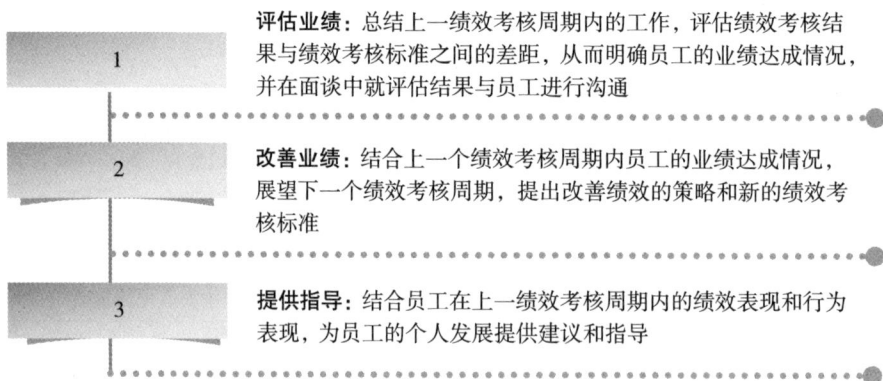

图1-7　绩效面谈的目的

由于员工具体工作性质和岗位的不同，管理人员和员工进行绩效面谈时，所面谈的内容一般会有较大的差别。但面谈的主要内容一般包括如图 1-8 所示的九个方面。

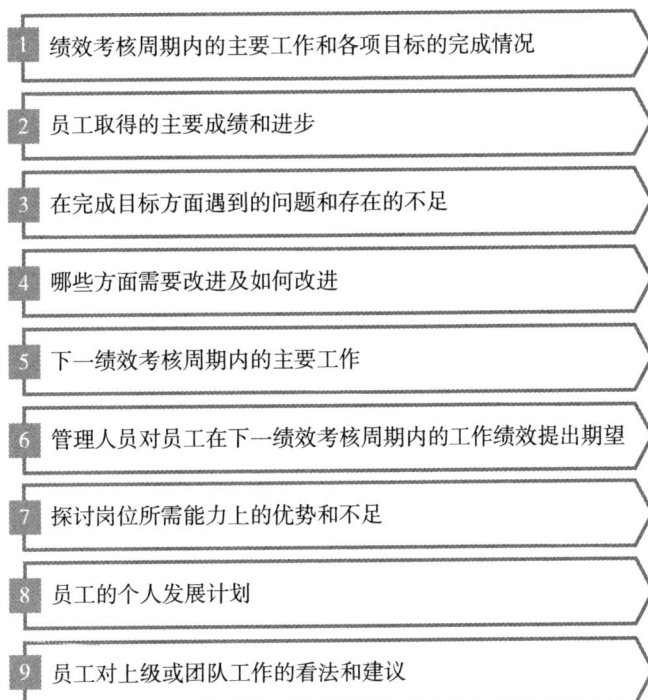

1 绩效考核周期内的主要工作和各项目标的完成情况

2 员工取得的主要成绩和进步

3 在完成目标方面遇到的问题和存在的不足

4 哪些方面需要改进及如何改进

5 下一绩效考核周期内的主要工作

6 管理人员对员工在下一绩效考核周期内的工作绩效提出期望

7 探讨岗位所需能力上的优势和不足

8 员工的个人发展计划

9 员工对上级或团队工作的看法和建议

图 1-8　绩效面谈的内容

绩效面谈的双方——管理人员和员工需做好如图 1-9 所示的准备工作。

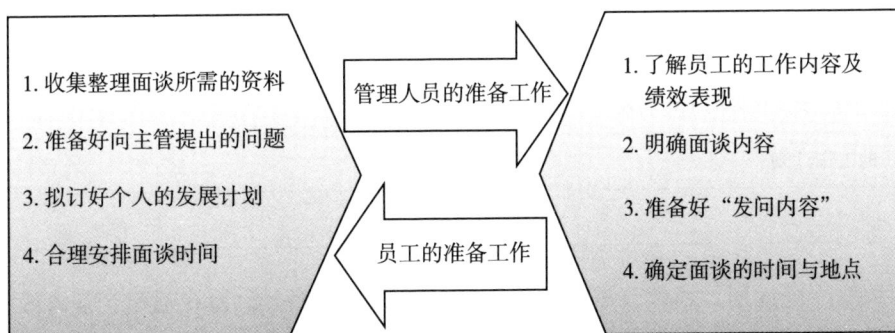

1. 收集整理面谈所需的资料

2. 准备好向主管提出的问题

3. 拟订好个人的发展计划

4. 合理安排面谈时间

管理人员的准备工作

员工的准备工作

1. 了解员工的工作内容及绩效表现

2. 明确面谈内容

3. 准备好"发问内容"

4. 确定面谈的时间与地点

图 1-9　绩效面谈前双方应做的准备工作

绩效面谈没有一个既定的模式，管理人员应根据不同的情况采取不同的方式。图 1-10 介绍了六点绩效面谈技巧。

1. 对绩效结果进行描述而不是判断

2. 要具体不要笼统

3. 正面评价的同时要指出不足

4. 鼓励员工充分参与

5. 营造融洽的面谈氛围

6. 以积极的方式结束面谈

图 1-10　绩效面谈技巧

绩效面谈时，管理人员需对沟通过程中的相关信息予以记录，常用的工具之一是绩效面谈记录表，其示例如表 1-4 所示。

表 1-4　绩效面谈记录表

面谈参与人员		信息记录者	
时间			
面谈内容		信息记录	
1. 上一阶段工作中取得的成绩			
2. 工作中需要改进的地方			
3. 对此次考核有什么意见			
4. 你认为本部门员工中谁的工作表现比较好			
5. 下一步的工作计划			
……			

② 绩效改进计划。绩效改进是绩效管理过程中的一部分，旨在通过企业各级管理人员的协助，提升员工的工作表现。

绩效改进计划通常包括如图 1-11 所示的五项内容。

1. 有待发展的项目

2. 发展这些项目的原因

3. 目前的水平和期望达到的水平

4. 发展这些项目的方式

5. 设定达到目标的期限

图 1-11　绩效改进计划的内容

一份切实可行的绩效改进计划要符合如图 1-12 所示的三点要求。

1. 绩效改进计划一定要有实际操作性，并有"行动步骤"

2. 绩效改进计划要符合"SMART"原则

3. 计划要获得认同，即得到双方的一致认同才能确保良好的效果

图 1-12　绩效改进计划制订的要求

绩效改进管理流程如图 1-13 所示。

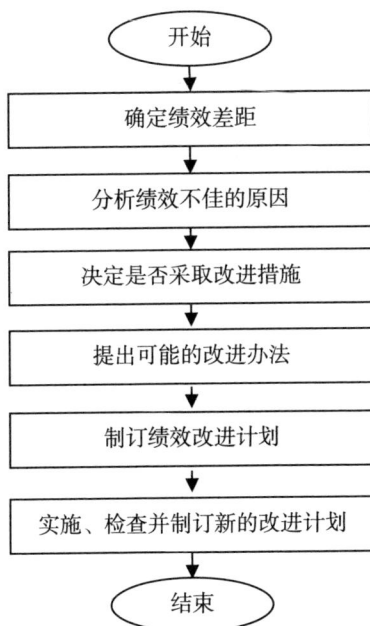

开始

确定绩效差距

分析绩效不佳的原因

决定是否采取改进措施

提出可能的改进办法

制订绩效改进计划

实施、检查并制订新的改进计划

结束

图 1-13　绩效改进管理流程

2. 绩效管理的误区

在绩效管理中，企业应避免陷入如图 1-14 所示的六大误区。

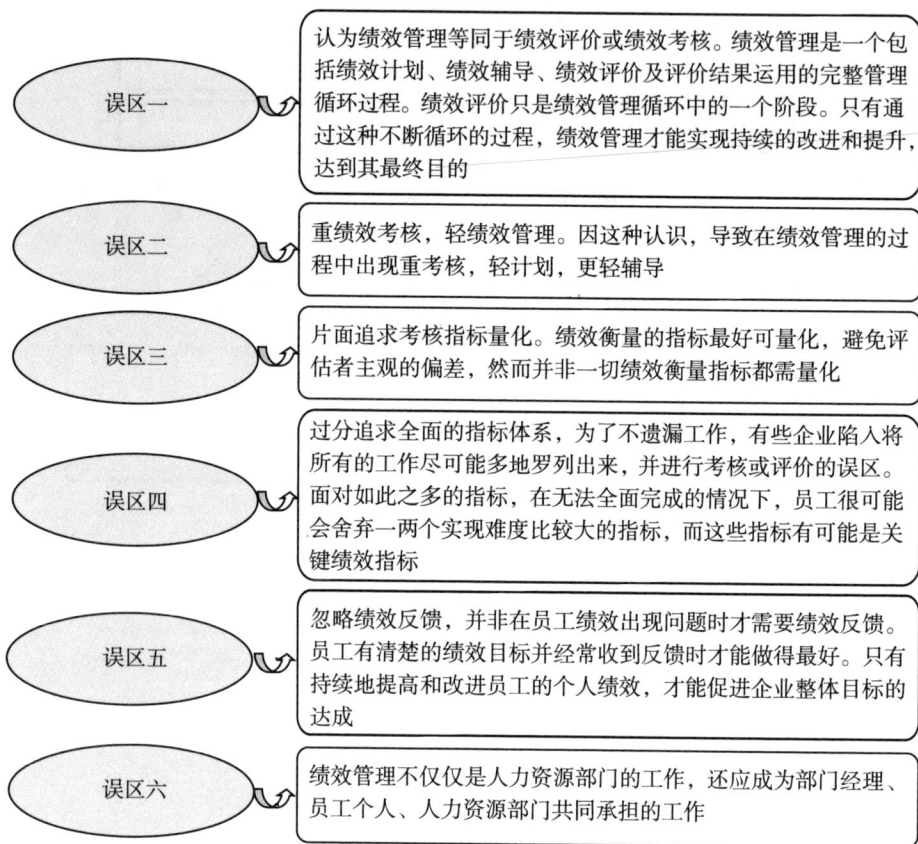

误区一	认为绩效管理等同于绩效评价或绩效考核。绩效管理是一个包括绩效计划、绩效辅导、绩效评价及评价结果运用的完整管理循环过程。绩效评价只是绩效管理循环中的一个阶段。只有通过这种不断循环的过程，绩效管理才能实现持续的改进和提升，达到其最终目的
误区二	重绩效考核，轻绩效管理。因这种认识，导致在绩效管理的过程中出现重考核，轻计划，更轻辅导
误区三	片面追求考核指标量化。绩效衡量的指标最好可量化，避免评估者主观的偏差，然而并非一切绩效衡量指标都需量化
误区四	过分追求全面的指标体系，为了不遗漏工作，有些企业陷入将所有的工作尽可能多地罗列出来，并进行考核或评价的误区。面对如此之多的指标，在无法全面完成的情况下，员工很可能会舍弃一两个实现难度比较大的指标，而这些指标有可能是关键绩效指标
误区五	忽略绩效反馈，并非在员工绩效出现问题时才需要绩效反馈。员工有清楚的绩效目标并经常收到反馈时才能做得最好。只有持续地提高和改进员工的个人绩效，才能促进企业整体目标的达成
误区六	绩效管理不仅仅是人力资源部门的工作，还应成为部门经理、员工个人、人力资源部门共同承担的工作

图 1-14　绩效管理的误区

1.1.2　企业绩效考核

绩效考核的目的是通过考核来改善员工的工作表现，提升员工的工作业绩，以实现企业的经营目标，并提高员工的满意度和未来的成就感。

1. 绩效考核的原则

绩效考核的原则如图 1-15 所示。

公开与开放原则	1. 公开与开放式的绩效考核主要包括两个方面的内容，其一是绩效管理制度必须建立在公平、开放的基础上，以最大限度地减少考核者和被考核者对考核工作的神秘感，其二是评价标准要十分明确
	2. 一个良好的绩效考核体系只有建立在公开和开放的前提下，才有可能赢得员工的认同，从而推动其具体实施
反馈与修改原则	在绩效考核结束后，要及时与被考核者沟通，将结果反馈给他们，同时听取他们的意见。对于考核中表现良好的行为、方法、程序、计划等应当予以肯定并继续保持，对于存在的不足之处，则需要进行纠正和改进
可靠性与正确性原则	1. 可靠性与正确性是保证绩效考核有效性的充要条件。可靠性又称信度，绩效考核的信度是指绩效考核方法应保证所收集的人员能力、工作成果、行为表现与态度等信息的稳定性和一致性。这强调了不同评价者对同一个人或同一组人的评价的一致性
	2. 正确性又称效度，是指测量结果有效地反映所测量内容的程度。绩效考核的效度是指绩效考核方法测量人的能力与绩效内容的准确性程度。它强调的是内容效度，即考核能否真实地反映特定工作的行为、结果和责任
定期化与制度化原则	绩效考核既是对员工能力、工作结果、工作行为与工作态度等的评价，也是对他们未来行为表现的一种预测。它是一个连续的管理过程。绩效考核的程序化、制度化有助于我们深入了解员工的潜能，发现组织中存在的问题，从而有效提升组织的绩效
可行性和实用性原则	1. 可行性是指任何一次考核方案所需的时间、人力、物力、财力要能够为使用者及其实施的客观环境和条件所允许。因此，它要求制定考核政策和方案时，应根据考核目标合理设计
	2. 可行性分析主要包括限制因素分析、目标与效益分析和潜在的问题分析三个方面的内容。实用性分析主要包括两个方面的内容，一是考评的方案应适合企业不同部门和岗位的人员素质的特点与要求，二是考评的方法和工具应适合不同考评的目的和要求

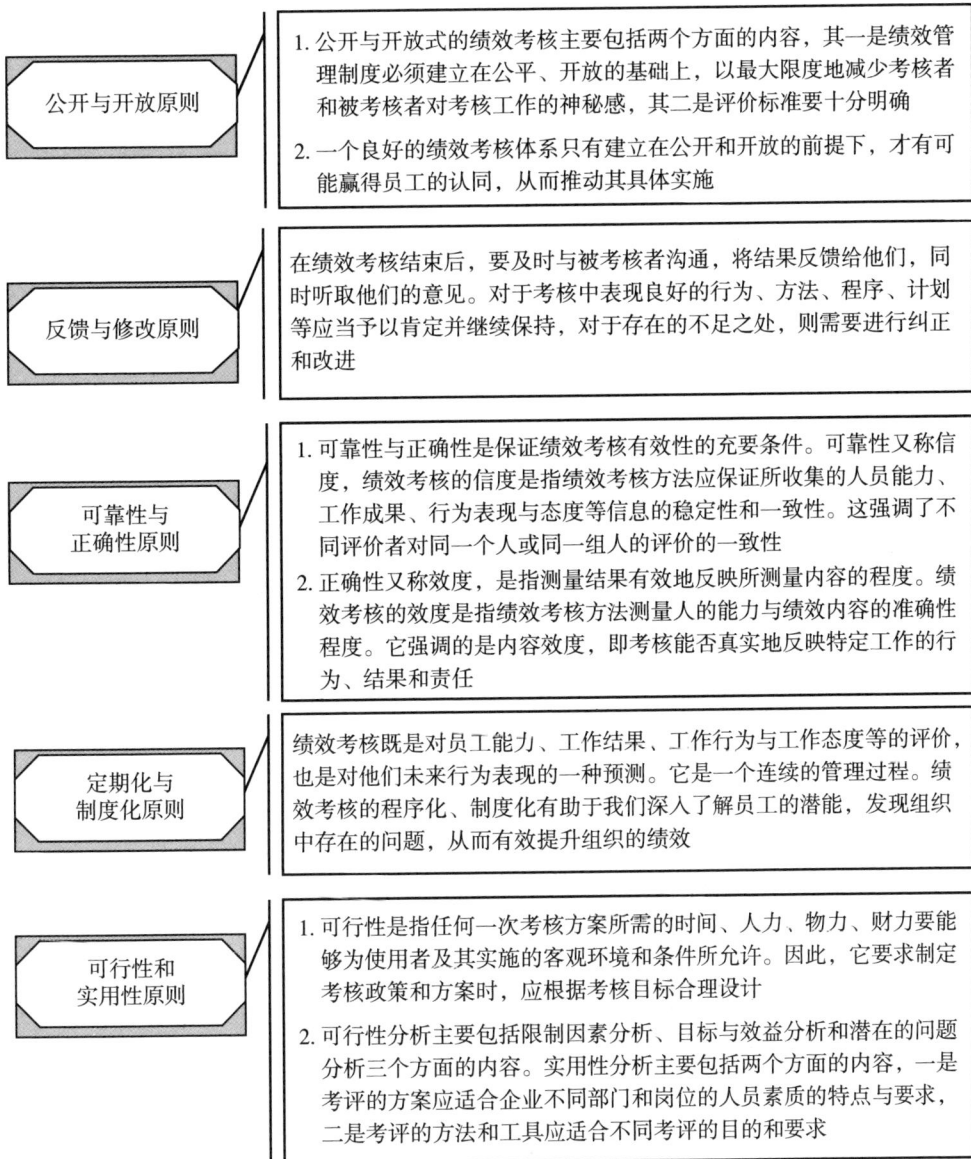

图 1-15 绩效考核的原则

2. 绩效考核的内容

绩效考核的内容包括业绩、能力和态度三个方面，具体如图 1-16 所示。

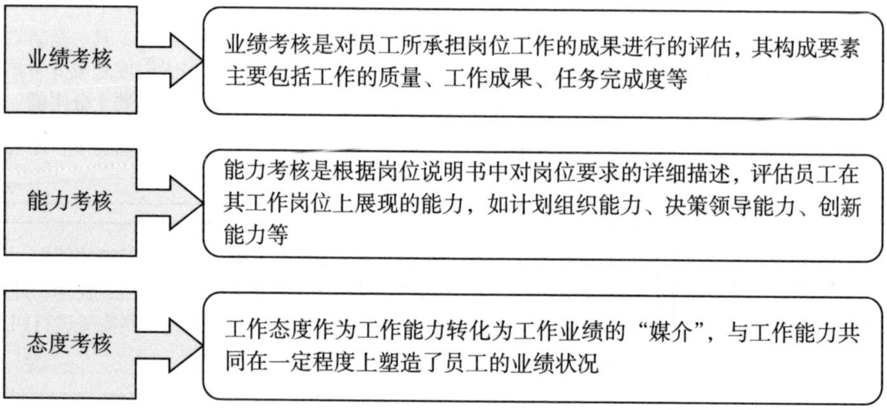

图 1-16　绩效考核的内容

3. 绩效考核的分类

按照不同的划分标准，绩效考核可以被分为不同的类型，具体内容如图 1-17 所示。

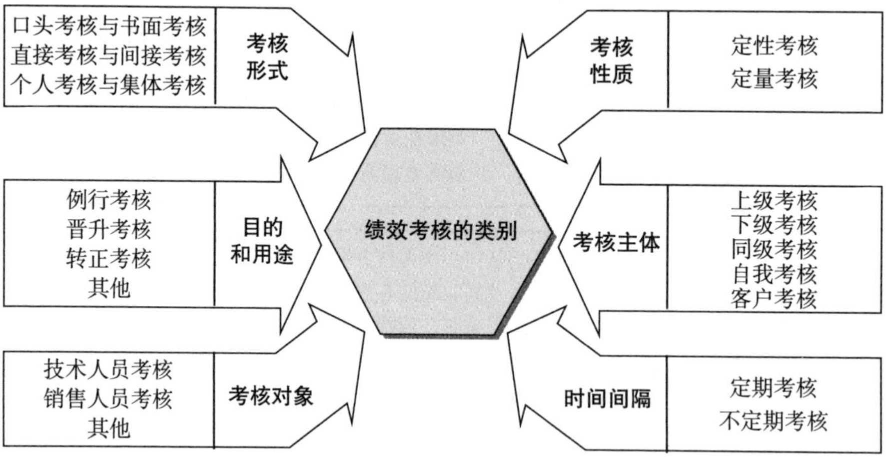

图 1-17　绩效考核的类别

4. 绩效考核执行

（1）确定合适的考核频率。不同的企业进行绩效考核的频率可能不同。生产型企业可以按照每日、每周、每旬、每月、每季度、每半年、每年的时间周期设置绩效评估点。例如，对于销售人员，可以按照每旬、每月、每季度等进行评估，对于财务人员或技术开发人员则适宜按照每季度、每半年或每年的周期进行考核设计。

（2）图1-18列举了绩效考核过程中容易出现的五个问题。

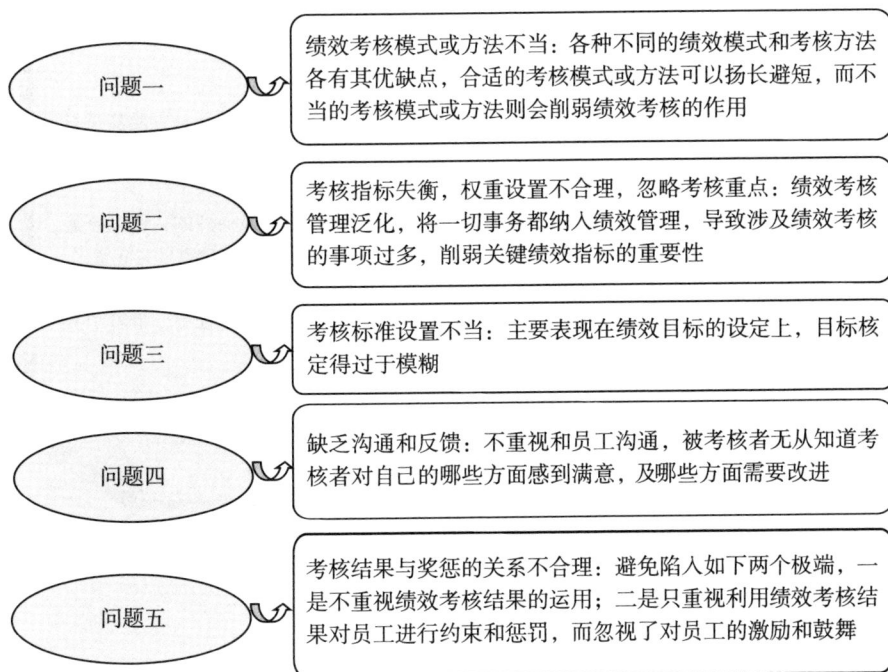

问题一	绩效考核模式或方法不当：各种不同的绩效模式和考核方法各有其优缺点，合适的考核模式或方法可以扬长避短，而不当的考核模式或方法则会削弱绩效考核的作用
问题二	考核指标失衡，权重设置不合理，忽略考核重点：绩效考核管理泛化，将一切事务都纳入绩效管理，导致涉及绩效考核的事项过多，削弱关键绩效指标的重要性
问题三	考核标准设置不当：主要表现在绩效目标的设定上，目标核定得过于模糊
问题四	缺乏沟通和反馈：不重视和员工沟通，被考核者无从知道考核者对自己的哪些方面感到满意，及哪些方面需要改进
问题五	考核结果与奖惩的关系不合理：避免陷入如下两个极端，一是不重视绩效考核结果的运用；二是只重视利用绩效考核结果对员工进行约束和惩罚，而忽视了对员工的激励和鼓舞

图 1-18 绩效考核中存在的问题

（3）绩效考核培训。一般而言，对考核者培训的内容主要包括表1-5所示的三个方面。

表 1-5 对考核者培训的内容

培训的内容	说明
企业人力资源制度的讲解	主要是对企业整体人力资源制度的结构和内容进行说明，通过讲解，使考核者认识到人力资源系统是企业经营战略的一个重要组成部分，从而促使他们更加重视员工考核工作
考核基本知识的介绍	包括如何确定考核项目、怎样设计考核量表、考核方法有哪些，以及考核实施过程中应注意的问题等
说明考核中的误区	在考核工作中，经常会出现一些问题，如光环效应、首因效应、近因效应等，这些往往会影响考核者做出正确的评估。因此，在培训时应对其进行说明，以使他们尽量避免这些误区

（4）绩效考核中应注意的问题如图1-19所示。

1.科学、合理地制定考核标准

（1）绩效指标设置要与工作紧密联系，同时其指标权重的设置要合理。

（2）定性指标界定清晰。

2.尽量避免考核者个人主观的偏见

（1）晕轮效应。在考核工作中，考核者往往以偏概全，将绩效中的某一方面甚至与工作绩效无关的某一方面看得过重，而影响了整体绩效的考核，导致对被考核者做出过高或过低的评价。

（2）近因效应。一般来说，最近、最后留给他人的印象往往是最强烈的，可以掩盖在此之前产生的各种因素，这就是所谓的近因效应。考核者往往可能会只关注被考核者近期的表现和成绩，并以此作为评价其整个考核期表现的主要依据。

（3）个人情感。个人情感主要是指考核者对被考核者进行考核的过程中，带着个人的情感进行评估，导致做出有失公允的评价。

3.考评尺度、标准的一致性

对同一工作岗位、工作内容，其考核标准应该是一样的。另外，在实施考核时，应避免"过严"或者"过松"的现象发生。

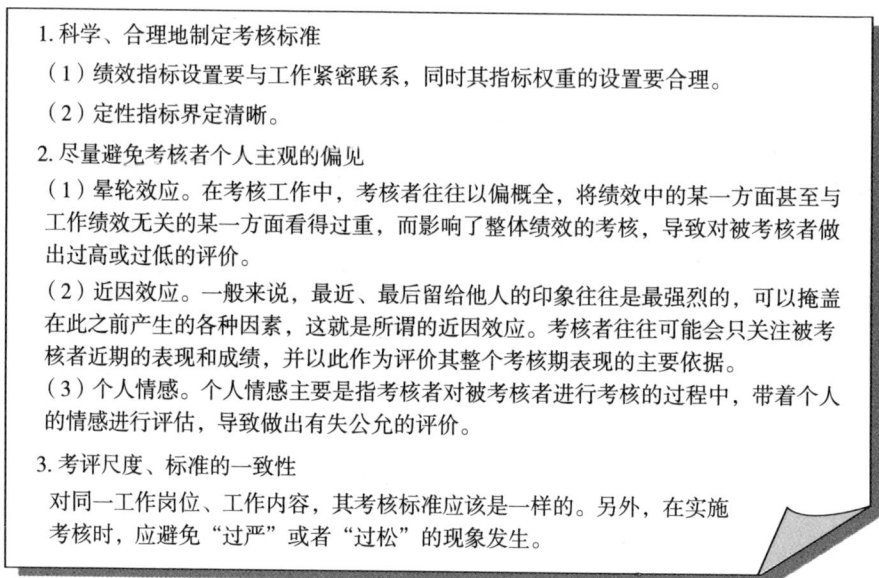

图 1-19　绩效考核中应注意的问题

5. 考核结果的应用

绩效考核结果可以应用于企业人力资源管理的诸多方面，具体如图 1-20 所示。

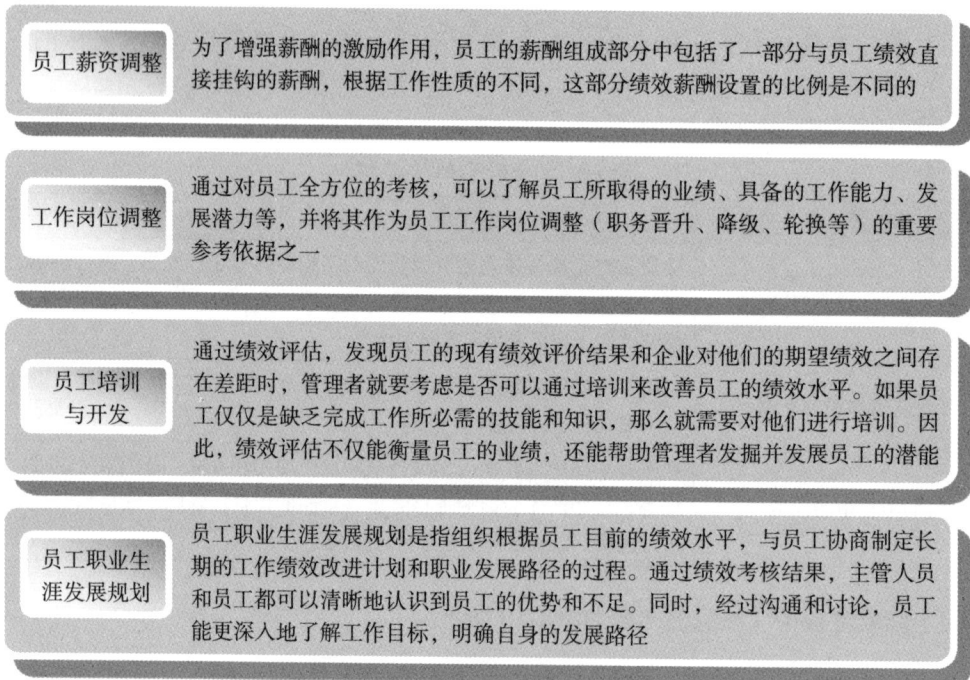

员工薪资调整	为了增强薪酬的激励作用，员工的薪酬组成部分中包括了一部分与员工绩效直接挂钩的薪酬，根据工作性质的不同，这部分绩效薪酬设置的比例是不同的
工作岗位调整	通过对员工全方位的考核，可以了解员工所取得的业绩、具备的工作能力、发展潜力等，并将其作为员工工作岗位调整（职务晋升、降级、轮换等）的重要参考依据之一
员工培训与开发	通过绩效评估，发现员工的现有绩效评价结果和企业对他们的期望绩效之间存在差距时，管理者就要考虑是否可以通过培训来改善员工的绩效水平。如果员工仅仅是缺乏完成工作所必需的技能和知识，那么就需要对他们进行培训。因此，绩效评估不仅能衡量员工的业绩，还能帮助管理者发掘并发展员工的潜能
员工职业生涯发展规划	员工职业生涯发展规划是指组织根据员工目前的绩效水平，与员工协商制定长期的工作绩效改进计划和职业发展路径的过程。通过绩效考核结果，主管人员和员工都可以清晰地认识到员工的优势和不足。同时，经过沟通和讨论，员工能更深入地了解工作目标，明确自身的发展路径

图 1-20　绩效考核结果的应用

1.1.3 绩效考核方法

绩效评估的方法有多种，不同的考核内容、不同的考核对象所采用的考核方法是有所不同的。

1. 排序法

排序法是指根据员工在某个评估要素上的表现，将其从绩效较好者至绩效较差者进行排序的方法。该方法可用于确定每位员工的相对等级或名次。

2. 对偶比较法

对偶比较法是一种将全体员工按照每一评估要素逐一配对比较的方法。当员工数量较多时，采用该方法工作量就比较大，若企业中员工总数为 n，则要进行比较的次数为 $\dfrac{n(n-1)}{2}$ 次。

表 1-6 说明了如何应用此方法进行操作。在该表中，若甲在团队合作这一考核要素上优于乙，则在相应的表格栏里记上"+"号，反之则在相应栏里记上"−"号。表格中的空白处表示对应的二者之间没有可比性。

表 1-6 对偶比较法实例

考核要素：团队合作				
员工	甲	乙	丙	丁	结果排序名次
甲		+	+	+	1
乙	−		+	−	3
丙	−	−		−	4
丁	−	+	+		2

3. 强制分布法

强制分布法是指在考核进行之前就设定好绩效水平的分布比例，并将员工的考核结果安排到该分布结构中。

4. 关键事件法

关键事件法是一种通过员工的关键行为来评估其绩效水平的方法。通常，管理人员会记录员工在工作中表现出来的非常优秀的或者非常糟糕的行为事件。在预定的考核时点上（每季度或者每半年），管理人员与员工进行一次面谈，根据记录的行为事件来进行交流，从而对员工的绩效水平进行评估。

5. 目标管理法

目标管理法是通过将组织的整体目标逐级分解为个人目标，并根据被考核者完成工作目标的情况来进行考核的一种绩效考核方式。在开始工作之前，考核者和被考核者应该就需要完成的工作内容、时间期限、考核的标准达成一致。在时间期限结束时，考核者会根据被考核者的工作状况及原先制定的考核标准进行考核。

（1）绩效目标的确定如图 1-21 所示。

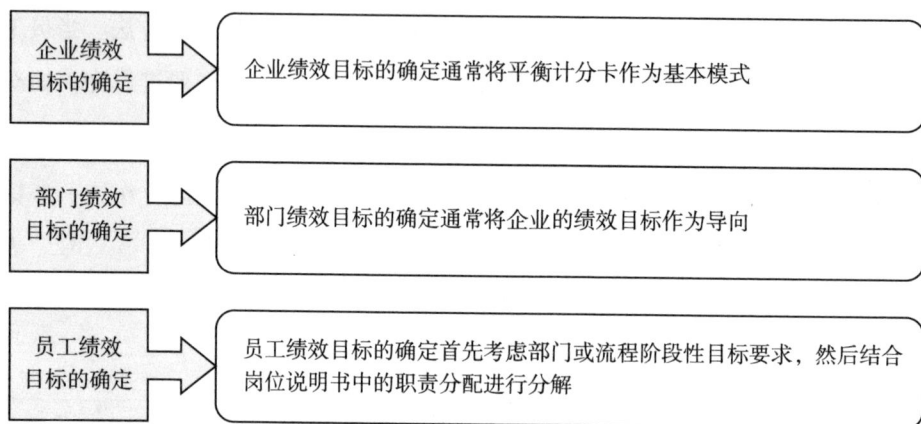

企业绩效目标的确定	→	企业绩效目标的确定通常将平衡计分卡作为基本模式
部门绩效目标的确定	→	部门绩效目标的确定通常将企业的绩效目标作为导向
员工绩效目标的确定	→	员工绩效目标的确定首先考虑部门或流程阶段性目标要求，然后结合岗位说明书中的职责分配进行分解

图 1-21　绩效目标的确定

（2）目标的分解。在企业发展过程中，能够有效运转的目标往往并不是单一的，而是由不同层次、不同性质的目标组成的目标体系。这一目标体系是对总目标细化的结果，它进一步将目标分解为具体的子目标。

目标分解的原则是"纵向到底、横向到边"。所谓"纵向到底"是指从目标开始，一级一级从上到下，从组织目标到次级组织目标，再到更次一级的组织目标，最后到个人目标。这一层层展开的过程是以延伸到每一个人作为终点的。所谓"横向到边"是指在目标的横向分解中，每一个相关的职能部门都要相应地设立自己的目标，而不能出现"盲区"和"失控点"。横向分解后的分目标是处于同一层次的，是实现上级目标的不同手段。

可见，要实现总体目标必须有部门目标（横向的）和层级目标（纵向的）的支持，这样在有机整合的基础上形成了一个左右相连、上下一贯的目标网络，从而使整个组织更加紧密、更有力量。

具体说来，在进行目标分解时要遵循如图 1-22 所示的五点要求。

1. 目标分解应按整分合原则进行，也就是将总体目标分解为不同层次、不同部门的分目标，各个分目标的综合又体现总体目标，并保证总体目标的实现

2. 分目标要保持与总体目标方向一致，内容上下贯通，以保证总体目标的实现

3. 目标分解中，要注意到各分目标所需要的条件及其限制因素，如人力、物力、财力和协作条件、技术保障等

4. 各分目标之间在内容与时间上要协调、平衡，并同步发展，不影响总体目标的实现

5. 各分目标的表达也要简明、扼要、明确

图 1-22　目标分解的要求

6. 关键绩效指标考核法

关键绩效指标（Key Performance Indicator，KPI）是用来衡量某一职位工作人员工作绩效表现的具体量化指标。它来自对企业总体战略目标的分解，体现了能够有效影响企业价值创造的关键驱动因素。

确立关键绩效指标时要遵循一个很重要的原则，即 SMART 原则，具体内容如图 1-23 所示。

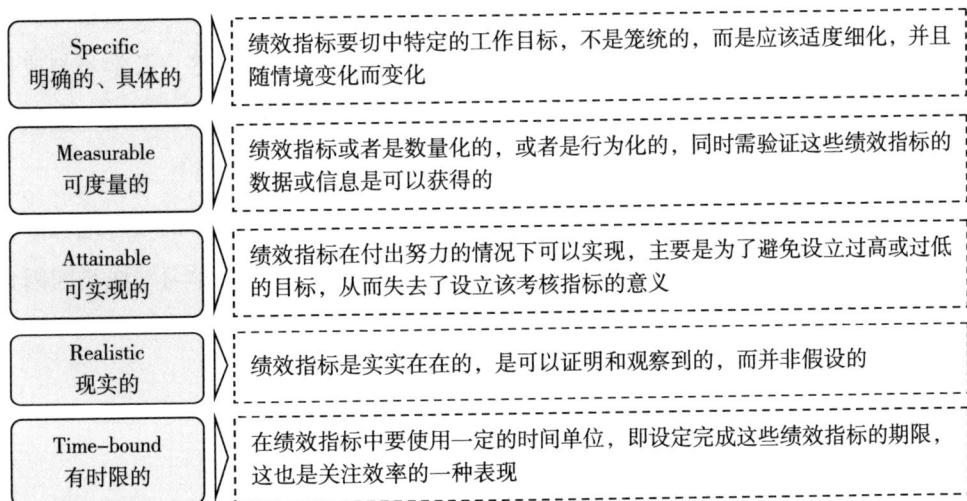

Specific 明确的、具体的	绩效指标要切中特定的工作目标，不是笼统的，而是应该适度细化，并且随情境变化而变化
Measurable 可度量的	绩效指标或者是数量化的，或者是行为化的，同时需验证这些绩效指标的数据或信息是可以获得的
Attainable 可实现的	绩效指标在付出努力的情况下可以实现，主要是为了避免设立过高或过低的目标，从而失去了设立该考核指标的意义
Realistic 现实的	绩效指标是实实在在的，是可以证明和观察到的，而并非假设的
Time-bound 有时限的	在绩效指标中要使用一定的时间单位，即设定完成这些绩效指标的期限，这也是关注效率的一种表现

图 1-23　关键绩效指标确立的原则

7. 360度考核法

360度考核法又称为全方位考核法，是指从与被考核者发生工作关系的多方主体那里获得被考核者的信息，以此对被考核者进行全方位、多维度的绩效评估的方法。

这些信息的来源包括：来自上级监督者的自上而下的反馈（上级），来自下属的自下而上的反馈（下属），来自同级同事的反馈（同事），来自企业内部的协作部门和供应部门的反馈，来自企业内部和外部的客户的反馈（服务对象），以及来自本人的反馈。

360度考核法强调从与被考核者发生工作关系的多方主体那里获得被考核者的信息。

企业在运用360度考核法对员工实施考核时，需注意如图1-24所示的事项。

1	要根据企业所处的生命周期及业务类型重新审视是否适用360度考核法
2	考核表的设计及考核者范围界定要合理，并非所有人都必须由员工自己、上级、同事、下属、客户等进行全方位考核。原则上是考核者必须了解并熟悉被考核者的工作
3	加强对考核者的培训。为防止考评标准流于形式，要花时间和精力对考核者进行培训，确保大家就考核标准达成共识

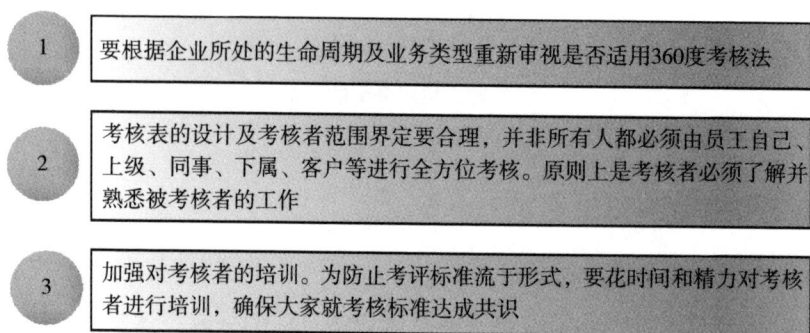

图 1-24　运用 360 度考核法需注意的事项

8. 平衡计分卡考核

平衡计分卡将组织战略转化为具体的目标和评估指标，这些目标和评估指标源自组织的使命和战略。它将对企业业绩的评价划分为财务、内部运营、客户及学习与成长四个方面。平衡计分卡既是一个指标评价系统，也是一个战略管理系统，还是企业战略执行与监控的有效工具。

平衡计分卡的特点是始终将战略和愿景放在其变化和管理过程中的核心地位。构建以战略为核心的开放型闭环组织结构，使财务、客户、内部运营及学习与成长四因素互动互联，浑然一体。图1-25是平衡计分卡业绩指标体系的一个示例。

财务类指标

利润率、现金流量
净资产收益率、投资回报率
……

学习与成长类指标

员工建议数
培训计划完成率
任职资格达标率
……

平衡计分卡
业绩指标体系

内部运营类指标

设计开发周期
生产计划完成率
废品率
……

市场份额
客户保有率
新客户的增加数
……

客户类指标

图 1-25　平衡计分卡业绩指标体系

1.1.4　绩效考核指标

考核指标的选取不当要么造成考核项目烦琐，影响被考核者的努力方向；要么造成考核内容偏差，降低考核的效能。

1. 绩效考核指标的设计依据

考核指标的设计应当基于企业发展战略的导向，结合工作分析的结果和业务流程来进行。这样的设计不仅全面合理，还能促进企业目标的实现。绩效考核指标的设计依据说明如图 1-26 所示。

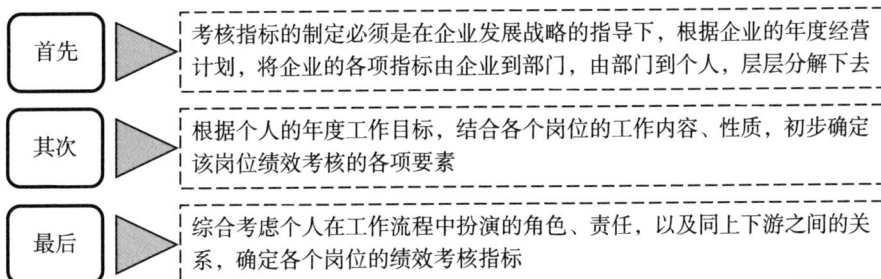

首先	考核指标的制定必须是在企业发展战略的指导下，根据企业的年度经营计划，将企业的各项指标由企业到部门，由部门到个人，层层分解下去
其次	根据个人的年度工作目标，结合各个岗位的工作内容、性质，初步确定该岗位绩效考核的各项要素
最后	综合考虑个人在工作流程中扮演的角色、责任，以及同上下游之间的关系，确定各个岗位的绩效考核指标

图 1-26　绩效考核指标的设计依据说明

绩效考核指标的设定示例如图 1-27 所示。

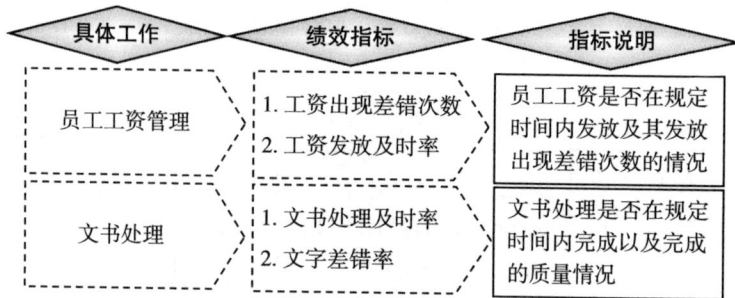

具体工作	绩效指标	指标说明
员工工资管理	1. 工资出现差错次数 2. 工资发放及时率	员工工资是否在规定时间内发放及其发放出现差错次数的情况
文书处理	1. 文书处理及时率 2. 文字差错率	文书处理是否在规定时间内完成以及完成的质量情况

图 1-27　绩效考核指标的设定示例

2. 绩效考核指标的特征

设计的绩效考核指标应具有如图 1-28 所示的两个特征。

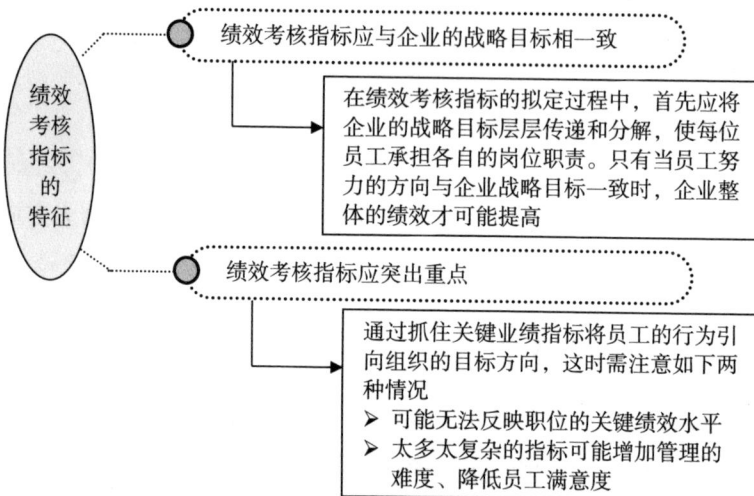

绩效考核指标的特征

绩效考核指标应与企业的战略目标相一致

在绩效考核指标的拟定过程中，首先应将企业的战略目标层层传递和分解，使每位员工承担各自的岗位职责。只有当员工努力的方向与企业战略目标一致时，企业整体的绩效才可能提高

绩效考核指标应突出重点

通过抓住关键业绩指标将员工的行为引向组织的目标方向，这时需注意如下两种情况
➢ 可能无法反映职位的关键绩效水平
➢ 太多太复杂的指标可能增加管理的难度、降低员工满意度

图 1-28　绩效考核指标的特征

3. 绩效考核指标的评价标准

在工作实施之前确定评估标准是十分重要的，因为绩效考核指标的评价标准明确了企业对员工的工作要求。这些标准界定了员工应当怎样做或者做到什么样的程度。确定绩效标准有助于保证绩效考核的公正性。

4. 确定指标的考核频率或周期

考核周期要视需要考核工作的具体内容而定。对于只能在一个季度内完成的工作，应采用季度考核。当有些工作既适合月度考核也适合季度考核时，应选择对被考核者激励效果最佳的周期作为考核周期。

一般来说，基层岗位考核周期过长且反馈不及时会削弱其对被考核者的激励效果。如果对于高层岗位采用月度考核的方式，考虑到这些岗位的生成周期较长，再加上月度考核可能只关注过程而忽略关键成果，也会减弱考核的激励作用。

5. 绩效考核指标的数据来源

关于考核的数据来源，主要由两个方面构成：一是企业内部相关部门提供的数据，二是与业务工作有联系的企业外部有关部门（单位）提供的数据。在绩效目标体系中设置数据来源项目，有助于增强绩效考核的客观性和科学性。

6. 绩效考核指标权重设计

权重即绩效考核指标在评估体系中的重要性或绩效评估指标在总分中所应占的比例。它体现了每个绩效考核指标在整个指标体系中的重要性。对于不同的评估对象，各个考核指标具有不同的地位和作用。因此，要根据不同的测评主体、测评目的等，恰当地分配并确定各个绩效考核指标的权重。

绩效考核指标权重设置要点如图 1-29 所示。

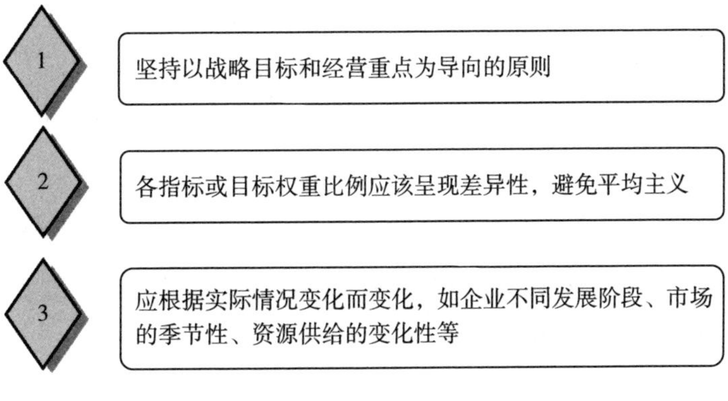

1	坚持以战略目标和经营重点为导向的原则
2	各指标或目标权重比例应该呈现差异性，避免平均主义
3	应根据实际情况变化而变化，如企业不同发展阶段、市场的季节性、资源供给的变化性等

图 1-29 绩效考核指标权重设置要点

1.2 量化管理与量化考核

1.2.1 企业量化管理

量化管理是从企业战略目标出发，利用科学的分解方法，推导出确保目标实施的主要工作，并通过对这些工作进行分类来制定相应的目标，同时对制定的目标进行分解。在目标分解过程中，企业为每位员工的工作与企业目标之间建立起清晰的量化关系。

1. 确定组织发展战略

组织的绩效目标是由企业的发展战略决定的。绩效目标要体现企业发展战略导向。

在组织发展战略确定的前提下，要厘清企业业务成功的衡量标准，并据此建立一套完善的指标考核体系；要制定相应的奖惩措施，以保障指标考核体系的实施，从而确保组织战略的达成。

2. 组织目标量化

企业发展离不开明确的目标设定。不同的层级、不同的部门、不同的职位在不同的时期会设定各自的目标。例如，企业高层要制定战略目标，中层则侧重于战术的制定和实施，而基层则更注重一些具体的工作目标的实现。那么如何把这些目标落实到日常工作的流程中去呢？如何防止这些目标变得空泛、抽象、模糊呢？关键在于对目标的量化。要在每一个流程中量化目标，让每位员工有所依据和参照，并能产生可以度量的效果。

3. 组织目标分解

确定了组织目标后，必须对其进行有效分解，以转变成各部门及各员工的分目标。管理者要根据分目标的完成情况对下级进行考核、评价和奖惩。

量化的组织目标如本年度经营额达到 ×× 万元，推出 ×× 款新产品，市场占有率达到 ××%，我们可以将这些目标分解到相关的部门，接着分解至有关岗位，并进行量化分析，合理分权，以确保组织目标的量化落实。

4. 量化管理的误区

企业在进行量化管理的过程中，应避免陷入如图 1-30 所示的三个误区。

误区一　量化才能管理好：企业的发展目标中有一部分无法用量的指标来评价，如提升核心产品竞争力，若勉强、轻率地量化，可能会违背量化管理的初衷，因此也就可能将员工的工作引入错误的方向

误区二　指标越精细越好：为了实现某一时期的目标，企业需要精心设计出精细化、个性化的指标体系，而作为一个整体的、系统的组织，要实现的远、中、近期目标是什么？指标设置过于细化易造成企业的长远目标要么缺失，要么发散，并最终越偏离企业目标

误区三　指标应面面俱到：在实践中，企业力求指标体系全面、完整。其实，指标之间是相关联的，如尽管两个指标的定义不同，其内涵和外延可能有所重叠。指标不在于全面、科学，而在于聚焦、有效，即是否强化了企业所需的员工行为，并引导这些行为朝着实现企业目标的方向发展

图 1-30　量化管理的误区

1.2.2　企业量化考核

1. 绩效量化管理

对于绩效量化管理，我们可以通过图 1-31 所示的三个层次进行理解。

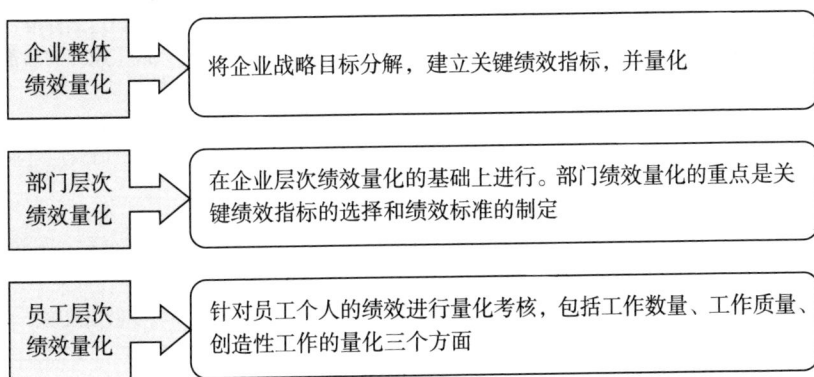

企业整体绩效量化　将企业战略目标分解，建立关键绩效指标，并量化

部门层次绩效量化　在企业层次绩效量化的基础上进行。部门绩效量化的重点是关键绩效指标的选择和绩效标准的制定

员工层次绩效量化　针对员工个人的绩效进行量化考核，包括工作数量、工作质量、创造性工作的量化三个方面

图 1-31　绩效量化管理的三个层次

2. 确定考核内容

对员工工作业绩指标的评定，可以从时间、数量、质量等方面进行量化，以实现量化考核。

对态度、能力指标的评定，可以从行为的角度来制定标准，并编制适合本企业实际情况的行为等级描述。

运用行为锚定等级评价法构建的行为等级评价表，将关于特别优良或特别劣等绩效的叙述加以等级性量化，从而将描述性关键事件评价法和量化等级评价法的优点结合起来。

通过行为等级评价表，我们可以发现，在同一个绩效维度中存在一系列的行为，每种行为分别表示这一维度中的一种特定绩效水平，将绩效水平按等级量化，可以使考评的结果更有效、更公平。

3. 制定考核标准

考核内容确定了，考核标准如何制定呢。在解决这一问题时，企业需要掌握如图1-32 所示的四个原则。

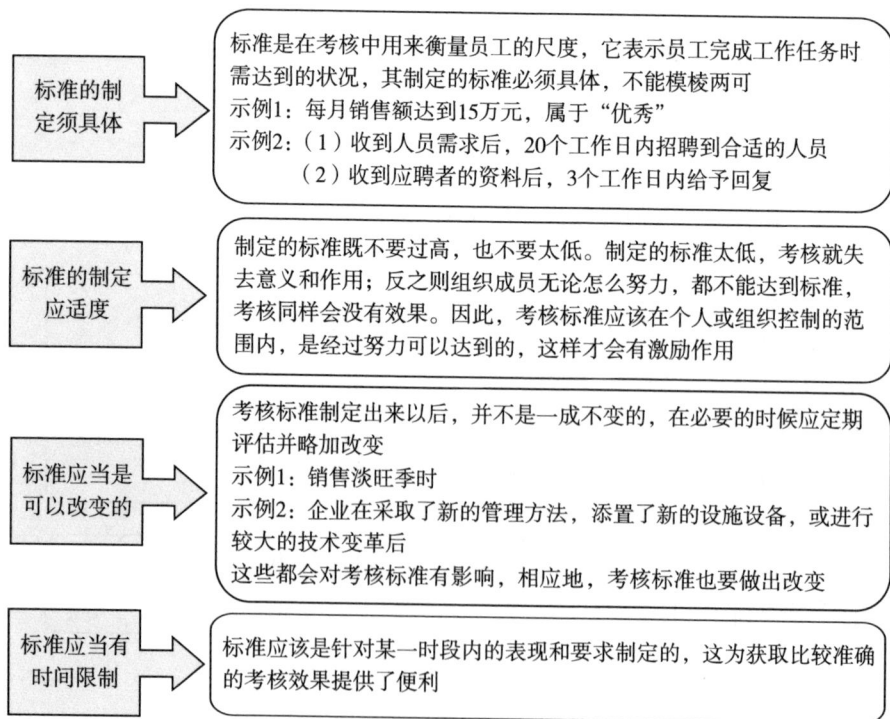

标准的制定须具体	标准是在考核中用来衡量员工的尺度，它表示员工完成工作任务时需达到的状况，其制定的标准必须具体，不能模棱两可 示例1：每月销售额达到15万元，属于"优秀" 示例2：（1）收到人员需求后，20个工作日内招聘到合适的人员 （2）收到应聘者的资料后，3个工作日内给予回复
标准的制定应适度	制定的标准既不要过高，也不要太低。制定的标准太低，考核就失去意义和作用；反之则组织成员无论怎么努力，都不能达到标准，考核同样会没有效果。因此，考核标准应该在个人或组织控制的范围内，是经过努力可以达到的，这样才会有激励作用
标准应当是可以改变的	考核标准制定出来以后，并不是一成不变的，在必要的时候应定期评估并略加改变 示例1：销售淡旺季时 示例2：企业在采取了新的管理方法，添置了新的设施设备，或进行较大的技术变革后 这些都会对考核标准有影响，相应地，考核标准也要做出改变
标准应当有时间限制	标准应该是针对某一时段内的表现和要求制定的，这为获取比较准确的考核效果提供了便利

图 1-32　制定考核标准的原则

4. 确定绩效考核主体

合格的绩效考核者应了解被考评者职位的性质、工作内容、要求及绩效考核标准，熟悉被考评者的工作表现，最好有近距离观察其工作的机会，同时要确保公正、客观。

一般来说，考核的层级关系应与管理层级保持一致。考核主体通常是员工的直线经理，因为他们负责制定员工岗位的工作标准和指标，指导工作的实施，并对员工的绩效较为了解和熟悉。同时，服务对象及考核信息收集的部门如人力资源部等，根据需要，我们也应该将其纳入考核主体的范围。

在考核执行过程中，人力资源部是活动的组织者，对考核制度、考核技术的科学性和实用性负责，并为各级考核执行者提供技术指导。

5. 设定绩效考核周期

考核周期包括固定时间间隔考核和非固定时间间隔考核。固定时间间隔考核一般包括月度考核、季度考核、年度考核甚至周考核、日考核。非固定时间间隔考核一般指一项任务或项目完成后进行的考核。

1.3 绩效指标的量化方法

1.3.1 数字量化法

用数字量化，具体地说，即用数据或百分比指标来量化员工的业绩和技能。

1. 量化方式一

用数字量化绩效考核指标的方式一如图 1-33 所示。

图 1-33　用数字量化绩效考核指标的方式一

2. 量化方式二

用数字量化绩效考核指标的方式二如图 1-34 所示。

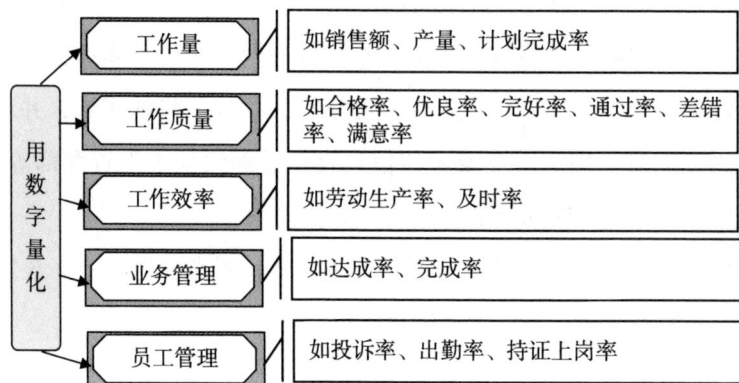

图 1-34　用数字量化绩效考核指标的方式二

1.3.2　质量量化法

除了完成企业所规定的任务量外，还需对工作质量的指标进行量化，如准确率、合格率、通过率、满意率等。用质量量化绩效考核指标的示例如图 1-35 所示。

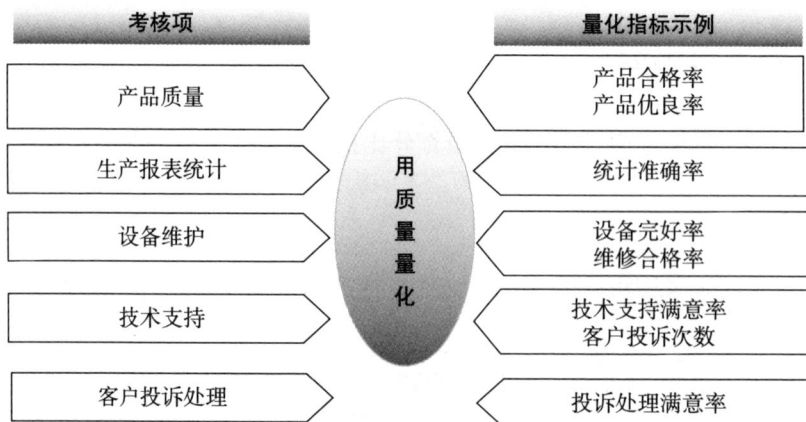

图 1-35　用质量量化绩效考核指标示例

1.3.3　成本量化法

从成本的角度量化考核工作，落实成本管理责任，有助于加强组织的成本管理，增强全员成本管理责任意识。

用成本量化绩效考核的指标如成本节约率、费用控制率、投资回报率、折旧率等。企业在用成本量化绩效考核指标时，还可以对其进行进一步的细分，示例如图1-36所示。

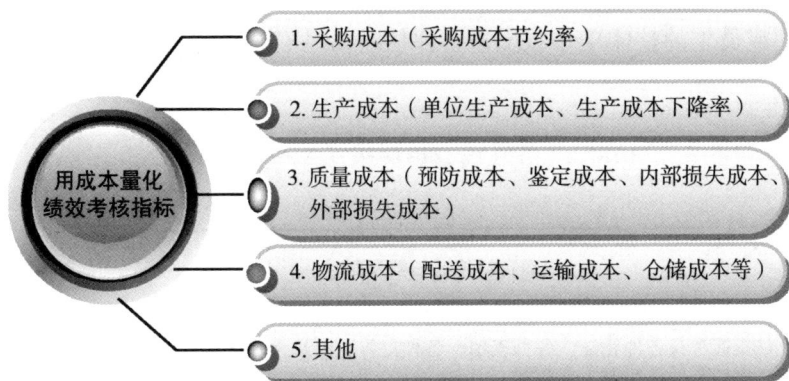

图1-36　用成本量化绩效考核指标

1.3.4　时间量化法

对某些如研发型、知识型员工的工作，有部分绩效是可以用时间进行量化的，如新产品开发周期、服务响应时间、完成期限（如办公设备出现故障必须在××小时内予以解决）等。用时间作为衡量尺度来量化考核员工的绩效，有助于企业对员工阶段工作的控制。

1.3.5　结果量化法

考核结果量化是指通过一些关键性数据指标对员工工作的质和量进行全面、客观、公正的综合评价，以衡量员工的工作绩效，并作为确定工资奖金收入、选优评先、职务升降等的直接依据。

用结果量化绩效考核指标有助于激励员工，并有效促进员工从"要我干"向"我要干"转变。该类别的量化指标如"销售额""利润总额"等。

1.3.6 行动量化法

绩效考核者或许有这样的困惑：业务部门有销售额、利润、产量等容易量化的指标，工作结果比较容易衡量，但对于人力资源、行政、后勤这类职能部门来说，除了部分量化的指标如招聘计划完成率、招聘合格率、培训考核达标率、后勤支持满意率等，还有些基础管理、业务支持等事务性工作没有具体、明确的量化指标，这类部门的绩效指标应该如何量化呢？

在对部门或员工的整体工作状况进行评估时，对不能量化的考核项目，可以将其流程化或行为化。

示例一："档案资料传递归档及时性"指标分析（见图1-37）。

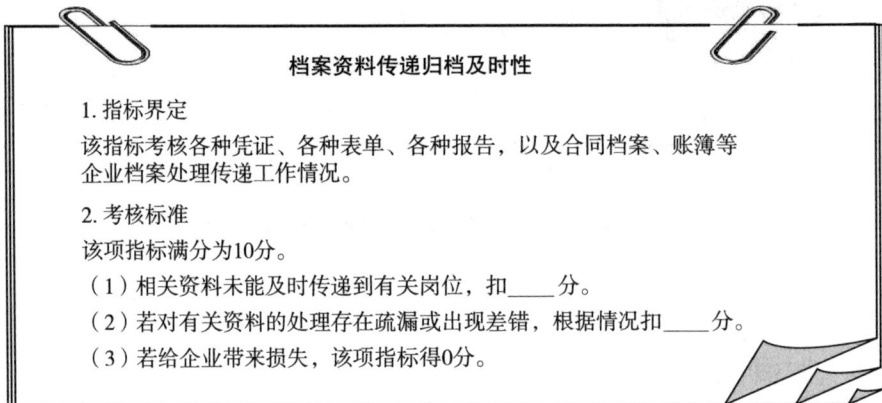

档案资料传递归档及时性

1. 指标界定

该指标考核各种凭证、各种表单、各种报告，以及合同档案、账簿等企业档案处理传递工作情况。

2. 考核标准

该项指标满分为10分。

（1）相关资料未能及时传递到有关岗位，扣____分。

（2）若对有关资料的处理存在疏漏或出现差错，根据情况扣____分。

（3）若给企业带来损失，该项指标得0分。

图1-37 "档案资料传递归档及时性"指标分析

示例二："项目进度控制"指标分析（见图1-38）。

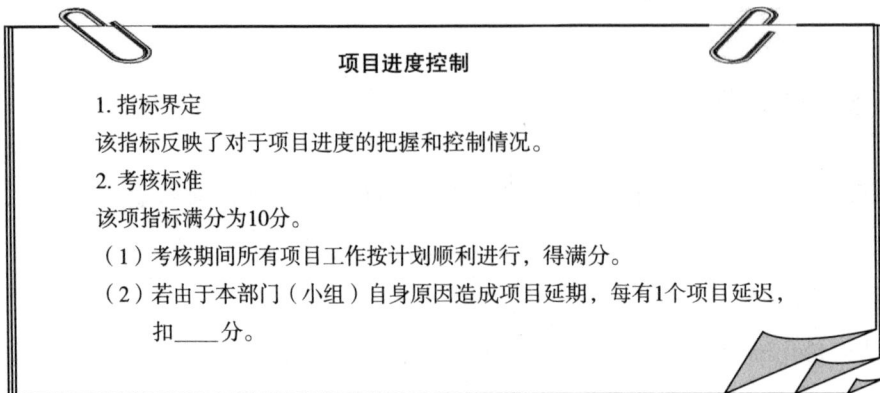

项目进度控制

1. 指标界定

该指标反映了对于项目进度的把握和控制情况。

2. 考核标准

该项指标满分为10分。

（1）考核期间所有项目工作按计划顺利进行，得满分。

（2）若由于本部门（小组）自身原因造成项目延期，每有1个项目延迟，扣____分。

图1-38 "项目进度控制"指标分析

第 **2** 章

企业战略与经营目标量化考核与
薪酬体系设计

2.1 企业战略经营目标量化分解

2.1.1 量化分解到国家和地区

企业战略经营目标是对企业战略经营活动预期取得的主要成果的期望值。它是对企业发展战略、经营目标的进一步说明和界定。通常情况下，企业战略经营目标包含以下八个方面的内容，具体如图2-1所示。

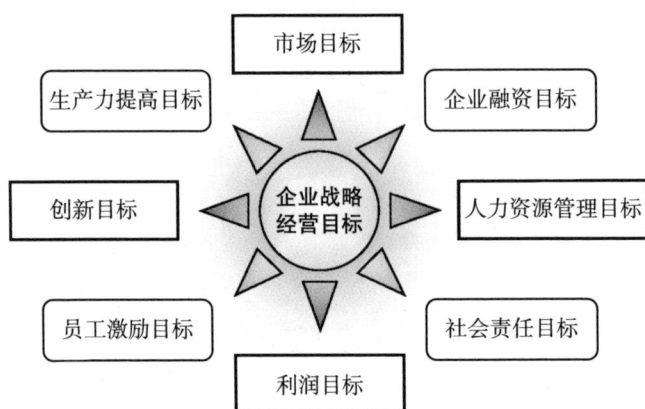

图 2-1　企业战略经营目标包含的内容

大型跨国型企业的管理者应将战略经营总目标先量化分解到各个国家和地区。各个国家或地区业务负责人根据企业战略经营总目标，并结合当地实际情况，确定企业在该国家或地区的战略经营目标。企业战略经营目标量化分解到国家和地区应满足如图2-2所示的要求。

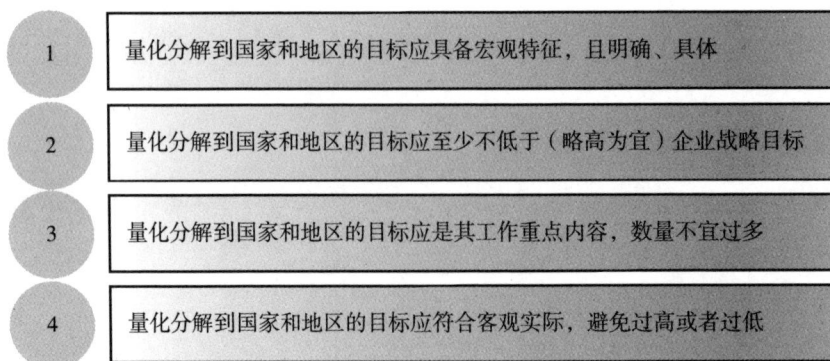

1	量化分解到国家和地区的目标应具备宏观特征，且明确、具体
2	量化分解到国家和地区的目标应至少不低于（略高为宜）企业战略目标
3	量化分解到国家和地区的目标应是其工作重点内容，数量不宜过多
4	量化分解到国家和地区的目标应符合客观实际，避免过高或者过低

图 2-2　企业战略经营目标量化分解到国家和地区应满足的要求

表 2-1 为 ×× 跨国企业战略经营目标在业务覆盖国家和地区间的量化分解情况。

表 2-1　××跨国企业战略经营目标在业务覆盖国家和地区间的量化分解情况

目标内容	企业战略经营总目标	国家和地区战略经营目标
利润目标	1. 主营业务收入达到____亿元以上	1. 国内市场主营业务收入达到____亿元
		2. 欧洲市场主营业务收入达到____亿元
		3. 美洲市场主营业务收入达到____亿元
		……
	2. 实现利润总额____亿元	1. 国内市场利润总额达到____亿元
		2. 欧洲市场利润总额达到____亿元
		3. 美洲市场利润总额达到____亿元
		……
人力资源管理目标	迅速扩大企业的市场规模，吸引和留住核心人才	1. 国内招聘 ×× 人员____人
		2. 欧洲地区招聘 ×× 人员____人
		3. 美洲地区招聘 ×× 人员____人
		4. 将核心员工流失率控制在____% 以内
		……
……	……	……

2.1.2　量化分解到某一个区域

企业战略经营目标分解到国家和地区后，还应继续量化分解到具体区域，从而为该区域战略规划、战略调整、经营管理工作等提供客观依据。表 2-2 为 ×× 跨国企业战略经营目标在业务覆盖具体区域的量化分解情况，供读者参考。

表 2-2　××跨国企业战略经营目标在业务覆盖具体区域的量化分解情况

企业战略经营总目标	国家和地区战略经营目标	具体区域战略经营目标
1. 主营业务收入达到____亿元	1. 国内市场主营业务收入达到____亿元	1. 华东地区主营业务收入达到____亿元
		2. 华北地区主营业务收入达到____亿元
		……
	2. 欧洲市场主营业务收入达到____亿元	1. 德国市场主营业务收入达到____亿元
		2. 英国市场主营业务收入达到____亿元
		……

（续表）

企业战略经营总目标	国家和地区战略经营目标	具体区域战略经营目标
1.主营业务收入达到____亿元	3.美洲市场主营业务收入达到____亿元	1.美国市场主营业务收入达到____亿元
		2.加拿大市场主营业务收入达到____亿元
		……
2.利润总额达到____亿元	1.国内市场利润总额达到____亿元	1.华东地区利润总额达到____亿元
		2.华北地区利润总额达到____亿元
		……
	2.欧洲市场利润总额达到____亿元	1.德国市场利润总额达到____亿元
		2.英国市场利润总额达到____亿元
		……
	3.美洲市场利润总额达到____亿元	1.美国市场利润总额达到____亿元
		2.加拿大市场利润总额达到____亿元
		……
……	……	……

2.1.3　在企业内部进行分解

1. 量化分解到企业各部门

企业各职能部门在充分了解和认识企业战略经营目标的基础上，根据自身状况，制定切实可行的目标。企业战略经营目标量化分解到各部门应满足如图 2-3 所示的要求。

1	职能部门的目标应与企业战略经营目标保持一致
2	依据企业战略经营目标分解出的目标应是本部门年度工作重点
3	依据企业战略经营目标分解出的职能部门目标数量不宜过多
4	制定的目标不宜过高或过低，以免产生不利影响

图 2-3　企业战略经营目标量化分解到各部门应满足的要求

为更好地说明企业战略经营目标在各职能部门的量化分解过程，表2-3、表2-4提供了××企业战略经营目标在人力资源部、财务部的量化分解情况，供读者学习和参考。

表2-3　××企业战略经营目标在人力资源部的量化分解情况

企业战略经营目标	人力资源部工作目标	
市场占有率提升10%，吸引和保留企业的核心人才	员工招聘工作	1. 招聘销售人员____人
		2. 招聘行政办公人员____人
		……
	员工培训工作	1. 中高层管理人员培训次数不少于____次
		2. 普通员工每____月开展1次专业技能培训
		……
	员工考核工作	1. 完善中高层管理人员目标责任考核办法、员工晋升考核细则
		2. 有效开展考核工作，确保考核覆盖率达到100%
		……
	薪酬福利建设工作	1. 编制完成新的薪酬福利改革方案，并报领导审批
		2. 推行新的薪酬福利方案，将企业总体薪酬增加幅度控制在____% 以内
		……
……	……	……

表2-4　××企业战略经营目标在财务部的量化分解情况

企业战略经营目标	财务部工作目标	
年销售额达到3亿元，利润率在20%以上，市场占有率提升10%	资金管理	1. 积极开拓多种融资渠道，确保生产经营的资金需要，本年度完成融资额达到____万元
		2. 坏账率控制在____% 以内
		……
	成本控制	1. 根据企业年度生产经营计划，对企业经营性费用进行详细分类，编制月度计划表，严格监控费用支出
		2. 对企业生产经营活动进行成本分析，提出降低成本的具体措施，每季度____次，确保企业成本降低____% 以上
		……
年销售额达到3亿元，利润率在20%以上，市场占有率提升10%	管理费用控制	1. 每月对管理费用进行一次统计、分析
		2. 确保财务管理费用比上年度降低____%
		……
……	……	……

2. 量化分解到团队

现代企业中团队的组织形态有所不同，归纳起来主要有以下四种常见的类型，如图2-4所示。

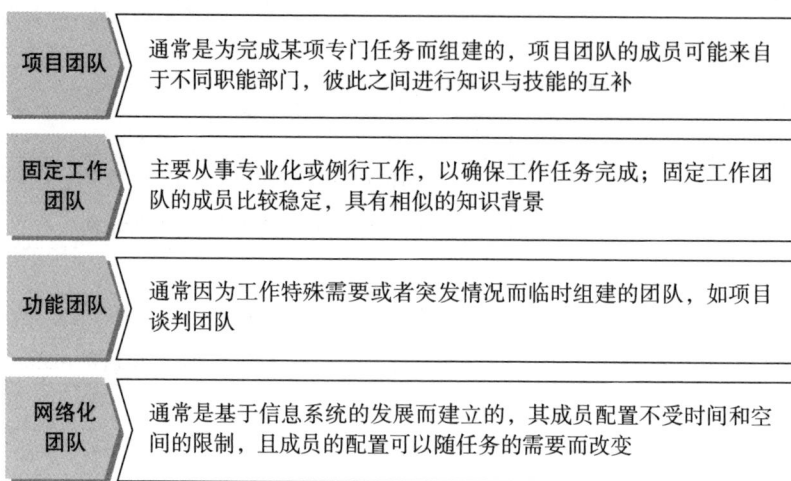

项目团队	通常是为完成某项专门任务而组建的，项目团队的成员可能来自于不同职能部门，彼此之间进行知识与技能的互补
固定工作团队	主要从事专业化或例行工作，以确保工作任务完成；固定工作团队的成员比较稳定，具有相似的知识背景
功能团队	通常因为工作特殊需要或者突发情况而临时组建的团队，如项目谈判团队
网络化团队	通常是基于信息系统的发展而建立的，其成员配置不受时间和空间的限制，且成员的配置可以随任务的需要而改变

图2-4 团队的常见类型

团队的发展对提高企业内部凝聚力、提升企业核心竞争力具有十分重要的作用。因此，为确保团队的目标与企业发展目标协调一致，还应将战略经营目标量化分解到团队，以便于对团队工作进行评估。表2-5为××企业销售部工作目标在营销团队的量化分解情况，供读者参考。

图2-5 ××企业销售部工作目标在营销团队的量化分解情况

部门目标	营销团队目标	
自主产品销售目标为___万元（合同回款到企业账户且清除退换货金额），部门费用支出总额不超过___万元	销售量	1.销售总量不少于___套，其中新开发系列软件年销售数量不少于___套
		2.销售计划达成率不低于___%
	销售额	1.软件产品年销售额不低于___万元，其中新开发系列软件的年销售额不低于___万元
		2.销售回款率达到___%以上
	销售成本	1.企业软件产品总销售成本不超过___万元，企业原有系列软件销售成本不超过___万元，新开发系列软件销售成本不超过___万元
		2.销售费用率控制在___%以内
……	……	……

3. 量化分解到项目组

项目组通常是指处理同样问题或为处理某一问题而由职责不同的人员组成的小组。其形式如工程项目组、研发小组等。企业战略经营目标分解到部门后，可根据工作需要继续分解到具体项目组。表 2-6 和表 2-7 分别提供了 ×× 企业工程部门目标在项目组、造价组的量化分解表，供读者学习和参考。

表 2-6　×× 企业工程部门目标在项目组的量化分解表

部门目标	工程项目组目标	
施工工程总量不少于____平方米，工程质量合格率达到____%以上，项目施工安全，无重大安全事故发生	工程量	1. 第一季度完成工程量在____平方米以上
		2. 第二季度完成工程量在____平方米以上
		3. 第三季度完成工程量在____平方米以上
		4. 第四季度完成工程量在____平方米以上
	工程质量	1. 确保工程质量，完成的工程合格率达到____%以上
		2. 提升项目品质，完成的工程项目优良率达到____%以上
	安全管理	1. 每月组织____次项目施工安全检查
		2. 安全管理零事故率
	设备管理	1. 设备完好率达到____%以上
		2. 项目设备开工率达到____%以上
	工程技术	1. 工程技术工艺合格率达到____%
		2. 工程技术工艺优良率达到____%
……	……	……

表 2-7　×× 企业工程部门目标在造价组的量化分解表

部门目标	工程造价组目标	
项目成本支出不超过预算的____%，新中标项目预算超支率低于____%	工程估算	1. 配合市场部完成工程估算，与招标标的差距不超过 ±____%
		2. 估算说明清晰、准确，使人容易理解
		……
	工程预算	1. 工程项目预算编制及时率达到____%以上
		2. 工程项目预算与实际支出差距不超过 ±____%
		……
	工程决算	1. 工程项目决算编制及时率达到____%以上
		2. 工程项目决算准确率达到____%以上
		……
……	……	……

4. 量化分解到具体的岗位

各岗位工作人员是企业战略经营目标的最终执行者。因此，企业战略经营目标量化分解到具体岗位时，应确保目标科学、可行。表2-8至表2-10为××企业产品开发部工作目标在不同岗位的量化分解情况，供读者学习和参考。

表2-8　××企业产品开发部软件开发工程师岗位工作目标量化分解情况

部门目标	软件开发工程师岗位工作目标	
制订明确的产品开发计划，确保产品开发计划完成率达到＿＿%以上	制订程序编码计划	1.软件程序编码完成及时率达到＿＿%以上
		2.程序编码测试准确率达到＿＿%以上
		……
	软件程序编码调整与改进	1.编码的调整与改进所需的平均时间不超过＿＿个工作日
		2.编码调整与改进的有效性达到＿＿%以上
		……
	技术保密	无携带技术秘密离开企业的情况发生
		……
……	……	……

表2-9　××企业产品开发部测试工程师岗位工作目标量化分解情况

部门目标	测试工程师岗位工作目标	
及时完成开发产品测试，确保测试达标率不低于＿＿%	制定测试方案	1.软件测试方案的平均编制时间不超过＿＿个工作日
		2.测试方案中所选择的测试数据有效性达到＿＿%以上
		……
	产品测试	1.软件产品测试及时率不低于＿＿%
		2.软件产品测试改进建议被采纳率达到＿＿%以上
		……
……	……	……

表2-10　××企业产品开发部资料管理员岗位工作目标量化分解情况

部门目标	资料管理员岗位工作目标	
企业档案资料齐全，且保存完好	资料的记录与整理	1.记录整理工作完成及时率达到100%
		2.文档记录、整理出错次数为0
	文档的核查与编码	1.在＿＿个工作日内完成对已整理文档的核查和编码工作
		2.在核查与编码工作中，无重大失误出现
……	……	……

2.2 企业战略目标量化考核

2.2.1 企业战略目标设计

企业的高管部门和战略规划部门需根据企业的发展方向、运营状况，在对市场进行分析、对竞争对手进行研究、对本企业的现状和能力进行评估的基础上，制定符合组织发展的战略目标。

企业战略目标反映了企业的经营思想，明确了企业的努力方向，体现了企业的具体期望。企业战略目标与企业其他目标相比，具有如图 2-5 所示的特点。

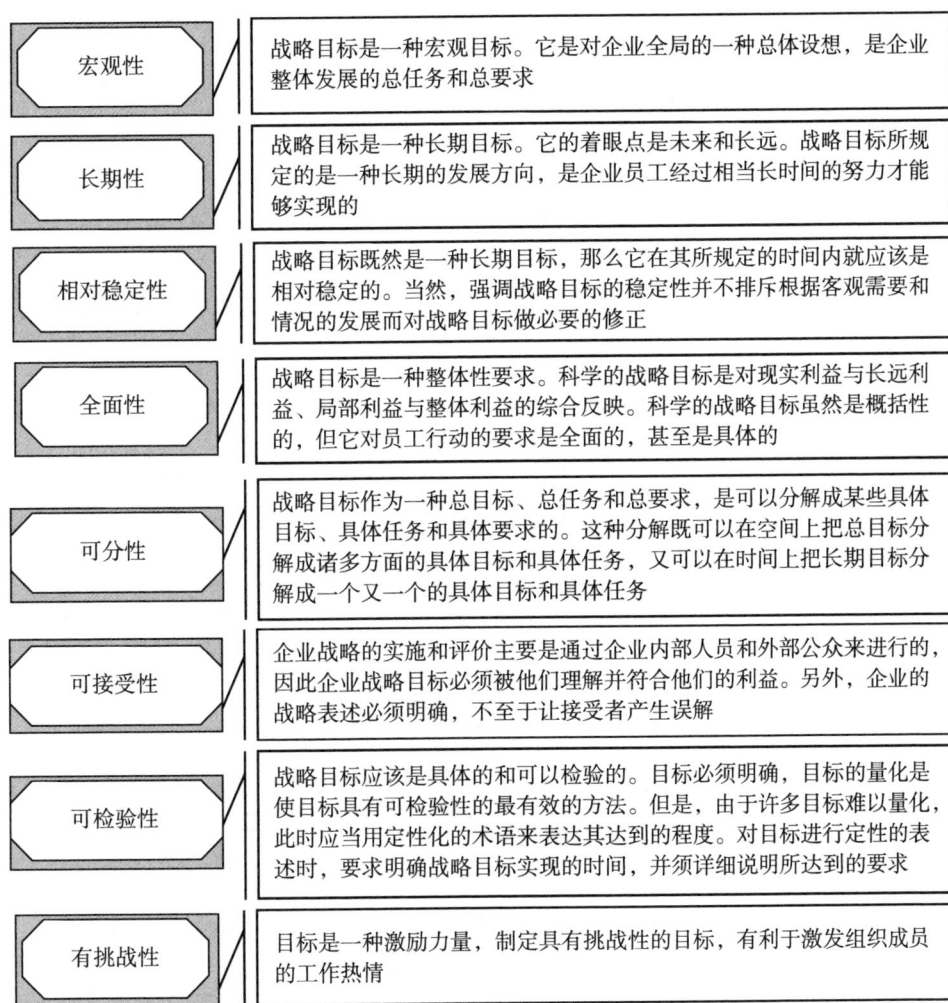

宏观性	战略目标是一种宏观目标。它是对企业全局的一种总体设想，是企业整体发展的总任务和总要求
长期性	战略目标是一种长期目标。它的着眼点是未来和长远。战略目标所规定的是一种长期的发展方向，是企业员工经过相当长时间的努力才能够实现的
相对稳定性	战略目标既然是一种长期目标，那么它在其所规定的时间内就应该是相对稳定的。当然，强调战略目标的稳定性并不排斥根据客观需要和情况的发展而对战略目标做必要的修正
全面性	战略目标是一种整体性要求。科学的战略目标是现实利益与长远利益、局部利益与整体利益的综合反映。科学的战略目标虽然是概括性的，但它对员工行动的要求是全面的，甚至是具体的
可分性	战略目标作为一种总目标、总任务和总要求，是可以分解成某些具体目标、具体任务和具体要求的。这种分解既可以在空间上把总目标分解成诸多方面的具体目标和具体任务，又可以在时间上把长期目标分解成一个又一个的具体目标和具体任务
可接受性	企业战略的实施和评价主要是通过企业内部人员和外部公众来进行的，因此企业战略目标必须被他们理解并符合他们的利益。另外，企业的战略表述必须明确，不至于让接受者产生误解
可检验性	战略目标应该是具体的和可以检验的。目标必须明确，目标的量化是使目标具有可检验性的最有效的方法。但是，由于许多目标难以量化，此时应当用定性化的术语来表达其达到的程度。对目标进行定性的表述时，要求明确战略目标实现的时间，并须详细说明所达到的要求
有挑战性	目标是一种激励力量，制定具有挑战性的目标，有利于激发组织成员的工作热情

图 2-5 企业战略目标的特点

企业的战略目标是多元化的，既包括经济目标，又包括非经济目标；既包括定性目标，又包括定量目标。企业的战略决策者可从如图 2-6 所示的十个方面构建企业的战略目标。

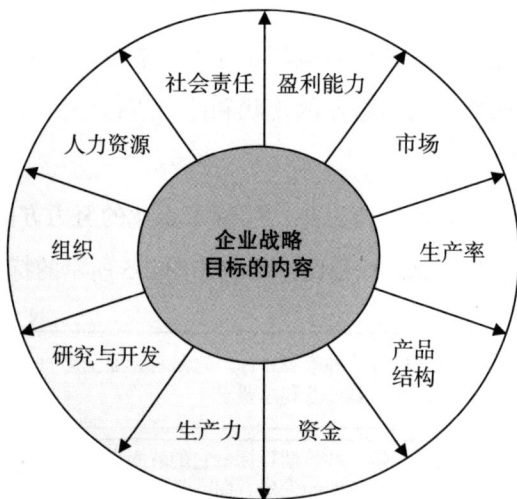

图 2-6　企业战略目标的内容

在实际工作中，由于企业性质的不同、发展阶段的不同，其战略目标体系中的重点目标也可能大相径庭。

战略目标确定后，需要对其进行细致的分解，把它落实到具体的部门和人员身上，通过发挥组织中每位员工的作用来实现。其中，横向目标分解要注重协调性，纵向目标分解要注重一致性。图 2-7 是对"企业创新战略"分解的一个简要示例。

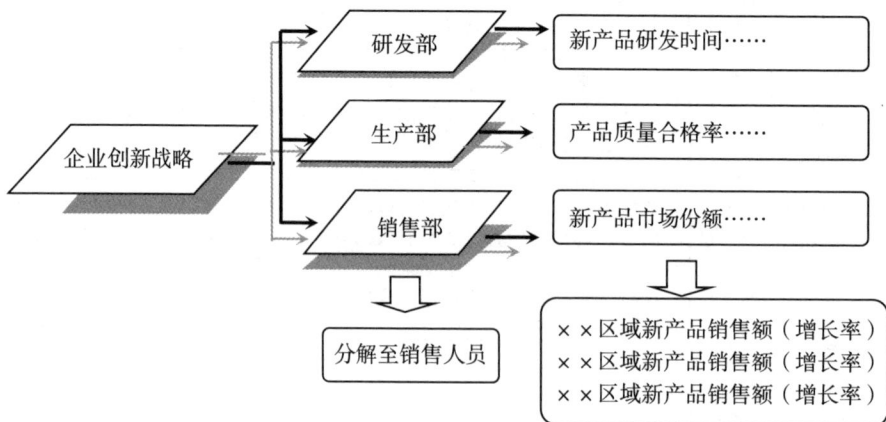

图 2-7　企业创新战略分解示例

2.2.2 企业战略目标量化

一家企业并不一定在以上所有领域都规定目标，并且战略目标也并不局限于以上十个方面。

企业所制定的战略目标应该是可评估、可衡量、可操作的，量化目标是做到这一点的基础。对于企业来讲，它的市场份额、销售额、利润额等的实现均需要进行目标量化。表 2-11 是对图 2-6 中的十项目标进行的量化分解。

表 2-11 企业战略目标量化分解

战略目标	___年—___年	___年—___年	___年—___年
盈利能力	1. 利润达到____万元 2. 销售利润率达到____% 3. 投资收益率达到____% ……	1. 利润达到____万元 2. 销售利润率达到____% 3. 投资收益率达到____% ……	1. 利润达到____万元 2. 销售利润率达到____% 3. 投资收益率达到____% ……
市场	1. 市场占有率达到____% 2. 销售额达到____万元 3. 销售量达到____台 ……	1. 市场占有率达到____% 2. 销售额达到____万元 3. 销售量达到____台 ……	1. 市场占有率达到____% 2. 销售额达到____万元 3. 销售量达到____台 ……
生产率	1. 投入产出比率达到____% 2. 年产量达到____台 3. 产品合格率达到____% 4. 产品成本下降率达到____% ……	1. 投入产出比率达到____% 2. 年产量达到____台 3. 产品合格率达到____% 4. 产品成本下降率达到____% ……	1. 投入产出比率达到____% 2. 年产量达到____台 3. 产品合格率达到____% 4. 产品成本下降率达到____% ……
产品结构	1. 新产品销售额占总销售额的比例达到____% 2. 新开发产品数达到____项 ……	1. 新产品销售额占总销售额的比例达到____% 2. 新开发产品数达到____项 ……	1. 新产品销售额占总销售额的比例达到____% 2. 新开发产品数达到____项 ……
资金	新增普通股____股 ……	新增普通股____股 ……	新增普通股____股 ……
生产力	年产量增加速度达到____% ……	年产量增加速度达到____% ……	年产量增加速度达到____% ……
研究与开发	1. 新产品开发数量达到____项 2. 获得的专利数达到____项 ……	1. 新产品开发数量达到____项 2. 获得的专利数达到____项 ……	1. 新产品开发数量达到____项 2. 获得的专利数达到____项 ……
组织	将承担的项目数达到____项 ……	将承担的项目数达到____项 ……	将承担的项目数达到____项 ……

（续表）

战略目标	___年—___年	___年—___年	___年—___年
人力资源	1. 缺勤率低于___% 2. 人员流动率低于___% ……	1. 缺勤率低于___% 2. 人员流动率低于___% ……	1. 缺勤率低于___% 2. 人员流动率低于___% ……
社会责任	公益活动项次增加___项 ……	公益活动项次增加___项 ……	公益活动项次增加___项 ……

2.2.3　战略目标量化考核

考核指标是对企业战略目标的细化和分解，涉及企业财务类指标、内部运营类指标、学习与成长类指标及客户类指标等，而每一项指标应是具体的、可度量的。表 2-12 对其中的部分目标项的指标进行了量化考核。

表 2-12　战略目标量化考核

指标类别	量化考核指标	考核标准
财务类指标	利润	每低于目标值___%，扣减相关责任人浮动薪酬的___%；超额完成的，奖励浮动薪酬的___%
	业务收入	每低于目标值___%，扣减相关责任人浮动薪酬的___%
	销售额	每低于目标值___%，扣减相关责任人浮动薪酬的___%；超额完成的，奖励浮动薪酬的___%
	经营成本	每高于目标值___%，扣减相关责任人浮动薪酬的___%；超出部分达___%，浮动薪酬按___%的比例计发
内部运营类指标	产量	每低于目标值___%，扣减相关责任人浮动薪酬的___%
	产品质量合格率	每低于目标值___%，扣减相关责任人浮动薪酬的___%；每发生 1 起重大质量事故，浮动薪酬按___%的比例计发
	设备完好率	每低于目标值___%，扣减相关责任人浮动薪酬的___%
学习与成长类指标	培训计划完成率	每有 1 次未按计划完成，扣减相关责任人浮动薪酬的___%
	专利项目	每有 1 项，企业给予___元~___元的奖励
客户类指标	市场占有率	每低于目标值___%，扣减相关责任人浮动薪酬的___%；每超出___%，奖励相关责任人浮动薪酬的___%
	客户满意率	每低于目标值___%，扣减相关责任人浮动薪酬的___%；每超出___%，奖励相关责任人浮动薪酬的___%

2.3　企业经营目标量化考核

2.3.1　企业经营目标设计

企业经营目标是企业发展战略的具体体现，它是一定时期企业生产经营活动预期要达到的成果或期望值。企业经营目标可能不止一个，其中既有经济目标又有非经济目标；既有主要目标，又有从属目标。它们之间相互联系，形成一个目标体系，具体如图2-8所示。

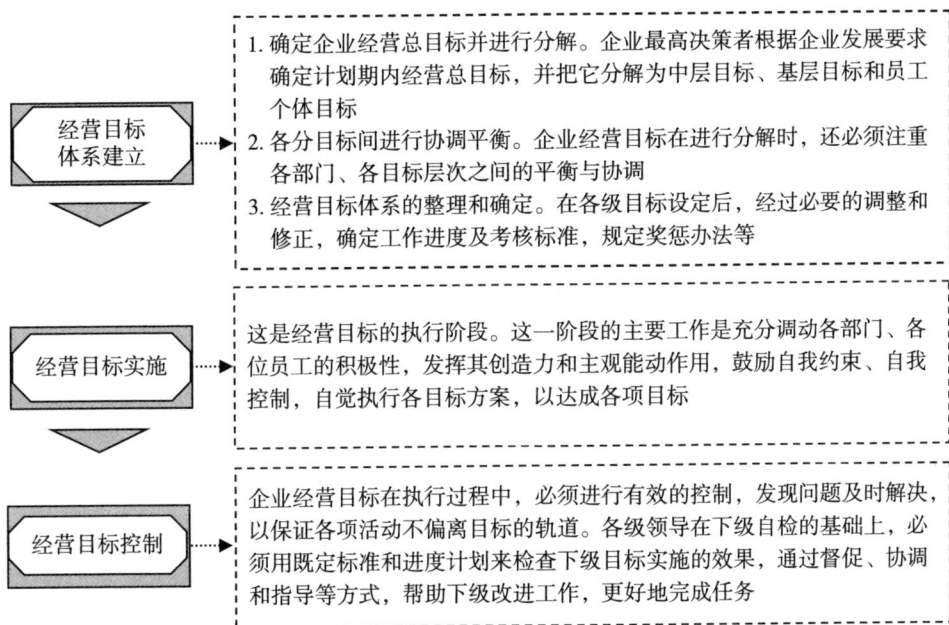

经营目标体系建立	1. 确定企业经营总目标并进行分解。企业最高决策者根据企业发展要求确定计划期内经营总目标，并把它分解为中层目标、基层目标和员工个体目标 2. 各分目标间进行协调平衡。企业经营目标在进行分解时，还必须注重各部门、各目标层次之间的平衡与协调 3. 经营目标体系的整理和确定。在各级目标设定后，经过必要的调整和修正，确定工作进度及考核标准，规定奖惩办法等
经营目标实施	这是经营目标的执行阶段。这一阶段的主要工作是充分调动各部门、各位员工的积极性，发挥其创造力和主观能动作用，鼓励自我约束、自我控制，自觉执行各目标方案，以达成各项目标
经营目标控制	企业经营目标在执行过程中，必须进行有效的控制，发现问题及时解决，以保证各项活动不偏离目标的轨道。各级领导在下级自检的基础上，必须用既定标准和进度计划来检查下级目标实施的效果，通过督促、协调和指导等方式，帮助下级改进工作，更好地完成任务

图 2-8　企业经营目标体系

1. 企业经营目标的确定

目标应具有挑战性和可完成性。企业经营目标可从不同的角度进行设定。图2-9、图2-10和图2-11列举了其中的三种方式。

成长性目标	稳定性目标
1. 表明了企业进步和发展的水平 2. 设定的目标如销售额达到____万元、 　利润额达到____万元、生产量达 　到____吨等	1. 主要反映企业的经营安全状况 2. 设定的目标如利润率提升____%

企业经营目标

1. 表明了企业的竞争能力
2. 设定的目标如市场占有率达到____%

竞争性目标

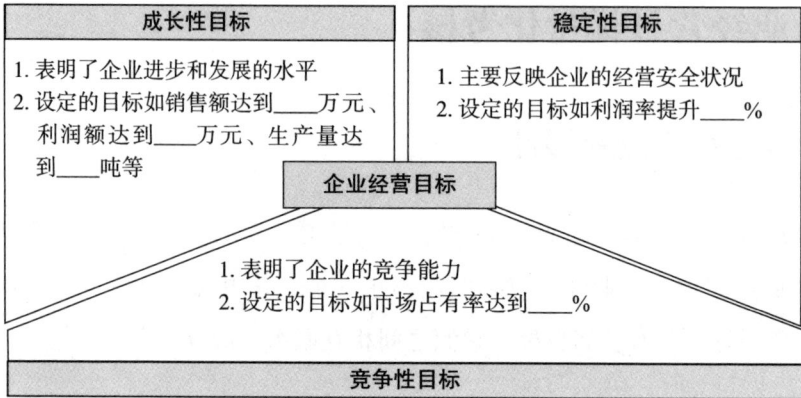

图 2-9　企业经营目标设定方式一

企业经营目标设定

业绩目标：如销售额达到____万元，利润增长____%，市场占有率达到____%

采购、生产目标
1. ××产品不良率降至____%以下
2. ××产品合格率达到____%
3. ××产品采购每吨价格控制在____元以下
4. 制造成本控制在____元以下

财务管理目标如投资收益率达到____%

创新目标：新开发产品达到____项

人力资源管理目标如全企业总人数达到____人，每年派____名员工到____外出学习

其他

图 2-10　企业经营目标设定方式二

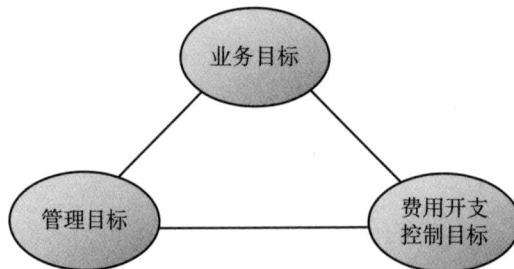

业务目标

管理目标

费用开支控制目标

图 2-11　企业经营目标设定方式三

2. 企业经营目标分解

图 2-12 从时间与空间两方面对企业经营目标进行了分解。

时间分解		空间分解
企业经营目标应分解为季度计划、月度计划、每周计划、每日计划。目标经过时间分解后在逻辑上形成了时间进度把控表，以时间进度把控为主线对每项工作做具体推进	**目标分解**	1. 目标空间分解是指对营业额、营业费用、利润、增长速度等指标做空间上的分解，即明确部门责任、人员责任，打造目标执行的责任链条 2. 对目标的空间分解要明确不同时段、不同部门、不同人员的工作重点，以确保重点目标的实现

图 2-12　企业经营目标分解

2.3.2　企业经营目标量化

只有可衡量的目标才能够为企业管理者提供判断绩效的标准。因此，在企业的目标体系中要用量化或者可衡量化的标准来加以描述。例如，企业年底实现市场份额 ××% 的覆盖程度；客户保有率不低于 ××%；将成本控制在 ××% ~ ××%，并在 ×× 个月内完成；提高客户响应速度，争取将回应时间控制在 ×× 分钟以内。

由于企业的发展情况各不相同，因此目标设定的侧重点也不尽相同。表 2-13 是某企业年度经营目标量化分解的一个示例。

表 2-13　年度经营目标量化分解

目标		目标量化
收入目标	销售收入	×× 产品销售收入达____元
		×× 产品销售收入达____元
	其他收入	×× 项目收入达____元
利润目标	净利润	达____元
	销售利润率	达____%
生产管理目标	产量	×× 产品达____台
		×× 产品达____台
	生产安全事故	无重大、特大安全生产事故发生

（续表）

目标	目标量化	
质量管理目标	产品质量合格率	产品质量合格率达到____%
市场目标	市场占有率	××产品市场占有率达到____%
		××产品市场占有率在上一年度的基础上提升____%
	品牌认知度	品牌认知度提升____%
技术研发目标	研发新产品的数量	研发新产品的数量达到____项
	重大技术改进项目完成数	重大技术改进项目完成数达到____项
客户服务目标	客户开发计划完成率	达到____%
	客户投诉处理及时率	达到____%
人力资源管理目标	员工流动率	控制在____%以内
	人均培训时数	达到____小时/人
成本管理目标	研发成本	控制在预算之内
	制造成本	降低____%
费用管理目标	营销费用	控制在预算之内
	财务费用	降低____%
	管理费用	降低____%

2.3.3　经营目标量化考核

对经营目标进行考核，有助于调动目标责任人的积极性和创造性，以达到创新发展、扩量提质增效、确保企业经营目标实现的目的。由于企业经营目标的多元化，下面选取了其中两项目标进行量化考核说明。

1. 生产管理目标量化考核

企业生产管理的目标是确保生产系统的有效运作，全面完成产量、质量、成本、交期、安全等各项要求，其量化考核及评分标准如表 2-14 所示。

表 2-14　生产管理目标量化考核及评分标准

考核项	评分标准
产量	××产品产量达到____台，每低于计划____%，减____分
质量	质量合格率达到____%，每低于____%，减____分
交期	交期达成率达到____%，每低于____%，减____分

（续表）

考核项	评分标准
成本	生产成本控制在预算之内，每超出____%，减____分
安全生产责任制	1. 机构健全，分工明确，责任到人，否则该项不得分 2. 完善安全生产目标管理体系，逐级分解落实安全事故控制任务，层层签订安全生产目标管理责任书，并严格考核。安全生产目标管理考核不严格或奖惩未兑现的，每发现1次，减____分 3. 在工作决策和评优选先中没有落实安全生产"一票否决"的，每有1项，减____分
安全生产检查与整改	1. 年度开展对生产区域的安全生产大检查不少于____次，要求检查次次有记录，限期整改有通知，整改验收有结果 2. 每少1次安全生产大检查，减____分；检查发现无档案资料或缺档案资料的，每次减____分；隐患整改未及时完成的，减____分/次
安全生产培训	培训计划完成率达到100%，每有1次未按计划完成，减____分
安全生产管理目标	未发生生产事故，得满分，否则不得分
安全报告制度	发生事故在规定时限内报告，无瞒报、谎报、拖延或漏报的，得满分；每瞒报1次，减____分，每拖延或漏报1次，减____分

2. 销售管理目标量化考核

销售管理的目标可分解为销售额目标、营销费用目标、销售利润目标及其他相关目标，其量化考核及评分标准如表2-15所示。

表2-15　销售管理目标量化考核及评分标准

考核项	评分标准
销售额	确保实现销售收入____元以上，每减少____%，减____分；每增加____%，加____分
市场占有率	市场占有率的目标值为____%，每减少____%，减____分；每增加____%，加____分
销售利润	销售利润达到____元以上，
营销费用	控制在销售收入的____%以内，每超出____%，减____分；每减少____%，加____分
渠道开发数量	新开发的销售网点数量达到____个，每少于目标值1个单位，减____分；每多1个单位，加____分
客情关系维护	1. 建立____户购销稳定的大客户，每少于目标值1个单位，减____分；每多1个单位，加____分 2. 客户满意度评价应达到____分以上，每低于____分，减____分；每高于____分，加____分
销售合同管理	合同归档率达到100%，每缺失1份，减____分

2.4 基于战略经营目标的薪酬体系设计

2.4.1 基于战略目标的薪酬体系设计

战略性薪酬管理是以企业发展战略为依据，根据企业某一阶段的内部、外部总体情况，正确选择薪酬策略，系统设计薪酬体系并对其实施动态管理，促进企业战略目标实现的活动。

1. 构建整体薪酬战略

战略薪酬必须与企业的经营战略类型具有高度的相容性。不同的战略类型需要不同的薪酬制度与之相匹配。图 2-13 列举了其中三种战略模式下的薪酬设计思路。

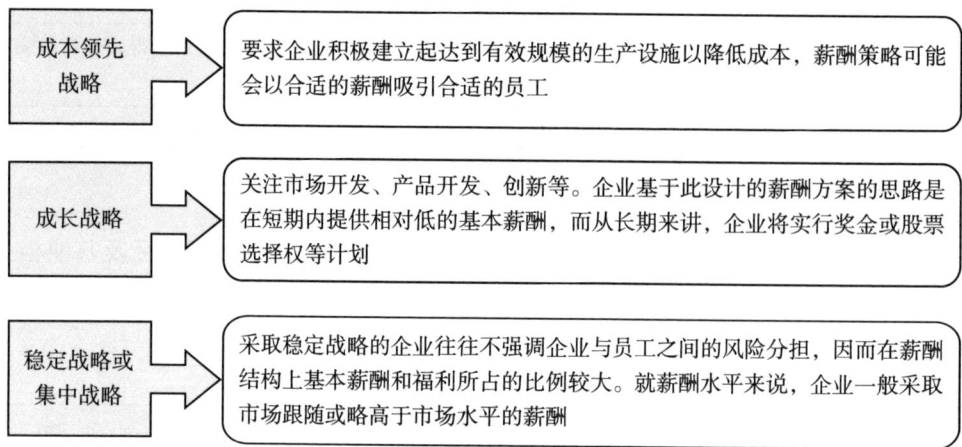

成本领先战略	要求企业积极建立起达到有效规模的生产设施以降低成本，薪酬策略可能会以合适的薪酬吸引合适的员工
成长战略	关注市场开发、产品开发、创新等。企业基于此设计的薪酬方案的思路是在短期内提供相对低的基本薪酬，而从长期来讲，企业将实行奖金或股票选择权等计划
稳定战略或集中战略	采取稳定战略的企业往往不强调企业与员工之间的风险分担，因而在薪酬结构上基本薪酬和福利所占的比例较大。就薪酬水平来说，企业一般采取市场跟随或略高于市场水平的薪酬

图 2-13　企业不同战略模式下的薪酬设计

2. 战略性薪酬管理示例

图 2-14 是某集团企业战略性薪酬管理示例，供读者参考。

某集团企业为生产型企业，产品畅销国内外。目前制定的企业发展战略是"跻身同行业前××强、拥有自主知识产权和强大综合竞争力的一流企业"。

该企业薪酬管理的总目标确定为适应企业发展战略需求，全面构建市场领先、激励充分、利益共享、一体化的战略薪酬体系，确保企业吸引、留住和激励各层次人才，促进企业和员工的共同发展。在这一总目标的导引下，在具体进行薪酬制度、方案设计时，其出发点如下。

（1）致力于吸引和保留优秀的人才，使企业成为人才向往的企业。

（2）给予优秀绩效者、能力高者适当倾斜。

（3）提供具有市场竞争力的报酬。

（4）提供内在的（非物质的）回报，以提高员工的忠诚度。

在明确企业战略的前提下，开展岗位价值评估，建立、完善整个企业的绩效标准和指标系统及员工能力素质模型，提升员工能力，相应提高员工薪酬，进而提升整个企业的能力，为企业战略的实现提供坚实的支撑。

图 2-14　战略性薪酬管理示例

2.4.2　基于经营目标的薪酬体系设计

企业现状及未来经营目标是制定薪酬政策及进行薪酬决策的重要前提。只有明确了企业现状及未来经营目标，才能确定适合本企业的薪酬水平，以及建立具有内部公平性和外部竞争性的薪酬体系结构。

在设置科学合理的经营管理目标的基础上，企业根据岗位职责，为企业中的相关人员制定年度工作目标，从而建立起相应的薪酬管理体系，以促进企业经营管理目标的实现。基于经营目标的薪酬体系设计方案示例如下。

方案名称	基于经营目标的薪酬体系设计方案	编制部门	
		执行部门	

一、目的

为充分发挥薪酬对高层管理人员的激励作用，特制定本方案。

二、企业高层管理人员薪酬的确定需遵循以下原则

1. 按劳分配与责、权、利相结合的原则。

2. 收入水平与企业效益及工作目标挂钩的原则。

3. 薪酬与企业长远利益相结合的原则。

三、适用范围

本方案所称高层管理人员指总经理、副总经理、财务总监、技术总监、设计总监、总工程师及其他经企业董事会批准列入高层管理者的人员。

四、管理机构

企业董事会薪酬与考核委员会对高层管理人员进行考核并初步确定薪酬分配方案，提交董事会审议批准。

五、基于经营目标设计的薪酬结构

高层管理人员年薪总额＝基本薪酬＋绩效薪酬＋特殊奖励＋福利补贴＋长期激励

1. 基本薪酬

基本薪酬主要考虑职位价值、责任、能力、市场薪资行情等，按月发放。基本薪酬由企业薪酬与考核委员会根据本企业年度计划的经营目标确定。基本薪酬占薪酬总额的 60%。

2. 绩效薪酬

（1）绩效薪酬主要考虑企业的经济效益及高层管理人员完成工作目标的效率和质量状况。

（2）根据考核成绩决定发放绩效薪酬数额，其是高层管理人员的收益与经营业绩直接挂钩的部分。

（3）绩效薪酬在年底发放。绩效薪酬占薪酬总额的 40%，根据经审计后的经营业绩情况，如果完成年初确定的经营指标，则足额发放；如果未完成经营业绩指标，则按未能完成的情况相应减少绩效年薪的发放；如果超额完成，则按超出的额度进行相应的奖励。

3. 特殊奖励

（1）企业根据年度经营指标的完成情况，对在经营管理上绩效优异的高层管理人员进行特别奖励。

（2）由薪酬与考核委员会根据高层管理人员年度经营目标完成情况，计算当年绩效奖励总额，并于年底一次性发放。

4. 福利补贴

福利补贴包括国家法定福利、企业保障性福利和企业关怀性福利。

5. 长期激励

企业实行长期激励机制，对企业发展过程中做出重要贡献的高层管理人员给予长期回报和奖励。

六、绩效考核

（1）在年终时，由薪酬与考核委员会对高层管理人员于年初制订的年度工作计划和主要业绩指标的完成情况进行考核。

（2）考核评定分为四个等级，即A、B、C、D。当年度绩效评定为D或两次被评定为C的管理人员，不享受当年的特殊奖励。

七、绩效奖励取消情形说明

（1）高层管理人员出现重大决策失误，给企业造成巨大经济损失的（如当年累计超过最近一期经审计的企业净资产的××%）。

（2）发生重大产品质量、环保、安全责任事故，给企业造成生命财产重大损失或产生重大不良影响的。

（3）发生其他严重违规违纪事件的。

八、方案实施

（1）本方案经董事会审议通过，由董事会薪酬与考核委员会组织考核实施。

（2）因非可控的重大因素影响当期企业经营状况时，董事会有权对绩效年薪做出相应调整。

（3）本方案实施后，由董事会根据企业经营发展需要进行适时修订。

编制人员		审核人员		批准人员	
编制日期		审核日期		批准日期	

第 **3** 章

企业业务目标量化考核与薪酬体系设计

3.1 企业生产业务量化考核

3.1.1 企业生产目标的制定

1. 企业生产目标制定要求

企业生产目标的制定要与企业的内外因素相结合，以确保生产目标制定的合理性。

在确定目标后，要层层分解落实到具体人员，以确保生产目标的可实现性。另外，企业在制定生产目标时要让生产人员参与，具体内容如图3-1所示。

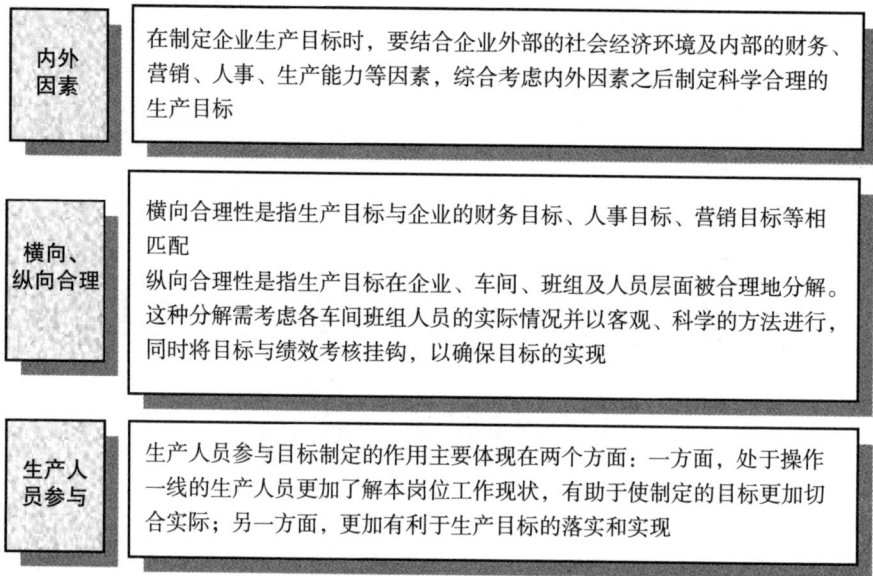

内外因素	在制定企业生产目标时，要结合企业外部的社会经济环境及内部的财务、营销、人事、生产能力等因素，综合考虑内外因素之后制定科学合理的生产目标
横向、纵向合理	横向合理性是指生产目标与企业的财务目标、人事目标、营销目标等相匹配 纵向合理性是指生产目标在企业、车间、班组及人员层面被合理地分解。这种分解需考虑各车间班组人员的实际情况并以客观、科学的方法进行，同时将目标与绩效考核挂钩，以确保目标的实现
生产人员参与	生产人员参与目标制定的作用主要体现在两个方面：一方面，处于操作一线的生产人员更加了解本岗位工作现状，有助于使制定的目标更加切合实际；另一方面，更加有利于生产目标的落实和实现

图3-1 企业生产目标的制定

2. 企业生产目标管理的内容

企业生产目标主要涉及生产产量、生产质量、生产进度、生产成本、生产安全五项内容，具体如图3-2所示。

目标大项	目标内容
生产产量	根据市场行情及企业的经营经验，结合市场需求和企业的仓储能力，使产品成品达到____件，半成品达到____件
生产质量	生产质量管理体系完善，生产质量检查按时进行，生产产品合格率达到____%，产品废品率低于____%，无重大质量缺陷
生产进度	根据生产任务、企业仓储水平合理安排生产进度，确保产品按时交期
生产成本	生产流程设计科学合理，确保单位产品生产成本低于____元
生产安全	建立生产安全管理体系，落实生产安全目标责任制，做好生产安全检查和隐患整改工作，杜绝生产安全事故发生

图 3-2 企业生产目标

3.1.2 企业生产目标的量化

企业生产目标要层层分解到车间、班组，具体如表 3-1 所示。

表 3-1 企业生产目标量化项目和指标

量化项目	企业指标	车间指标	班组指标
生产产量	生产任务达成率	车间产量达成率	成品产量达成率
	生产产量	车间产量	半成品产量达成率
	生产产值	车间产值	补货订单达成率
生产质量	产品合格率	产品质量原因退货率	废品率
	产品废品率	优质品率	产品返工率
生产进度	交期达成率	车间生产交期达成率	延迟交货的次数
	产品批次延迟次数	订单延迟交付次数	交货平均延迟时间
生产成本	单位能耗降低率	车间能耗率	批量返工费用
	单位产品成本降低率	车间产品报废损失	材料消耗
生产安全	安全事故发生次数	车间安全事故发生次数	班组安全事故发生次数
	轻伤、负伤率	车间安全隐患整改率	现场安全达标合格率
	安全培训计划达成率	安全检查合格率	班组安全考核通过率

3.1.3　企业生产目标的量化考核

企业生产目标的量化考核内容如表 3-2 所示。

表 3-2　企业生产目标的量化考核

量化项目	量化指标	考核标准	资料来源	权重
生产产量	生产任务达成率	每低于目标值____%，减____分	生产部	15%
	生产产量	每低于目标值____%，减____分	生产部	10%
	生产产值	每低于目标值____%，减____分	生产部	10%
生产质量	产品合格率	每低于目标值____%，减____分	生产部 质量部	10%
	产品废品率	每高于目标值____%，减____分	生产部 质量部	5%
生产进度	交期达成率	每低于目标值____%，减____分	生产部	10%
	产品批次延迟次数	每发生 1 次，减____分	生产部	5%
生产成本	单位能耗降低率	每低于目标值____%，减____分	生产部	5%
	单位产品成本降低率	每低于目标值____%，减____分	生产部 财务部	10%
生产安全	安全事故发生次数	每发生 1 次，减____分	生产部	10%
	轻伤、负伤率	目标值为 0	生产部	5%
	安全培训计划达成率	每低于目标值____%，减____分	生产部 人力资源部	5%

3.2　企业销售业务量化考核

3.2.1　企业销售目标的制定

1. 销售目标制定应考虑的因素

企业制定销售目标需要考虑的因素包括但不限于图 3-3 所示的八项。

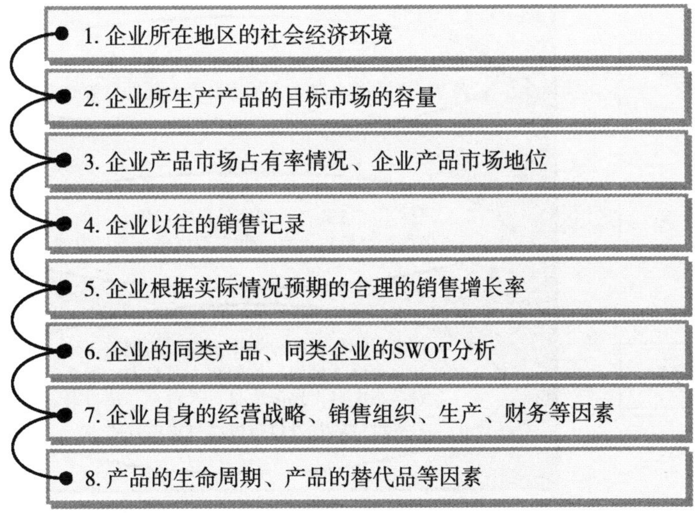

1. 企业所在地区的社会经济环境

2. 企业所生产产品的目标市场的容量

3. 企业产品市场占有率情况、企业产品市场地位

4. 企业以往的销售记录

5. 企业根据实际情况预期的合理的销售增长率

6. 企业的同类产品、同类企业的SWOT分析

7. 企业自身的经营战略、销售组织、生产、财务等因素

8. 产品的生命周期、产品的替代品等因素

图 3-3　企业销售目标制定应考虑的因素

2. 销售目标的类别

对于销售目标的分类，从不同的角度，我们可将其划分为图 3-4 所示的三大类别。

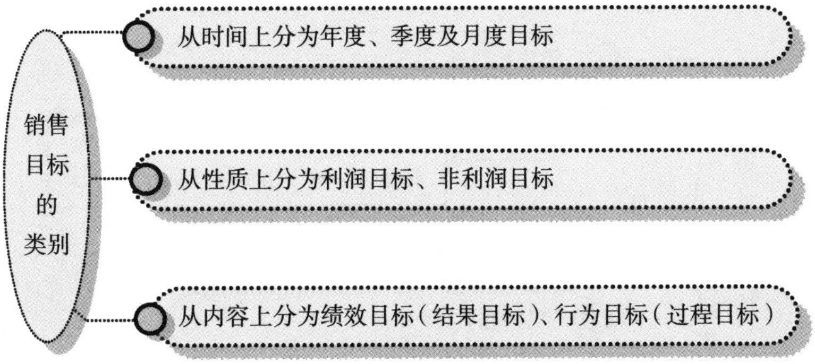

销售目标的类别

从时间上分为年度、季度及月度目标

从性质上分为利润目标、非利润目标

从内容上分为绩效目标（结果目标）、行为目标（过程目标）

图 3-4　销售目标的类别

3. 销售目标管理应注意的事项

图 3-5 从目标设置、目标高度、目标分解三个方面对销售目标管理中应注意的事项做出了相应说明。

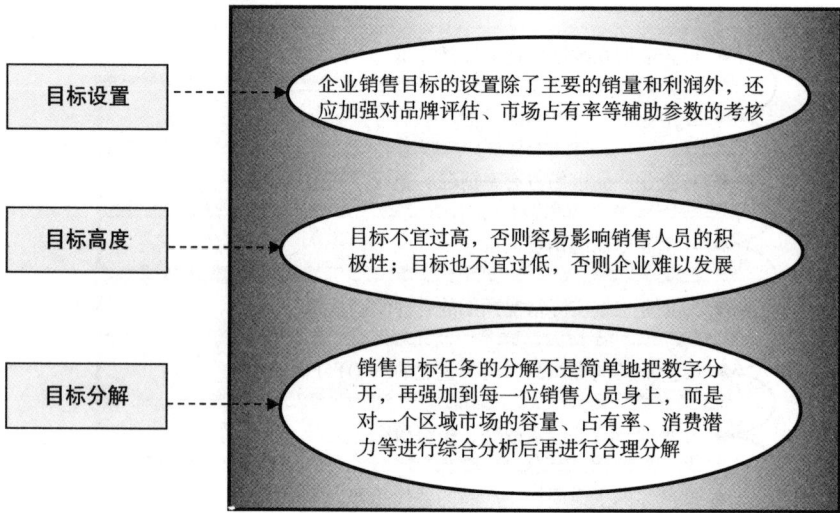

图 3-5 销售目标管理应注意的事项

4. 企业的销售目标

企业制定的销售目标既具有合理性又具有挑战性，且为企业所能实现，一般包括如图 3-6 所示的内容。

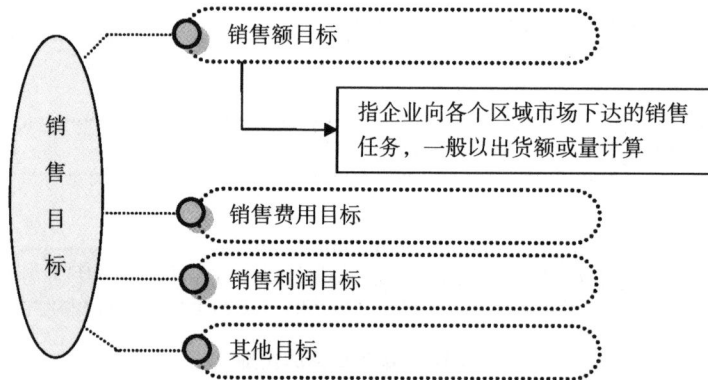

图 3-6 销售目标

图 3-6 中的内容又可以拆分为图 3-7 所示的七项具体目标。

目标一	开拓＿＿种方式的销售渠道，销售任务完成率达到100%，确保产品销售增长率达到＿＿%
目标二	将销售成本控制在预算范围内，提高产品的销售毛利，销售毛利率达到＿＿%
目标三	在实现销售目标的同时，建设和维护好企业品牌形象，品牌知名度达到＿＿%
目标四	不断开拓市场，产品市场覆盖率达到＿＿%、市场占有率提高＿＿%
目标五	对销售回款积极催收，及时足额完成销售货款回收工作
目标六	开拓新的客户资源，客户开发计划按时且100%完成
目标七	及时处理客户投诉，客户投诉解决率达到＿＿%

图 3-7　销售目标细化

3.2.2　企业销售目标的量化

表 3-3 主要从目标量化项目和目标量化指标两个方面对企业销售目标的量化进行了说明。

表 3-3　企业销售目标的量化

目标量化项目	目标量化指标	量化指标说明	目标值
销售量	销售量	—	达到＿＿件
	销售额	—	实现＿＿万元
	销售增长率	$\dfrac{本期销售收入 - 上期销售收入}{上期销售收入} \times 100\%$	高于＿＿%
销售利润	销售毛利率	$\dfrac{销售收入 - 销售成本}{销售收入} \times 100\%$	高于＿＿%
	销售费用	—	降低＿＿%
品牌建设	品牌评估价值	—	达到＿＿万元
市场开发	市场占有率	$\dfrac{一定地区内本企业产品销量}{一定地区内同类产品总销量} \times 100\%$	高于＿＿%
	市场覆盖率	$\dfrac{本企业产品投放地区数}{全市场同类产品投放地区数} \times 100\%$	高于＿＿%
销售回款管理	销售回款率	$\dfrac{本期实收销售收入}{本期销售收入} \times 100\%$	高于＿＿%

（续表）

目标量化项目	目标量化指标	量化指标说明	目标值
	新增客户数量	—	达到____个
客户管理	客户保有率	—	高于____%
	客户投诉解决率	$\dfrac{解决的投诉数}{投诉总数}\times100\%$	达到____%

3.2.3　销售目标的量化考核

1. 企业销售目标量化考核

（1）企业销售目标考核量表如表 3-4 所示。

表 3-4　企业销售目标考核量表

考核项目	考核指标	目标值	评价标准	权重	资料来源	得分
销售任务完成情况	销售目标完成率	达到____%	每低于目标值____%，减____分	10%	销售部	
	销售增长率	达到____%	每低于目标值____%，减____分	10%	销售部	
	销售额	达到____%	每低于目标值____%，减____分	5%	销售部财务部	
	销售毛利率	达到____%	每低于目标值____%，减____分	10%	销售部财务部	
	销售费用	预算内	每高于预算值____%，减____分	5%	销售部财务部	
品牌市场管理	品牌评估价值	达到____元	每低于目标值____%，减____分	5%	销售部总经办	
	市场占有率	高于____%	每低于目标值____%，减____分	10%	销售部	
	市场覆盖率	达到____%	每低于目标值____%，减____分	5%	销售部	
销售货款回收	销售回款率	高于____%	每低于目标值____%，减____分	10%	销售部财务部	
	坏账率	低于____%	每高于目标值____%，减____分	5%	销售部财务部	

考核项目	考核指标	目标值	评价标准	权重	资料来源	得分
客户关系维护	客户保有率	达到____%	每低于目标值____%，减____分	10%	销售部	
	客户开发计划完成率	达到____%	每低于目标值____%，减____分	10%	销售部	
	客户投诉解决率	达到____%	每低于目标值____%，减____分	5%	销售部	

（2）企业在进行销售目标考核时应该注意图 3-8 所示的三个方面的问题。

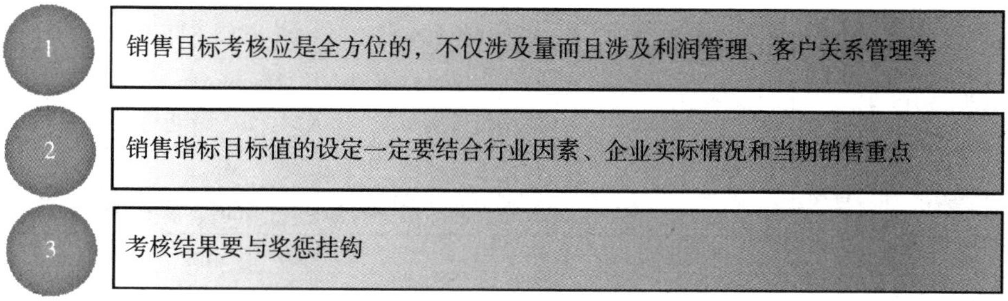

1	销售目标考核应是全方位的，不仅涉及量而且涉及利润管理、客户关系管理等
2	销售指标目标值的设定一定要结合行业因素、企业实际情况和当期销售重点
3	考核结果要与奖惩挂钩

图 3-8　销售目标考核应注意的问题

2. 销售任务量化考核

（1）销售任务量化考核指标如图 3-9 所示。

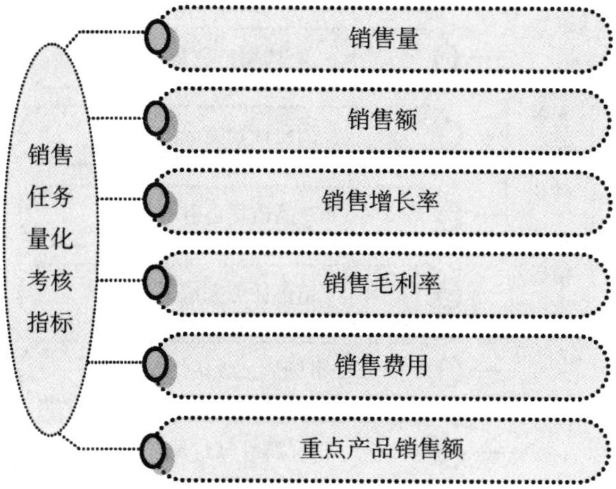

销售任务量化考核指标
- 销售量
- 销售额
- 销售增长率
- 销售毛利率
- 销售费用
- 重点产品销售额

图 3-9　销售任务量化考核指标

（2）销售任务量化考核表如表 3-5 所示。

表 3-5　销售任务量化考核表

序号	考核指标	权重	指标考核		得分
			目标值	考核标准	
1	销售量	＿＿＿%	＿＿＿件	1. 低于目标值＿＿＿%，减＿＿＿分 2. 销售量低于＿＿＿件时，该项不得分	
2	销售额	＿＿＿%	＿＿＿元	1. 低于目标值＿＿＿%，减＿＿＿分 2. 销售额低于＿＿＿元时，该项不得分	
3	销售增长率	＿＿＿%	＿＿＿%	1. 低于目标值＿＿＿%，减＿＿＿分 2. 销售增长率低于＿＿＿%，该项不得分	
4	销售毛利率	＿＿＿%	＿＿＿%	1. 每低于目标值＿＿＿%，减＿＿＿分 2. 销售毛利率低于＿＿＿%，该项不得分	
5	销售费用	＿＿＿%	＿＿＿元	1. 每高于目标值＿＿＿%，减＿＿＿分 2. 销售费用高于＿＿＿元时，该项不得分	
6	重点产品销售额	＿＿＿%	＿＿＿元	1. 低于目标值＿＿＿%，减＿＿＿分 2. 重点产品销售额低于＿＿＿元时，该项不得分	

3. 销售业务拓展量化考核

（1）销售业务拓展量化考核指标如图 3-10 所示。

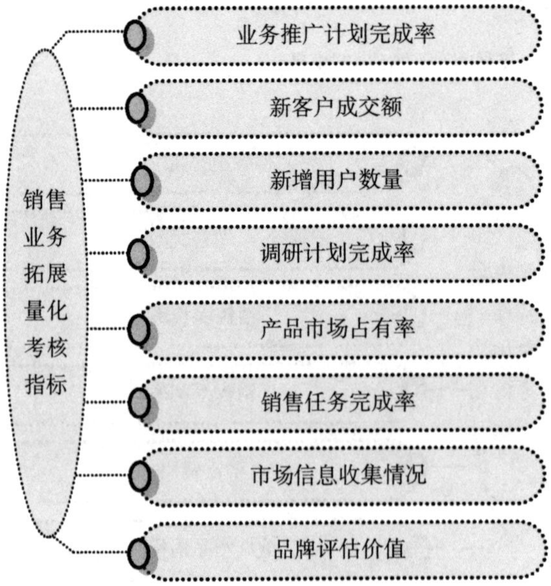

图 3-10　销售业务拓展量化考核指标

（2）销售业务拓展量化考核表如表 3-6 所示。

表 3-6 销售业务拓展量化考核表

类别	考核指标	权重	绩效考核标准	得分
定量指标	新客户成交额	15%	目标值为___万元；超过___万元但不足___万元，得___分；低于___万元，该项不得分	
	新增用户数量	10%	目标值为___个；超过___个，得___分；低于___个，该项不得分	
	产品市场占有率	25%	目标值为___%；每低于目标值___%，减___分；低于___%，该项不得分	
	业务推广计划完成率	10%	目标值为___%；每低于目标值___%，减___分；低于___%，该项不得分	
	调研计划完成率	10%	未按计划完成，减___分 / 次	
	销售任务完成率	20%	目标值为___%；每低于目标值___%，减___分；低于___%，该项不得分	
定性指标	市场信息收集情况	5%	市场报告提交不及时减___分 / 次，市场报告每有 1 处差错减___分	
	品牌评估价值	5%	目标值为___万元；每低于目标值___%，减___分	

4. 销售回款量化考核

（1）销售回款量化考核指标如图 3-11 所示。

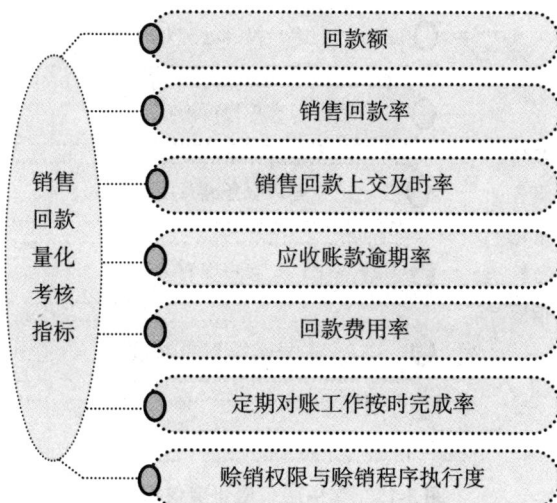

图 3-11 销售回款量化考核指标

（2）销售回款量化考核表如表3-7所示。

表3-7　销售回款量化考核表

序号	考核指标	权重	指标考核		得分
			目标值	考核标准	
1	回款额	15%	＿＿元	1. 低于目标值＿＿元，减＿＿分 2. 回款额低于＿＿元时，该项不得分	
2	销售回款率	20%	＿＿%	1. 低于目标值＿＿%，减＿＿分 2. 销售回款率低于＿＿%，该项不得分	
4	应收账款逾期率	10%	＿＿%	1. 每高出＿＿%，减＿＿分 2. 应收账款逾期率超过＿＿%时，该项不得分	
5	销售回款 上交及时率	20%	＿＿%	每有1次未在规定的时间内完成，扣＿＿分	
6	回款费用率	10%	＿＿%	每增加＿＿%，减＿＿分；回款费用率超过＿＿%时，该项不得分	
7	定期对账工作 按时完成率	15%	＿＿%	未按时完成，减＿＿分/次	
8	赊销权限与赊销 程序执行度	10%	＿＿分	1. 遵守赊销权限，严格执行赊销程序，得＿＿分 2. 赊销情况不符合要求，每发现1次，减＿＿分	

5. 客户服务量化考核

（1）客户服务量化考核指标如图3-12所示。

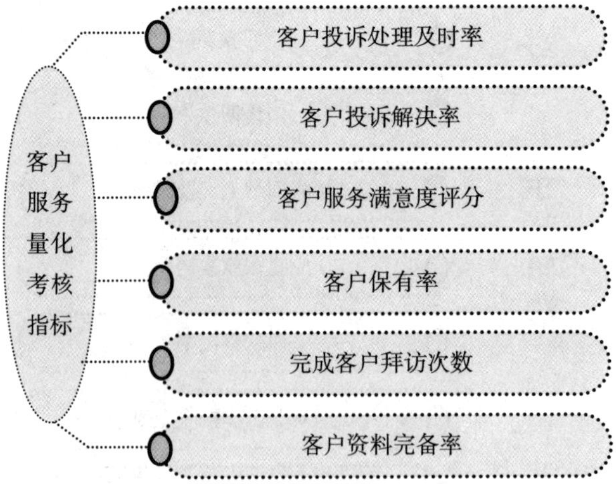

图3-12　客户服务量化考核指标

（2）客户服务量化考核表如表3-8所示。

表3-8　客户服务量化考核表

考核指标	权重	评分标准	得分
客户投诉处理及时率	10%	目标值为100%，每有1次处理不及时的情况出现，减____分	
客户投诉解决率	15%	目标值为____%，每降低____%，减____分；投诉解决率低于____%，该项不得分	
客户服务满意度评分	25%	目标值为____分，每减少____分，减____分；客户服务满意度评分低于____分，该项不得分	
客户保有率	20%	目标值为____%，每降低____%，减____分，客户保有率低于____%，该项不得分	
完成客户拜访次数	20%	目标值为____次，每少于目标值____次，减____分；少于____次时，该项不得分	
客户资料完备率	10%	每有1处不完整或错误的信息，减____分	

3.3　企业研发业务量化考核

3.3.1　企业研发目标的制定

1. 企业研发目标制定应考虑的因素

企业在进行研发目标的制定时，不仅要考虑外部市场、政策、行业研发技术水平等外部因素，还要考虑内部经营战略、经济等情况，具体如表3-9所示。

表3-9　企业研发目标制定应考虑的因素

因素大项	具体因素
外部因素	外部经济环境的影响，如企业所在地的相关扶持政策等
	行业内研发技术水平及其发展趋势
	企业外部竞争对手及同类企业的研发技术水平
	替代品的发展和研发技术水平
	……………
内部因素	企业研发目标必须要和企业发展战略相一致
	企业的管理水平影响研发目标的设立和实现
	企业的经济实力

（续表）

因素大项	具体因素
内部因素	企业的研发能力
	企业的研发需求
	…………

2. 企业研发目标制定的原则

企业在制定研发目标时，应遵循图 3-13 所示的原则。

图 3-13　企业研发目标制定的原则

3. 企业研发目标

企业研发这一业务目标主要涉及四个方面：新产品研发、项目研发管理、研发专利技术、研发资料管理，具体如图 3-14 所示。

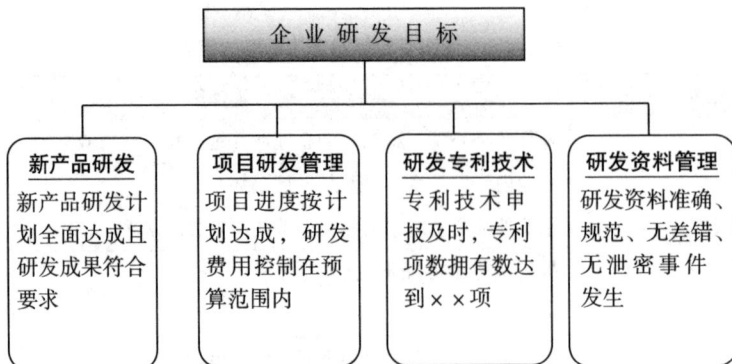

图 3-14　企业研发目标

3.3.2 企业研发目标的量化

表 3-10 主要从目标项和目标细化两个方面对企业研发目标的量化进行了说明。

表 3-10 企业研发目标的量化

目标项	目标细化	需达到的目标值
项目研发管理	项目立项科学、规范	项目立项通过率达到____%
	项目进度控制合理	项目阶段成果达成率达到____%
	降低和控制项目研发费用	项目研发费用控制在预算内
	项目验收成功	项目验收成功率达到____%以上
新产品研发	研发新产品达到计划数量	研发新产品的数量达到____项
	研发新产品的质量高、性能稳定	新产品中试一次通过率达到____%
	新产品研发周期平均为____天	在计划时间内完成
	降低新产品的研发成本	新产品研发成本控制在预算内
研发专利技术	研发专利技术申报及时	专利技术申报及时率达到____%
	研发专利技术申报项数	获得的专利项数达到____项
研发资料管理	研发资料准确、规范	研发资料出现差错次数控制在____次以内
	研发资料保管完好、无泄密现象	无研发资料泄密现象出现

3.3.3 研发目标的量化考核

1. 企业研发目标量化考核表

企业研发目标量化考核表如表 3-11 所示。

表 3-11 企业研发目标量化考核表

考核项目	考核指标	目标值	评价标准	权重	资料来源	得分
项目研发管理	项目立项通过率	达到____%	每低于目标值____%，减____分	5%	研发部	
	项目阶段成果达成率	达到____%	每低于目标值____%，减____分	10%	研发部	
	项目研发费用	预算内	每高于预算值____%，减____分	10%	研发部财务部	
	项目验收成功率	达到____%	每低于目标值____%，减____分	10%	研发部	

（续表）

考核项目	考核指标	目标值	评价标准	权重	资料来源	得分
新产品研发	研发新产品的数量	达到____项	每少于目标值1项，减____分	5%	研发部总经办	
	新产品中试一次通过率	高于____%	每低于目标值____%，减____分	10%	研发部	
	新产品开发周期	平均____天	每比目标值多延期____天，减____分	10%	研发部	
	新产品研发成本	预算内	每高于预算值____%，减____分	10%	研发部财务部	
研发专利技术	专利技术申报及时率	达到100%	每延迟1次，减____分	10%	研发部	
	获得的专利项数	达到____项	每多1项，加____分	10%	研发部	
研发资料管理	资料完备率	100%	每有1处缺失或差错，减____分	5%	研发部	
	研发资料泄密次数	0次	每发生1次，减____分	5%	研发部	
研发目标量化考核总得分						
备注						

2. 企业研发目标考核说明

企业在进行研发目标考核时应该注意以下三个方面的问题，具体如图3-15所示。

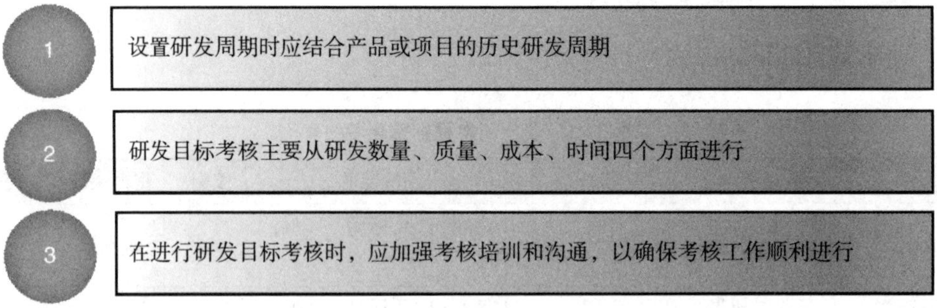

1 设置研发周期时应结合产品或项目的历史研发周期

2 研发目标考核主要从研发数量、质量、成本、时间四个方面进行

3 在进行研发目标考核时，应加强考核培训和沟通，以确保考核工作顺利进行

图3-15 研发目标考核应注意的问题

3.4 企业业务总监量化考核

3.4.1 生产总监量化考核

1. 生产总监量化考核表

生产总监量化考核表如表 3-12 所示。

表 3-12 生产总监量化考核表

被考核人姓名_____	所属部门_____		考核时间_____			
指标维度	量化指标	权重	绩效目标值	考核频率	数据来源	考核得分
财务	单位生产成本下降率	10%	达到____%	月度 / 季度 / 年度	财务部、生产部	
	库存资金占用率	10%	不高于____%	季度 / 年度	财务部、生产部	
内部运营	生产计划完成率	15%	达到____%	月度	生产部	
	产品质量合格率	15%	达到____%	月度	质检部、生产部	
	交期达成率	5%	达到____%	月度	生产部	
	设备利用率	10%	达到____%	月度 / 季度 / 年度	生产部	
	（部门）劳动生产率	5%	达到____%	月度 / 季度	生产部	
	生产安全事故发生次数	10%	0 次	月度 / 季度 / 年度	生产部	
客户	领导满意度评分	5%	达到____分	年度	人力资源部	
	部门协作满意度评分	5%	达到____分	年度	人力资源部	
学习与成长	培训计划完成率	10%	达到____%	季度 / 年度	人力资源部	
量化考核得分合计						
备注						
被考核人签字： 日期：			考核人签字： 日期：			

2. 生产总监目标责任书

生产总监目标责任书示例如下。

生产总监目标责任书

甲方：××公司   乙方：生产总监

一、考核期限

___年___月___日至___年___月___日。

二、双方的权利和义务

1. 甲方拥有对乙方的监督考核权，并负有指导、协助乙方开展必要工作的责任。

2. 乙方负责生产的一切事务，要求保质保量地完成公司规定的相应工作，在工作上服从甲方的安排。

三、薪酬标准

1. 乙方年薪为___万元，其中固定薪酬占60%，浮动薪酬占40%。

2. 每月固定发放___元人民币；每月浮动部分为___～___元人民币，根据月度KPI打分确定发放额度，并于当月发放。

3. 根据每月的KPI考核得分，并结合年度重点工作任务完成情况及工作能力考核，确定年度奖金发放。

四、工作目标与考核

（一）KPI指标考核

生产总监KPI指标考核如表1所示。

表1　生产总监KPI指标考核

KPI指标	权重	目标值	实际值	差异率	得分
生产费用降低率	15%	达到___%			
生产任务完成率	20%	达到___%			
产品质量合格率	20%	达到___%			
交货准时率	15%	达到___%			
安全生产事故发生次数	20%	0次			
设备完好率	10%	达到___%			

（二）年度重点任务完成情况考核

年度重点任务完成情况考核如表2所示。

（续）

表2　年度重点任务完成情况考核

重点任务	计划目标	实际完成情况	考核标准	评估

（三）工作能力考核

对生产总监工作能力的考核主要依据职位说明书。

五、考核结果

1. 月度浮动工资发放标准如表3所示。

表3　月度浮动工资发放标准

KPI得分	80（含）～100分	70（含）～80分	60（含）～70分	60分以下
浮动工资发放比例	100%	75%	60%	30%

2. 年度考核结果应用如下。

（1）年度考核结果计算公式为：年度考核结果＝各月KPI考核平均得分 × 60%＋年度重点工作考核得分 ×20%＋工作能力考核得分 ×20%

（2）年度考核结果主要用于年度奖金的发放，具体发放标准见公司奖金发放办法。

六、附则

1. 考核结果作为兑现年终奖的依据和下一年度或下阶段制订经营计划的参考。

2. 公司管理部与人力资源部对目标责任书的执行情况进行过程控制，审计监察部加强审计检查力度。

3. 本目标责任书未尽事宜在征求总裁意见后，由公司另行研究确定解决办法。

4. 本目标责任书解释权归公司人力资源部。

3.4.2　销售总监量化考核

1. 销售总监量化考核表

销售总监量化考核表如表3-13所示。

表 3-13　销售总监量化考核表

被考核人姓名＿＿＿＿＿　　所属部门＿＿＿＿＿　　　考核时间＿＿＿＿＿

指标维度	量化指标	权重	绩效目标值	考核频率	数据来源	考核得分
财务	销售收入	10%	达到＿＿＿元	月度/季度/年度	财务部、销售部	
	销售费用降低率	5%	达到＿＿＿%	季度/年度	财务部、销售部	
	销售回款率	10%	高于＿＿＿%	季度/年度	财务部、销售部	
内部运营	销售量	10%	达到＿＿＿台	月度/季度/年度	销售部	
	销售任务完成率	10%	达到＿＿＿%	月度/季度/年度	销售部	
	销售增长率	10%	达到＿＿＿%	月度/季度/年度	销售部	
客户	新增客户数量	10%	不得少于＿＿＿个	季度/年度	销售部	
	核心客户保有率	5%	达到＿＿＿%	季度/年度	销售部	
	市场占有率	5%	达到＿＿＿%	季度/年度	市场部、销售部	
	市场覆盖率	10%	达到＿＿＿%	季度/年度	市场部、销售部	
	客户投诉次数	5%	在＿＿＿次内	季度/年度	销售部客户服务部	
学习与成长	培训计划完成率	5%	达到＿＿＿%	季度/年度	人力资源部	
	核心员工保有率	5%	达到＿＿＿%	季度/年度	人力资源部	
量化考核得分合计						
备注						

被考核人签字：　　　　　　　　　　　考核人签字：

日期：　　　　　　　　　　　　　　　日期：

2. 销售总监目标责任书

销售总监目标责任书示例如下。

销售总监目标责任书

一、考核期限

＿＿＿年＿＿＿月＿＿＿日至＿＿＿年＿＿＿月＿＿＿日。

二、薪酬标准

1. 销售总监年薪为＿＿＿万元，其中固定薪酬占 55%，浮动薪酬占 45%。

2. 每月固定发放＿＿＿元人民币；每月浮动部分为＿＿＿～＿＿＿元人民币，根据月

（续）

度考核结果确定发放额度，并于当月发放。

3.每半年（根据半年考核指标表）对销售总监进行考核，根据考核结果发放绩效奖励。

三、销售总监职权

1.市场管理，即具有市场运营规划建议权、决策建议权。

2.组织管理，即有权组织制定销售管理制度及市场营销机制。

3.人力资源管理，即对本公司销售人员的任免具有建议权和考核权。

四、工作目标与考核

对于销售总监的考核主要从销售业绩和管理绩效两个方面进行。

1.销售业绩考核表如表1所示。

表1　销售业绩考核表

考核指标	权重	目标值	考核标准
销售量	20%	＿＿件	每低于目标值＿＿＿件，减＿＿＿分，销售量少于＿＿＿件，该项不得分
销售额	20%	＿＿万元	每低于目标值＿＿＿万元，减＿＿＿分，销售额少于＿＿＿元，该项不得分
销售增长率	5%	达到＿＿＿%	每低于目标值＿＿＿%，减＿＿＿分，增长率低于＿＿＿%，该项不得分
销售毛利率	10%	达到＿＿＿%	每低于目标值＿＿＿%，减＿＿＿分，毛利率低于＿＿＿%，该项不得分
市场占有率	10%	达到＿＿＿%	每低于目标值＿＿＿%，减＿＿＿分
新增客户销售额	5%	＿＿＿元	每低于目标值＿＿＿元，减＿＿＿分
新增客户数量	5%	＿＿＿个	每比目标值少1个，减＿＿＿分
销售费用	10%	预算内	每高出＿＿＿%，减＿＿＿分，费用超过＿＿＿元，该项不得分
销售回款率	5%	达到＿＿＿%	每低于目标值＿＿＿%，减＿＿＿分，回款率低于＿＿＿%，该项不得分
大客户流失率	10%	达到＿＿＿%	每高于＿＿＿%，减＿＿＿分

2.管理绩效指标如下。

（1）客户有效投诉次数每发生1次，减＿＿＿分。

（2）核心员工保有率达到＿＿＿%，每低于＿＿＿%，减＿＿＿分。

（续）

（3）员工每有 1 次违反公司规章制度的行为，减____分。

（4）部门培训计划完成率达到 100%，每低于____%，减____分。

五、考核结果的应用

销售总监考核结果用于下步工作指导、销售总监培训管理、浮动工资及奖金的发放中，具体发放标准如表 2 所示。

表 2　浮动工资发放标准

考核得分	发放标准
85（含）～ 100 分	浮动工资的最高限额
70（含）～ 85 分	浮动工资的最低限额 +（浮动工资的最高限额 − 浮动工资的最低限额）× $\frac{2}{3}$
60（含）～ 70 分	浮动工资的最低限额 +（浮动工资的最高限额 − 浮动工资的最低限额）× $\frac{1}{2}$
60 分以下	不发放浮动工资

1. 半年绩效考核平均得分在 90（含）～ 100 分，发放奖金____元。

2. 半年绩效考核平均得分在 80（含）～ 90 分，发放奖金____元。

3. 半年绩效考核平均得分在 70（含）～ 80 分，发放奖金____元。

4. 半年绩效考核平均得分在 70 分以下，不发放奖金。

六、附则

1. 本公司在生产经营环境发生重大变化或发生其他情况时，有权修改本目标责任书。

2. 本目标责任书未尽事宜在征求总裁意见后，由公司另行研究确定解决办法。

3. 本目标责任书解释权归公司人力资源部。

3.4.3　研发总监量化考核

1. 研发总监量化考核表

研发总监量化考核表如表 3-14 所示。

表 3-14 研发总监量化考核表

被考核人姓名_____ 所属部门_____ 考核时间_____

指标维度	量化指标	权重	绩效目标值	考核频率	数据来源	考核得分
财务	研发费用	10%	预算内	季度 / 年度	财务部、研发部	
内部运营	完成的研发新产品数量	15%	达到____件	年度	研发部	
	完成的研发项目项数	15%	达到____项	年度	研发部	
	中试一次通过率	10%	达到____%	季度 / 年度	研发部	
	项目研发阶段成果达成率	10%	达到____%	季度 / 年度	研发部	
	产品开发周期	10%	平均____天	季度	研发部	
客户	部门协作满意度评分	5%	高于____分	年度	人力资源部	
学习与成长	获得专利项数	10%	不少于____项	年度	研发部	
	核心员工保有率	10%	达到____%	年度	研发部、人力资源部	
	培训计划达成率	5%	达到____%	季度 / 年度	人力资源部	
量化考核得分合计						
备注						

被考核人签字：
日期：

考核人签字：
日期：

2. 研发总监目标责任书

研发总监目标责任书示例如下。

研发总监目标责任书

一、目的

为了落实公司目标责任制，确保完成公司的各项研发目标，提高公司的研发水平，特制定本目标责任书，并以此作为对研发总监考核的主要依据。

二、考核期限

____年____月____日至____年____月____日。

三、研发总监的职权

1.有权参与制定公司的经营发展规划并提出建议。

（续）

2. 有权制订并修改公司的各项研发管理制度与计划，建立研发管理体系。

3. 有权监督和指导研发制度与研发计划的执行，规范公司的各项研发事务。

4. 有权建立和培训研发人员队伍，对研发人员有管理权。

四、绩效目标及考核标准

研发总监的工作内容一般包括研发规划/计划、研发制度建设、研发项目管理等，具体工作大项、绩效目标及考核标准如下表所示。

研发总监量化考核表

工作大项	绩效目标	考核标准
研发规划/计划	研发规划合理、研发计划科学，且编制及时	领导对研发规划满意度评分达到____分以上，得____分；每低于____分，减____分；各项研发计划提交每有1次延迟，减____分
研发制度建设	公司的各项研发制度规范、完善且符合国家相关法律法规及政策	每有1项制度不规范，减____分；制度体系存在重大漏洞，减____分
研发项目管理	项目立项科学、决策正确，项目进度安排合理，项目费用控制在预算范围内	项目立项通过率达到____%，得____分；每低于____%，减____分；项目阶段成果达成率达到____%，得____分；每低于____%，减____分；项目费用在预算内，得____分；每高于预算____%，减____分
研发产品管理	合理缩短产品开发周期，降低产品开发成本，提高产品的稳定性和产品成功率	新产品平均开发周期在____天内，得____分；每多____天，减____分；新产品开发成本在预算内，得____分；每高于预算____%，减____分；新产品中试一次通过率达到____%，得____分；每低于____%，减____分
研发技术管理	增加研发技术的专利申报项数，做好研发专利技术的申报工作，确保及时申报	研发技术专利申报数达____项，得____分；每少1项，减____分；申报未在规定时间内完成，减____分/次
研发资料管理	确保研发资料文件的准确率及保密性	研发资料每有1处差错，减____分；研发资料每泄密1次，减____分
研发人员管理	做好研发人员队伍建设，指导下属人员工作，确保无重大差错事故发生	核心员工每离职1人，减____分；发现员工有重大违规情况，减____分/次

（续）

五、附则

1. 责任人在工作期间若出现重大责任事故，公司有权终止与责任人签订的劳动合同。

2. 本公司在生产经营环境发生重大变化或发生其他情况时，有权修改本目标责任书。

3. 本目标责任书未尽事宜在征求总裁意见后，由公司另行研究确定解决办法。

4. 本目标责任书的解释权归公司人力资源部。

3.5 基于业务目标达成的薪酬体系设计

3.5.1 基于生产目标达成的薪酬体系设计

基于生产目标达成的薪酬体系设计方案示例如下。

方案名称	基于生产目标达成的薪酬体系设计方案	编制部门	
		执行部门	

某厂是一家大型生产制造企业下设的加工中心，该中心主要包括三类人员：生产人员、采购和质量管理人员、行政人事人员。

一、薪酬设计目标要点

1. 重新设置该厂薪酬体系，建立以生产目标达成为核心的薪酬管理体系。

2. 增加绩效考核工资的比例，使该厂员工薪酬与绩效考核紧密挂钩，激发该厂人员的工作积极性。

二、生产人员薪酬设计

该厂生产人员的薪酬构成：薪酬总额＝基本工资＋奖金＋福利。

（一）基本工资

该厂生产人员基本工资制定主要考虑四个方面的因素：劳动环境（占10%）、劳动责任（占20%）、劳动技能（占50%）、劳动强度（占20%）。综合这四点因素，进行岗位价值评估，划分合理的薪酬等级，再结合薪酬调研合理设定基本工资的水平。

（二）奖金

1.奖金及权重。生产人员的奖金是对生产人员生产绩效的奖励，根据生产人员的考核结果来确定发放额度。

2.奖金的影响因素及发放标准。奖金的影响因素主要包括生产产量、质量等，生产人员的绩效考核主要围绕奖金的影响因素进行，具体考核内容如表1所示。

表1　生产人员绩效考核内容

生产人员	考核内容	权重
生产管理人员	生产计划完成情况	35%
	生产质量	30%
	生产成本	15%
	生产交期	20%
生产操作人员	生产产量	40%
	生产质量	40%
	生产耗费	10%
	生产效率	10%

生产人员奖金的发放主要依据绩效考核的结果，并根据绩效考核结果所在的等级确定生产人员奖金发放标准，具体标准如表2所示。

表2　生产人员奖金发放标准

考核等级	A	B	C	D
生产管理人员发放比例	120%	100%	80%	50%
生产操作人员发放比例	110%	90%	70%	40%
奖金计算基数	以其岗位工资的××%作为奖金计算的基数			

（三）福利

福利主要包括法定保险、夜班津贴、公司统一提供的其他福利等项目。

三、采购和质量管理人员薪酬设计

该厂采购和质量管理人员的薪酬构成：薪酬总额＝基本工资＋奖金＋福利。

（一）基本工资

采购和质量管理人员的基本工资与该厂生产人员基本工资的制定依据、原则相同。采购和质量管理人员的基本工资如表3所示。

表3　采购和质量管理人员的基本工资

人员	基本工资	
采购管理人员	三档	＿＿＿元
	二档	＿＿＿元
	一档	＿＿＿元
质量管理人员	三档	＿＿＿元
	二档	＿＿＿元
	一档	＿＿＿元

（二）奖金

采购和质量管理人员的奖金占其薪酬总额的比例为30%，其发放标准具体如表4所示。

表4　采购和质量管理人员的奖金发放标准

人员	奖金发放标准
采购管理人员	每有1次采购延迟或有1处差错耽误生产工作的，扣发奖金＿＿＿元
	每发现1次采购质量不合格，导致生产产品质量不合格的，扣发奖金＿＿＿元
	每有1次采购任务没完成影响生产工作的，扣发奖金＿＿＿元
质量管理人员	每发现1批未检出的质量不合格产品，扣发奖金＿＿＿元
	每发现1批质量检验差错，扣发奖金＿＿＿元

（三）福利

福利主要包括法定保险、节假日公司发放的过节费等。

四、行政人事人员薪酬设计

该厂行政人事人员的薪酬构成：薪酬总额＝基本工资＋奖金＋福利。

（一）基本工资

行政人事人员的基本工资与该厂生产人员基本工资的制定依据、原则和考虑因素相同。其工资水平如表5所示。

表5　行政人事人员基本工资

人员	基本工资	
行政管理人员	高级	＿＿＿元
	中级	＿＿＿元
	初级	＿＿＿元
人力资源管理人员	高级	＿＿＿元
	中级	＿＿＿元
	初级	＿＿＿元
	助理	＿＿＿元

（二）奖金

行政人事人员的奖金发放标准具体如表6所示。

表6　行政人事人员的奖金发放标准

人员	奖金发放标准
行政人事人员	招聘未能及时满足生产部门的人力需求，扣奖金＿＿＿元/次
	生产人员对人事工作每有1次投诉，扣发奖金＿＿＿元

（三）福利

福利主要包括法定保险、节假日公司发放的过节费等。

五、薪酬体系调整

该厂进行薪酬体系设计时，要为薪酬体系调整预留一定的空间，既保持薪酬体系的稳定性又要使薪酬体系适应薪酬市场的变化，以保持薪酬体系的活力。因此，要对薪酬体系进行动态调整，其调整的因素主要考虑以下三个方面：相关法律法规的变化、劳动力市场行情的变化、行业及竞争对手的变化。

编制人员		审核人员		批准人员	
编制日期		审核日期		批准日期	

3.5.2 基于销售目标达成的薪酬体系设计

基于销售目标达成的薪酬体系设计方案示例如下。

方案名称	基于销售目标达成的薪酬体系设计方案	编制部门	
		执行部门	

一、方案背景

某企业是销售企业，下有多个销售区域，其中 A 区域是目前最大的一个销售区域，随着 A 区域的扩大，原来设计的简单提成制已不能适应该企业的发展。

二、方案适用范围

本方案仅适用于该销售企业 A 区域销售人员的薪酬体系设计。

三、薪酬设计目标

1. 薪酬体系设计符合该企业当前的经营发展战略需要和 A 区域的发展计划。

2. 薪酬体系设计使制定的薪酬水平对外具有竞争性，对内具有公平性。

四、薪酬构成设计

该区域人员薪酬体系的构成：薪酬总额 ＝ 基本工资 ＋ 绩效工资 ＋ 福利补贴。

（一）基本工资

A区域销售人员基本工资及权重如表1所示。

表1　A区域销售人员基本工资及权重

A区域销售人员	区域经理	大区组长	大区专员
基本工资	___元/月	___元/月	___元/月
基本工资权重	___%	___%	___%

（二）绩效工资

根据该企业所在行业的销售状况，结合A区域销售人员的历史销售水平，在遵循薪酬体系设计原则的前提下，对A区域销售人员进行绩效工资设计。

1. 区域经理绩效工资发放标准如表2所示。

表2　区域经理绩效工资发放标准

绩效工资	绩效工资发放标准		
绩效工资（提成）	销售额在___万元以下	销售额在___万~___万元	销售额在___万元以上
	___%	___%	___%
绩效工资（考核）	1. 对区域经理从渠道开发、客户维护、品牌建设、企业形象维护、销售人员团队建设五个方面进行考核，根据考核结果确定绩效工资（考核）发放标准 2. 区域经理具体绩效工资（考核）发放标准参见本企业绩效工资制度		

2. 大区组长的绩效工资发放标准如表3所示。

表3　大区组长绩效工资发放标准

绩效工资	绩效工资发放标准		
绩效工资（提成）	销售额在___万元以下	销售额在___万~___万元	销售额在___万元以上
	___%	___%	___%
绩效工资（考核）	1. 对大区组长从客户开发、客户关系维护、销售小组的管理三个方面进行考核，根据考核结果确定绩效工资（考核）发放标准 2. 大区组长具体绩效工资（考核）发放标准参见本企业绩效工资制度		

3. 大区专员的绩效工资发放标准如表4所示。

表4　大区专员绩效工资发放标准

销售额	在___万元以下	在___万~___万元	在___万元以上
绩效工资（提成）	___%	___%	___%
绩效工资（考核）	1. 对大区专员从客户管理、销售制度的遵守、出勤情况、工作态度四个方面进行考核，根据考核结果确定绩效工资（考核）发放标准 2. 大区专员具体绩效工资（考核）发放标准参见本企业绩效工资制度		

（三）福利补贴

对于 A 区域销售人员的其他福利补贴主要包括各种法定保险、节假日福利、交通补助、电话补助，具体发放标准如表5所示。

表5　A 区域销售人员工资补助

A 区域销售人员	区域经理	大区组长	大区专员
电话补助	___元 / 月	___元 / 月	___元 / 月
交通补助	___元 / 月	___元 / 月	___元 / 月

五、薪酬日常管理

1. A 区域工资发放日期为每月的____日，若逢付薪日是节假日，则提前至节假日前的一个工作日支付。

2. 企业将根据市场薪酬水平、企业整体经营状况、A 区域的业绩等因素对销售人员的薪酬体系进行适时调整。

编制人员		审核人员		批准人员	
编制日期		审核日期		批准日期	

3.5.3　基于研发目标达成的薪酬体系设计

基于研发目标达成的薪酬体系设计方案示例如下。

方案名称	基于研发目标达成的薪酬体系设计方案	编制部门	
		执行部门	

一、考核目的

某研发小组是一家科技公司下设的专门负责通信产品研发的业务组，该研发小组目前有10人，其中有1名项目组长。

二、研发项目组存在的薪酬问题

1.项目组组长与项目组成员工资相差不大，引发内部薪酬不公平。

2.项目组整体积极性不高，其成员薪酬和公司利润不挂钩，薪酬机制缺乏激励性。

三、研发项目组薪酬设计思路

1.构建一个系统的薪酬体系，使薪酬对内具有公平性且具有激励性。

2.薪酬体系设计增加激励性因素，主要从员工持股股份、项目奖金两项入手。

3.设置合理的薪酬要素权重，使项目组组长和组员的岗位价值得以合理体现。

四、研发项目组薪酬设计内容

（一）薪酬构成内容

研发项目组人员的薪酬构成：薪酬总额 ＝ 基本工资 ＋ 奖金 ＋ 股份 ＋ 福利。

（二）薪酬构成权重

基于研发项目组组长和项目组成员的工作职责、工作内容、岗位价值等因素的考虑，其薪酬构成权重如表1所示。

表1 研发项目组薪酬构成权重

薪酬内容	基本工资	奖金	股份	福利
项目组组长	50%	30%	10%	10%
项目组成员	60%	25%	5%	10%

1.基本工资。研发项目组人员的基本工资按月发放，其制定需考虑的因素及权

重如表2所示。

表2 研发项目组人员基本工资制定需考虑的因素及权重

考虑因素	市场因素	岗位贡献	岗位技能	岗位职务
权重	10%	50%	20%	20%

2. 奖金。奖金项目的设置主要为了激励项目组人员的工作积极性，本着多劳多得的原则而设定。奖金主要包括两部分：一部分是项目数量奖金，每完成一个项目发一定数量的奖金；另一部分是项目质量奖、项目数量奖、科研成果奖等，具体如表3所示。

表3 研发项目组人员奖金标准

项目类别	小项目	一般项目	大项目	重大项目
项目数量奖	项目组组长____元	项目组组长____元	项目组组长____元	项目组组长____元
	项目组成员____元	项目组成员____元	项目组成员____元	项目组成员____元
项目质量奖	**优质项目奖**	**项目提前完成奖**	**星级项目奖**	**项目突出贡献奖**
	项目组组长____元	项目组组长____元	项目组组长____元	项目组组长____元
	项目组成员____元	项目组成员____元	项目组成员____元	项目组成员____元
科研成果奖	研发团队为公司研发的项目，作为科研团队的成果，公司将对其进行奖励，其奖励标准如下：奖金总额 = 科研成果价值 × ____% 其中，个人奖金 = 团队奖金 × 个人贡献度（个人贡献度根据考核结果得出）			

3. 股份。为了提高研发项目组人员的工作积极性，建立员工与公司共同发展的薪酬体系，特对表现优异的研发人员实行员工持股计划管理，具体内容见公司员工持股激励管理办法。

4. 福利。研发项目组人员的福利主要涉及各类补贴、加班津贴、节假日福利等。

五、研发项目组薪酬调整

要适时对设计好的薪酬体系进行动态调整，其调整的因素主要包括以下三个方面。

1. 研发项目的变化。

2.劳动力市场的变化。

3.行业及竞争对手的变化。

六、附则

1.本方案未尽事宜参考公司薪酬管理制度。

2.本方案由公司人力资源部制定并负责解释。

编制人员		审核人员		批准人员	
编制日期		审核日期		批准日期	

第4章

生产人员量化考核与薪酬体系设计

4.1 生产部量化分析与量化考核

4.1.1 生产部量化管理分析

依据生产部职责提取的量化考核项目如图 4-1 所示。

图 4-1 生产部量化考核项目

4.1.2 生产部量化指标设计

根据生产部工作目标设计的量化考核指标如图 4-2 所示。

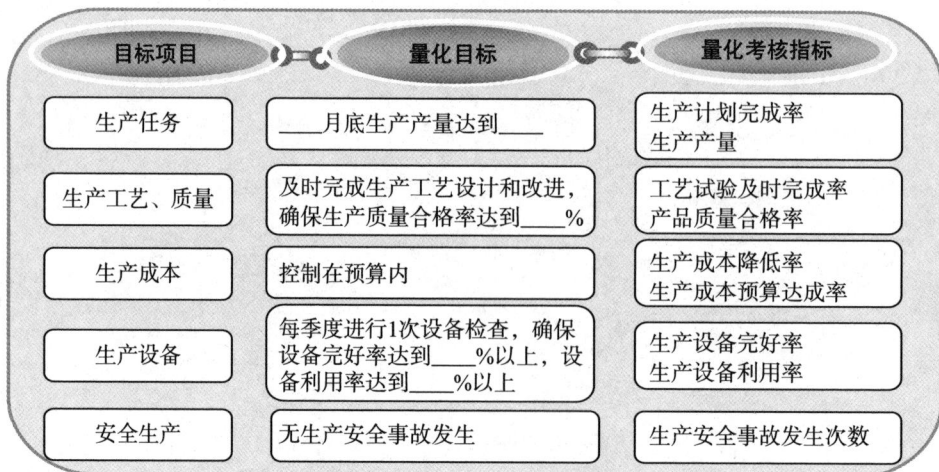

图 4-2 生产部量化考核指标

4.1.3 生产部量化考核设计

1. 量化考核指标说明

图 4-3 对生产部量化考核指标体系中的四项指标进行了相关说明。

量化考核指标	指标说明
生产产量	生产产量是从数量的角度考核是否完成生产任务，是否达到预期目标。对于生产任务完成情况还可以从时间、成本等角度考核
产品质量合格率	除了产品质量合格率，对于产品质量还可以从产生废品情况的角度考核，如废品率
生产设备完好率	该指标主要考核生产设备的维护和养护结果，是从最终结果这一角度进行考核的，而非从设备管理的过程进行考核
生产安全事故发生次数	该指标考核生产安全管理情况，其从发生次数角度进行考核。对于生产安全还可以从损失金额、人员伤亡情况等方面进行考核

图 4-3　生产部量化考核指标说明

2. 指标定性到定量的转化

生产部的大部分工作事项都可以量化，但是也存在不宜量化的项目。量化考核中要注意把重要的不宜量化的指标量化，具体方法如图 4-4 所示。

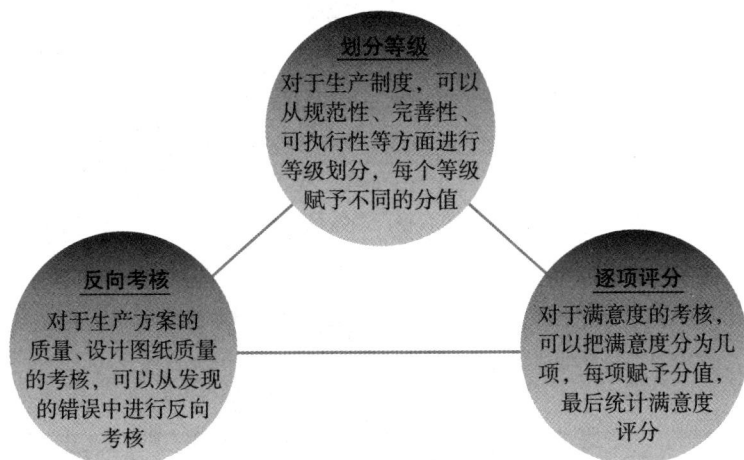

划分等级
对于生产制度，可以从规范性、完善性、可执行性等方面进行等级划分，每个等级赋予不同的分值

反向考核
对于生产方案的质量、设计图纸质量的考核，可以从发现的错误中进行反向考核

逐项评分
对于满意度的考核，可以把满意度分为几项，每项赋予分值，最后统计满意度评分

图 4-4　指标定性到定量的转化

3. 考核周期的确定

不同的考核指标因其性质不同，考核的周期也应不同。一般来说，性质稳定的绩效指标，考核周期相对较长。

另外，对于生产周期较短的生产制造系统的员工，可以采用月度为周期对其进行考核；对于生产周期较长的生产制造系统的员工，如大型设备制造等行业，则可以延长考核周期，按照生产批次周期进行考核，年底时再以年为单位进行考核，即在每个批次开始的时候制定目标，在批次或阶段结束的时候进行考核，年底进行综合评估。

4. 量化考核表

生产部量化考核表示例如表 4-1 所示。

表 4-1 生产部量化考核表

部门		生产部	部门负责人		
考核期限		____年____月____日至____年____月____日			
量化考核指标	**权重**	**指标计算／说明**		**目标值**	**考核得分**
生产计划完成率	15%	$\dfrac{\text{实际生产量}}{\text{计划生产量}} \times 100\%$		达到____%	
补货订单达成率	10%	$\dfrac{\text{补充订单按时按量完成数}}{\text{补货订单总数}} \times 100\%$		达到____%	
按期交货率	10%	$\dfrac{\text{按期交货批次}}{\text{交货总批次}} \times 100\%$		达到100%	
生产成本	10%	即在生产商品或提供服务的过程中所支出的各种费用		预算内	
工艺试验及时完成率	5%	$\dfrac{\text{按时完成工艺试验次数}}{\text{工艺试验总次数}} \times 100\%$		达到____%	
工艺改进成本降低率	10%	$\dfrac{\text{工艺改进前生产成本} - \text{工艺改进后生产成本}}{\text{工艺改进前生产成本}} \times 100\%$		达到____%	
产品质量合格率	15%	$\dfrac{\text{合格产品数量}}{\text{产品总数量}} \times 100\%$		达到____%	
生产设备完好率	10%	$\dfrac{\text{完好的生产设备台数}}{\text{设备总台数}} \times 100\%$		达到____%	
生产安全事故发生次数	15%	考核期内生产安全事故发生的总次数		0次	
量化考核得分合计					

4.1.4　生产现场量化考核制度

生产现场 5S 量化考核细则如下。

制度名称	生产现场 5S 量化考核细则	编制部门	
		执行部门	

第 1 章　总则

第 1 条　目的

为了规范生产现场的人员及设备、材料等管理，提高生产现场的安全、整洁、规范水平，客观公正地评价生产现场管理，特制定本细则。

第 2 条　职责

1. 车间主任负责做好组织、协调与检查考核工作，并根据生产实际适时对本细则的内容做出修改。

2. 班组长、工长负责本区域 5S 管理工作的检查、考核、落实。

第 3 条　检查与考核办法

考核以分级考核的形式开展，即班组长（线长）考核员工，车间主任考核班组长，公司考核车间主任。各级的考核范围为其责任区域。

第 2 章　5S 考核内容及评分标准

第 4 条　考核内容

对生产现场考核主要包括整理、整顿、清扫、清洁、素养五方面的内容。

第 5 条　考核标准

5S 生产现场量化考核的各项内容和评分标准见附表"生产现场 5S 量化考核表"。

第 6 条　5S 的评价

1. 车间评比

（1）评比以季度为单元进行，授予第一名"5S 最佳单位"的称号。

（2）发放奖金＿＿＿元，以此作为对该车间的奖励。

2. 5S 个人奖惩办法

（1）考核与每位员工的个人利益直接挂钩，月度 5S 基本分为＿＿＿分，每 1 分对应＿＿＿元；加 1 分奖励＿＿＿元，扣 1 分扣罚＿＿＿元；奖励不设上限，扣罚以扣完＿＿＿分为止，每月成绩在工资中得以体现。

（2）根据责任范围的不同，班组长（线长）考核员工每＿＿＿天 1 次；车间主任考核班组长（线长）每＿＿＿天 1 次，公司对车间主任的考核每月不定期抽查不少于＿＿＿次。

（3）各级考核人员对考核结果加以记录，月底由公司核算计入当月工资。

（4）对 5S 活动中积极主动、有创新项目的员工，给予相应奖励。

第 7 条　除了公司提出的项目要求外，各车间可根据自身情况提出要求。

第 3 章　附则

第 8 条　本细则自公布之日起施行。

（续）

第4章 附表				
生产现场5S量化考核表				
班组名称		所在车间		班组长	

5S活动	考核项目	评分标准 非常好：5分，好：4分， 普通：2分，较差：0分	得分	扣分要点
整理	1. 红牌作战实施情况	□非常好□好□普通□较差		
	2. 现场无杂物，通道通畅	□非常好□好□普通□较差		
	3. 现场无剩料和不必要的物品	□非常好□好□普通□较差		
	4. 作业场所明确区分，视野开阔	□非常好□好□普通□较差		
	5. 作业现场有定制区域化标志	□非常好□好□普通□较差		
整顿	1. 工具、设备易于取用	□非常好□好□普通□较差		
	2. 原材料、半成品、成品定点定位排放整齐并标识清楚，且标识与实物相符	□非常好□好□普通□较差		
	3. 设备、工具按规定摆放	□非常好□好□普通□较差		
清扫	1. 生产场地整洁，地面无纸屑等废弃物	□非常好□好□普通□较差		
	2. 工作台面整洁	□非常好□好□普通□较差		
	3. 生产设备整洁、无灰尘	□非常好□好□普通□较差		
	4. 配置区划分线明确	□非常好□好□普通□较差		
	5. 工作墙壁、窗户保持干净	□非常好□好□普通□较差		
清洁	1. 工作环境清洁卫生	□非常好□好□普通□较差		
	2. 工作服整洁	□非常好□好□普通□较差		
	3. 车间内无混浊的空气、粉尘、噪声和污染源	□非常好□好□普通□较差		
素养	1. 员工行为规范，自觉遵守车间的规章制度	□非常好□好□普通□较差		
	2. 爱岗敬业精神	□非常好□好□普通□较差		
	3. 员工安全保护装备按规定使用	□非常好□好□普通□较差		
	4. 员工遵守安全生产守则	□非常好□好□普通□较差		
合　计				

编制日期		审核日期		批准日期	
修改标记		修改处数		修改日期	

4.1.5 生产安全量化考核制度

生产安全量化考核制度示例如下。

制度名称	生产安全量化考核制度	编制部门	
		执行部门	

第1章 总则

第1条 考核目的

为严格执行公司制定的各项安全管理制度，杜绝各类安全违章现象，引导公司员工进行安全生产，长年做到安全生产无事故，特制定本制度。

第2条 考核原则

1. 客观公正原则，即考核标准、考核程序、考核内容等的制定及考核操作都本着客观公正的原则。

2. 以提高安全生产为导向原则。

第3条 考核职责

1. 成立安全生产考核领导小组。小组成员包括工厂厂长及副厂长、安全生产委员会人员、人力资源部相关考核人员。安全生产考核领导小组负责对厂级安全内容的考核。

2. 各车间班组负责本部门一般安全活动的考核奖惩。

第2章 考核内容

第4条 厂级安全生产考核内容及标准

厂级安全生产考核内容及标准见附表1"厂级安全生产量化考核表"。

第5条 车间安全生产考核内容及标准

车间安全生产考核内容及标准见附表2"车间安全生产量化考核表"。

第6条 班组安全生产考核内容及标准

班组安全生产考核内容及标准见附表3"班组安全生产量化考核表"。

第3章 考核奖惩

第7条 考核结果

厂级、车间、班组的安全量化考核结果主要用于考核奖惩、安全培训指导、安全隐患整改等安全管理，考核的具体奖惩参见本公司安全生产考核奖惩办法。

第8条 安全生产中有下列情况之一的，一律严肃处理。

1. 对工作不负责任，因故发泄私愤，有意扰乱操作，违反劳动纪律，不严格执行规章制度而造成事故的。

2. 对违章指挥、冒险作业、劝阻不听而造成事故的。

3. 对忽视劳动条件，削减或取消安全设备、设施而造成事故的。

4. 对限期整改的事故隐患，不按期整改而造成事故的。

5. 对设备长期失修，备用设备起不到备用作用，带病运转又不采取紧急措施而造成事故的。

6. 对发生事故后，破坏现场，隐瞒不报或谎报的。

第4章 附则

第9条 本制度自颁布之日起执行。

第10条 本制度未尽事宜，按有关规定办理。

（续）

第5章 附表

附表1 厂级安全生产量化考核表

考核项目	绩效目标表述	考核标准
安全生产组织机构	安全生产组织机构健全、职责清晰、权限合理明确	安全生产组织机构设置不合理，减____分；职责模糊或者权限不合理，减____分
安全生产规章制度	各种安全生产制度（安全生产责任制、安全生产奖惩条例、厂区交通运输安全管理制度、防护用品管理制度及防火制度等）健全、规范、完善	每有1项制度不规范，减____分；制度体系存在重大漏洞，减____分；每有1项制度存在严重不可操作性，减____分
厂级安全教育	对新员工进行了厂级安全教育，考核合格率达到100%	每缺少1次，减____分；新员工厂级安全教育考核每有1人未通过，减____分
安全生产检查	进行厂级的综合性安全生产检查，检查及时，检查记录准确、完整	厂级安全生产检查次数每少于计划1次，减____分；每有1次检查延迟，减____分；检查记录信息每缺失1项，减____分
安全生产事故	具有完善的事故预警机制、事故处理机制，事故发生时反应迅速、处理妥当	事故管理机制每有1项缺失，减____分；事故管理机制存在重大问题的，减____分；一般安全生产事故每发生1次，减____分；重大生产安全事故另行规定处理
安全隐患整改	及时进行厂级安全隐患检查，发现隐患及时整改	每有1处未按照要求进行安全整改，减____分

附表2 车间安全生产量化考核表

考核项目	绩效目标表述	考核标准
车间安全管理制度	车间安全生产管理制度健全、完善、规范，车间人员严格执行	每有1项制度不规范，减____分；制度存在重大漏洞，减____分；每发现1次违反制度的现象，减____分
车间安全操作规程	车间内各工种的安全操作规程完善、标准，车间人员严格执行	每有1项操作规程缺失，减____分；每发现1项操作规程存在不当之处，减____分；每发现1次违反操作规程的情况，减____分
车间安全教育	对新员工严格按照"三级教育"进行车间安全教育培训，并按规定进行车间日常安全教育培训	每少于计划1次，减____分；车间安全培训考核每有1人未通过，减____分

（续）

（续表）

考核项目	绩效目标表述	考核标准
车间作业环境安全	车间定置管理符合标准规范、通道畅通、宽度符合标准、地面无杂物堆放、消防设施齐全且可用、采光良好、设备布局合理	有1项不符合标准，减____分；有3项以上不符合标准，减____分
车间安全生产检查	定期进行车间安全生产检查，对安全隐患及时整治	未按计划要求完成，减____分/次；安全隐患整改率达到100%，每低于____%，减____分
车间安全生产事故	杜绝车间安全事故发生	一般安全生产事故每发生1次，减____分；重大安全生产事故另行按公司相关规定处理；安全生产事故在规定时间内得到处理，每延迟1次，减____分

附表3　班组安全生产量化考核表

考核项目	绩效目标表述	考核标准
厂级、车间各种规章制度的执行	严格执行厂级、车间各种安全规章制度	每发现1例违反制度的情况，减____分/次
班组安全教育	对新员工严格按照"三级教育"进行班组安全教育培训	没有按计划进行培训的，减____分/次；无记录的，减____分/次；落实情况不好的，减____分/次
班组安全检查	定期进行安全生产检查，发现安全隐患及时上报	安全生产检查每少于计划1次，减____分；每有1次安全隐患未及时上报，减____分
设备安全	班组要确保所负责设备的安全、运行良好	每有1台设备损坏，减____分；每有1台设备养护不及时，造成生产事故，减____分
班组安全事故	杜绝安全生产事故，发生事故时及时上报并按规定迅速处理	安全生产事故每发生1次，减____分；安全生产事故未在规定时间内处理，减____分；瞒报安全生产事故，减____分/次
班组安全纪律和人员管理	有严格的班组安全纪律，班组人员爱护劳动保护用品，不违规操作，严格执行交接班制度	班组安全纪律条例不清晰或不合理，减____分；班组人员违反操作规程、制度，每发现1次，减____分

编制日期		审核日期		批准日期	
修改标记		修改处数		修改日期	

4.2 设备部量化分析与量化考核

4.2.1 设备部量化管理分析

依据设备部职责提取的量化考核项目如图 4-5 所示。

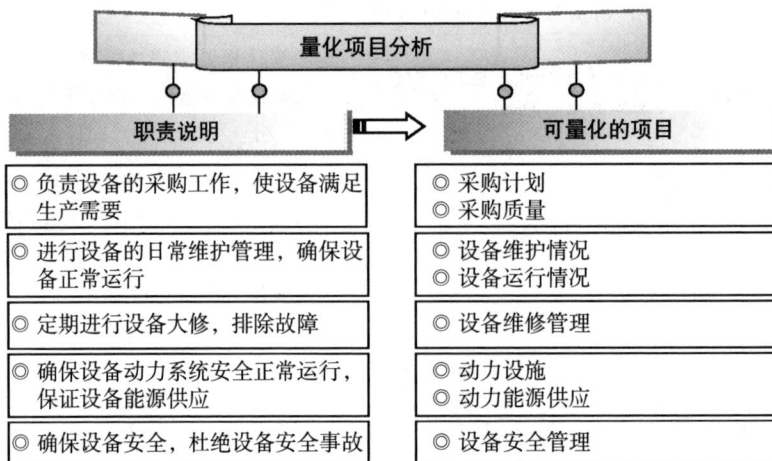

量化项目分析

职责说明	⇒	可量化的项目
◎ 负责设备的采购工作，使设备满足生产需要		◎ 采购计划 ◎ 采购质量
◎ 进行设备的日常维护管理，确保设备正常运行		◎ 设备维护情况 ◎ 设备运行情况
◎ 定期进行设备大修，排除故障		◎ 设备维修管理
◎ 确保设备动力系统安全正常运行，保证设备能源供应		◎ 动力设施 ◎ 动力能源供应
◎ 确保设备安全，杜绝设备安全事故		◎ 设备安全管理

图 4-5　设备部量化考核项目

4.2.2 设备部量化指标设计

根据设备部工作目标设计的量化考核指标如图 4-6 所示。

目标项目	量化目标	量化考核指标
设备采购	按时完成采购计划，完成率达到100%	采购成本降低率 采购计划完成率
设备维护与维修	设备正常运行天数为＿＿天 设备保养频率为＿＿次/月	设备维修计划完成率 设备完好率 设备故障停机率 设备故障修复率 设备维修费用率
设备动力管理	动力系统正常运行天数为＿＿天 能源正常供应	能源供应计划按时完成率
设备安全管理	设备安全事故发生率为0	设备安全事故发生次数

图 4-6　设备部量化考核指标

4.2.3 设备部量化考核设计

1. 量化考核指标说明

图 4-7 对设备部量化考核指标体系中的五项指标进行了相关说明。

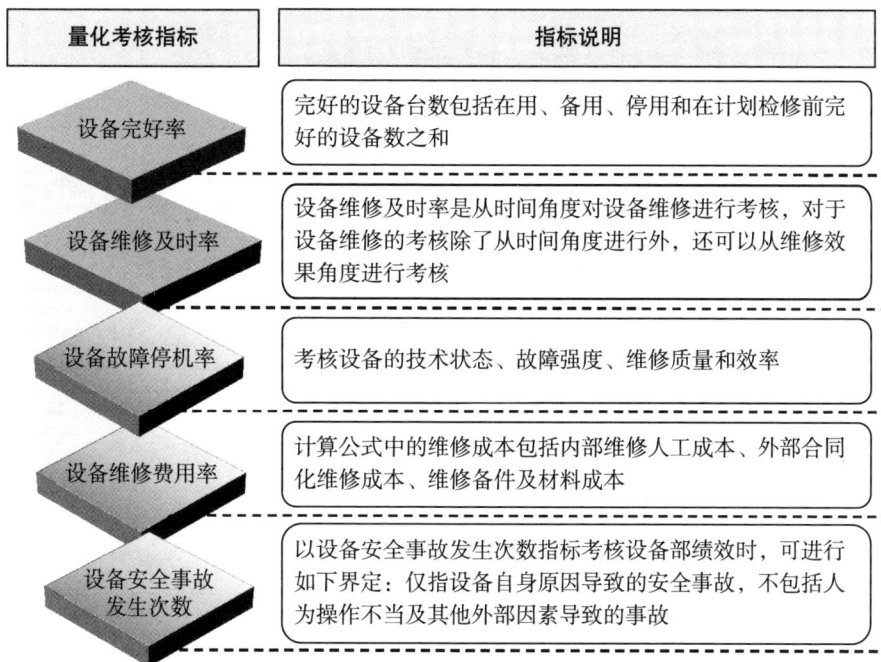

量化考核指标	指标说明
设备完好率	完好的设备台数包括在用、备用、停用和在计划检修前完好的设备数之和
设备维修及时率	设备维修及时率是从时间角度对设备维修进行考核，对于设备维修的考核除了从时间角度进行外，还可以从维修效果角度进行考核
设备故障停机率	考核设备的技术状态、故障强度、维修质量和效率
设备维修费用率	计算公式中的维修成本包括内部维修人工成本、外部合同化维修成本、维修备件及材料成本
设备安全事故发生次数	以设备安全事故发生次数指标考核设备部绩效时，可进行如下界定：仅指设备自身原因导致的安全事故，不包括人为操作不当及其他外部因素导致的事故

图 4-7 设备部量化考核指标说明

2. 设备管理评价相关问题说明

（1）有很多指标不是简单地越高越好或者越低越好，可能存在一个比较优化的取值区间。例如，维修费用率，太低可能表示投入太少，将影响设备的顺畅运行和效率的发挥；太高可能存在不必要的成本增加及浪费，从而影响企业效益。因此，建议在可约束条件下寻求较优的指标值。

（2）指标体系既要包括评价管理的"过程"，也要包括管理的"结果"，过程引导结果，结果又显示了取得的成果。

（3）不同的治理层次，评价的侧重点应有所不同。

①治理层的考核应重资金、设备利用率、组织治理效率和技术含量的评价。

②执行层的考核应重故障损失、停机损失、废品损失、事故损失及行为规范表现的评价。

3. 量化考核表

设备部量化考核表示例如表4-2所示。

表4-2　设备部量化考核表

部门	设备部		部门负责人		
考核期限	___年___月___日至___年___月___日				
量化考核指标	权重	指标计算／说明		目标值	考核得分
采购计划完成率	5%	$\dfrac{\text{采购计划完成量}}{\text{采购计划任务量}} \times 100\%$		达到___%	
设备养护计划达成率	10%	$\dfrac{\text{实际完成的养护作业量}}{\text{当期计划完成的养护作业量}} \times 100\%$		高于___%	
设备维修及时率	10%	$\dfrac{\text{及时维修的次数}}{\text{当期维修总次数}} \times 100\%$		达到___%	
设备维修计划完成率	10%	$\dfrac{\text{已完成维修设备台数}}{\text{计划维修设备台数}} \times 100\%$		达到___%	
设备完好率	20%	$\dfrac{\text{完好的设备台数}}{\text{设备总台数}} \times 100\%$		达到___%	
设备故障停机率	10%	$\dfrac{\text{设备故障停机台时}}{\text{设备实际开动台时}+\text{设备故障停机台时}} \times 100\%$		低于___%	
设备故障修复率	15%	$\dfrac{\text{故障设备修复数}}{\text{故障设备总数}} \times 100\%$		高于___%	
能源供应计划按时完成率	10%	—		___%	
设备安全事故发生次数	10%	—		0次	
量化考核得分					

4.2.4　设备管理量化考核办法

设备管理量化考核办法示例如下。

制度名称	设备管理量化考核办法	编制部门	
		执行部门	

第1条 考核目的

为加强设备管理，规范员工设备使用行为，提高设备利用率，降低维修成本，提升企业的经济效益，特制定本办法。

第2条 职责划分

1. 生产经理全面负责设备管理工作，确保设备完好率达到85%以上，其中主要生产设备完好率达到90%以上，并组织对设备事故的分析、处理。

2. 车间主任、班组长负责设备的日常管理，确保设备完好率达到85%以上，其中主要生产设备完好率达到90%以上，设备有效运转率达到95%以上（大修理期除外）；及时掌握设备的使用、维护和检修动态，并组织设备修理的实施和验收；负责设备润滑的技术管理工作，做好主要生产设备的巡检工作；按时上报设备管理统计资料、报表。

第3条 考核频率

1. 季度考核。

2. 年度考核。

第4条 考核内容及标准

1. 生产设备采购。

（1）设备采购及时率达到100%，未在规定时间内完成，减____分/次。

（2）设备采购成本降低率达到____%，每低于____%，减____分。

（3）设备采购每出现1次差错，减____分。

2. 生产设备养护。

（1）各生产班长负责督促本班人员负起设备日常保养的责任，对不按要求完成的，减____分/次。

（2）对不按要求保养的，对当班班长及具体操作人员分别减____分及____分。

（3）设备部对车间的维修保养情况进行每周不少于____次的检查，对不按要求保养的，对车间主任、当班班长及具体操作人员分别减____分/项次、____分/项次和____分/项次。

（4）生产设备完好率达到____%，每低于____%，减____分。

（5）生产设备维护费用控制在预算内，每高于预算____%，减____分。

3. 生产设备利用。

（1）严格按照生产设备操作规则和设备说明操作，每发现1次违反操作规范的情况，减____分。

（2）生产设备利用率达到____%，每低于____%，减____分。

（3）生产设备使用指导培训应达到____课时，每少____课时，减____分。

4. 生产设备事故管理。

（1）一般设备事故。发生一般设备事故的，对直接相关责任人每次减____分，对间接相关责任人每次减____分；造成设备损坏的，按照____%～____%的比例赔偿。

（2）重大设备事故。造成重大责任事故的，对直接负责人予以辞退，对间接负责人视情况给予警告或其他处分，并要求其承担一切损失。

（3）特大设备事故。造成特大设备事故的，应追究相关人员的责任。

5. 生产设备台账、档案管理。

（1）对设备的类别、标志及编号进行统一张贴。发现未张贴或损坏的，每次减____分。

（续）

（2）生产设备档案完好率达到___%，每低于___%，减___分；生产设备资料及时归档率达到___%，每低于___%，减___分。					
第 5 条　考核方法					
1.生产设备管理考核采取倒扣分的方法，生产设备管理考核总分为 100 分，扣分越少等级越高。					
2.年度考核得分 = 季度考核得分的平均分 ×60%+ 年终考核得分 ×40%。					
第 6 条　附则					
本办法自___年___月___日起施行。					
编制日期		审核日期		批准日期	
修改标记		修改处数		修改日期	

4.3　质量部量化分析与量化考核

4.3.1　质量部量化管理分析

依据质量部职责设计的量化考核项目如图 4-8 所示。

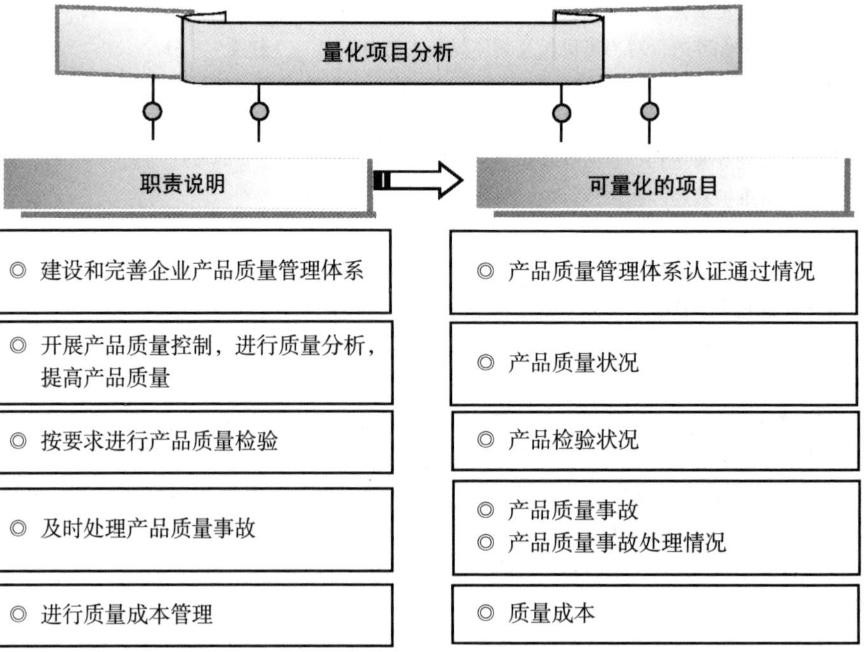

图 4-8　质量部量化考核项目

4.3.2 质量部量化指标设计

根据质量部工作目标设计的量化考核指标如图4-9所示。

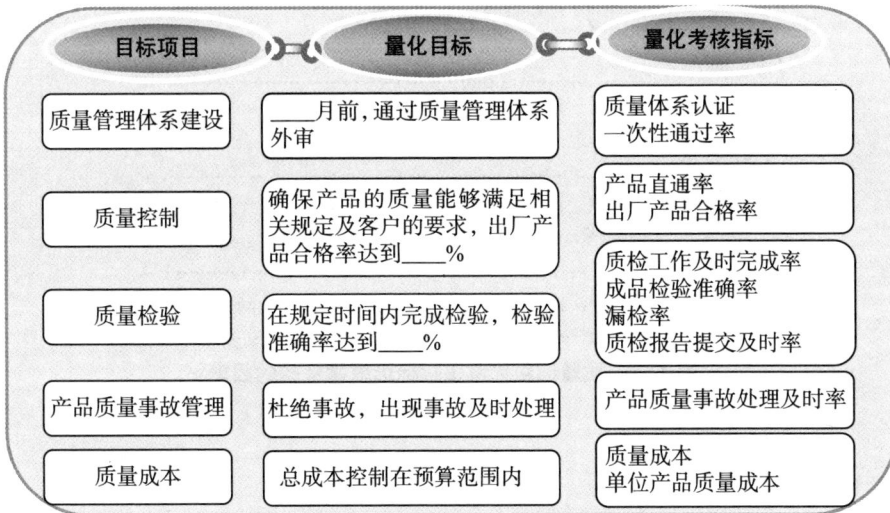

图 4-9 质量部量化考核指标

4.3.3 质量部量化考核设计

1. 量化考核指标说明

图4-10对质量部量化考核指标体系中的三项指标进行了相关说明。

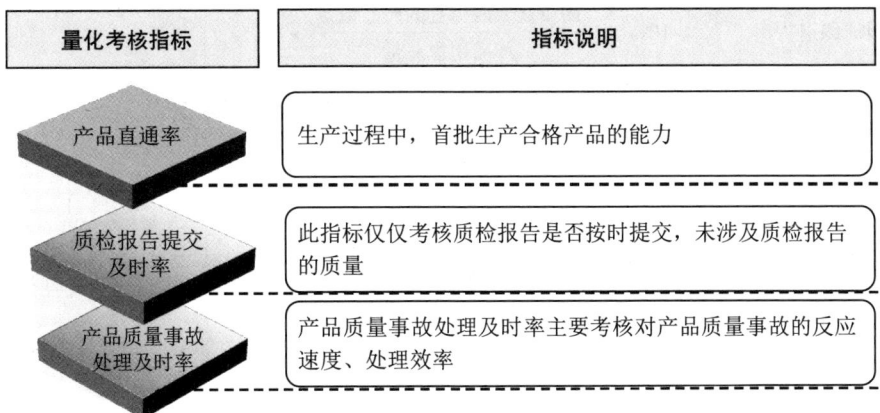

图 4-10 质量部量化考核指标说明

2. 量化考核指标选取

对于质量部的量化考核，在进行指标选取时应考虑的因素如图 4-11 所示。

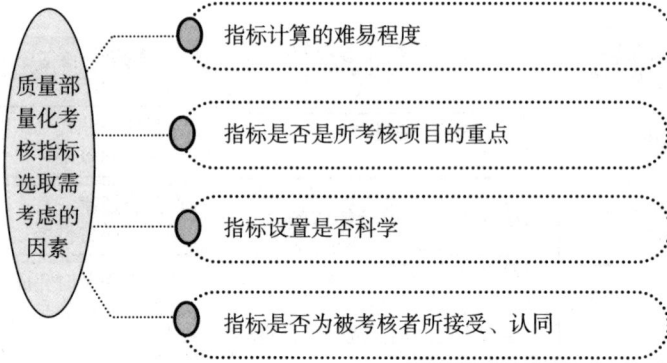

图 4-11　质量部量化考核指标选取需考虑的因素

3. 量化考核表

质量部量化考核表示例如表 4-3 所示。

表 4-3　质量部量化考核表

部门		质量部	部门负责人	
考核期限		___年___月___日至___年___月___日		
量化考核指标	权重	指标计算 / 说明	目标值	考核得分
产品质量合格率	25%	$\dfrac{\text{一次性检验合格的产品数量}}{\text{产品总数量}} \times 100\%$	达到___%	
产品直通率	15%	首次检验合格率的乘积	达到___%	
质量原因退货率	10%	$\dfrac{\text{因质量原因退货的产品数量}}{\text{产品销售总量}} \times 100\%$	低于___%	
质量成本占销售额比率	15%	$\dfrac{\text{产品质量成本}}{\text{产品销售额}} \times 100\%$	低于___%	
质检工作完成及时率	10%	$\dfrac{\text{质检及时完成次数}}{\text{质检总次数}} \times 100\%$	达到 100%	
质量分析报告提交及时率	5%	$\dfrac{\text{质量分析报告及时提交的次数}}{\text{质量分析报告提交总次数}} \times 100\%$	达到 100%	
产品质量事故发生次数	15%	—	___次	
质量培训计划完成率	5%	$\dfrac{\text{实际完成培训课时}}{\text{计划培训课时}} \times 100\%$	达到 100%	
量化考核得分				

4. 质量部量化考核说明

对于质量部的量化考核有以下几点需要说明，具体如图 4-12 所示。

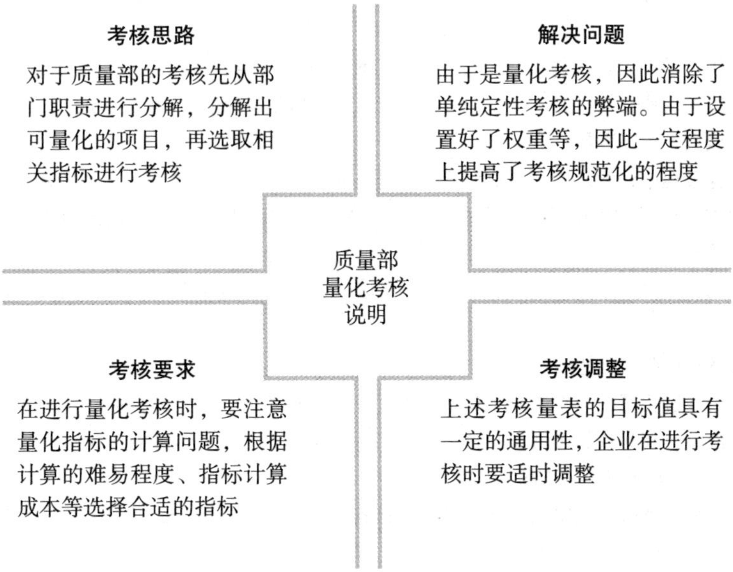

考核思路

对于质量部的考核先从部门职责进行分解，分解出可量化的项目，再选取相关指标进行考核

解决问题

由于是量化考核，因此消除了单纯定性考核的弊端。由于设置好了权重等，因此一定程度上提高了考核规范化的程度

质量部量化考核说明

考核要求

在进行量化考核时，要注意量化指标的计算问题，根据计算的难易程度、指标计算成本等选择合适的指标

考核调整

上述考核量表的目标值具有一定的通用性，企业在进行考核时要适时调整

图 4-12　质量部量化考核说明

4.3.4　产品检验考核制度

××公司产品检验考核制度示例如下。

制度名称	××公司产品检验考核制度	编制部门	
		执行部门	

第 1 章　总则

第 1 条　为规范检验员的工作行为，提高全员的质量意识，分清生产检验责任，落实奖惩制度，特制定本制度。

第 2 条　本制度适用于对原材料的进厂检验、过程检验、最终检验、首模检验等工作事项的考核。

第 3 条　考核原则。

1. 业绩考核（定量）与行为考核（定性）相结合。

2. 考核结果与员工收入挂钩。

第 2 章　考核方式与实施部门

第 4 条　考核采取定期（每月＿＿日）考核与平时抽检相结合的方式进行，其中，定期考核占 65%，平时抽检占 35%。

第 5 条　成立考核小组，由生产部经理任组长，质量部相关人员、绩效专员参与，其他部门予以配合。

101

（续）

第3章　生产检验考核奖惩

第6条　进厂检验考核奖惩。

1. 认真做好外购、外协件、原材料的检查，并填写检验记录，每发现1次不按要求检验的，扣罚检验员绩效工资的____%。

2. 在生产使用过程中，发现物料出现质量问题，而且此质量问题是检验规范中要求的，实际未检测到或漏检的，扣减检验员绩效工资的____%，同时由质量工程师和检验组共同制定纠正与预防措施。

第7条　过程检验考核奖惩。

1. 在成品检验过程中，发现因质量异常而批量返工的，其异常原因是规范中明确规定而实际又超出本年度目标的，由部门经理酌情给予相关人员（绩效工资）____%的处罚，同时由质量工程师和检验组共同制定纠正与预防措施。

2. 监督工艺不严，对违反工艺的现象不制止、不报告，造成产品质量下降，发现1次则扣罚检验员绩效工资的____%。

第8条　最终检验考核奖惩。

经证实属于最终检验责任（检验规范中规定的，完全可以检测到的质量问题，实际未检测出来或漏检的）造成的客户投诉，其次数超过考核目标，由部门经理酌情给予检验员绩效工资____%的处罚，同时由质量工程师和检验组共同制定纠正与预防措施。

第9条　检验结果事后被认定为错误的情况（因检验员自身的原因导致判断错误）每出现1次，扣减检验员绩效工资的____%。

第10条　检验记录要求做到记录完整、清晰，每有1处不齐全或错误，扣减检验员绩效工资的____%。

第11条　每月检验员的累计处罚超过____次或每季度各岗位的检验员都出现受处罚的情况，将给予检验班长管理性处罚，额度为其绩效工资的____%，同时要求检验班长制订相应的培训计划，对检验员进行相关培训。

第12条　对能及时发现质量事故隐患，并向有关部门汇报或采取措施避免重大质量事故发生的人员，经过综合考虑避免损失的大小、是否属职责范围等因素之后给予____～____元的奖励。

第4章　考核结果管理

第13条　考核结果除了与员工当月收入挂钩以外，其综合结果也是公司决定员工调整工资级别、职位升迁和人事调动的重要依据。

第14条　如对当期考核结果有异议，可在得知考核结果后的____天内向人力资源部提出。人力资源部应在____个工作日内予以处理完毕。

第5章　附则

第15条　本制度自颁布之日起开始执行。

第16条　本制度未尽事宜，参考公司其他管理制度。

编制日期		审核日期		批准日期	
修改标记		修改处数		修改日期	

4.3.5 产品质量考核管理制度

××公司产品质量考核管理制度示例如下。

制度名称	××公司产品质量考核管理制度	编制部门	
		执行部门	

第1章 总则

第1条 为促进公司不断提高产品质量，减少质量成本损失，更好地落实生产过程中各类人员的质量责任，特制定本制度。

第2条 除本制度外，各分厂（车间）可结合自身的实际工作情况，制定适合自己的质量考核办法。

第3条 本制度适用于产品在本公司加工、装配至销售出厂全过程所发生质量问题的考核。

第2章 考核方式与负责部门

第4条 绩效考核根据定性与定量考核相结合的原则，分为月度考核与平时检查考核。

第5条 公司成立质量考核领导小组，负责产品质量管理绩效考核工作。组长由公司质量管理分管负责人担任，组员由质量、生产、人力资源等部门人员组成。

第3章 质量考核项目

第6条 产品质量考核项目包括直通率、产品一次交验合格率、成品率、成品抽查合格率（或成品合格率）、成品抽查一等品率（或成品一等品率）、成品抽查优等品率（或成品优等品率），以及主要零部件和主要项目抽查合格率。

第7条 对于产品性能、安全等有重大决定性作用的项目（节点），应列为关键项目。关键项目要挑选准确，不宜过多。例如，对产品性能的考核项目，主要选用产品的主要技术、经济特性（如功率、压力）等指标。

第8条 产品质量应符合各级标准。产品等级的评定按××产品质量分等办法的规定执行。

第4章 产品质量管理奖惩细则

第9条 树立全员质量观念，需要公司全体员工的参与。

第10条 公司设立质量奖励基金，每年____～____元。各产品质量事故及质量返工的扣减款项纳入公司质量奖励基金。

第11条 公司产品质量奖惩说明见附表。

第5章 附则

第12条 本制度自____年____月____日施行。

第13条 本制度未尽事宜参考公司其他管理制度。

附表：××公司产品质量奖惩说明

××公司产品质量奖惩说明

相关责任部门（人员）	质量奖惩说明
生产车间、班组	1. 对产品质量有突出贡献的个人或单位，经公司总经理批准，发放质量特别奖____～____元，并进行表彰 2. 每个分项产品品种，凡一次验收达到优质产品的，奖励____元 3. 每个分项产品品种，凡三次验收方能合格的，扣减____元 以上奖励或罚款在每月结算工资时发扣

（续）

（续表）

相关责任部门（人员）	质量奖惩说明
质检员	1. 按要求对产品进行检验，每漏检、误检 1 次，扣____ ~ ____元，并追究因此造成的经济损失 2. 按要求对生产过程和工序产品进行检验，每漏检、误检 1 次，扣____ ~ ____元，并追究因此造成的经济损失
库管员	1. 认真做好原辅料入库、发放登记，做到准确无误，每出现 1 次差错，扣发当月工资____元 2. 未经检验合格的原辅料不得入库，每发现 1 次，扣___ ~ ____元，并追究因此造成的经济损失 3. 做好原辅材料的保管清查工作，若因工作失误造成损坏、变质或遗失的，扣____元，并追究因此造成的经济损失
备注：对于质量事故的惩罚，公司做出了如下规定	
质量事故	1. 内部质量事故的处罚：造成一般性质量事故的，每次扣罚责任单位工资总额的____% ~ ____%；造成严重质量事故的，每次扣罚责任单位工资总额的____% ~ ____% 2. 外部质量事故的处罚：造成一般性质量事故的，每次扣罚责任单位、技术质量部工资总额的____% ~ ____%；造成严重质量事故的，扣罚责任单位、技术质量部工资总额的____% ~ ____%

编制日期		审核日期		批准日期	
修改标记		修改处数		修改日期	

4.4 工艺部量化分析与量化考核

4.4.1 工艺部量化管理分析

根据工艺部职责提取的量化考核项目如图 4-13 所示。

图 4-13 工艺部量化考核项目

4.4.2 工艺部量化指标设计

根据工艺部工作目标设计的量化考核指标如图 4-14 所示。

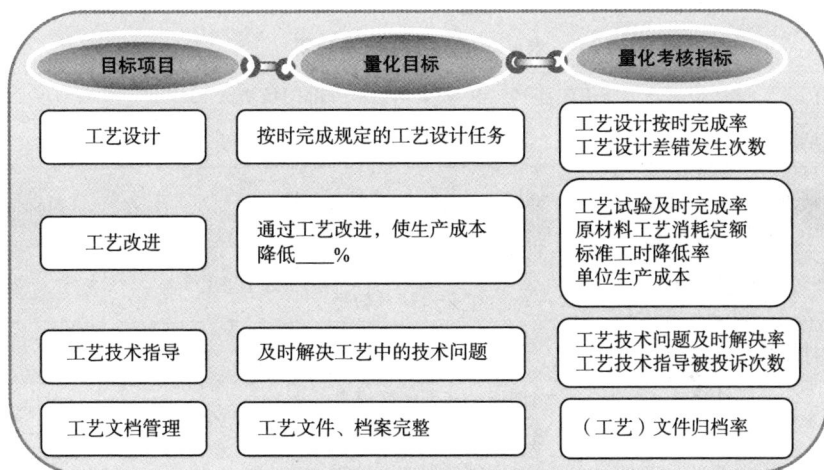

图 4-14 工艺部量化考核指标

4.4.3 工艺部量化考核设计

1. 量化考核指标说明

图 4-15 对工艺部量化考核指标体系中的三项指标进行了相关说明。

量化考核指标	指标说明
标准工时降低率	考核因工艺改进带来生产效率提高的情况
单位生产成本	它的高低反映了企业生产水平、技术装备和管理水平的好坏
工艺技术指导被投诉次数	工艺技术指导被投诉次数是指工艺人员在进行工艺指导过程中，因态度问题、问题解决的效果等遭到的投诉的次数

图 4-15　工艺部量化考核指标说明

2. 量化考核表

工艺部量化考核表如表 4-4 所示。

表 4-4　工艺部量化考核表

部门	工艺部		部门负责人	
考核期限	___年___月___日至___年___月___日			
量化考核指标	权重	指标计算/说明	目标值	考核得分
工艺设计按时完成率	15%	$\dfrac{\text{工艺设计按时完成的数量}}{\text{工艺设计总数量}} \times 100\%$	___%	
工艺工装设计差错次数	10%	—	___次	
新模具开发成功率	15%	$\dfrac{\text{当期成功开发的新模具的数量}}{\text{当期计划开发的新模具的数量}} \times 100\%$	___%	
工艺文件差错率	10%	$\dfrac{\text{出错的工艺文件数量}}{\text{工艺文件总数量}} \times 100\%$	不高于___%	
工艺工装成本	15%	工艺工装的设计、改进等成本	预算内	
标准工时降低率	10%	$\dfrac{\text{工艺改进前标准工时} - \text{工艺改进后标准工时}}{\text{工艺改进前标准工时}} \times 100\%$	___%	

（续表）

量化考核指标	权重	指标计算／说明	目标值	考核得分
工艺技术问题解决率	15%	—	____%	
工艺报告提交及时率	10%	$\dfrac{\text{及时提交的工艺报告数量}}{\text{提交的工艺报告总数量}} \times 100\%$	达到100%	
量化考核得分				

4.5 生产部各岗位目标量化与考核

4.5.1 生产部经理目标量化与考核

生产部经理岗位基本信息与工作目标如图4-16所示。

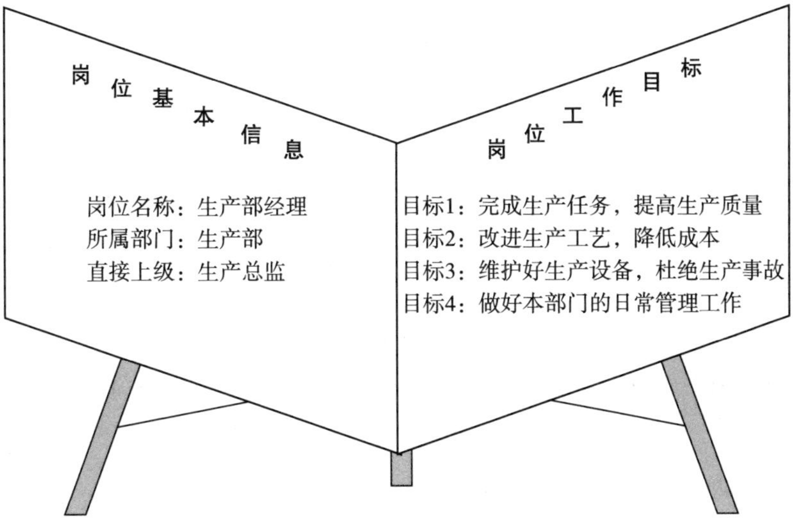

图4-16 生产部经理岗位基本信息与工作目标

生产部经理量化考核表如表4-5所示。

表 4-5　生产部经理量化考核表

目标执行人		岗位	生产部经理	直接上级	生产总监
考核期限			___年___月___日至___年___月___日		
目标项目	**量化考核指标**	**权重**	**绩效目标值**	**考核频率**	**考核得分**
生产任务目标	生产产量	20%	达到____%	月度／季度／年度	
	产品质量合格率	15%	达到____%	月度／季度／年度	
	交期达成率	10%	达到____%	季度／年度	
生产工艺目标	工艺设计任务完成率	10%	达到____%	年度	
设备管理目标	生产设备利用率	5%	达到____%	季度／年度	
	生产设备完好率	5%	达到____%	季度／年度	
生产安全目标	安全事故发生次数	15%	0 次	季度／年度	
成本管理目标	生产成本降低率	10%	降低____%	季度／年度	
部门管理目标	培训计划完成率	10%	达到____%	季度／年度	
量化考核得分					
考核实施说明					

生产部经理目标责任考核方案示例如下。

生产部经理目标责任考核方案

一、考核目的

通过对生产部经理的绩效进行科学、合理、公平、公正的评价，并给予相应的报酬和激励，全面提升公司的绩效水平，确保公司经营计划的全面实现和可持续性发展。

二、考核职责权限划分

1. 公司人力资源部负责拟定生产部经理的绩效考核办法。

2. 总经理负责年度目标的分解，并负责与生产总监商定绩效考核相关内容。

3. 公司总经理负责生产部经理绩效考核结果的审核。

三、绩效考核实施

1. 实行百分制考核，全面完成考核指标的基础分为 100 分。

（续）

2. 建立绩效计划实施目标。

3. 绩效目标制定后，由总经理与生产部经理签署绩效合约。

4. 考核周期采取半年度进行1次，年终进行1次总体考核。

四、考核内容

对于生产部经理的考核主要从生产管理制度建设、生产任务、生产质量、生产成本、生产交期、生产安全、生产现场管理、部门管理和协调八个方面进行考核。

1. 生产管理制度建设（10%）。生产管理制度完善、无重大漏洞、无不可执行的条款，则得满分；存在1项重大漏洞，减____分；存在1项完全不可行的条款，减____分。

2. 生产任务（15%）。生产任务完成率达到____%，则得满分；每低于____%，减____分；低于____%，该项不得分。

3. 生产质量（15%）。生产质量合格率达到____%，则得满分；每低于____%，减____分；低于____%，该项不得分。

4. 生产成本（15%）。单位生产成本降低率达到____%，则得满分；每低于____%，减____分；低于____%，该项不得分。

5. 生产交期（10%）。每有1次延迟交货的情况，减____分；超过____次，该项不得分。

6. 生产安全（15%）。无生产安全事故，得满分；每发生1例一般生产安全事故，减____分；每发生1例严重生产安全事故，该项不得分。

7. 生产现场管理（10%）。生产现场5S检查平均得分达到____分，得满分；每低于____分，减____分；低于____分，该项不得分。

8. 部门管理和协调（10%）。部门培训次数每比计划少1次，减____分；因与其他部门或者外部单位沟通协调不力导致生产工作不能顺利进行，每发生1次，减____分。

五、考核结果管理

1. 根据考核得分确定生产部经理的绩效工资。

2. 根据考核得分确定生产部经理的培训计划。

（续）

3.考核得分作为生产部经理职务升降的重要依据。

编制日期：	审核日期：	实施日期：

4.5.2 生产计划主管目标量化与考核

生产计划主管岗位基本信息与工作目标如图 4-17 所示。

岗位基本信息	岗位工作目标
岗位名称：生产计划主管 所属部门：生产部 直接上级：生产部经理	目标1：及时编制和适时调整生产计划 目标2：根据生产计划合理安排生产 目标3：监督检查各车间计划执行情况 目标4：及时对生产计划完成情况进行分析

图 4-17　生产计划主管岗位基本信息与工作目标

生产计划主管量化考核表如表 4-6 所示。

表 4-6　生产计划主管量化考核表

目标执行人		岗位	生产计划主管	考核时间			
考核期限		___年___月___日至___年___月___日					
业务目标	实际完成	权重	评价标准	考核得分		
				初核	复核	得分
生产计划下达及时率为100%	___%	15%	每延迟 1 次，减___分			
生产排程准确率达到___%	___%	25%	每低于目标值___%，减___分			
无生产计划编制不合理导致生产混乱的情况	___次	15%	每发生 1 次，减___分			

（续表）

业务目标	实际完成	权重	评价标准	考核得分		
				初核	复核	得分
生产计划完成率达到___%	___%	20%	每低于目标值___%，减___分			
补货订单达成率达到___%	___%	15%	每低于目标值___%，减___分			
劳动生产率提高___%	___%	10%	每低于目标值___%，减___分			
量化考核得分						

考核结果划分	优秀 90分及以上	良好 80（含）~ 90分	一般 70（含）~ 80分	合格 60（含）~ 69分	待改进 60分以下
备注					

4.5.3 生产调度主管目标量化与考核

生产调度主管岗位基本信息与工作目标如图 4-18 所示。

岗位基本信息	岗位工作目标
岗位名称：生产调度主管 所属部门：生产部 直接上级：生产部经理	目标1：协调各种资源实现生产计划
	目标2：监督、协调各生产车间的工作
	目标3：组织召开生产调度会议
	目标4：及时处理生产调度中的突发问题

图 4-18　生产调度主管岗位基本信息与工作目标

生产调度主管量化考核表如表 4-7 所示。

表 4-7 生产调度主管量化考核表

目标执行人		岗位	生产调度主管	考核时间			
考核期限		___年___月___日至___年___月___日					
业务目标	实际完成	权重	评价标准		考核得分		
					初核	复核	得分
无因生产调度不力影响生产的事件	___起	20%	每发生 1 次因生产调度不力影响生产的事件，减___分				
交期达成率达到___%	___%	20%	每低于目标值___%，减____分				
生产排程达成率达到___%	___%	20%	每低于目标值___%，减____分				
生产均衡率达到___%	___%	15%	每低于目标值___%，减____分				
生产调度会议召开及时率达到 100%	___%	10%	每有 1 次延误，减____分				
生产突发事件处理及时率达到___%	___%	15%	每低于目标值___%，减____分				
量化考核得分							
考核结果划分	优秀90 分及以上	良好80（含）~ 90 分		一般70（含）~ 80 分	合格60（含）~ 70 分		待改进60 分以下
备注							

4.5.4 生产安全主管目标量化与考核

生产安全主管岗位基本信息与工作目标如图 4-19 所示。

岗位基本信息	岗位工作目标
岗位名称：生产安全主管 所属部门：生产部 直接上级：生产部经理	目标1：做好安全防范，杜绝生产安全事故
	目标2：定期进行安全检查，落实安全制度
	目标3：落实安全隐患整改措施
	目标4：完成安全生产培训计划

图 4-19 生产安全主管岗位基本信息与工作目标

生产安全主管量化考核表如表 4-8 所示。

表 4-8　生产安全主管量化考核表

目标执行人		岗位	生产安全主管	考核时间			
考核期限		___年___月___日至___年___月___日					
业务目标	实际完成	权重	评价标准	考核得分			
				初核	复核	得分	
无重大生产安全事故发生	___次	20%	每发生 1 次，按企业相关规定予以评定				
生产安全事故损失金额控制在___元以内	___元	20%	每超过___元，减___分				
千人工伤率低于___%	___%	15%	每高于___%，减___分				
事故重伤率低于___%	___%	15%	每高于___%，减___分				
生产安全隐患整改率达到___%	___%	10%	每低于___%，减___分				
生产安全事故处理及时率达到100%	___%	10%	每有 1 次延误，减___分				
生产安全培训计划达成率达到100%	___%	10%	每有 1 次未按计划完成，减___分				
量化考核得分							
考核结果划分	优秀 90 分及以上	良好 80（含）~ 90 分	一般 70（含）~ 80 分	合格 60（含）~ 70 分	待改进 60 分以下		
备注							

4.5.5　车间主任目标量化与考核

车间主任岗位基本信息与工作目标如图 4-20 所示。

岗位基本信息	岗位工作目标
岗位名称：车间主任 所属部门：生产部 直接上级：生产部经理	目标1：按时完成车间生产任务
	目标2：降低车间生产成本，提高产品质量
	目标3：做好车间安全生产和设备管理工作
	目标4：做好本车间的人员管理工作

图4-20 车间主任岗位基本信息与工作目标

车间主任量化考核表如表4-9所示。

表4-9 车间主任量化考核表

目标执行人		岗位	车间主任	考核时间		
考核期限		___年___月___日至___年___月___日				
业务目标	实际完成	权重	评价标准	考核得分		
				初核	复核	得分
车间生产任务完成率达到____%	____%	30%	每低于____%，减____分			
交期达成率达到___%	____%	10%	每低于____%，减____分			
车间产品废品率低于____%	____%	10%	每高于____%，减____分			
返工率低于___%	____%	10%	每高于____%，减____分			
车间生产成本降低率达到____%	____%	10%	每低于____%，减____分			
车间安全事故损失金额控制在____元内	____元	10%	每高于____元，减____分			
车间设备完好率达到____%	____%	10%	每低于____%，减____分			
车间员工考核合格率达到____%	____%	10%	每低于____%，减____分			
量化考核得分						
考核结果划分	优秀 90分及以上	良好 80（含）～90分	一般 70（含）～80分	合格 60（含）～70分	待改进 60分以下	
备注						

4.5.6　生产班组长目标量化与考核

生产班组长岗位基本信息与工作目标如图 4-21 所示。

岗位目标分解	
岗位基本信息	**岗位工作目标**
岗位名称：班组长 所属部门：生产部 直接上级：车间主任	目标1：完成班组生产任务
	目标2：提高班组产品质量
	目标3：确保生产设备完好
	目标4：杜绝生产安全事故
	目标5：做好班组内人员管理工作

图 4-21　生产班组长岗位基本信息与工作目标

生产班组长量化考核表如表 4-10 所示。

表 4-10　生产班组长量化考核表

姓名			出勤	迟到	事假		病假		旷工
岗位	班组长		奖惩事项	加分事项			减分事项		
序号	量化考核指标		权重	评分标准		数据来源		得分	
1	生产计划完成率		20%	每低于____%，减____分		生产部			
2	产品交验合格率		20%	每低于____%，减____分		生产部、质量部			
3	产品返工率		10%	每高于____%，减____分		生产部			
4	工时定额标准达成率		15%	每低于____%，减____分		生产部、质量部			
5	生产设备故障率		10%	每高于____%，减____分		生产部、设备部			
6	生产安全事故发生次数		15%	每发生 1 次，减____分		生产部			
7	下属生产操作违规次数		10%	每发生 1 次，减____分		生产部			
量化考核得分									
被考核人（签字）： 考核日期：				考核人签字： 日　　期：					

4.5.7 生产专员目标量化与考核

生产专员岗位基本信息与工作目标如图 4-22 所示。

岗位目标分解	
岗位基本信息	**岗位工作目标**
岗位名称：生产专员 所属部门：生产部 直接上级：班组长	目标1：按时、保质、保量地完成生产任务
	目标2：维护好生产设备和劳动工具
	目标3：做好现场5S管理
	目标4：严格遵守操作规程，节约生产材料

图 4-22　生产专员岗位基本信息与工作目标

生产专员量化考核表如表 4-11 所示。

表 4-11　生产专员量化考核表

姓名		出勤	迟到		事假		病假	旷工
岗位	生产专员	奖惩事项	加分事项				减分事项	
序号	**量化考核指标**	**权重**	**评分标准**			**数据来源**		**得分**
1	生产任务完成率	30%	每低于目标值＿＿%，减＿＿分			生产部		
2	抽验合格率	25%	每低于目标值＿＿%，减＿＿分			生产部、质量部		
3	废品率	15%	每高于目标值＿＿%，减＿＿分			生产部、质量部		
4	违规操作设备的次数	10%	每发生 1 次，减＿＿分			生产部		
5	5S抽查不合格项目	10%	每有 1 项不合格，减＿＿分			生产部、质量部		
6	技能考核不合格次数	10%	每发生 1 次，减＿＿分			生产部 人力资源部		
量化考核得分								
被考核人（签字）： 考核日期：			考核人签字： 日　　期：					

4.5.8　车间统计员目标量化与考核

车间统计员岗位基本信息与工作目标如图 4-23 所示。

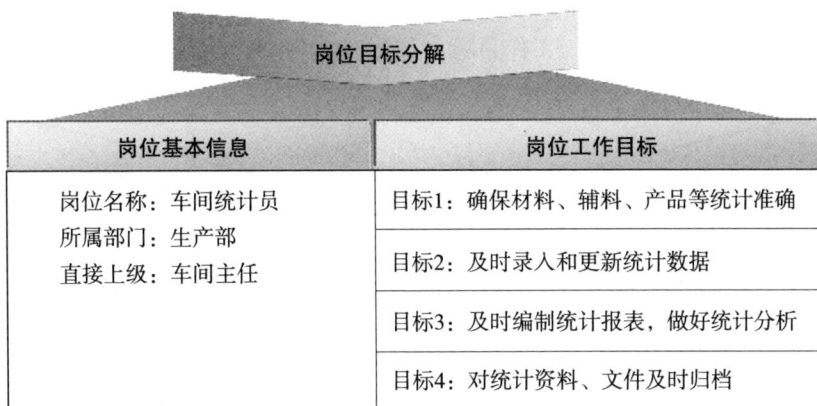

图 4-23　车间统计员岗位基本信息与工作目标

车间统计员量化考核表如表 4-12 所示。

表 4-12　车间统计员量化考核表

姓名			出勤	迟到	事假		病假		旷工	
岗位	车间统计员		奖惩事项	加分事项			减分事项			
序号	量化考核指标		权重	评分标准			数据来源		得分	
1	统计差错率		20%	每出现 1 处错误，减____分			生产部			
2	统计数据更新及时率		10%	每有 1 次未在规定时间内完成，减____分			生产部			
3	统计报表编制及时率		10%	每有 1 次未在规定时间内完成，减____分			生产部			
4	统计报表差错率		20%	每出现 1 处错误，减____分			生产部			
5	生产成本核算准确率		20%	每出现 1 处错误，减____分			生产部			
6	统计分析报告提交及时率		10%	每延迟提交 1 次，减____分			生产部			
7	统计资料及时归档率		10%	每缺失 1 项，减____分			生产部			
量化考核得分										
被考核人（签字）：				考核人签字：						
考核日期：				日　　期：						

4.6 设备部各岗位目标量化与考核

4.6.1 设备部经理目标量化与考核

设备部经理岗位基本信息与工作目标，如图 4-24 所示。

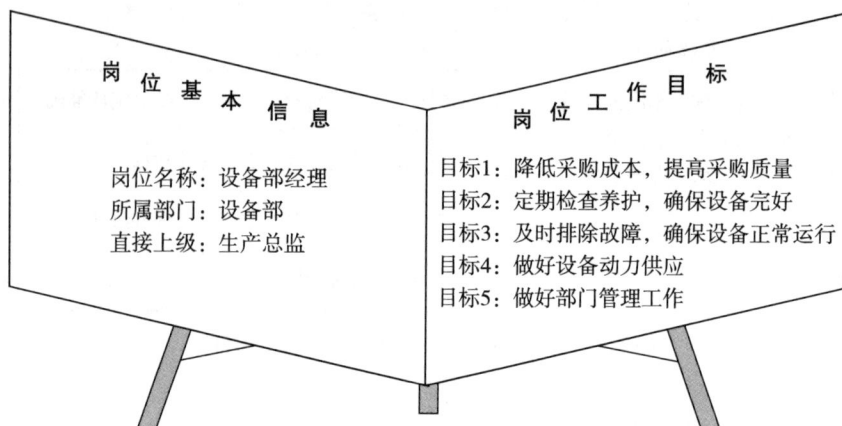

图 4-24 设备部经理岗位基本信息与工作目标

设备部经理量化考核表如表 4-13 所示。

表 4-13 设备部经理量化考核表

目标执行人			岗位	设备部经理	直接上级	生产总监
考核期限		___年___月___日至___年___月___日				
目标项目	**量化考核指标**	**权重**	**绩效目标值**	**考核频率**		**考核得分**
设备采购目标	采购成本节约率	10%	达到___%	年度		
	采购计划完成率	15%	达到100%	季度/年度		
设备维护目标	设备完好率	20%	达到100%	年度		
	设备故障停机率	15%	低于___%	年度		
	设备维修及时率	10%	达到100%	年度		
	设备维修费用率	5%	低于___%	年度		
动力系统管理	能源供应计划按时完成率	5%	达到100%	季度/年度		
设备安全目标	设备安全事故发生次数	10%	0次	季度/年度		
部门管理目标	员工培训计划完成率	10%	达到100%	季度/年度		
量化考核得分						
考核实施说明						

设备部经理目标责任考核方案示例如下。

设备部经理目标责任考核方案

一、考核期限

____年____月____日至____年____月____日。

二、双方的权利和义务

1.甲方为公司，乙方为设备部经理。

2.甲方对乙方拥有监督考核权，并负有指导、协助乙方开展必要工作的责任。

3.乙方全面负责公司的设备管理工作，在工作上服从甲方安排，确保设备管理目标顺利实现。

三、薪酬标准

1.乙方年薪为____万元，其中固定薪酬占60%，浮动薪酬占40%。

2.浮动薪酬根据年度考核结果发放。

四、考核内容

对设备部经理的考核内容主要包括业绩考核和能力考核两部分。业绩考核和能力考核比重为7∶3。设备部经理业绩考核表如表1所示。

表1　设备部经理业绩考核表

考核指标	权重	资料来源	考核标准	得分
采购成本节约率	10%	财务部、设备部	每低于目标值___%，减___分	
设备完好率	15%	设备部	每低于目标值___%，减___分	
设备正常运转天数	10%	设备部	每比目标值少___天，减___分	
设备维修及时率	5%	设备部、生产部	每低于目标值___%，减___分	
设备故障修复率	10%	设备部、生产部	每低于目标值___%，减___分	
设备维护成本	10%	财务部、设备部	每高于目标值___%，减___分	
设备资料归档率	5%	行政部、设备部	每低于目标值___%，减___分	
培训计划完成率	5%	人力资源部、设备部	每有1次未完成，减___分	
设备部经理业绩考核得分				

（续）

对设备部经理进行能力考核主要包括以下三方面的内容，具体如表 2 所示。

表 2　设备部经理能力考核表

工作能力	权重	能力等级
协调能力	10%	一等：能够顺利与相关单位或部门进行沟通与协调，完成目标 二等：部门工作基本能够顺利进行，内外协调无障碍 三等：经常因部门内外协调不力而导致工作不能顺利开展
管理能力	10%	一等：果断决策，妥善处理部门日常事务和设备管理突发问题 二等：部门秩序基本正常，突发问题基本解决，管理无重大差错 三等：部门秩序混乱，人员涣散，制度不完善、不规范
技术能力	10%	一等：具有精湛的技术，可以处理复杂设备的技术问题 二等：技术能力一般，基本可以指导下属解决技术问题 三等：基本不能解决设备上的技术问题

五、考核结果应用

设备部经理的年度考核结果主要作为绩效工资发放依据，具体发放办法如下。

1. 设备部经理的年终考核得分高于＿＿＿分，绩效工资发放浮动薪酬的 100%。

2. 设备部经理的年终考核得分在＿＿＿ ~ ＿＿＿分，绩效工资发放浮动薪酬的 80%。

3. 设备部经理的年终考核得分在＿＿＿ ~ ＿＿＿分，绩效工资发放浮动薪酬的 40%。

4. 设备部经理的年终考核得分低于＿＿＿分，无绩效工资。

编制日期：　　　　　**审核日期：**　　　　　**实施日期：**

4.6.2　设备维修主管目标量化与考核

设备维修主管岗位基本信息与工作目标如图 4-25 所示。

岗位基本信息	岗位工作目标
岗位名称：设备维修主管 所属部门：设备部 直接上级：设备部经理	目标1：定期检查设备，确保设备的完好性
	目标2：及时、高效完成维修任务
	目标3：设备事故得到及时处理
	目标4：设备维修费用控制在预算范围内

图 4-25 设备维修主管岗位基本信息与工作目标

设备维修主管量化考核表如表 4-14 所示。

表 4-14 设备维修主管量化考核表

目标执行人		岗位	设备维修主管	考核时间		
考核期限		___年___月___日至___年___月___日				
业务目标	实际完成	权重	评价标准	考核得分		
				初核	复核	得分
设备完好率达到___%	___%	15%	每低于目标值___%，减___分			
设备维修计划完成率达到___%	___%	15%	每低于目标值___%，减___分			
设备检修计划完成率达到___%	___%	10%	每低于目标值___%，减___分			
设备维修及时率达到___%	___%	10%	每低于目标值___%，减___分			
设备事故抢修及时率达到___%	___%	10%	每低于目标值___%，减___分			
设备故障修复率达到___%	___%	10%	每低于目标值___%，减___分			
设备返修率低于___%	___%	10%	每高于目标值___%，减___分			
设备故障停机率低于___%	___%	10%	每高于目标值___%，减___分			
维修费用控制在预算内	___元	10%	每超过预算值___%，减___分			
量化考核得分						
考核结果划分	优秀 90分及以上	良好 80（含）~90分	一般 70（含）~80分	合格 60（含）~70分	待改进 60分以下	
备注						

4.6.3 设备维修专员目标量化与考核

设备维修专员岗位基本信息与工作目标如图4-26所示。

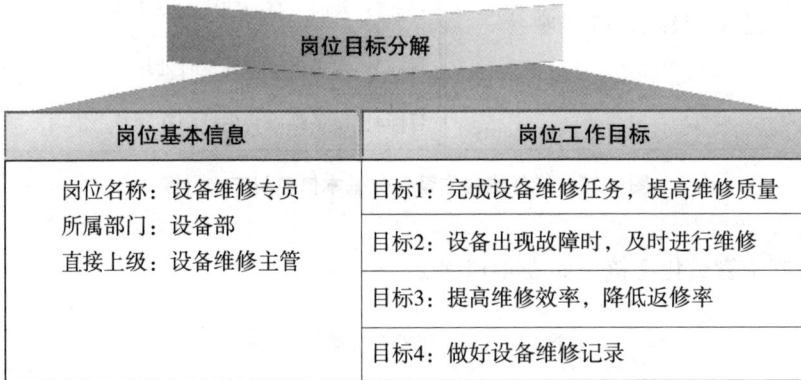

岗位目标分解	
岗位基本信息	**岗位工作目标**
岗位名称：设备维修专员 所属部门：设备部 直接上级：设备维修主管	目标1：完成设备维修任务，提高维修质量
	目标2：设备出现故障时，及时进行维修
	目标3：提高维修效率，降低返修率
	目标4：做好设备维修记录

图4-26 设备维修专员岗位基本信息与工作目标

设备维修专员量化考核表如表4-15所示。

表4-15 设备维修专员量化考核表

姓名		出勤	迟到	事假	病假	旷工
岗位	设备维修专员	奖惩事项	加分事项		减分事项	

序号	量化考核指标	权重	评分标准	数据来源	得分
1	设备维修计划完成率	25%	每低于目标值____%，减____分	生产部、设备部	
2	设备维修及时率	15%	每低于目标值____%，减____分	生产部、设备部	
4	设备故障修复率	30%	每低于目标值____%，减____分	生产部、设备部	
5	设备维修返工率	20%	每高于目标值____%，减____分	生产部、设备部	
6	维修记录准确率	5%	每有1处错误，减____分	生产部、设备部	
7	维修记录完整率	5%	每有1处内容缺失，减____分	设备部	
量化考核得分					

被考核人（签字）：	考核人签字：
考核日期：	日　期：

4.7 质量部各岗位目标量化与考核

4.7.1 质量部经理目标量化与考核

质量部经理岗位基本信息与工作目标如图 4-27 所示。

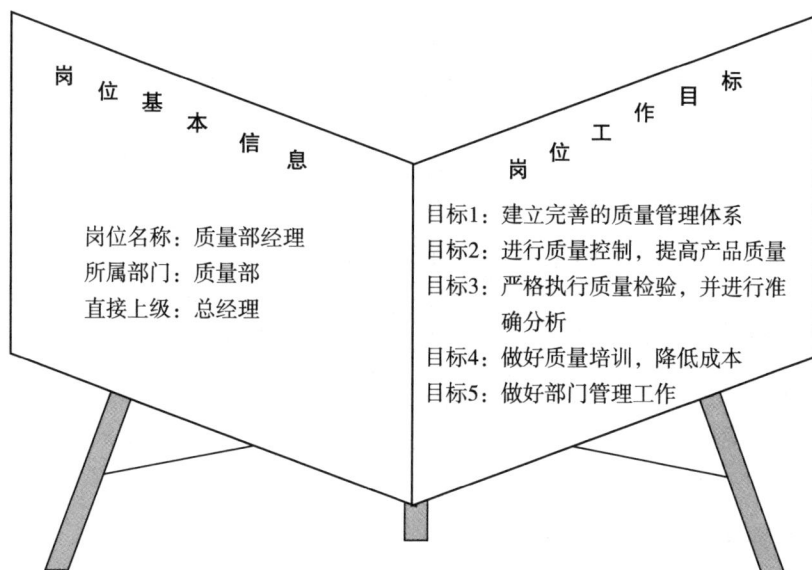

图 4-27 质量部经理岗位基本信息与工作目标

质量部经理量化考核表如表 4-16 所示。

表 4-16 质量部经理量化考核表

目标执行人		岗位		质量部经理	直接上级	总经理
考核期限	____年___月___日至___年___月___日					
目标项目	**量化考核指标**	**权重**	**绩效目标值**	**考核频率**		**考核得分**
质量体系目标	质量管理认证一次性通过率	10%	____%	年度		
质量控制目标	产品质量合格率	20%	____%	月度 / 季度 / 年度		
	质量事故发生次数	15%	0 次	季度 / 年度		
质量检验目标	质检工作及时完成率	10%	100%	月度 / 季度 / 年度		
	成品检验准确率	10%	____%	季度 / 年度		
	漏检率	10%	低于____%	月度 / 季度 / 年度		
	质量分析报告提交及时率	5%	100%	月度 / 季度 / 年度		

（续表）

目标项目	量化考核指标	权重	绩效目标值	考核频率	考核得分
质量成本目标	质量成本占销售额比率	10%	___%	季度 / 年度	
质量培训目标	质量培训计划完成率	5%	100%	季度 / 年度	
部门管理目标	部门培训计划完成率	5%	100%	季度 / 年度	
量化考核得分					
考核实施说明					

质量部经理目标责任考核方案示例如下。

质量部经理目标责任考核方案

一、考核目的

为了落实公司目标责任制，确保完成公司生产质量目标，特制定本方案。

二、考核期限

____年____月____日至____年____月____日。

三、质量部经理职权

1. 有权参与制定公司经营发展规划并提出建议。

2. 有权制定并修改公司质量管理制度、质量检查制度等，建立质量管理制度体系。

3. 有权监督质量管理制度、质量标准、质量工作计划等的执行，规范公司质量管理工作。

4. 有权对质量事故进行调查与处理。

5. 有权建立质量人员队伍。

四、考核内容和指标

1. 对于质量部经理的考核主要从定量和定性两个方面进行考核，定量考核的具体内容如下表所示。

（续）

质量部经理定量考核表

考核指标	权重	资料来源	考核标准	得分
产品质量合格率	25%	质量部、生产部	每低于目标值____%，减____分	
废品率	10%	质量部、生产部	每高于目标值____%，减____分	
因产品质量原因导致的退货次数	15%	质量部、销售部	每超过目标值1次，减____分	
质量成本	15%	质量部、财务部	每高于目标值____%，减____分	
产品质检报告提交及时率	10%	质量部、总经理	每有1次不及时，减____分	
质量事故发生次数	15%	质量部	每超过目标值1次，减____分	
质量培训计划完成率	10%	质量部、人力资源部	每少于目标值1次，减____分	
质量部经理量化考核得分				

2. 质量部经理定性考核指标及考核内容具体如下。

（1）质量管理制度。对质量管理制度的考核主要从制度的完善性、规范性、可执行性和执行情况四个方面进行。质量管理制度每有1项不规范，减____分；发现质量管理制度存有重大漏洞，减____分；每发现1项条款具有不可执行的情形，减____分；每有1项制度没有具体落实，减____分。

（2）质量管理体系。对质量管理体系的考核主要从健全性、年审情况两个方面进行。质量管理体系每存在1处重大漏洞，减____分；质量管理体系年审未通过，减____分。

（3）质量分析报告质量。对质量分析报告的质量考核主要从条理清晰、分析透彻、是否有误三个方面进行。质量分析报告条理混乱，减____分；分析的问题反映了企业问题的实质，且提出的改进方案具有可行性，加____分；质量分析报告每存在1处错误，减____分。

五、考核结果的管理

1. 人力资源部汇总各项考核得分，计算考核最终得分，并由此划分优秀［90（含）～100分］、良好［80（含）～90分］、一般［70（含）～80分］、合格

（续）

[60（含）～70分] 与待改进（60分以下）五个级别。

2. 人力资源部将考核结果报总经理审批。

3. 总经理与质量部经理进行绩效沟通面谈，达成一致意见后制订改进计划。

4. 考核结果将作为质量部经理薪酬奖金发放、岗位变动等人力资源决策的依据。

六、附则

1. 本方案未尽事宜可参照公司其他相关规章制度执行。

2. 本方案的解释权归公司人力资源部所有。

编制日期：	审核日期：	实施日期：

4.7.2　来料检验主管目标量化与考核

来料检验主管岗位基本信息与工作目标如图 4-28 所示。

岗位基本信息	岗位工作目标
岗位名称：来料检验主管 所属部门：质量部 直接上级：质量部经理	目标1：提高来料检验的准确率 目标2：确保来料检验无延迟 目标3：填写各种检验报表和报告 目标4：妥善处理检验中的各种问题

图 4-28　来料检验主管岗位基本信息与工作目标

来料检验主管量化考核表如表 4-17 所示。

表 4-17　来料检验主管量化考核表

目标执行人			岗位	来料检验主管		考核时间		
考核期限			___年___月___日至___年___月___日					
业务目标	实际完成	权重	评价标准			考核得分		
						初核	复核	得分
来料检验准确率达到___%	___%	30%	每低于目标值___%，减___分					
来料检验及时率达到100%	___%	20%	每有 1 次未在规定时间内完成，减___分					
无来料检验重大差错	___次	20%	每发生 1 次，减___分					
检验设备完好率	___%	15%	每低于目标值___%，减___分					
无违规事件发生	___次	15%	每发生 1 次，减___分					
量化考核得分								
考核结果划分	优秀 90 分及以上	良好 80（含）~ 90 分		一般 70（含）~ 80 分		合格 60（含）~ 70 分		待改进 60 分以下
备注								

4.7.3　制程检验专员目标量化与考核

制程检验专员岗位基本信息与工作目标如图 4-29 所示。

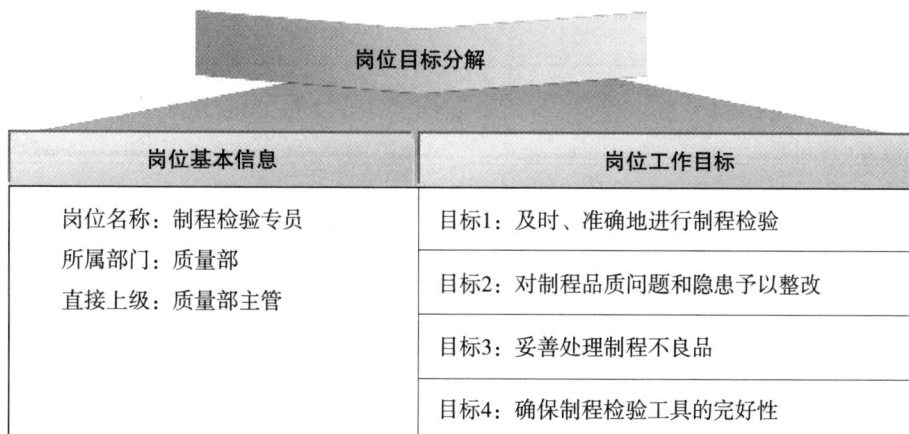

岗位目标分解	
岗位基本信息	岗位工作目标
岗位名称：制程检验专员 所属部门：质量部 直接上级：质量部主管	目标1：及时、准确地进行制程检验
	目标2：对制程品质问题和隐患予以整改
	目标3：妥善处理制程不良品
	目标4：确保制程检验工具的完好性

图 4-29　制程检验专员岗位基本信息与工作目标

制程检验专员量化考核表如表 4-18 所示。

表 4-18　制程检验专员量化考核表

姓名			出勤	迟到	事假	病假	旷工
岗位	制程检验专员	奖惩事项		加分事项		减分事项	
序号	量化考核指标		权重	评分标准		数据来源	得分
1	制程检验及时完成率		20%	每有 1 次未在规定时间内完成，减＿＿分		生产部、质量部	
2	制程检验合格率		25%	每低于目标值＿＿＿%，减＿＿＿分		质量部	
3	产品直通率		25%	每低于目标值＿＿＿%，减＿＿＿分		质量部	
4	在用质检仪器受检率		15%	每低于目标值＿＿＿%，减＿＿＿分		质量部、设备部	
5	检验设备完好率		15%	每低于目标值＿＿＿%，减＿＿＿分		质量部、设备部	
量化考核得分							
被考核人（签字）： 考核日期：				考核人签字： 日　　　期：			

4.7.4　成品检验主管目标量化与考核

成品检验主管岗位基本信息与工作目标如图 4-30 所示。

岗位基本信息	岗位工作目标
岗位名称：成品检验主管 所属部门：质量部 直接上级：质量部经理	目标1：及时、高效地实施成品检验工作 目标2：降低成品检验的费用 目标3：提高检验的准确性 目标4：确保检验报表完整、准确，做好分析

图 4-30　成品检验主管岗位基本信息与工作目标

成品检验主管量化考核表如表 4-19 所示。

表 4-19　成品检验主管量化考核表

目标执行人		岗位	成品检验主管	考核时间			
考核期限		___年___月___日至___年___月___日					
业务目标	**实际完成**	**权重**	**评价标准**	**考核得分**			
				初核	**复核**	**得分**	
成品检验完成及时率达到 100%	____%	10%	每有 1 次未在规定时间内完成，减____分				
产品出厂检验合格率达到 ____%	____%	25%	每低于目标值____%，减____分				
成品检验差错事故发生次数为 0	____次	20%	每多于目标值 1 次，减____分				
因质量问题导致的退货率低于____%	____%	5%	每高于目标值____%，减____分				
成品检验准确率达到____%	____%	20%	每低于目标值____%，减____分				
漏检率低于____%	____%	15%	每高于目标值____%，减____分				
质量成本外部损失低于____元	____元	5%	每高于目标值____元，减____分				
量化考核得分							
考核结果划分	优秀 90 分及以上	良好 80（含）~ 90 分		一般 70（含）~ 80 分	合格 60（含）~ 70 分		待改进 60 分以下
备注							

4.7.5　质检专员目标量化与考核

质检专员岗位基本信息与工作目标如图 4-31 所示。

岗位目标分解

岗位基本信息	岗位工作目标
岗位名称：质检专员 所属部门：质量部 直接上级：质量部主管	目标1：质量检验及时、高效 目标2：严格按照检验标准进行产品检验 目标3：检验记录真实、准确 目标4：质量检验设备（工具）完好

图 4-31　质检专员岗位基本信息与工作目标

质检专员量化考核表如表 4-20 所示。

表 4-20　质检专员量化考核表

<table>
<tr><td colspan="2" rowspan="2">姓名</td><td rowspan="2"></td><td rowspan="2">出勤</td><td>迟到</td><td>事假</td><td>病假</td><td colspan="2">旷工</td></tr>
<tr><td></td><td></td><td></td><td colspan="2"></td></tr>
<tr><td colspan="2" rowspan="2">岗位</td><td rowspan="2">质检专员</td><td rowspan="2">奖惩事项</td><td colspan="2">加分事项</td><td colspan="3">减分事项</td></tr>
<tr><td colspan="2"></td><td colspan="3"></td></tr>
<tr><td>序号</td><td colspan="2">量化考核指标</td><td>权重</td><td colspan="2">评分标准</td><td colspan="2">数据来源</td><td>得分</td></tr>
<tr><td>1</td><td colspan="2">质检工作按时完成率</td><td>35%</td><td colspan="2">每有 1 次延迟，减____分</td><td colspan="2">质量部、生产部</td><td></td></tr>
<tr><td>2</td><td colspan="2">检验差错发生次数</td><td>25%</td><td colspan="2">每发生 1 次，减____分</td><td colspan="2">质量部、生产部</td><td></td></tr>
<tr><td>3</td><td colspan="2">漏检率</td><td>20%</td><td colspan="2">每高于____%，减____分</td><td colspan="2">质量部、生产部</td><td></td></tr>
<tr><td>4</td><td colspan="2">质检记录准确率</td><td>10%</td><td colspan="2">每有 1 处错误，减____分</td><td colspan="2">质量部</td><td></td></tr>
<tr><td>5</td><td colspan="2">在用质检仪器受检率</td><td>10%</td><td colspan="2">每低于目标值____%，减____分</td><td colspan="2">质量部、设备部</td><td></td></tr>
<tr><td colspan="8">量化考核得分</td><td></td></tr>
<tr><td colspan="4">被考核人（签字）：
考核日期：</td><td colspan="5">考核人签字：
日　　期：</td></tr>
</table>

4.8 工艺部各岗位目标量化与考核

4.8.1 工艺部经理目标量化与考核

工艺部经理岗位基本信息与工作目标如图 4-32 所示。

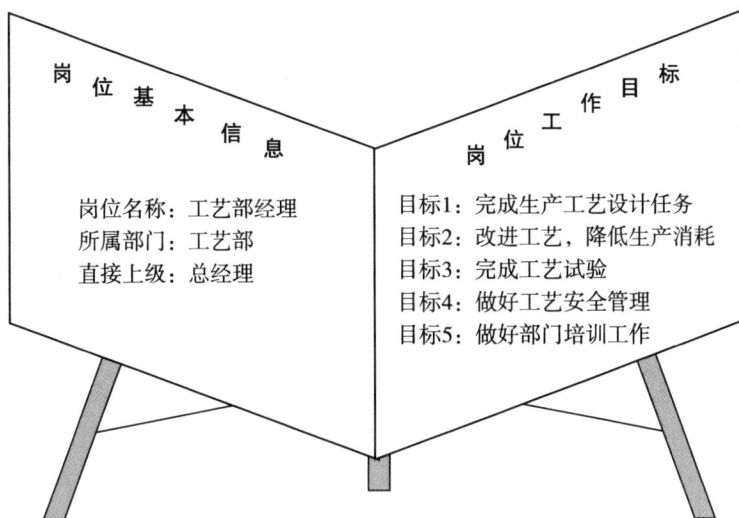

图 4-32 工艺部经理岗位基本信息与工作目标

工艺部经理量化考核表如表 4-21 所示。

表 4-21 工艺部经理量化考核表

目标执行人		岗位	工艺部经理	直接上级	总经理
考核期限		___年___月___日至___年___月___日			
目标项目	**量化考核指标**	**权重**	**绩效目标值**	**考核频率**	**考核得分**
工艺设计目标	工艺设计任务完成率	15%	达到___%	年度	
工艺改进目标	工艺改进消耗降低率	15%	降低___%	年度	
	标准工时降低率	10%	降低___%	年度	
	工艺改进项数	10%	达到___项	年度	
工艺试验目标	工艺试验及时率	10%	达到___%	季度 / 年度	
	工艺试验报告提交及时率	10%	达到100%	季度 / 年度	
工艺安全目标	工艺事故发生次数	10%	0 次	年度	

（续表）

目标项目	量化考核指标	权重	绩效目标值	考核频率	考核得分
费用控制目标	工艺费用	10%	预算内	季度／年度	
部门管理目标	部门培训计划完成率	10%	达到____%	季度／年度	
量化考核得分					
考核实施说明					

工艺部经理目标责任考核方案示例如下。

工艺部经理目标责任考核方案

一、考核目的

为了加强工艺部的管理，考核工艺部经理的工作绩效是否达到预定目标及工艺部经理对其岗位责任的胜任程度，特制定本考核方案。

二、考核原则与标准

对工艺部经理的考核，要坚持客观、公正的原则，同时以其岗位职责及绩效目标为考核标准。

三、考核周期

对工艺部经理的考核以半年度为周期。

四、目标责任与考核

工艺部经理的目标责任考核主要从工艺设计、工艺改进、工艺试验、工艺安全、工艺成本及部门管理六个方面进行，具体内容如下。

1. 工艺设计（20%）。对工艺设计的考核，主要从工艺设计进度、工艺设计质量、工艺设计图纸是否有误三个方面进行。工艺设计延迟次数每发生1次，减____分；工艺设计差错每出现1次，减____分；工艺设计图纸中每有1处错误，减____分。

2. 工艺改进（20%）。对工艺改进的考核，主要从工艺改进进度、改进后工艺消耗情况两个角度进行。每有1次工艺改进延迟，减____分；工艺改进后消耗降低率每低于目标值____%，减____分。

（续）

3. 工艺试验（15%）。对工艺试验的考核，主要从工艺试验及时性、工艺试验安全性两个方面进行。工艺试验未在规定时间内完成，减＿＿＿分／次；工艺试验事故每发生1次，减＿＿＿分。

4. 工艺安全（15%）。对工艺安全考核，主要从工艺安全事故、工艺安全事故损失金额、工艺安全事故伤亡事件三个方面进行。工艺安全事故每发生1次，减＿＿＿分；工艺安全事故损失金额每高于目标值＿＿＿％，减＿＿＿分；工艺安全事故伤亡事件另按公司相关规定处理。

5. 工艺成本（15%）。对工艺成本的考核，主要从工艺成本的控制角度进行。工艺成本每超过预算值＿＿＿％，减＿＿＿分。

6. 部门管理（15%）。对部门管理的考核，主要从内部和外部两个方面进行。部门培训计划达成率每低于目标值＿＿＿％，减＿＿＿分；部门核心人才流失率高于目标值，减＿＿＿分；每发生1次因与外部相关部门或单位沟通协调不畅而导致工作无法顺利进行的情况，减＿＿＿分。

五、考核实施

1. 成立工艺部经理考核领导小组，主要成员有公司总经理、财务部经理、人力资源部经理、生产部经理等相关人员。

2. 人力资源部负责考核的布置安排与总体实施工作，进行考核指导和监督，确保考核顺利进行。

3. 工艺部经理和其他相关部门要配合考核实施工作。

六、考核结果应用

1. 工艺部经理的绩效工资根据考核结果确定，具体发放标准参考公司绩效工资发放管理办法。

2. 工艺部经理职务升降根据考核结果确定，具体参考公司职位管理制度。

编制日期：　　　　　审核日期：　　　　　实施日期：

4.8.2 材料工艺主管目标量化与考核

材料工艺主管岗位基本信息与工作目标如图 4-33 所示。

岗位基本信息	岗位工作目标
岗位名称：材料工艺主管 所属部门：工艺部 直接上级：工艺部经理	目标1：及时编制材料工艺文件
	目标2：及时进行材料工艺测验、确认
	目标3：及时解决材料工艺技术问题
	目标4：做好材料工艺组的管理工作

图 4-33 材料工艺主管岗位基本信息与工作目标

材料工艺主管量化考核表如表 4-22 所示。

表 4-22 材料工艺主管量化考核表

目标执行人		岗位	材料工艺主管	考核时间		
考核期限		___年___月___日至___年___月___日				
业务目标	实际完成	权重	评价标准	考核得分		
				初核	复核	得分
工艺文件编制及时率达到____%	____%	15%	每延迟1次，减____分			
工艺文件差错率低于____%	____%	15%	每高于目标值____%，减____分			
无材料工艺测验重大差错事件	____次	10%	每发生1次重大差错事件，减____分			
材料工艺测验及时率达到____%	____%	15%	每延迟1次，减____分			
材料消耗降低率达____%	____%	15%	每低于目标值____%，减____分			
工艺技术问题及时解决率达到____%	____%	10%	每低于目标值____%，减____分			
工艺培训计划完成率达到____%	____%	10%	每低于目标值____%，减____分			
工艺文件归档率达到____%	____%	10%	每低于目标值____%，减____分			
量化考核得分						
考核结果划分	优秀 90分及以上	良好 80（含）~90分	一般 70（含）~80分	合格 60（含）~70分	待改进 60分以下	
备注						

4.8.3 产品工艺员目标量化与考核

产品工艺员岗位基本信息与工作目标如图 4-34 所示。

岗位目标分解	
岗位基本信息	**岗位工作目标**
岗位名称：产品工艺员 所属部门：工艺部 直接上级：工艺部主管	目标1：完成工艺设计和改进任务
	目标2：及时提供现场工艺指导
	目标3：快速解决生产工艺中的技术问题
	目标4：确保工艺文件完整无损

图 4-34　产品工艺员岗位基本信息与工作目标

产品工艺员量化考核表如表 4-23 所示。

表 4-23　产品工艺员量化考核表

姓名		出勤	迟到	事假	病假	旷工
岗位	产品工艺员	奖惩事项	加分事项		减分事项	

序号	量化考核指标	权重	评分标准	数据来源	得分
1	工艺设计任务完成率	30%	每低于目标值＿＿%，减＿＿分	工艺部	
2	工艺改进项数	20%	每比目标值少 1 项，减＿＿分	工艺部、生产部	
3	工艺改进消耗降低率	20%	每低于目标值＿＿%，减＿＿分	工艺部、生产部	
4	工艺技术问题解决率	10%	每低于目标值＿＿%，减＿＿分	工艺部、生产部	
5	工艺文件归档率	10%	每低于目标值＿＿%，减＿＿分	工艺部	
6	工艺文件完整率	10%	每缺失 1 项，减＿＿分	工艺部	
量化考核得分					

被考核人（签字）： 考核日期：	考核人签字： 日　　期：

4.9 生产人员薪酬体系设计

4.9.1 生产人员薪酬体系设计要考虑的因素

生产人员薪酬体系设计主要应该考虑的因素包括宏观环境因素、行业区域因素、企业及岗位因素三个方面，具体内容如图 4-35 所示。

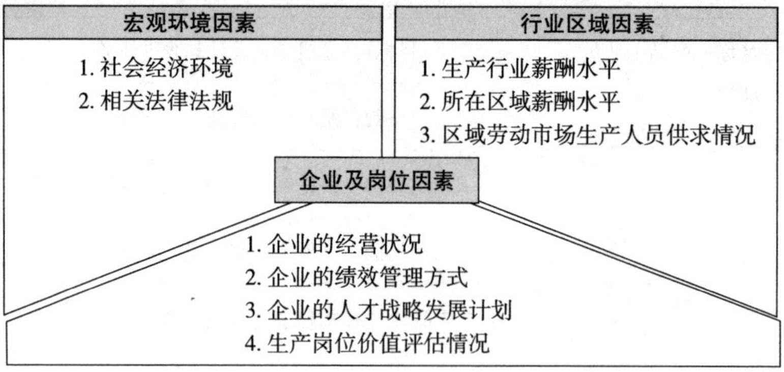

宏观环境因素	行业区域因素
1. 社会经济环境 2. 相关法律法规	1. 生产行业薪酬水平 2. 所在区域薪酬水平 3. 区域劳动市场生产人员供求情况

企业及岗位因素

1. 企业的经营状况
2. 企业的绩效管理方式
3. 企业的人才战略发展计划
4. 生产岗位价值评估情况

图 4-35　生产人员薪酬体系设计要考虑的因素

在上述三大方面因素中，有的因素影响薪酬水平设计，有的因素影响薪酬结构设计，有的既对薪酬水平又对薪酬结构有影响。因此，在进行薪酬体系设计时，要综合考虑这些因素，不仅要考虑单个因素的影响，而且要考虑其关联性之间的综合影响。图 4-36 是一般情况下上述因素对薪酬体系设计的影响。

影响薪酬水平	影响薪酬水平和结构	影响薪酬结构
社会经济环境 法律规定的最低工资标准 地区平均薪资水平 行业平均薪资水平 企业经营状况 劳动市场上生产人员供求情况	企业的发展阶段 企业人力资源管理战略 企业绩效管理方式 生产岗位因素	同行业企业生产人员薪酬结构 同等发展规模企业生产人员薪酬结构 生产岗位因素

图 4-36　薪酬体系设计因素的影响

4.9.2 生产人员的薪酬模式设计

1. 生产人员的薪酬模式

生产人员的薪酬模式主要有计时工资模式和计件工资模式两种。这两种模式有多种表现形式，具体如图 4-37 所示。

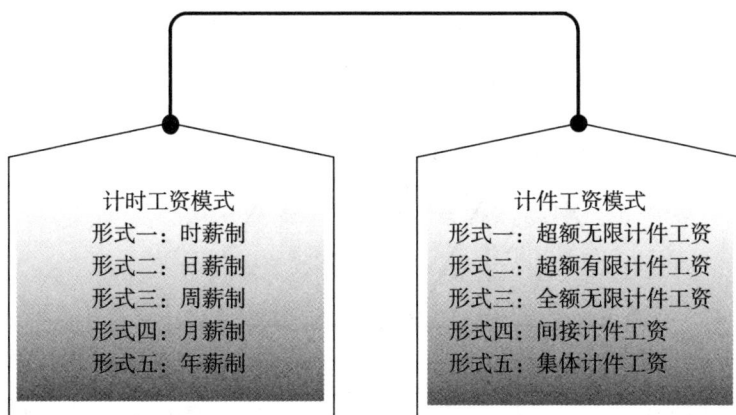

计时工资模式
形式一：时薪制
形式二：日薪制
形式三：周薪制
形式四：月薪制
形式五：年薪制

计件工资模式
形式一：超额无限计件工资
形式二：超额有限计件工资
形式三：全额无限计件工资
形式四：间接计件工资
形式五：集体计件工资

图 4-37　生产人员的薪酬模式

2. 生产人员的薪酬模式比较

生产人员两种薪酬模式的含义、适用范围及优缺点的比较具体如表 4-24 所示。

表 4-24　生产人员的薪酬模式比较

模式名称	含义	适用范围	优缺点
计时工资	按照员工的技术熟练程度、劳动繁重程度和工作时间的长短来计算与支付工资的一种薪酬模式。它的决定因素有工资标准和实际劳动时间	适用于机械化、自动化水平高且产品工序多、产品产量不便于计算的生产企业。例如，用于辅助生产人员的薪酬管理	1. 优点：简单易行、便于计算 2. 缺点：不能准确地反映劳动者的实际劳动量及各个工人在相同的劳动时间内所创造的劳动成果多少、好坏的差别
计件工资	按照生产的合格品的数量（或作业量）和预先规定的计件单价来计算报酬的一种薪酬模式。它的决定因素有计件单价和完成的产品数量	适用于有明确的方法统计产品数量、有明确的标准确认产品质量、有合理的劳动定额标准的企业，比较适用于一线生产人员	1. 优点：工资表现直观，容易提高生产工人的工作积极性 2. 缺点：需要耗费大量的时间

3. 生产人员的薪酬模式设计需注意的问题

在进行生产人员薪酬模式设计时，应该注意以下三个方面，每个方面的具体注意事项如图 4-38 所示。

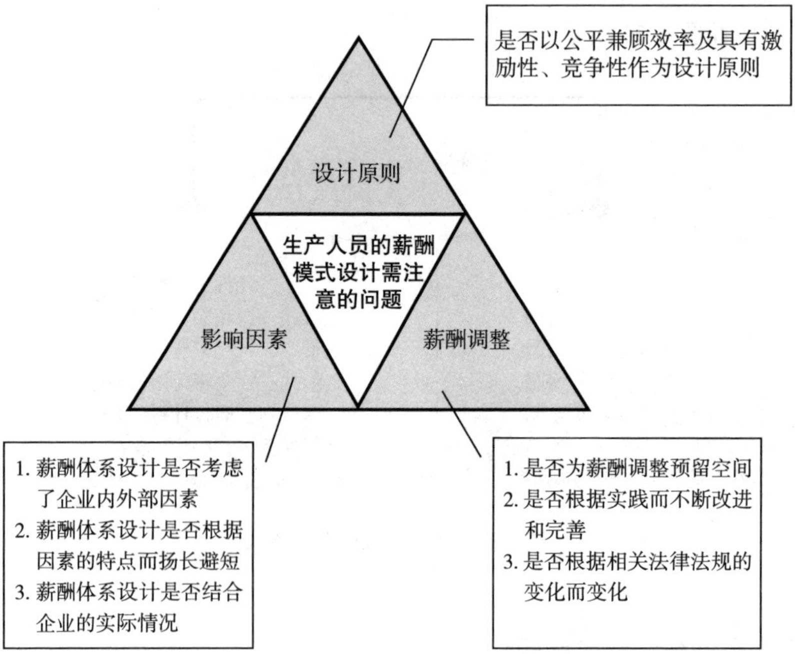

图 4-38 生产人员的薪酬模式设计需注意的问题

4.9.3 生产人员计件工资设计

计件工资制是把一线员工生产的产品量与收入直接挂钩的工资形式，比较适用于生产任务明确、产品数量和质量易于测量与统计的工种。其计算公式如下。

$$W = W_0 + RQ$$

其中，W——员工所获的报酬。

W_0——保底工资，这一项企业可以根据自身的实际情况而定，可以单独设立，也可以没有。

R——计件单价。

Q——员工所完成的产品数量。

1. W_0 的确定

一线人员的工资构成中若设有保底工资这一项，确立其标准时应考虑生产技术复杂程度、劳动繁重程度、工作责任大小、劳动环境的状况、岗位任职资格等因素。

2. 计件单价的计算方法

（1）计算方法一如下。

$$计件单价 = \frac{单位时间岗位工资标准}{该岗位单位时间的产量定额}$$

例如，某岗位的小时工资为5元，其小时产量定额为5件，则其计件单价为1元/件。

（2）计算方法二如下。

$$计件单价 = 单位时间工资标准 \times 单位产品的工时定额$$

例如，某岗位的小时工资为5元，现生产一件产品的工时定额为0.6小时/件，则其计件单价为3元/件。

图4-39是某生产企业生产人员计件工资设计流程。

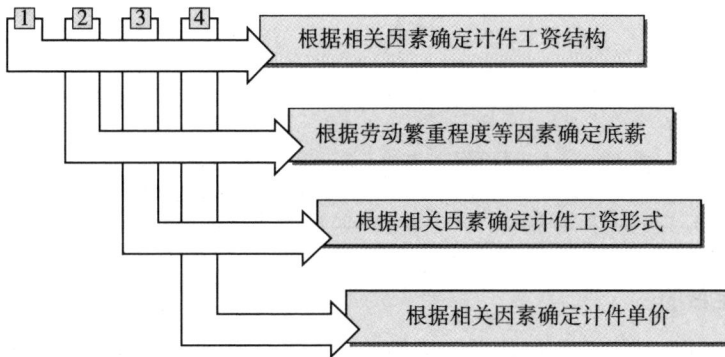

图4-39　某企业生产人员计件工资设计流程

4.9.4　生产人员福利设计

不同员工对福利的要求有所不同，企业应在符合国家法律规定的情况下，根据员工的需求有针对性地设计福利的种类，结合生产人员岗位特点设计生产人员福利项目，具体如图 4-40 所示。

图 4-40　生产人员福利设计

4.9.5　生产一线人员薪酬体系设计方案

生产一线人员薪酬体系设计方案示例如下。

方案名称	生产一线人员薪酬体系设计方案	编制部门	
		执行部门	

一、制定目的

为了建立科学合理的薪酬体系，激励一线生产人员的积极性，以完成生产任务，特制定本方案。

二、方案设计原则

1.激励性原则：设计的薪酬体系要体现激励性，以提高生产一线人员的工作积极性。

2.公平性原则：设计的薪酬体系要体现公平性，同工同酬。

3.合法性原则：设计的薪酬体系要符合相关法律法规的规定。

三、方案设计流程

生产一线人员薪酬体系设计的具体流程如下。

1. 确定薪酬结构的构成及各部分所占的比例。

2. 确定岗位目标收入。根据岗位价值评估，测算岗位目标收入。

3. 确定薪酬结构各组成部分的内容、工资数额。

4. 构建完整的生产一线人员薪酬体系。

四、薪酬设计

为了体现薪酬设计原则，企业要为生产一线人员建立公平、具有激励性的薪酬体系。生产一线人员薪酬总额计算公式如下。

薪酬总额 = 基本工资（50%）+ 计件工资（30%）+ 绩效工资（5%）+ 技能工资（5%）+ 全勤奖（5%）+ 其他福利（5%）

1. 基本工资根据生产一线人员的学历、岗位等因素确定，其占工资总额的50%。

2. 计件工资根据生产一线人员的生产产量来确定，其一般占工资总额的30%，具体计算公式如下。

计件工资 = $\sum$（某工人本月生产每种产品产量 × 该种产品计件单价）

3. 绩效工资根据生产一线人员的任务完成情况、日常工作表现、工作态度和工作能力、团队合作精神等来确定，具体发放标准如下。

（1）月度考核在80分及以上者，绩效工资为____元。

（2）月度考核在70（含）~ 80分者，绩效工资为____元。

（3）月度考核在60（含）~ 70分者，绩效工资为____元。

（4）月度考核在60分以下者，绩效工资为____元。

4. 技能工资根据生产一线人员的技术水平、操作熟练程度等技术性因素来确定。技能工资因生产一线人员的技术等级不同而不同，具体内容如下表所示。

技能工资表

技能等级	学徒工	普通工	熟练工	高级工
技能工资	____元	____元	____元	____元

5. 全勤奖是对生产一线人员全勤的一种奖励，定为＿＿＿元／月。

6. 其他福利根据公司的实际情况而定，如发放过节礼品等。

五、附则

1. 本方案未尽事宜可参考公司薪酬管理制度。

2. 本方案由人力资源部制定并负责解释。

编制人员		审核人员		批准人员	
编制日期		审核日期		批准日期	

4.9.6 班组长薪酬体系设计方案

班组长薪酬体系设计方案示例如下。

方案名称	班组长薪酬体系设计方案	编制部门	
		执行部门	

一、方案制定的目的

为更好地激励生产班组人员，以达成公司生产目标，特制定本方案。

二、设计组织实施

1. 薪酬调研由公司人力资源部负责执行，即对本地区、行业和同类企业的薪酬进行调研。

2. 结合公司实际情况和薪酬调研结果，以及班组长岗位评价，确定班组长薪酬总额。

3. 根据薪酬总额确定薪酬结构和各部分薪酬水平。

三、薪酬结构设计

班组长薪酬总额 = 基本工资 + 带班工资 + 绩效工资 + 社会保险 + 奖金 + 津贴 + 其他福利

1. 基本工资。公司将班组长的基本工资划分为三个级别，其划分标准如表 1 所示。

表 1　基本工资划分标准

基本工资	基本要求
A 级	完全满足班组长的工作标准要求，能承担班组长所有的职责，具备临时作为车间主任代职的能力
B 级	完全满足班组长的工作标准要求，能承担班组长所有的职责，但不具备临时作为车间主任代职的能力
C 级	基本满足班组长的工作标准要求，基本能承担班组长所有的职责

2. 带班工资是为了体现班组长因班组职责不同、带班人数不同、工龄不同等因素而设计的工资。带班工资计发标准如表 2 所示。

表 2　带班工资计发标准

工资因素	带班人数		工龄			
因素细分	10 人以下	10～30 人	1 年以下	1～2 年	3～5 年	6～10 年
带班工资	＿＿元	＿＿元	＿＿元	＿＿元	＿＿元	＿＿元

3. 绩效工资的设计主要考虑班组长的工作业绩和日常工作表现。绩效工资按月发放，根据考核结果确定。考核实行百分制，考核得分与绩效工资额如表 3 所示。

表 3　班组长绩效工资等级表

考核得分	90 分及以上	80（含）～90 分	70（含）～80 分	60（含）～70 分	60 分以下
绩效工资	＿＿元	＿＿元	＿＿元	＿＿元	无

4. 社会保险按照国家的规定执行。

5. 对于班组长的奖金主要设置生产安全奖和生产质量奖两项，具体内容详见公司的生产奖金管理规定。

6. 班组长享有公司提供的早晚班津贴、高温津贴，具体发放标准见公司的津贴管理办法。

7. 其他福利根据公司的实际情况而定，如发放过节礼品等。

四、相关说明

1. 公司每月发薪日为＿＿＿日，遇节假日可提前。

2. 本方案由公司人力资源部负责解释。

编制人员		审核人员		批准人员	
编制日期		审核日期		批准日期	

4.9.7 生产部经理薪酬体系设计方案

生产部经理薪酬体系设计方案如下。

方案名称	生产部经理薪酬体系设计方案	编制部门	
		执行部门	

一、方案设计原则

1. 个人收入与公司整体效益挂钩原则。

2. 激励与约束相结合原则。

二、薪酬确定流程

对于生产部经理薪酬体系设计，主要按以下流程进行。

1. 对生产部经理这一岗位进行岗位评价时，主要从生产部经理的任职资格、工作责任、控制范围和影响力四个方面进行。

2. 对生产部经理的岗位薪酬进行市场调查，调查的主要对象为行业内生产部经理的平均薪酬、主要竞争对手生产部经理的岗位薪酬等。

3. 在岗位评价和薪酬调查的基础上确定生产部经理的薪酬结构与水平。

4. 在明确了生产部经理的基本薪酬结构和水平之后，再确定激励薪酬方式。

三、生产部经理薪酬

由于生产部经理的岗位等级较高等多方面因素，对其的薪酬结构设计如下。

薪酬总额＝基本工资＋绩效工资＋奖金＋社会保险＋股票期权＋其他福利

1. 基本工资按月发放，主要反映生产部经理的岗位价值。基本工资根据行业内生产部经理的平均基本工资确定。

2. 绩效工资的发放根据季度考核结果确定，发放比例如下表所示。

生产部经理绩效工资发放比例

年度考核得分	90分及以上	80（含）～ 90分	70（含）～ 80分	60（含）～ 70分	60分以下
发放比例	____%	____%	____%	____%	无

3. 奖金包括奖励年薪和综合奖两个部分。

（1）奖励年薪与公司实际完成净利润挂钩。

（2）综合奖与产量、质量、安全、消耗四个方面有关。

①产量、质量、安全、消耗四个方面年度评估均在60（含）～70分，综合奖发____元。

②产量、质量、安全、消耗四个方面年度评估均在70（含）～80分，综合奖发____元。

③产量、质量、安全、消耗四个方面年度评估均在80（含）～90分，综合奖发____元。

④产量、质量、安全、消耗四个方面年度评估均在90分及以上，综合奖发____元。

4. 社会保险按照国家相关规定执行。

5. 股票期权是为生产部经理设计的激励性薪酬，对生产部经理这部分薪酬的管理见公司的股票期权激励计划管理办法。

6. 其他福利根据公司的实际情况而定，如发放过节礼品等。

编制人员		审核人员		批准人员	
编制日期		审核日期		批准日期	

4.9.8 生产一线人员薪酬管理制度

××公司生产一线人员薪酬管理制度如下。

制度名称	××公司生产一线人员薪酬管理制度	编制部门	
		执行部门	
第1章 总则			

第1条 目的

为调动生产一线人员的积极性，提高公司的生产效率，建立规范合理的薪酬分配体系，体现按劳分配的原则，特制定本制度。

第2条 生产一线人员的范围

本制度所指生产一线人员包括生产一线人员和辅助生产人员，不包括试用期生产人员。

第3条 薪酬管理原则

1. 贡献与报酬对等的原则。

2. 公开、公正、透明的原则。

（续）

第 2 章　薪酬构成及确定

第 4 条　生产一线人员的薪酬构成

1. 基本工资。

生产一线人员的基本工资属于生产一线人员月固定收入。其发放标准见附表 1。

2. 达标工资。达标工资用于促进生产一线人员按照标准工时完成生产任务。达标工资的标准是在保证生产质量的前提下完成生产任务，当生产人员未能完成生产任务时则予以扣减（扣减办法见附表 2）。

基本工资和达标工资均分为三个等级，一级分两等，具体见附表 1。

3. 超产奖金。超产奖金是班组实际工作产能超出标准产能时所给予的奖励性薪资。以班组为单位核算超产产量，根据班组内各生产人员的表现予以评分，计算绩效系数后算出应得奖金，具体见公司制定的奖金管理办法。

4. 职务技术津贴的具体内容如下。

（1）职务津贴。班组长职务津贴为＿＿元／月，若本月班组存在严重的安全、质量事故，则当月职务津贴取消；若当月本班组发生延迟交货，延迟 1 次发放职务津贴的＿＿%。

（2）技术津贴。生产一线人员的技术能力不同，其津贴也不相同，具体标准见附表 3。

5. 工龄工资。根据生产一线人员入公司的时间长短来确定其工龄工资，具体标准见附表 4。

6. 其他加给。其他加给包括经济奖励、特殊津贴等，具体参见公司的其他加给规定。

7. 其他应扣。生产一线人员的其他应扣包括个人所得税、社会保险个人应缴部分、处罚项目等。

第 5 条　辅助生产人员薪酬构成

辅助生产人员工资结构为：月薪＝基本工资＋岗位补贴＋月度考核工资＋全勤奖＋津贴。

1. 基本工资、岗位补贴标准参考公司薪资等级表。

2. 月度考核工资根据工作绩效由主管领导在规定的额度内确定。

3. 出全勤的，奖金为＿＿元。

4. 津贴包括工龄补贴、技术补贴等，具体参见公司津贴补贴标准规定。

第 3 章　加薪规定

第 6 条　加薪类型

根据公司经营实际情况，公司定期或不定期地对员工薪酬予以调整，具体内容见附表 5。

第 7 条　加薪管理

1. 加薪后的薪酬支付。正式确认已被提薪且办理相关手续后的员工，其薪酬变动情况将在员工本月的工资单中得到反映。

2. 加薪的管理应遵循客观公正的原则，主要表现在对每个员工的考查都必须实事求是，不得根据主观臆断或者个人好恶做出决定。

第 4 章　薪酬发放

第 8 条　薪酬支付时间

薪酬支付采用月薪制。公司月薪发放日为每月＿＿日，若恰逢节假日，则可提前发放。

第 9 条　请假、休假时薪酬支付标准

请假、休假时薪酬标准按国家相关的规定执行。

第 5 章　附则

第 10 条　本制度自颁布之日起开始执行。

第 11 条　本制度由公司人力资源部负责解释。

（续）

附表 1 生产一线人员基本工资和达标工资表

生产人员等级		基本工资	达标工资	合计
一级	一等			
	二等			
二级	一等			
	二等			
三级	一等			
	二等			

附表 2 达标工资扣减标准

扣减项目	扣减标准
抽检	1. 抽检合格率每低于标准____%，扣减达标工资____元 2. 抽检合格率低于标准____%以上，达标工资全额扣除
废品	1. 废品率每高于标准____%，扣减达标工资____元 2. 废品率高于标准____%以上，达标工资全额扣除
返工	1. 返工率每高于标准____%，扣减达标工资____元 2. 返工率高于标准____%以上，达标工资全额扣除
生产事故	1. 发生 1 次生产事故，达标工资全额扣除

附表 3 生产一线人员职称津贴表

职称名称	职称等级	职称津贴
技工	初级	____元
	中级	____元
	高级	____元
技师		____元
高级技师	二级	____元
	一级	____元

（续）

附表4 生产一线人员工龄工资标准表

入职年限	1～2年	3～5年	5～8年	9年及以上
工龄津贴	___元	___元	___元	___元

附表5 员工薪酬调整说明

加薪类型	相关说明
定期加薪	1. 提薪日期：每年的 ×× 月 ×× 日 2. 提薪幅度：根据公司经营效益的结果，确定提薪总额，各个职位的提薪幅度根据绩效考核的成绩来确定
临时加薪	1. 取得了新的学历 2. 员工晋升到更高一个等级的职位 3. 符合劳动协议规定的奖励条件
按技能加薪	员工取得相关技术职称或工作能力达到某种技术水平时

编制日期		审核日期		批准日期	
修改标记		修改处数		修改日期	

第 **5** 章

销售人员量化考核与
薪酬体系设计

5.1 市场部量化分析与量化考核

5.1.1 市场部量化管理分析

根据市场部职责提取的量化考核项目如图 5-1 所示。

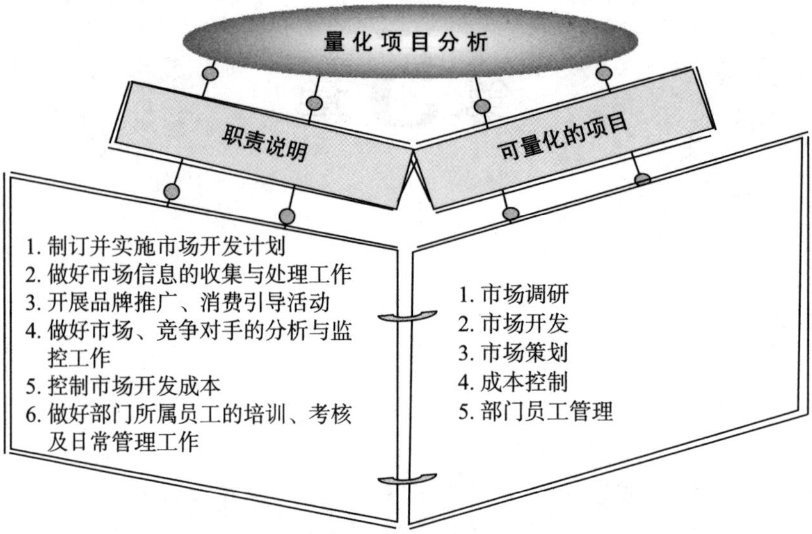

图 5-1 市场部量化考核项目

5.1.2 市场部量化考核指标设计

根据市场部工作目标设计的量化考核指标如图 5-2 所示。

目标项目	量化目标	量化考核指标
市场调研目标	在规定时间内提交市场调研计划，年度提交市场调研报告的数量不少于____篇	市场调研计划达成率、调研报告提交及时率
市场开发目标	产品市场所占份额不低于____%	市场占有率、品牌市场价值增长率、市场占有率变动率
市场策划目标	实施的市场策划方案成功率不低于____%，被媒体正面曝光的次数不少于____次	市场策划方案成功率、大型市场策划活动次数
成本控制目标	实际费用与预算费用的偏差不超过____%	市场推广费用控制率
员工管理目标	部门无重大违纪事件发生，开展部门工作人员培训活动次数不少于____次	培训计划完成率、部门员工绩效考核平均得分

图 5-2 市场部量化考核指标

5.1.3 市场部量化考核设计

1. 量化考核指标说明

图 5-3 对市场部量化考核指标进行了相关说明。

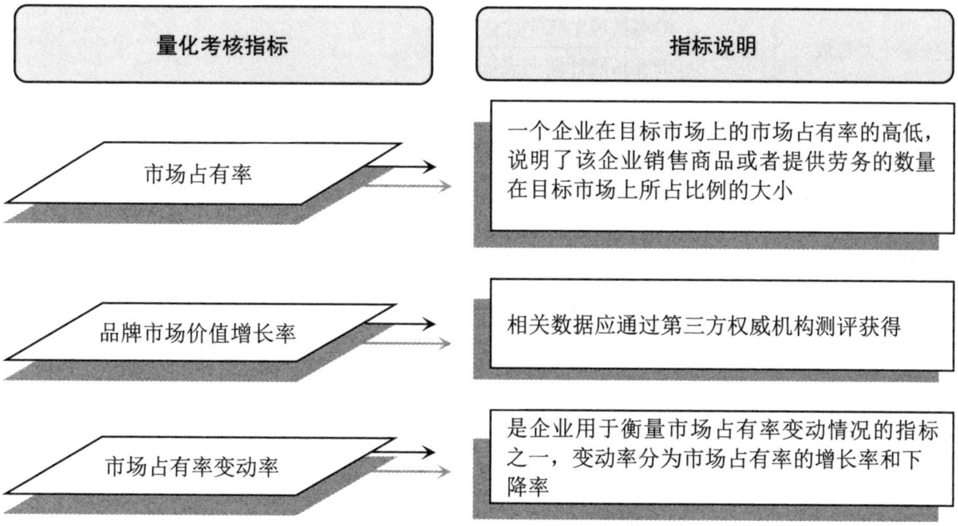

量化考核指标	指标说明
市场占有率	一个企业在目标市场上的市场占有率的高低，说明了该企业销售商品或者提供劳务的数量在目标市场上所占比例的大小
品牌市场价值增长率	相关数据应通过第三方权威机构测评获得
市场占有率变动率	是企业用于衡量市场占有率变动情况的指标之一，变动率分为市场占有率的增长率和下降率

图 5-3　市场部量化考核指标说明

2. 考核的关键问题说明

（1）确定有效的考核周期。市场部的策略研究、品牌规划通常以一年、五年甚至十年为一个检验周期，因此对市场部的考核，应尽量避免以月度为周期的短期利益考核。

（2）选择关键的考核指标。对于市场部量化考核不可过分追求全面，应根据二八原则，通过对重要并且少量的关键指标进行考核或评价，以了解部门关键事项的达成成效。这既符合考核的要求，又使考核具有更强的操作性。

（3）设计合理的考核标准。市场部绩效考核标准应根据市场内外部环境的变化而不断调整，以最大限度地调动市场部工作人员的积极性、主动性。

3. 绩效考核量表设计

市场部绩效考核量表如表 5-1 所示。

表 5-1　市场部绩效考核量表

考核周期：_____		直接责任人：_____		
主要考核内容：1. 市场拓展情况　　　　　　　2. 媒体关系维护情况 　　　　　　　3. 成本费用控制情况　　　　4. 部门员工管理情况				

量化考核指标	权重	指标计算 / 说明	目标值	考核得分
市场拓展计划完成率	10%	$\dfrac{\text{市场拓展实际完成量}}{\text{市场拓展计划完成量}} \times 100\%$	____%	
市场调研计划达成率	15%	$\dfrac{\text{实际完成的市场调研数量}}{\text{计划的市场调研数量}} \times 100\%$	____%	
市场策划方案采纳率	10%	$\dfrac{\text{策划方案被采纳的数量}}{\text{提交的方案总数量}} \times 100\%$	____%	
市场占有率	10%	$\dfrac{\text{本企业产品销售量}}{\text{市场同类产品销售量}} \times 100\%$	____%	
市场占有率变动率	10%	$\dfrac{\text{期末占有率} - \text{期初占有率}}{\text{期初占有率}} \times 100\%$	____%	
品牌市场价值增长率	10%	一个品牌在一定时期内，其市场价值相对于之前的增长比率	____%	
媒体正面曝光次数	10%	在公众媒体上发表或宣传企业正面的新闻报道及宣传广告的次数	不少于____次	
媒体满意度评分	5%	接受调研的媒体对市场部工作满意度评分的算术平均值	不低于____分	
市场推广费用控制率	10%	$\dfrac{\text{实际推广费用}}{\text{计划推广费用}} \times 100\%$	____%	
员工绩效考核平均得分	10%	—	不低于____分	
量化考核得分				

评价标准	优秀	良好	一般	合格	待改进
	90分及以上	80（含）~ 90分	70（含）~ 80分	60（含）~ 70分	60分以下

备注说明	

5.2 销售部量化分析与量化考核

5.2.1 销售部量化管理分析

根据销售部职责提取的量化考核项目如图 5-4 所示。

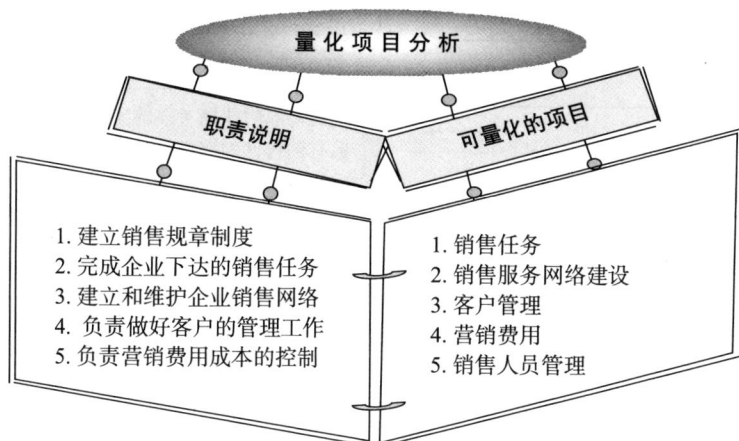

图 5-4 销售部量化考核项目

5.2.2 销售部量化考核指标设计

根据销售部工作目标设计的量化考核指标如图 5-5 所示。

目标项目	量化目标	量化考核指标
销售任务目标	全年销售额不低于____万元，年增长____%以上，回款率不低于____%	销售额、销售增长率、销售回款率、销售费用率
销售网络建设目标	经销商年度增加数量不少于____个，代理商年增加数量不少于____个	经销商数量、代理商数量、零售商数量
客户管理目标	年客户数量达____家以上，其中大客户数量不少于____家，无重大客户投诉事件发生	客户增长率、客户满意度评分、有效投诉次数
营销费用目标	年营销费用控制在____万元以内，无挤占、挪用营销费用情况发生	营销费用控制率、营销成本额
销售人员管理目标	销售人员年培训次数不少于____次，部门员工绩效考核得分的算术平均分不低于____分	培训计划完成率、员工绩效考核平均得分

图 5-5 销售部量化考核指标

5.2.3 销售部量化考核设计

1. 量化考核指标说明

图 5-6 对销售部量化考核指标体系中的三项指标进行了相关说明。

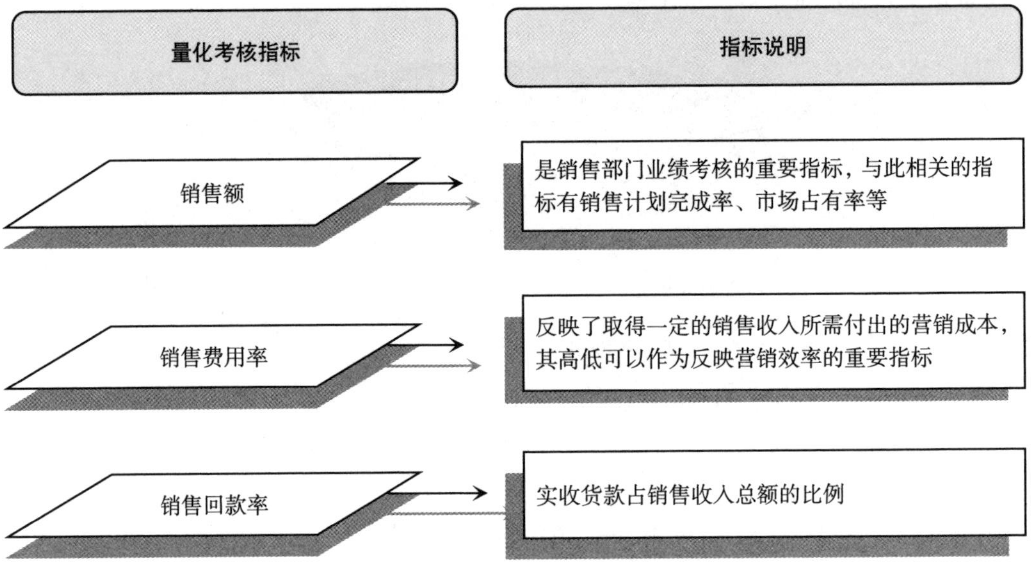

图 5-6　销售部量化考核指标说明

2. 考核关键问题说明

（1）工作任务与目标确定。对企业年度销售任务进行层层分解，形成各销售人员的月度销售计划。各销售人员根据本地区计划分解的情况，填制全部可预见的工作任务、目标等计划，包括常规性工作与非常规性工作，最终尽量形成可行的、具体的、可量化的和可衡量的岗位工作任务与目标。

（2）销售绩效考核的必要性。对销售人员进行绩效考核，有助于企业加强图 5-7 所示的五个事项的管理。

1. 确保销售目标的达成

2. 作为销售人员薪酬核发的依据

3. 发掘优秀销售人才

4. 加强销售活动管理

5. 企业营销战略制定的参考依据

图 5-7　销售绩效考核的必要性

（3）销售绩效的考核者。对销售人员的绩效进行考核的人员主要包括图 5-8 所示的五类，企业可根据考核的实际情况选择合适的考核人员。

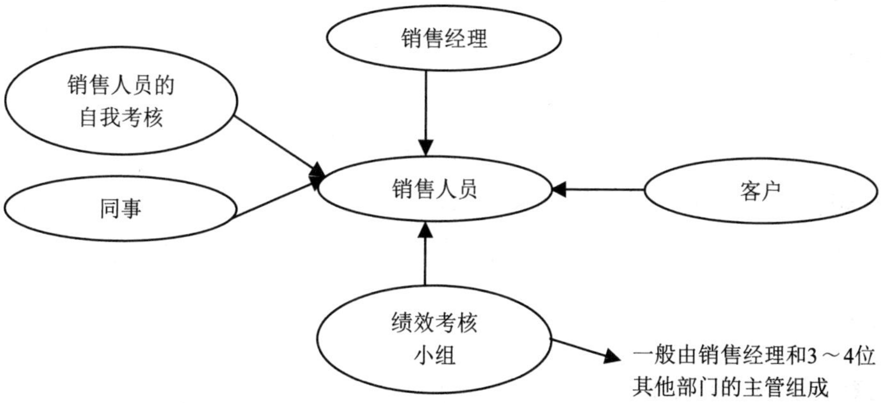

图 5-8　销售绩效的考核者

（4）考核资料的来源。销售部量化考核资料的来源主要有工作报告书、销售记录、相关部门员工的意见三个途径，具体如图 5-9 所示。

工作报告书	通过详细查阅销售部的工作报告书，对销售部的各项工作进展情况予以审核
销售记录	通过查阅销售记录和其他相关资料，对销售部的销售业绩情况进行评估
相关部门员工的意见	为弥补档案资料和报告书提供资料的不足，应对内部相关部门员工的意见进行调查，为销售部的定性考核部分提供参考

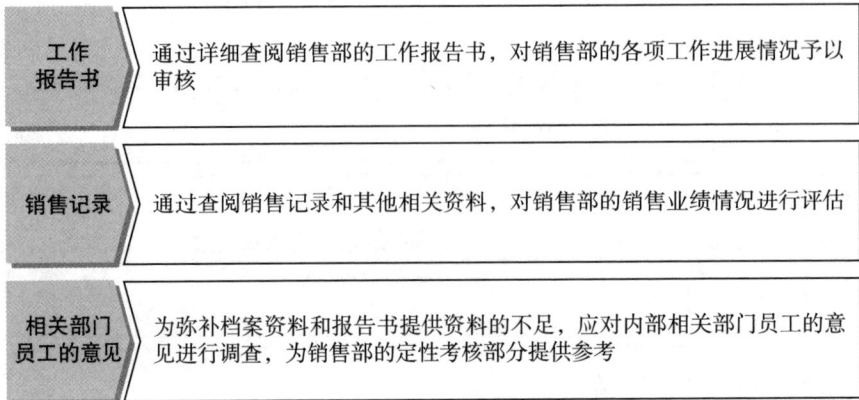

图 5-9　销售部考核资料的来源

（5）定性考核与定量考核相结合。在对销售人员进行考核时，除了"销量"及相关的"市场占有率"等量化指标外，还应当考虑将"渠道管理""价格体系管理""客户关系管理""信息反馈""工作态度""客户满意度"等软性目标中的定性指标纳入考核范围中来，因为这些软性目标往往是过程管理的重要组成部分，也是达成硬性目标的保障系统。

（6）考核标准的制定。为了科学评估销售部的绩效，一定要设计一套合理的评估标准。由于销售业绩受销售市场完善程度、市场周期波动、产品美誉度等多重因素的影响，因此在实施考核时，应详细分析这些影响因素，并在此基础上制定合理的考核标准，以最大限度地调动销售人员的工作积极性。

3. 绩效考核量表设计

销售部绩效考核量表如表 5-2 所示。

表 5-2　销售部绩效考核量表

| 考核周期：_____ | | 直接责任人：_____ | | |
| 主要考核内容：1. 销售业绩完成情况　　2. 销售网络建设情况　　3. 客户的管理情况　　4. 部门员工管理情况 | | | | |
量化考核指标	权重	指标计算 / 说明	目标值	考核得分
销售额（销售量）	10%	考核期内，销售部各项业务销售收入（销售数量）总计	____万元（吨）	

（续表）

量化考核指标	权重	指标计算 / 说明	目标值	考核得分
年销售增长率	10%	$\dfrac{当年销售额－上一年度销售额}{上一年度销售额} \times 100\%$	___% 以上	
市场占有率	10%	$\dfrac{当前企业产品销售额或销售量}{当前该类产品市场销售额或销售量} \times 100\%$	___% 以上	
销售计划完成率	10%	$\dfrac{实际完成的销售额或销售量}{计划的销售额或销售量} \times 100\%$	___% 以上	
销售费用率	10%	$\dfrac{销售费用}{销售总额} \times 100\%$	___%	
合同履约率	10%	$\dfrac{履约合同总数}{签订合同总数} \times 100\%$	___%	
销售回款完成率	10%	$\dfrac{实际回款额}{计划回款额} \times 100\%$	___%	
坏账率	5%	$\dfrac{坏账损失额}{主营业务收入额} \times 100\%$	低于___%	
客户增长率	10%	$\dfrac{当年新增客户数量}{至上年度末客户总数} \times 100\%$	___% 以上	
客户有效投诉次数	5%	考核期内，本部门被客户有效投诉次数总计	不超过___次	
员工培训项目计划完成率	5%	$\dfrac{实际完成的培训项目数（次数）}{计划培训的项目数（次数）} \times 100\%$	___%	
销售人员违纪次数	5%	考核期内，销售人员违纪事件发生次数总和	不超过___次	
量化考核得分				

评价标准	优秀	良好	一般	合格	待改进
	90 分及以上	80（含）~ 90 分	70（含）~ 80 分	60（含）~ 70 分	60 分以下
备注说明					

5.3 客户服务部量化分析与量化考核

5.3.1 客户服务部量化管理分析

根据客户服务部职责提取的量化考核项目如图 5-10 所示。

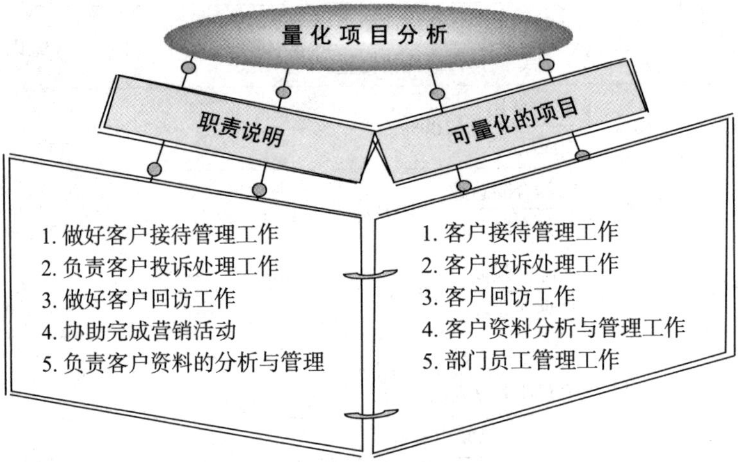

图 5-10 客户服务部量化考核项目

5.3.2 客户服务部量化指标设计

根据客户服务部的工作目标设计的量化考核指标如图 5-11 所示。

目标项目	量化目标	量化考核指标
客户接待工作目标	客户接待管理工作顺利进行，无客户有效投诉情况发生	呼叫平均响应时长、客户保有率
客户投诉处理工作目标	确保＿＿＿%以上的客户投诉得到有效处理，客户满意度评分不低于＿＿＿分	投诉解决率、投诉处理平均用时、客户有效投诉次数
客户回访工作目标	每月完成不少于＿＿＿家客户的回访工作，确保回访信息真实、准确	客户回访率
客户信息资料分析与管理工作目标	每月按时提交客户分析报告，确保客户资料完整，无损毁和丢失	客户分析报告提交及时率、客户资料完整率、客户信息准确率
员工管理工作目标	各项培训工作如期开展，员工参与率不低于＿＿＿%，员工流失率控制在＿＿＿%以内	培训计划完成率、部门员工考核合格率

图 5-11 客户服务部量化考核指标

5.3.3 客户服务部量化考核设计

1. 量化考核指标说明

图 5-12 对客户服务部量化考核指标体系中的三项指标进行了相关说明。

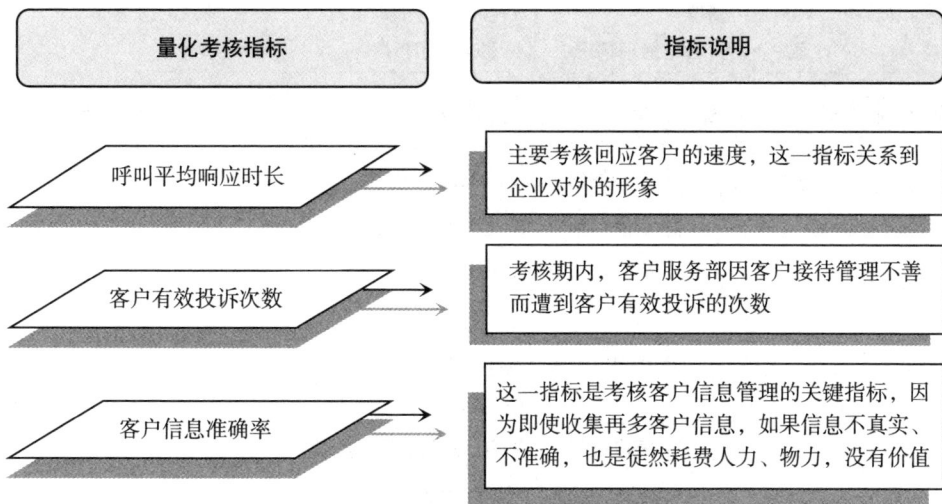

图 5-12　客户服务部量化考核指标说明

2. 考核关键问题说明

（1）明确考核标准。客户服务部虽然主要承担客户服务相关工作，但各岗位工作内容不同，其考核指标设计、指标权重分配也应有所差异。例如，客户投诉主管工作侧重于客户投诉受理、投诉问题解决，因此应对这两项考核内容的相关指标设置较高权重。

（2）选取适当数量的考核指标。对于客户服务部而言，可进行考核的指标有很多。但究竟选取多少个关键绩效指标进行考核，目前尚无定论。考虑到操作便利、成本的有效控制，通常以六个左右为宜。

（3）做好考核申诉处理。企业开展绩效考核的目的是调动员工工作的积极性，获得更好的工作业绩。但如果员工对考核结果不满，则会挫伤员工的积极性，大大影响工作效率，这点在客户服务部工作人员身上尤为明显。因此，企业应有专门机构和人员负责考核申诉处理工作，以保证考核结果的公平、公正。

3. 绩效考核量表设计

客户服务部绩效考核量表如表 5-3 所示。

表 5-3　客户服务部绩效考核量表

考核周期：_____		直接责任人：_____		
主要考核内容：1. 客户接待情况　　　　　2. 客户投诉处理情况　　　　3. 客户回访情况				
4. 客户资料分析与管理情况　　5. 员工管理情况				
量化考核指标	权重	指标计算 / 说明	目标值	考核得分
部门费用预算达成率	10%	$\dfrac{考核期内费用实际支出金额}{考核期内费用预算金额} \times 100\%$	____%	
呼叫平均响应时长	15%	从客户咨询到客服回应的每一次的时间差的均值	____分钟以内	
客户投诉响应及时率	10%	$\dfrac{在规定时间内响应投诉的次数}{客户投诉的总次数} \times 100\%$	____%	
客户投诉解决满意率	15%	$\dfrac{客户对解决结果表示满意的投诉数量}{客户投诉的总数量} \times 100\%$	____% 以上	
客户回访率	10%	$\dfrac{回访客户数}{客户总数} \times 100\%$	____%	
客户分析报告提交及时率	10%	$\dfrac{考核期内及时提交的报告数量}{考核期内应提交的报告总量} \times 100\%$	____%	
客户信息准确率	10%	$\dfrac{正确记录的客户信息数量}{客户信息总数量} \times 100\%$	____%	
大客户保有率	10%	$\dfrac{期末大客户数量}{期初大客户数量} \times 100\%$	100%	
信息档案完整率	5%	$\dfrac{完整的客户信息档案数量}{客户信息档案总数量} \times 100\%$	100%	
培训计划完成率	5%	$\dfrac{实际培训次数}{计划培训次数} \times 100\%$	100%	
量化考核得分				
评价标准	优秀	良好	一般	合格	待改进
	90 分及以上	80（含）~ 90 分	70（含）~ 80 分	60（含）~ 70 分	60 分以下
备注说明					

5.3.4 客户回访量化考核细则

××公司客户回访量化考核细则示例如下。

制度名称	××公司客户回访量化考核细则	编制部门	
		执行部门	

第1条 考核目的

为了规范客户服务管理工作，提高客户回访质量和水平，确保对客户回访工作进行客观公正的评价，特制定本考核细则。

第2条 考核原则

1. 公平、公开的原则。

2. 多角度、全方面考核的原则。

第3条 考核频率

1. 季度考核。每季度考核1次，考核时间为下季度第一个月10日前。

2. 年度考核。每年度考核1次，考核时间为次年的1月15日之前。

第4条 考核内容及标准

对于客户回访考核主要从回访时间、回访数量及质量、回访流程与规范、回访内容、回访资料、回访统计分析报告、回访费用控制等方面进行考核，考核结果统计详见附表。

1. 回访时间。在公司规定的时间内进行客户回访的，得满分；每发现1次延迟回访，减＿＿分；延迟回访次数超过＿＿次，该项不得分。

2. 回访数量及质量。完成客户回访数量和质量任务；客户回访率每降低＿＿%，减＿＿分；客户回访成功率低于＿＿%，减＿＿分；客户回访率低于＿＿%，客户回访成功率低于＿＿%，该项不得分。

3. 回访流程与规范。严格执行客户服务部客户回访管理制度；违反回访规范行为规范的，每发现1次，减＿＿分；违反回访行为规范超过＿＿次，该项均不得分。

4. 回访内容。客户回访内容设计要科学合理；每发现1次回访内容不合理，减＿＿分；被查处回访内容设计不合理次数超过＿＿次，该项不得分。

5. 回访资料。收集、整理客户回访资料；回访记录缺失1份，减＿＿分；回访问卷回收率每降低＿＿%，减＿＿分。

6. 回访统计分析报告。定期对客户回访工作认真分析总结，形成季度分析报告和年度分析报告，季度分析报告于本季度结束后10个工作日内提交，年度分析报告于本年度结束后15个工作日内提交。每发现1次延迟，减＿＿分；回访统计分析报告提供的有效信息每被公司采纳1条，加＿＿分。

7. 回访费用控制。客户回访费用控制在公司预算范围内；每超过预算＿＿%，减＿＿分；费用报销未严格按照流程执行的，每发现1次，减＿＿分。

第5条 考核方法

1. 客户回访考核采取扣分的方法，客户回访考核总分为100分，附加奖励分值为10分。

2. 年度考核得分＝季度考核得分的平均分×60%＋年终考核得分×40%。

第6条 本细则最终解释权归人力资源部所有。

第7条 本细则自＿＿年＿＿月＿＿日起实施。

第8条 考核所需表单如下。

（续）

附表　客户回访量化考核表

考核项目	权重	减分理由	得分
回访时间	10%		
回访数量及质量	20%		
回访流程与规范	15%		
回访内容	15%		
回访资料	15%		
回访统计分析报告	15%		
回访费用控制	10%		
考核得分合计			

编制日期		审核日期		批准日期	
修改标记		修改处数		修改日期	

5.4　售后服务部量化分析与量化考核

5.4.1　售后服务部量化管理分析

根据售后服务部职责提取的量化考核项目如图 5-13 所示。

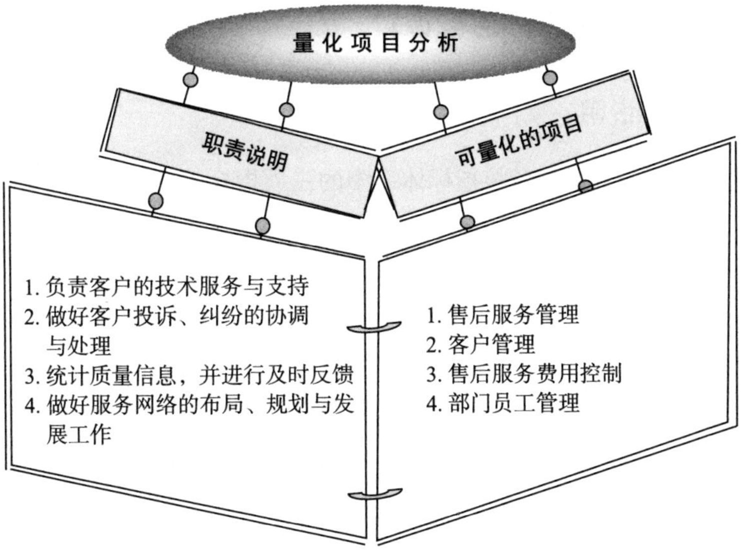

图 5-13 售后服务部量化考核项目

5.4.2 售后服务部量化指标设计

根据售后服务部的工作目标设计的量化考核指标如图 5-14 所示。

目标项目	量化目标	量化考核指标
售后服务管理目标	确保____%以上的售后服务工作计划有效完成，无因服务不善而被媒体曝光的事件发生	售后服务一次性成功率、维修处理及时率
客户管理目标	确保客户对售后服务部相关工作满意度评分的算术平均分不低于____分	客户有效投诉次数客户投诉解决满意率
售后服务费用控制目标	考核期内，支出的售后服务费用控制在预算范围内	售后服务费用
员工管理目标	核心员工流失数量不超过____人，员工培训与参与率不低于____%	核心员工流失率、员工培训参与率

图 5-14 售后服务部量化考核指标

5.4.3 售后服务部量化考核设计

1. 量化考核指标说明

图 5-15 对售后服务部量化考核指标体系中的三项指标进行了相关说明。

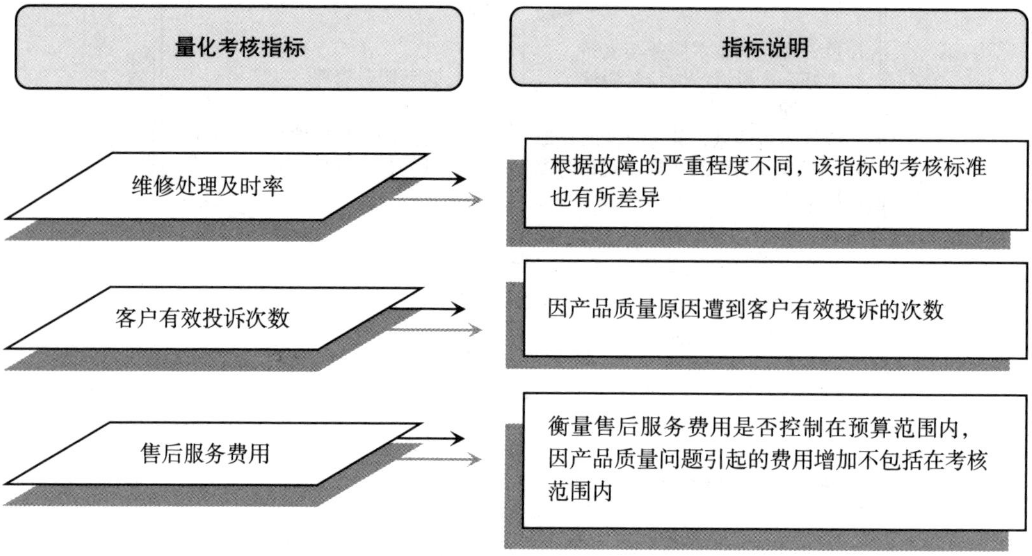

图 5-15 售后服务部量化考核指标说明

2. 考核关键问题说明

（1）绩效考核标准需要及时调整。售后服务部工作受产品销售淡旺季，以及产品推出数量、质量等因素的影响。因此，企业应根据客观情况的变化，及时对售后服务部考核标准予以调整，以最大限度地保证考核结果的公平与公正。

（2）做好考核主体的培训工作。为尽量减小考核过程中出现的光环效应、近因效应、居中趋势、偏见效应和对比效应等，应在考核实施前对考核主体进行相关培训，以最大限度地减少考核主体主观因素对考核结果的影响。

3. 绩效考核量表设计

售后服务部绩效考核量表如表 5-4 所示。

表 5-4 售后服务部绩效考核量表

考核周期：_____ 　　　　　直接责任人：_____
主要考核内容：1. 售后服务情况　　　2. 客户维护与管理情况
　　　　　　　　3. 成本控制情况　　　4. 部门员工管理情况

量化考核指标	权重	指标计算 / 说明	目标值	考核得分
投诉受理及时率	15%	$\dfrac{\text{及时受理客户投诉的次数}}{\text{受理客户投诉的总次数}} \times 100\%$	___%	
维修处理及时率	15%	$\dfrac{\text{及时进行维修处理的次数}}{\text{维修总次数}} \times 100\%$	___%	
售后服务一次成功率	10%	$\dfrac{\text{售后服务一次成功的次数}}{\text{售后服务的总次数（不包括返修次数）}} \times 100\%$	___%	
客户有效投诉次数	10%	确因售后服务部工作人员过失导致的客户投诉次数总计	不超过___次	
客户投诉解决满意率	20%	$\dfrac{\text{客户对解决结果表示满意的投诉数量}}{\text{投诉总数量}} \times 100\%$	___%	
客户回访完成率	10%	$\dfrac{\text{实际回访的客户数量}}{\text{计划回访的客户数量}} \times 100\%$	___%	
售后服务费用	10%	是否控制在预算范围内	___元以内	
部门员工违反企业规章制度的次数	5%	—	不超过___次	
培训参与率	5%	$\dfrac{\text{实际参加培训的人数}}{\text{应参加培训的人数}} \times 100\%$	___% 以上	
量化考核得分				

评价标准	优秀	良好	一般	合格	待改进
	90分及以上	80（含）~ 90 分	70（含）~ 80 分	60（含）~ 70 分	60 分以下
备注说明					

5.5 市场部各岗位目标量化与考核

5.5.1 市场部经理目标量化与考核

市场部经理岗位基本信息与工作目标如图 5-16 所示。

岗位基本信息	岗位工作目标
姓　　名：_____	目标1：制订完善的市场开发计划
所属部门：市场部	目标2：完成市场调研与预测
直接上级：总经理	目标3：组织达成市场开发目标
直接下级：_____	目标4：严格控制市场开发成本
	目标5：做好部门内部管理工作

图 5-16　市场部经理岗位基本信息与工作目标

市场部经理量化考核表如表 5-5 所示。

表 5-5　市场部经理量化考核表

目标责任人		目标责任期限		___年___月___日至___年___月___日		
奖惩说明						
工作目标	量化考核指标	权重	绩效目标值		考核频率	考核得分
市场调研工作目标	市场调研任务达成率	20%	达到____%		季度 / 年度	
	调研报告提交及时率	10%	达到____%		季度 / 年度	
市场开发目标	市场占有率	10%	达到____%以上		季度 / 年度	
	市场拓展计划完成率	15%	达到____%以上		季度 / 年度	
成本控制目标	市场拓展费用支出额	15%	控制在____元以内		季度 / 年度	
	部门费用预算达成率	10%	达到____%		年度	
内部管理目标	核心员工流失率	10%	控制在____%以内		年度	
	员工综合考核平均得分	10%	不低于____分		年度	
考核得分合计						
考核人（签字）： 考核日期：			审核人（签字）： 审核日期：			

市场部经理目标责任考核方案示例如下。

市场部经理目标责任考核方案

一、考核目的

为规范市场部的工作，促进市场部经理更好地履行职责，确保市场部各项工作顺利完成，特制定本考核方案。

二、目标责任期限

____年____月____日至____年____月____日。

三、目标责任考核内容及分值评定

1.业务目标责任与考核标准

（1）组织做好市场调研工作（15%）。

①完成市场调研报告的数量每减少____篇，扣____分；市场调研报告数量少于____篇，该项不得分。

②公司领导对市场调研报告质量的满意度评分每减少____分，扣____分；领导对市场调研报告质量的满意度评分低于____分，该项不得分。

（2）组织编制工作计划和策划方案（15%）。

①考核期内，工作计划按时提交，得____分；每少交1次工作计划，扣____分；缺少次数超过____次，该项不得分。

②考核期内，市场策划方案保质、保量提交，得____分；每延迟1次提交，扣____分；在公司内部未一次性通过，扣____分/次；扣完为止。

（3）做好市场推广目标管理（20%）。

①考核期内，产品市场占有率达到____%以上，得____分；每降低____%，扣____分；低于____%，该项不得分。

②产品市场知名度提升____%，得____分；每低于目标值____%，扣____分；低于____%，该项不得分。

（4）控制市场活动费用（15%）。

考核期内，开展市场活动的费用不能超过____万元，超额部分不予报销；费用每高于预算____%，扣____分；每出现1次计划外失控投入，扣____分；扣完为止。

（续）

（5）做好市场信息的反馈（10%）。

向各部门及时、准确反馈市场信息，得____分；每出现1次未及时反馈信息的情况，扣____分；每出现1次反馈虚假信息的情况，扣____分；由于虚假性信息造成严重决策失误的，扣____分/次，扣完为止。

2.管理目标责任内容与考核标准

（1）组织建立本部门管理制度、工作流程（10%）。

每缺少1项必备的条款或内容，扣____分；每发现1处管理漏洞（控制不到位），扣____分，扣完为止。

（2）做好部门员工管理工作（10%）。

①确保部门各项培训计划保质、保量完成，得____分；培训计划完成率每降低____%，扣____分；培训计划完成率低于____%，该项不得分。

②部门核心员工流失率控制在____%以内，得____分，每超出____%，扣____分；部门核心员工流失率高于____%，该项不得分。

③其他工作事项（5%）。对领导交办的其他工作不推诿且按时完成，由主管领导根据完成情况酌情加减分。

四、目标责任考核程序和要求

1.考核领导机构

市场部经理目标责任考核领导机构为目标责任考核领导小组，由公司总经理、人力资源部经理、财务部经理、销售部经理、生产部经理等相关部门负责人组成，具体负责审定考核办法、审核考核结果、最终裁决考核争议等工作。

2.考核实施部门

人力资源部负责目标责任考核的具体实施工作，其他相关部门工作人员对考核工作应予以必要的支持。

3.绩效考核方式

市场部经理目标责任考核主要采取年度考核的方式。

（1）依据考核内容和评分标准对市场部经理的目标责任内容进行逐一评判，按照权重比例给出初步分析、统计、评价。

（续）

（2）由市场部经理直接上级与其进行面谈、沟通。

（3）被考核者如有异议，可以书面递交复核申诉；经目标责任考核领导小组正式审核认定后，发布考核结果。

4.考核结果应用

目标责任考核结果与市场部经理的提奖比例和年内工资挂钩，详情如下表所示。

考核结果应用

考核得分	提奖比例	年内工资
95分及以上	在规定的奖励基础上增加20%	岗位工资提升___级
80（含）~ 95分	在规定的奖励基础上增加10%	维持不变
65（含）~ 80分	维持不变	维持不变
65分以下	在规定的奖励基础上扣除10%	降低一级工资标准

注：工资增减金额从年度提奖中增加或扣除

五、附则

（1）本方案由公司目标责任考核领导小组负责解释。

（2）本方案自公布之日起施行。

编制日期：	审核日期：	实施日期：

5.5.2　市场调研主管目标量化与考核

市场调研主管岗位基本信息与工作目标如图 5-17 所示。

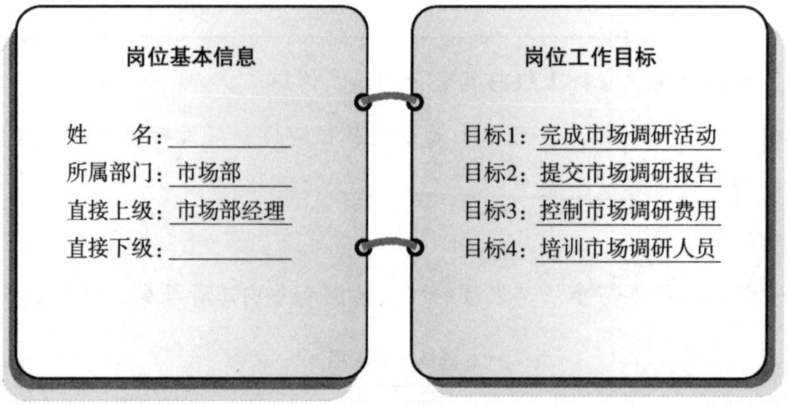

图 5-17　市场调研主管岗位基本信息与工作目标

市场调研主管量化考核表如表 5-6 所示。

表 5-6　市场调研主管量化考核表

考核者			考核日期			
奖惩说明						
目标量化	实际完成	权重	评价标准	考核得分		
				初核	复核	得分
年度内开展市场调研活动次数不少于____次	____次	20%	每减少____次，减____分			
年度内提交市场报告数量不少于____份	____份	20%	每减少____份，减____分			
市场调研报告提交及时率不低于____%	____%	15%	每降低____%，减____分			
主管领导对调研报告满意度评分不低于____分	____分	15%	每减少____分，减____分			
市场调研费用不超过____元	____元	15%	每超过____元，减____分			
市场调研人员培训计划完成率达到____%以上	____%	15%	每降低____%，减____分			
量化考核得分						
评分标准	90 分及以上：优秀　　　　80（含）~ 90 分：良好　　　70（含）~ 80 分：尚可 60（含）~ 70 分：需改进　　60 分以下：不称职					
被考核者		考核者		复核者		
签字：　　　　日期：		签字：　　　　日期：		签字：　　　　日期：		

5.5.3　市场拓展主管目标量化与考核

市场拓展主管岗位基本信息与工作目标如图 5-18 所示。

岗位基本信息

姓　　名：_____

所属部门：市场部

直接上级：市场部经理

直接下级：_____

岗位工作目标

目标1：达成市场拓展目标

目标2：监督与评估市场推广活动

目标3：做好拓展信息的收集与分析工作

目标4：完成下属的培训工作

图 5-18　市场拓展主管岗位基本信息与工作目标

市场拓展主管量化考核表如表 5-7 所示。

表 5-7　市场拓展主管量化考核表

考核者		考核日期			
奖惩说明					
目标量化	实际完成	权重	评价标准	考核得分		
				初核	复核	得分
市场拓展计划达成率不低于____%	____%	30%	每降低____%，减____分			
市场占有率不低于____%	____%	20%	每降低____%，减____分			
相对市场份额不低于____%	____%	15%	每降低____%，减____分			
关键客户的保有量不少于____个	____个	20%	每减少____个，减____分			
培训计划完成率不低于____%	____%	15%	每降低____%，减____分			
量化考核得分						
评分标准	90 分及以上：优秀　　　80（含）~ 90 分：良好　　70（含）~ 80 分：尚可 60（含）~ 70 分：需改进　　60 分以下：不称职					
被考核者		考核者		复核者		
签字：　　　　日期：		签字：　　　　日期：		签字：　　　　日期：		

5.5.4 品牌主管目标量化与考核

品牌主管岗位基本信息与工作目标如图 5-19 所示。

岗位基本信息	岗位工作目标
姓　　名： _____	目标1：编制品牌策划方案 _____
所属部门：市场部	目标2：完成品牌策划与推广活动
直接上级：市场部经理	目标3：做好品牌监测与保护工作
直接下级： _____	目标4：控制品牌推广成本

图 5-19　品牌主管岗位基本信息与工作目标

品牌主管量化考核表如表 5-8 所示。

表 5-8　品牌主管量化考核表

考核者			考核日期			
奖惩说明						
目标量化	实际完成	权重	评价标准	考核得分		
				初核	复核	得分
品牌宣传活动计划完成率不低于____%	____%	20%	每降低____%，减____分			
品牌策划方案一次性通过率不低于____%	____%	15%	每降低____%，减____分			
品牌认知度达到____% 以上	____%	30%	每降低____%，减____分			
品牌价值增长率达到____%	____%	25%	每降低____%，减____分			
媒体正面曝光次数达到____次	____次	10%	每有 1 次，加____分			
量化考核得分						
评分标准	90 分及以上：优秀　　　　80（含）～ 90 分：良好　　　70（含）～ 80 分：尚可 60（含）～ 70 分：需改进　　60 分以下：不称职					
被考核者		考核者		复核者		
签字：　　　　日期：		签字：　　　　日期：		签字：　　　　日期：		

5.5.5 公关主管目标量化与考核

公关主管岗位基本信息与工作目标如图 5-20 所示。

岗位基本信息	岗位工作目标
姓　　名：＿＿＿＿＿＿＿	目标1：协助完成公关宣传计划
所属部门：市场部	目标2：组织实施各项公关活动
直接上级：市场部经理	目标3：做好公关危机预警工作
直接下级：＿＿＿＿＿＿＿	目标4：建立并维护公关资源库

图 5-20　公关主管岗位基本信息与工作目标

公关主管量化考核表如表 5-9 所示。

表 5-9　公关主管量化考核表

考核者		考核日期			
奖惩说明					
目标量化	实际完成	权重	评价标准	考核得分		
				初核	复核	得分
公关传播计划完成率不低于＿＿％	＿＿％	30%	每降低＿＿＿％，减＿＿＿分			
危机公关处理认可度不低于＿＿分	＿＿％	25%	每降低＿＿＿分，减＿＿＿分			
公关效果报告提交及时率达到100%	＿＿％	15%	每有 1 次延误，减＿＿＿分			
主管领导对公关效果的满意度评分达到＿＿＿分以上	＿＿分	15%	每降低＿＿＿分，减＿＿＿分			
公关活动费用控制在预算内	＿＿％	15%	每超出预算＿＿＿％，减＿＿＿分			
量化考核得分						
评分标准	90 分及以上：优秀　　　　　80（含）~ 90 分：良好　　　70（含）~ 80 分：尚可 60（含）~ 70 分：需改进　　　60 分以下：不称职					
被考核者		考核者		复核者		
签字：　　　　日期：		签字：　　　　日期：		签字：　　　　日期：		

5.6 销售部各岗位目标量化与考核

5.6.1 销售部经理目标量化与考核

销售部经理岗位基本信息与工作目标如图 5-21 所示。

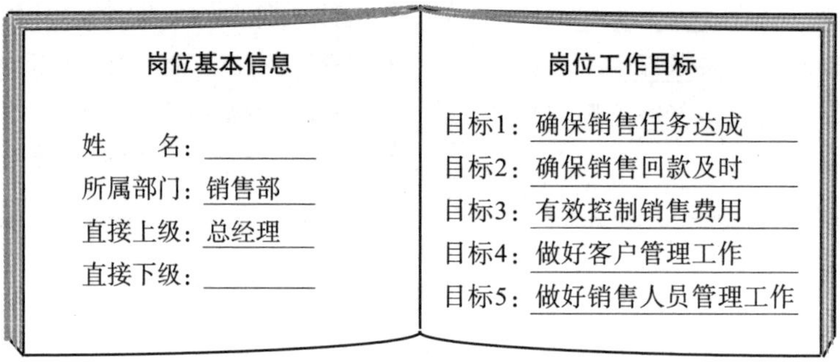

图 5-21 销售部经理岗位基本信息与工作目标

岗位基本信息

姓　　名：_____
所属部门：销售部
直接上级：总经理
直接下级：_____

岗位工作目标

目标1：确保销售任务达成
目标2：确保销售回款及时
目标3：有效控制销售费用
目标4：做好客户管理工作
目标5：做好销售人员管理工作

销售部经理量化考核表如表 5-10 所示。

表 5-10 销售部经理量化考核表

目标责任人		目标责任期限	___年___月___日至___年___月___日		
奖惩说明					
目标项目	量化考核指标	权重	绩效目标值	考核频率	考核得分
销售任务目标	销售额（销售量）	10%	_____万元（吨）	月度／季度／年度	
	销售利润目标达成率	10%	达到____%	月度／季度／年度	
	市场占有率	10%	达到____%	季度／年度	
销售回款目标	销售回款率	10%	达到____%	季度／年度	
	坏账率	10%	低于____%	季度／年度	
成本管理目标	销售费用率	10%	低于____%	季度／年度	
	销售费用支出额	5%	低于____万元	季度／年度	
客户管理目标	客户流失率	10%	低于____%	年度	
	客户有效投诉次数	10%	控制在____次以内	季度／年度	
员工管理目标	核心员工流失率	10%	低于____%	年度／季度	
	培训计划完成率	5%	达到____%	月度／季度／年度	
考核得分合计					
考核人（签字）：　考核日期：			审核人（签字）：　审核日期：		

销售部经理目标责任考核方案示例如下。

销售部经理目标责任考核方案

一、目的

为贯彻落实公司总体发展战略，确保年度销售任务的完成，公司本着公平、公正的原则，对销售部经理进行目标责任考核，以最大限度地调动其工作的积极性和主动性，特制定本方案。

二、目标责任考核内容

1. 定量考核内容

销售部经理目标责任定量考核指标由销售计划完成率、销售额增长率、销售费用、销售回款率、客户流失率、新客户开发数量、客户有效投诉次数、核心员工流失率等八项内容组成。其权重比例分配和评价标准如附表1所示。

2. 定性考核内容

销售部经理目标责任定性考核由市场信息收集情况、销售制度执行情况、销售合同签订与管理情况三项内容组成。其权重比例分配和评价标准如附表2所示。

三、考核程序和方法

1. 考核时间

（1）销售部经理目标责任考核实施季度考核与年度考核相结合的方式。

（2）季度考核于下一季度第1个月的前＿＿＿日内完成。

（3）年度考核于次年1月＿＿＿日前完成。

2. 考核实施程序

（1）确定考核时间、考核形式、考核具体工作事宜。

（2）人力资源部组织实施对销售部经理的目标责任考核工作。

（3）人力资源部汇总考核结果。

（4）组织进行绩效反馈和面谈。

四、考核结果申诉

1. 销售部经理对目标责任考核结果如有意见，可在得知考核结果＿＿＿个工作日内，向人力资源部提出申诉，超过申诉期限的，公司将不予受理。

（续）

2.人力资源部接到申诉后，应审查考核记录，确认考核分数，一旦发现漏洞应及时修改，并经总经理审批后及时公布申诉结果。

3.公司对于无客观事实依据，仅凭主观臆断的申诉将不予受理。

五、考核结果应用

1.考核级别划分

销售部经理绩效考核结果分为以下四个级别。

（1）优秀：95分及以上

（2）良好：80（含）~95分

（3）合格：65（含）~80分

（4）待改进：65分以下

2.基本工资的调整

公司根据销售部经理目标责任考核结果对其基本工资进行调整。其中，绩效考核结果为优秀的，基本工资上调_____级；绩效考核结果为良好和合格的，基本工资不做调整；绩效考核结果为待改进的，基本工资下调_____级。

3.绩效奖金的发放

公司根据销售部经理目标责任考核结果确定其绩效奖金发放比例。其中，绩效考核结果为优秀的，发放绩效奖金的110%；绩效考核结果为良好的，发放绩效奖金的100%；绩效考核结果为合格的，发放绩效奖金的75%；绩效考核结果为待改进的，不发放绩效奖金。

六、附则

（1）本方案由人力资源部负责解释。

（2）本方案自_____年_____月_____日起实施。

附表1　定量考核内容及评价标准

考核指标	权重	评价标准
销售计划完成率	15%	目标值为_____%；每降低_____%，减_____分；扣完为止
销售额增长率	15%	目标值为_____%；每降低_____%，减_____分；扣完为止
销售费用	10%	目标值为_____万元以下；每超出_____万元，减_____分；扣完为止
销售回款率	10%	目标值为_____%；每降低_____%，减_____分；扣完为止

（续）

（续表）

考核指标	权重	评价标准
客户流失率	10%	目标值为＿＿%以内；每高于＿＿%，减＿＿分；扣完为止
新客户开发数量	5%	目标值为＿＿家；每减少＿＿家，减＿＿分；扣完为止
客户有效投诉次数	5%	目标值为 0 次；每出现＿＿次，减＿＿分；扣完为止
核心员工流失率	5%	目标值为＿＿%以内；每超出＿＿%，减＿＿分；扣完为止

附表 2　定性考核内容及评价标准

考核指标	权重	评价标准
销售制度执行情况	10%	部门工作人员每出现 1 起违反销售制度的行为，减＿＿分；造成恶劣影响的，该项不得分
销售合同签订与管理情况	10%	每出现 1 起销售合同未按规定签订的情况，减＿＿分；每出现 1 份销售合同文本未归档，减＿＿分
市场信息收集情况	5%	每发现 1 次市场信息未得到及时反馈，减＿＿分

编制日期：	审核日期：	实施日期：

5.6.2　渠道主管目标量化与考核

渠道主管岗位基本信息与工作目标如图 5-22 所示。

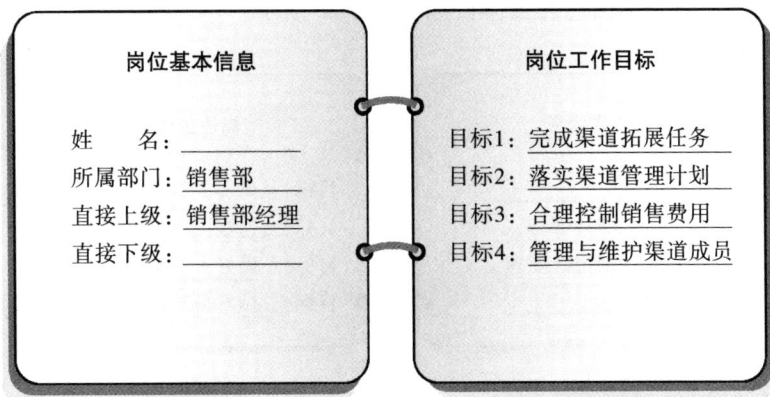

岗位基本信息

姓　　名：＿＿＿＿＿＿
所属部门：销售部
直接上级：销售部经理
直接下级：＿＿＿＿＿＿

岗位工作目标

目标1：完成渠道拓展任务
目标2：落实渠道管理计划
目标3：合理控制销售费用
目标4：管理与维护渠道成员

图 5-22　渠道主管岗位基本信息与工作目标

渠道主管量化考核表如表 5-11 所示。

表 5-11 渠道主管量化考核表

考核者			考核日期			
奖惩说明						
目标量化	实际完成	权重	评价标准	考核得分		
				初核	复核	得分
销售额 / 销售量____万元 / 吨	____万元 / 吨	20%	每减少____万元 / 吨，减____分			
当月新产品渠道铺货率达到____%	____%	20%	每降低____%，减____分			
新增渠道成员数量达到____家	____家	20%	每减少____家，减____分			
销售回款率达到____%	____%	15%	每降低____%，减____分			
销售费用节省率达到____%	____%	10%	每降低____%，减____分			
客户投诉解决率达到____%	____%	15%	每降低____%，减____分			
量化考核得分						
评分标准	90分及以上：优秀　　　　80（含）~ 90分：良好　　　70（含）~ 80分：尚可					
	60（含）~ 70分：需改进　　60分以下：不称职					
被考核者		考核者		复核者		
签字：　　　　日期：		签字：　　　　日期：		签字：　　　　日期：		

5.6.3 大客户主管目标量化与考核

大客户主管岗位基本信息与工作目标如图 5-23 所示。

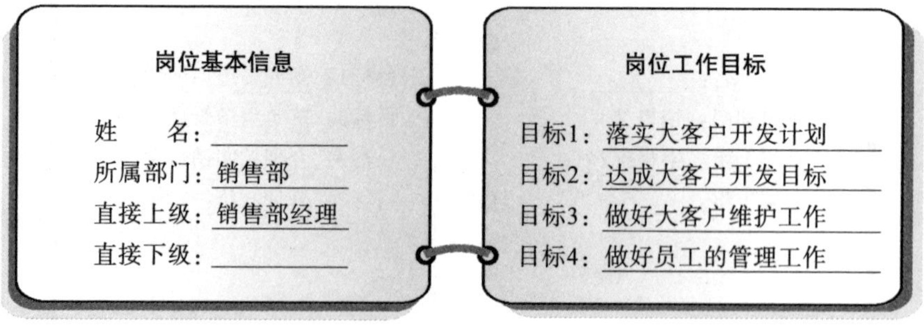

岗位基本信息

姓　　名：＿＿＿＿＿
所属部门：销售部
直接上级：销售部经理
直接下级：＿＿＿＿＿

岗位工作目标

目标1：落实大客户开发计划
目标2：达成大客户开发目标
目标3：做好大客户维护工作
目标4：做好员工的管理工作

图 5-23 大客户主管岗位基本信息与工作目标

大客户主管量化考核表如表 5-12 所示。

表 5-12　大客户主管量化考核表

考核者		考核日期			
奖惩说明					
				考核得分		

目标量化	实际完成	权重	评价标准	初核	复核	得分
大客户调研计划完成率不低于____%	____%	15%	每降低____%，减____分			
销售目标完成率达到____%	____%	20%	每降低____%，减____分			
大客户流失数不超过____家	____家	15%	每超过____家，减____分			
大客户有效投诉次数不超过____次	____次	15%	每多 1 次，减____分			
大客户意见反馈及时率达到100%	____%	15%	每降低____%，减____分			
大客户回访率达到____%	____%	10%	每降低____%，减____分			
大客户维护费用不超过____元	____元	10%	每超过____元，减____分			
量化考核得分						
评分标准	90 分及以上：优秀　　　80（含）~ 90 分：良好　　70（含）~ 80 分：尚可 60（含）~ 70 分：需改进　　60 分以下：不称职					

被考核者		考核者		复核者	
签字：	日期：	签字：	日期：	签字：	日期：

5.6.4　直销主管目标量化与考核

直销主管岗位基本信息与工作目标如图 5-24 所示。

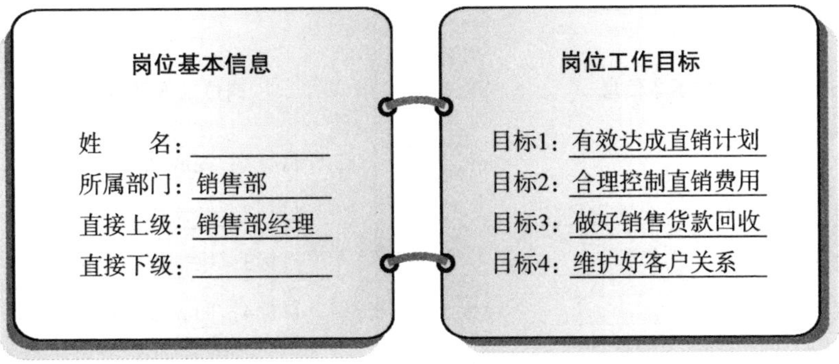

图 5-24　直销主管岗位基本信息与工作目标

直销主管量化考核表如表 5-13 所示。

表 5-13　直销主管量化考核表

考核者				考核日期			
奖惩说明							

目标量化	实际完成	权重	评价标准	考核得分		
				初核	复核	得分
销售额不低于＿＿万元	＿＿万元	15%	每减少＿＿万元，减＿＿分			
销售任务完成率达到＿＿%	＿＿%	15%	每减少＿＿%，减＿＿分			
新开发客户数量不少于＿＿家	＿＿家	15%	每减少＿＿家，减＿＿分			
客户流失率控制在＿＿%以内	＿＿%	15%	每高于＿＿%，减＿＿分			
客户投诉处理及时率达到＿＿%	＿＿%	10%	每降低＿＿%，减＿＿分			
直销成本支出不超过＿＿元	＿＿元	15%	每超过＿＿元，减＿＿分			
销售回款率不低于＿＿%	＿＿%	15%	每降低＿＿%，减＿＿分			
量化考核得分						
评分标准	90分及以上：优秀　　　80（含）~90分：良好　　　70（含）~80分：尚可					
	60（含）~70分：需改进　　　60分以下：不称职					

被考核者		考核者		复核者	
签字：　　　日期：		签字：　　　日期：		签字：　　　日期：	

5.6.5　网络销售员目标量化与考核

网络销售员岗位基本信息与工作目标如图 5-25 所示。

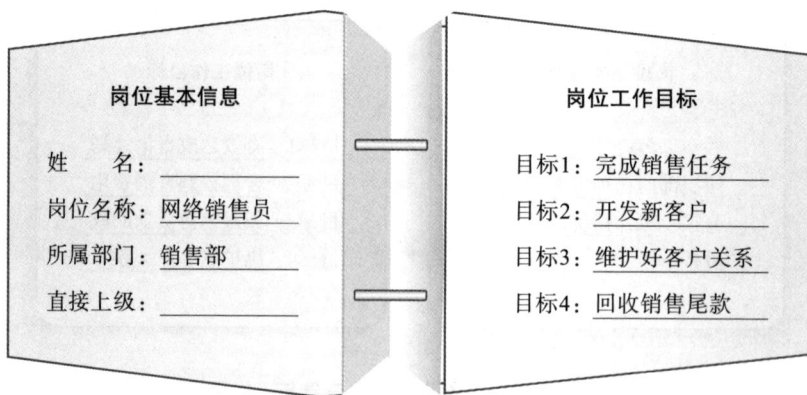

岗位基本信息

姓　名：＿＿＿＿＿＿＿

岗位名称：网络销售员

所属部门：销售部

直接上级：＿＿＿＿＿＿

岗位工作目标

目标1：完成销售任务＿＿＿

目标2：开发新客户＿＿＿＿

目标3：维护好客户关系＿＿

目标4：回收销售尾款＿＿＿

图 5-25　网络销售员岗位基本信息与工作目标

网络销售员量化考核表如表 5-14 所示。

表 5-14 网络销售员量化考核表

绩效考核说明					
本次考核周期			本次考核得分		
其他奖惩说明					
本期考核内容					
序号	量化考核指标	权重	评分标准	数据来源	得分
1	销售任务完成率	30%	每降低____%，减____分	销售部	
2	新产品销售数量	20%	每减少____件，减____分	销售部	
3	销售回款率	15%	每降低____%，减____分	销售部 财务部	
4	新增客户数量	15%	每减少____个，减____分	销售部	
5	客户咨询有效受理率	10%	每降低____%，减____分	销售部	
6	客户有效投诉次数	10%	每出现 1 次，减____分	客服部	
下期重点改进目标设定					
改进目标 1					
改进目标 2					
考核人（签字）： 考核日期：			审核人（签字）： 审核日期：		

5.6.6 促销员目标量化与考核

促销员岗位基本信息与工作目标如图 5-26 所示。

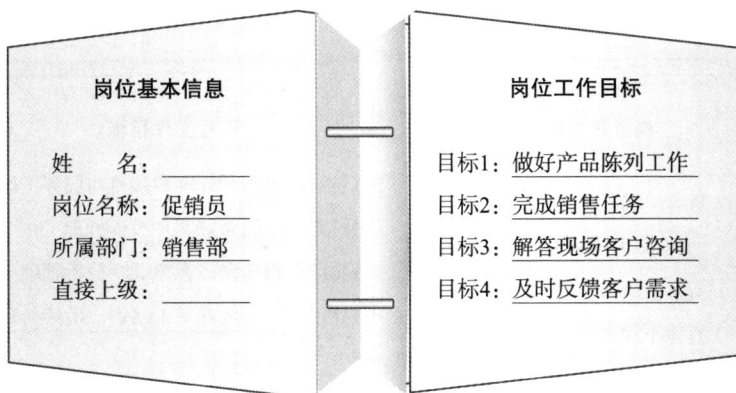

岗位基本信息

姓　　名：_____
岗位名称：促销员
所属部门：销售部
直接上级：_____

岗位工作目标

目标1：做好产品陈列工作
目标2：完成销售任务
目标3：解答现场客户咨询
目标4：及时反馈客户需求

图 5-26 促销员岗位基本信息与工作目标

促销员量化考核表如表 5-15 所示。

表 5-15 促销员量化考核表

绩效考核说明					
本次考核周期				本次考核得分	
其他奖惩说明					
本期考核内容					
序号	量化考核指标	权重	评分标准	数据来源	得分
1	销售任务完成率	40%	每降低___%，减___分	销售部	
2	促销现场问题解决率	20%	每降低___%，减___分	销售部	
3	违规发放赠品的次数	15%	每出现 1 次，减___分	销售部	
4	遭到客户投诉的次数	15%	每发生 1 次，减___分	销售部	
5	违反服务规范的次数	10%	每发生 1 次，减___分	销售部	
下期重点改进目标设定					
改进目标 1					
改进目标 2					
考核人（签字）： 考核日期：			审核人（签字）： 审核日期：		

5.7 客户服务部经理目标量化与考核

5.7.1 客户服务部经理目标量化与考核

客户服务部经理岗位基本信息与工作目标如图 5-27 所示。

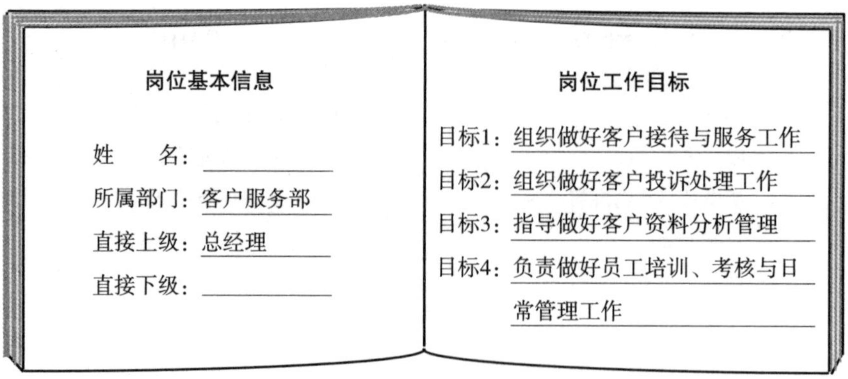

岗位基本信息

姓　　名：＿＿＿＿＿＿

所属部门：客户服务部

直接上级：总经理

直接下级：＿＿＿＿＿＿

岗位工作目标

目标1：组织做好客户接待与服务工作

目标2：组织做好客户投诉处理工作

目标3：指导做好客户资料分析管理

目标4：负责做好员工培训、考核与日常管理工作

图 5-27 客户服务部经理岗位基本信息与工作目标

客户服务部经理量化考核表如表 5-16 所示。

表 5-16 客户服务部经理量化考核表

目标责任人		目标责任期限		___年___月___日至___年___月___日		
奖惩说明						
工作目标	量化考核指标	权重	绩效目标值	考核频率		考核得分
客户接待与服务	平均响应速度	15%	___分钟以内	季度 / 年度		
	客户回访率	15%	___%	季度 / 年度		
	费用预算达成率	15%	___%	季度 / 年度		
客户投诉处理	客户意见反馈及时率	15%	___%	季度 / 年度		
	投诉解决率	10%	___%	季度 / 年度		
客户档案信息管理	客户信息准确率	10%	___%	年度		
员工管理	培训计划完成率	10%	___%	年度		
	员工考核达标率	10%	___%	季度 / 年度		
考核得分合计						
考核人（签字）： 考核日期：			审核人（签字）： 审核日期：			

客户服务部经理目标责任考核方案示例如下。

客户服务部经理目标责任考核方案

一、目的

为明确双方的工作目标、工作责任，确保客户服务部经理的各项工作目标如期完成，特制定本方案。

二、责任期限

___年___月___日至___年___月___日。

三、主要职责

（1）负责公司售后服务管理工作。

（2）提高客户服务质量。

（3）组织做好客户投诉处理工作。

（4）组织做好客户档案资料管理工作。

（续）

四、工作目标与考核

1. 业绩目标

（1）客户费用的控制情况。绩效目标值控制在预算内，每超出预算____%，减____分。

（2）服务响应时间。在接到客户需求后____分钟内予以回复，每有 1 次超出此标准，减____分。

（3）客户投诉解决率达到____%，每降低____%，减____分；客户投诉解决率低于____%，该项不得分。

（4）客户回访率达到____%，每降低____%，减____分；客户回访率低于____%，该项不得分。

（5）客户档案完好率达到____%，每有 1 项缺失、遗漏，减____分。

2. 管理目标

（1）所提建议有助于完善流程或制度，加____分 / 项。

（2）未发生有责重复投诉，否则减____分 / 次。

（3）客户满意度评分达到____分，每降低____分，减____分。

（4）员工每有 1 次重大违反公司规章制度的行为，减____分。

（5）绩效工作未按照要求有序开展，减____分；培训无计划，减____分；部门培训计划完成率应达到100%，每有 1 项培训未按时完成，减____分。

五、附则

（1）本方案未尽事宜由公司另行规定。

（2）公司在经营环境发生重大变化或发生其他情况时，有权修改本方案。

编制日期：　　　　　审核日期：　　　　　实施日期：

5.7.2　客户关系主管目标量化与考核

客户关系主管岗位基本信息与工作目标如图 5-28 所示。

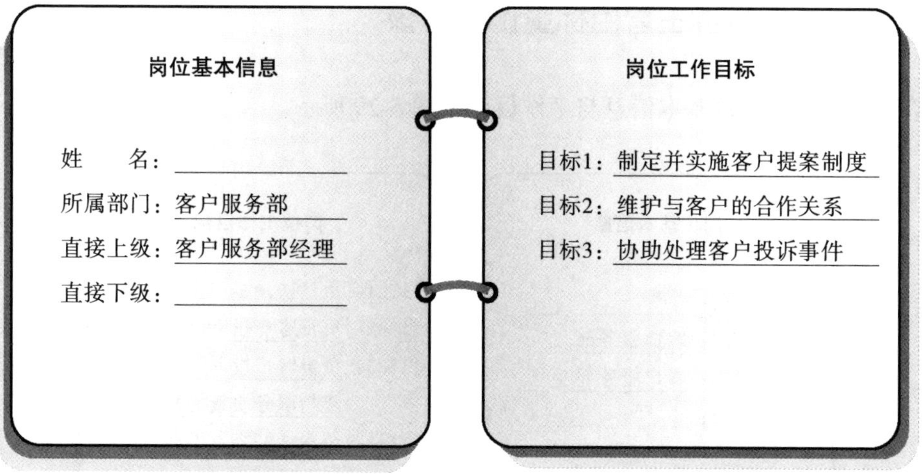

图 5-28 客户关系主管岗位基本信息与工作目标

客户关系主管量化考核表如表 5-17 所示。

表 5-17 客户关系主管量化考核表

考核者		考核日期				
奖惩说明						
目标量化	实际完成	权重	评价标准	考核得分		
				初核	复核	得分
核心客户保有率达到____%	____%	20%	每降低____%，减____分			
大客户流失率控制在____% 以内	____%	20%	每增加____%，减____分			
客户投诉解决率达到____%	____%	15%	每降低____%，减____分			
客户维护费用控制在预算范围内	____万元	15%	每超出预算____%，减____分			
客户关系报告提交及时率达到____%以上	____%	5%	报告延迟提交，减____分／次			
客户满意度评分不低于____分	____分	10%	每降低____分，减____分			
内部相关部门满意度评分不低于____分	____分	15%	每降低____分，减____分			
量化考核得分						
评分标准	90 分及以上：优秀　　80（含）~ 90 分：良好　　70（含）~ 80 分：尚可 60（含）~ 70 分：需改进　　60 分以下：不称职					
被考核者		考核者		复核者		
签字：　　　　日期：		签字：　　　　日期：		签字：　　　　日期：		

5.7.3　客户投诉主管目标量化与考核

客户投诉主管岗位基本信息与工作目标如图 5-29 所示。

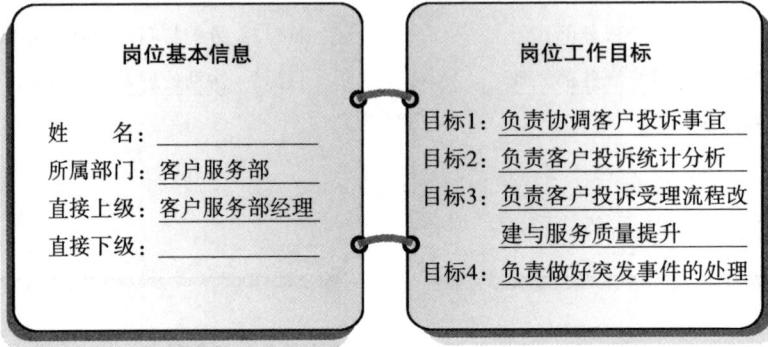

```
岗位基本信息                     岗位工作目标

姓    名：_____          目标1：负责协调客户投诉事宜
所属部门：客户服务部        目标2：负责客户投诉统计分析
直接上级：客户服务部经理     目标3：负责客户投诉受理流程改
直接下级：_____                建与服务质量提升
                          目标4：负责做好突发事件的处理
```

图 5-29　客户投诉主管岗位基本信息与工作目标

客户投诉主管量化考核表如表 5-18 所示。

表 5-18　客户投诉主管量化考核表

考核者			考核日期				
奖惩说明							
目标量化	实际完成	权重	评价标准		考核得分		
					初核	复核	得分
客户投诉处理平均用时不超过___天	___天	20%	每增加___天，减___分				
客户投诉处理及时率达到___%	___%	15%	每降低___%，减___分				
客户意见反馈及时率达到___%以上	___%	15%	每降低___%，减___分				
投诉问题解决率达到___%	___%	20%	每降低___%，减___分				
投诉解决满意率达到___%	___%	20%	每降低___%，减___分				
投诉回访率达到___%	___%	10%	每降低___%，减___分				
量化考核得分							
评分标准	90分及以上：优秀　　　80（含）～ 90分：良好　　　70（含）～ 80分：尚可 60（含）～ 70分：需改进　　　60分以下：不称职						
被考核者		考核者			复核者		
签字：　　　日期：		签字：　　　日期：			签字：　　　日期：		

5.7.4 呼叫中心坐席专员目标量化与考核

呼叫中心坐席专员岗位基本信息与工作目标如图 5-30 所示。

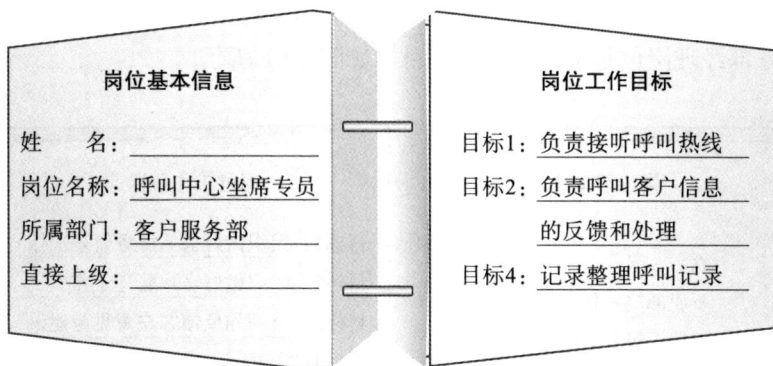

图 5-30 呼叫中心坐席专员岗位基本信息与工作目标

呼叫中心坐席专员量化考核表如表 5-19 所示。

表 5-19 呼叫中心坐席专员量化考核表

绩效考核说明					
本次考核周期			**本次考核得分**		
其他奖惩说明					
本期考核内容					
序号	量化考核指标	权重	评分标准	数据来源	得分
1	呼叫平均响应时长	15%	每延迟 1 次，减____分	客户服务部	
2	电话接听率	20%	目标值为____%；每降低____%，减____分	客户服务部	
3	转接率	15%	目标值为____%；每提高____%，减____分	客户服务部	
4	平均处理时间	15%	目标值为____分钟；每超出____分钟，减____分	客户服务部	
5	客户满意度评分	20%	目标值为____分；每降低____分，减____分	客户服务部客户	
6	呼叫记录完整率	15%	每有 1 项信息缺失，减____分	客户服务部	
下期重点改进目标设定					
改进目标 1					
改进目标 2					
被考核人（签字）： 考核日期：			审核人（签字）： 审核日期：		

5.8 售后服务部各岗位目标量化与考核

5.8.1 售后服务部经理目标量化与考核

售后服务部经理岗位基本信息与工作目标如图 5-31 所示。

岗位基本信息	岗位工作目标
姓　　名：_____	目标1：组织做好售后服务管理工作
所属部门：售后服务部	目标2：组织做好客户管理工作
直接上级：营销总监	目标3：整理和反馈客户意见与建议
直接下级：_____	目标4：做好部门成本控制
	目标5：做好部门员工管理

图 5-31　售后服务部经理岗位基本信息与工作目标

售后服务部经理量化考核表如表 5-20 所示。

表 5-20　售后服务部经理量化考核表

目标责任人		目标责任期限		___年___月___日至___年___月___日		
奖惩说明						
目标项目	量化考核指标	权重	绩效目标值	考核频率		考核得分
售后服务工作目标	投诉受理及时率	15%	____%	月度 / 季度 / 年度		
	维修处理及时率	15%	____%	月度 / 季度 / 年度		
	售后服务一次成功率	15%	____%	月度 / 季度 / 年度		
客户管理工作目标	客户满意度评分	10%	不低于____分	年度		
	客户投诉响应及时率	10%	____%	月度 / 季度 / 年度		
	客户投诉处理满意率	15%	____%	年度		
费用控制目标	预算费用达成率	10%	____%	季度 / 年度		
员工管理目标	部门员工违反售后服务管理制度的次数	5%	0 次	年度		
	员工流失率	5%	不高于____%	季度 / 年度		
考核得分合计						
考核人（签字）： 考核日期：			审核人（签字）： 审核日期：			

售后服务部经理目标责任考核方案示例如下。

售后服务部经理目标责任考核方案

一、总则

1. 考核目的

为加强对售后服务部经理的管理，提高售后服务部工作质量和水平，依据公司相关考核管理制度，结合售后服务部经理的岗位特点，特制定本方案。

2. 考核原则

（1）公平、公开的原则。

（2）多角度、全方面考核的原则。

二、目标责任考核管理

1. 考核频率

（1）季度考核：考核于下季度第一个月的____日前完成（遇节假日顺延）。

（2）年度考核：每年度考核1次，考核于次年的1月____日前完成（遇节假日顺延）。

2. 目标责任考核的内容

对售后服务部经理目标责任考核主要从投诉受理及时率、维修处理及时率、售后服务一次成功率等方面进行，具体如附表1所示。

3. 考核申诉处理

售后服务部经理如对考核结果有异议，可在得知考核结果____个工作日内向人力资源部提出申诉，超过申诉期限的，公司将不予受理。

4. 考核结果应用

依据公司绩效考核管理办法，将售后服务部经理目标责任考核结果划分为优秀、良好、合格、不合格四个等级。其中，季度考核作为售后服务部经理季度奖金发放的依据，具体的发放标准如附表2所示；年度考核作为年终奖金、职务晋升等决策的依据。

三、附则

（1）本方案未尽事宜由公司另行规定。

（续）

（2）本方案自_____年_____月_____日起实施。

附表 1　客户回访量化考核表

考核项目	权重	评分标准
投诉受理及时率	15%	及时对客户投诉做出处理；每发生 1 起客户投诉未及时处理的情况，减____分；造成恶劣影响的，该项不得分
维修处理及时率	15%	组织相关工作人员做好维修工作；每发生 1 次维修处理不及时的情况，减____分
售后服务一次成功率	10%	不低于____%；每降低____%，减____分
因售后服务不善被媒体曝光次数	10%	在售后服务过程中，每出现 1 次因服务不善被媒体曝光，该项不得分
客户满意度评分	20%	客户对售后服务工作满意度评分不低于____分；每降低____分，减____分；低于____分，该项不得分
费用控制情况	10%	售后服务费用控制在预算范围内；每超过预算____%，减____分；超过____%，该项不得分
售后服务规范执行	10%	每发生 1 起部门员工违反售后服务规范的行为，减____分
售后服务资料完整性	10%	每发生 1 次售后服务资料丢失的情况，减____分

附表 2　绩效考核结果应用

考核得分	考核结果	季度奖金
95 分及以上	优秀	____元
80（含）~ 95 分	良好	____元
65（含）~ 80 分	合格	____元
65 分以下	不合格	____元

编制日期：　　　　　　审核日期：　　　　　　实施日期：

5.8.2 售后服务主管目标量化与考核

售后服务主管岗位基本信息与工作目标如图 5-32 所示。

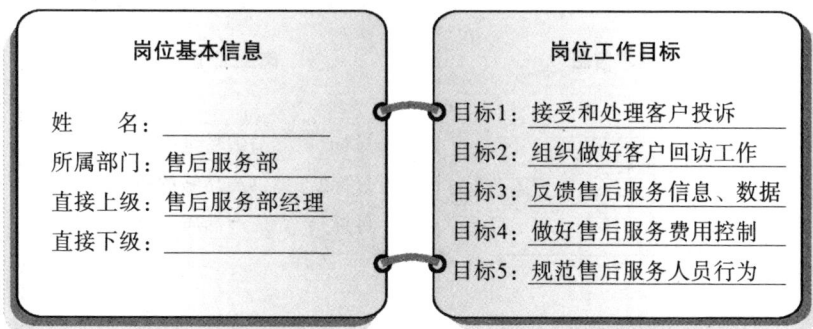

```
┌─────────────────────┐    ┌─────────────────────────┐
│    岗位基本信息      │    │      岗位工作目标        │
│                     │    │                         │
│ 姓    名：_____  │    │ 目标1：接受和处理客户投诉 │
│ 所属部门：售后服务部  │    │ 目标2：组织做好客户回访工作│
│ 直接上级：售后服务部经理│   │ 目标3：反馈售后服务信息、数据│
│ 直接下级：_____  │    │ 目标4：做好售后服务费用控制│
│                     │    │ 目标5：规范售后服务人员行为│
└─────────────────────┘    └─────────────────────────┘
```

图 5-32　售后服务主管岗位基本信息与工作目标

售后服务主管量化考核表如表 5-21 所示。

表 5-21　售后服务主管量化考核表

考核者		考核日期				
奖惩说明						
目标量化	实际完成	权重	评价标准	考核得分		
				初核	复核	得分
投诉受理及时率达到____%	____%	20%	每降低____%，减____分			
受理投诉办结率达到____%	____%	20%	每降低____%，减____分			
客户对投诉处理结果满意度评分不低于____分	____分	15%	每减少____分，减____分			
客户回访率达到____%	____%	15%	每降低____%，减____分			
售后服务费用控制在预算范围内	____元	15%	每超出预算____%，减____分			
部门员工违反售后服务管理制度的次数不超过____次	____次	15%	每增加____次，减____分			
量化考核得分						
评分标准	90分及以上：优秀　　80（含）～90分：良好　　70（含）～80分：尚可 60（含）～70分：需改进　　60分以下：不称职					
被考核者		考核者		复核者		
签字：　　日期：		签字：　　日期：		签字：　　日期：		

5.8.3 售后技术支持工程师目标量化与考核

售后技术支持工程师岗位基本信息与工作目标如图 5-33 所示。

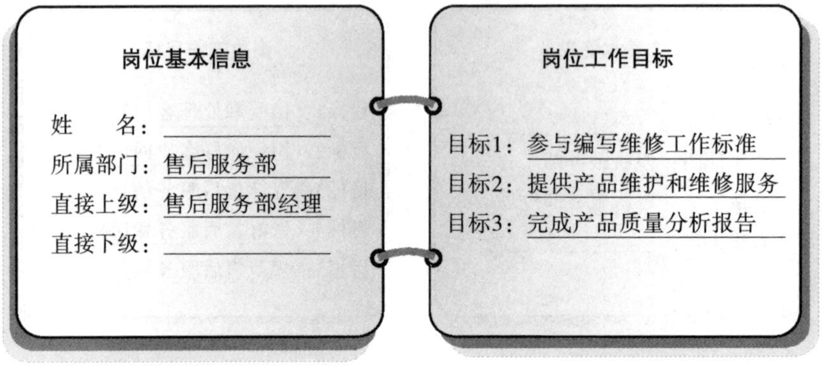

岗位基本信息

姓　　名：＿＿＿＿＿＿

所属部门：售后服务部

直接上级：售后服务部经理

直接下级：＿＿＿＿＿＿

岗位工作目标

目标1：参与编写维修工作标准

目标2：提供产品维护和维修服务

目标3：完成产品质量分析报告

图 5-33　售后技术支持工程师岗位基本信息与工作目标

售后技术支持工程师量化考核表如表 5-22 所示。

表 5-22　售后技术支持工程师量化考核表

考核者		考核日期			
奖惩说明					
目标量化	实际完成	权重	评价标准	考核得分		
				初核	复核	得分
考核期间，提供维修服务次数不少于＿＿次	＿＿次	10%	每减少＿＿次，减＿＿分			
维修处理及时率达到＿＿%	＿＿%	20%	每降低＿＿%，减＿＿分			
维修一次成功率达到＿＿%	＿＿%	30%	每降低＿＿%，减＿＿分			
客户对维修工作满意度评分达到＿＿分以上	＿＿分	20%	每低于目标值＿＿分，减＿＿分			
未及时对客户提供技术升级服务而被投诉的次数	＿＿次	20%	每有 1 次，减＿＿分			
量化考核得分						
评分标准	90 分及以上：优秀　　　80（含）~ 90 分：良好　　70（含）~ 80 分：尚可 60（含）~ 70 分：需改进　　60 分以下：不称职					
被考核者		考核者		复核者		
签字：　　　　日期：		签字：　　　　日期：		签字：　　　　日期：		

5.8.4 售后服务专员目标量化与考核

售后服务专员岗位基本信息与工作目标如图 5-34 所示。

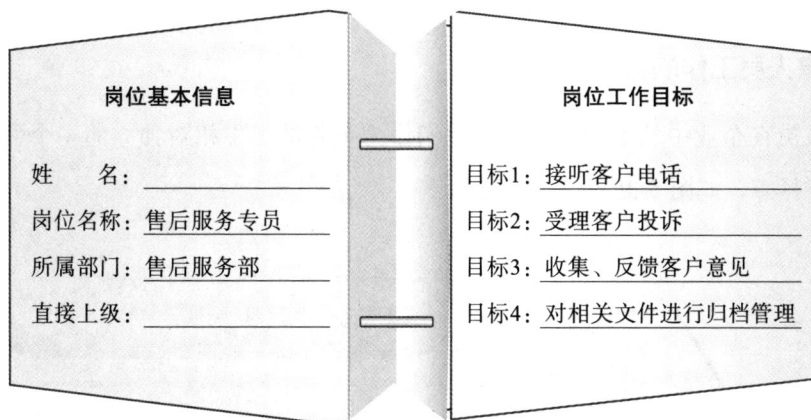

图 5-34 售后服务专员岗位基本信息与工作目标

售后服务专员量化考核表如表 5-23 所示。

表 5-23 售后服务专员量化考核表

绩效考核说明					
本次考核周期			本次考核得分		
其他奖惩说明					
本期考核内容					
序号	量化考核指标	权重	评分标准	数据来源	得分
1	客户意见反馈及时率	15%	每降低____%，减____分	售后服务部	
2	报修及时率	15%	每降低____%，减____分	售后服务部	
3	客户回访率	20%	每降低____%，减____分	售后服务部	
4	客户投诉次数	20%	每出现 1 次，减____分	客户服务部 售后服务部	
5	资料完整率	15%	每缺失 1 份，减____分	售后服务部	
6	违反规章制度次数	15%	每出现 1 次，减____分	售后服务部	
下期重点改进目标设定					
改进目标 1					
改进目标 2					
考核人（签字）： 考核日期：			审核人（签字）： 审核日期：		

5.9 销售人员薪酬体系设计

5.9.1 销售人员薪酬设计要考虑的因素

1. 销售人员工作的特点

销售人员在企业中从事销售业务，他们作为企业员工中相对独立的一个群体，其工作具有以下特点，如图 5-35 所示。

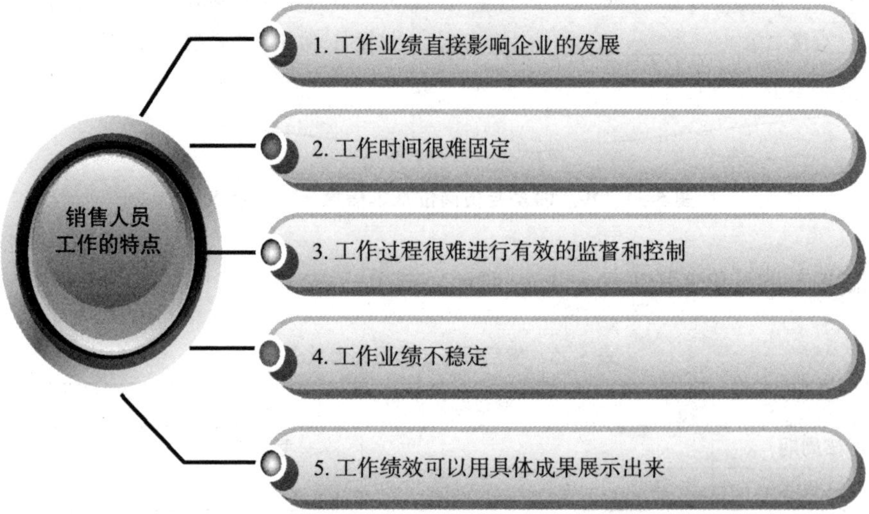

销售人员工作的特点

1. 工作业绩直接影响企业的发展
2. 工作时间很难固定
3. 工作过程很难进行有效的监督和控制
4. 工作业绩不稳定
5. 工作绩效可以用具体成果展示出来

图 5-35　销售人员工作的特点

2. 销售人员薪酬水平的影响因素

销售人员薪酬水平受多种因素的影响，具体如图 5-36 所示。

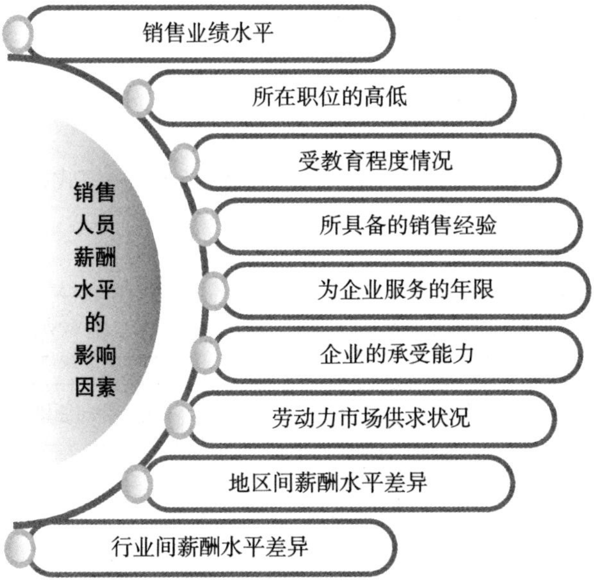

图 5-36　销售人员薪酬水平的影响因素

3. 销售人员的提成管理

提成是销售人员薪酬结构中的重要组成部分，它有利于激发销售人员工作的积极性，确保企业和销售人员的利益。进行销售人员提成设计时应避免以下误区，如图5-37所示。

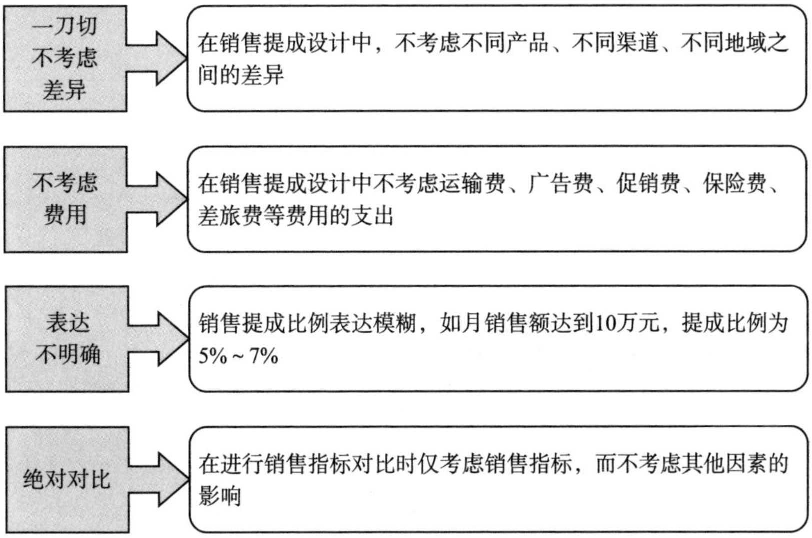

图 5-37　销售人员提成设计应避免的误区

5.9.2　销售人员薪酬模式设计

1. 销售人员薪酬模式设计原则

为有效确保销售人员薪酬更具激励性，企业在进行薪酬模式设计时，应遵循以下设计原则，具体如图 5-38 所示。

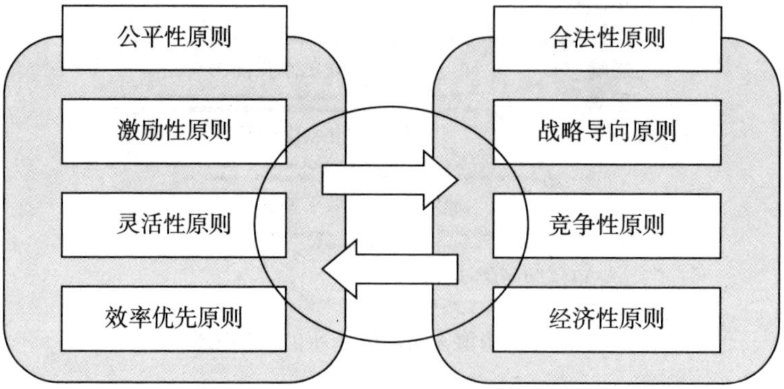

图 5-38　销售人员薪酬模式设计原则

2. 影响销售人员薪酬模式设计的因素

企业为吸引和留住销售人员，必须制定具有吸引力的薪酬模式。薪酬模式的制定主要受以下因素的影响，具体如图 5-39 所示。

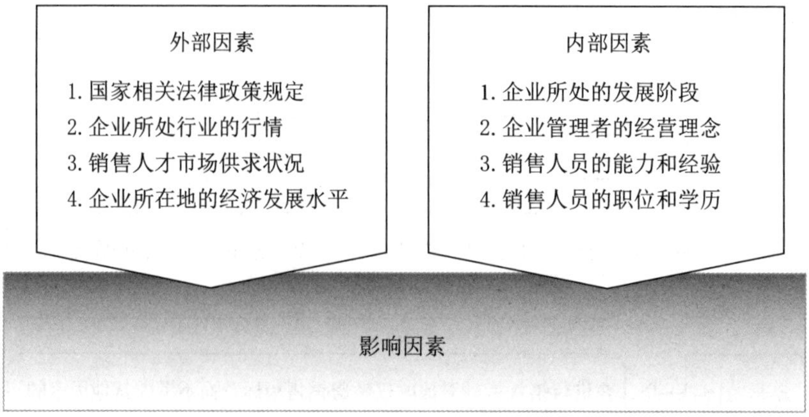

图 5-39　影响销售人员薪酬模式设计的因素

3. 销售人员薪酬模式种类

企业应设计具有自身特色的薪酬方案，以充分调动销售人员工作的积极性，达到提高企业业绩水平的目的。总体而言，目前常用的销售人员薪酬模式有以下四种，具体如表 5-24 所示。

表 5-24　销售人员薪酬模式

薪酬模式	定义	优点	缺点
纯薪金模式	无论销售人员的销售额是多少，均可领取固定工资	1. 增强销售人员的安全感 2. 提高销售人员的忠诚度 3. 便于管理	1. 缺乏竞争机制，难以留住进取心强的销售人员 2. 不利于绩效评估开展 3. 不利于销售费用控制
底薪加提成模式	以单位销售额或总销售额的一定比例作为佣金，连同固定工资一起支付	1. 有固定薪酬作为保障，增强销售人员的安全感 2. 与销售业绩挂钩，具有一定的激励作用	薪酬设计比较复杂
底薪加奖金模式	除固定底薪外，还给予销售人员数额不等的奖金	同底薪加提成模式	同底薪加提成模式
底薪加提成加奖金模式	除固定底薪、一定比例的佣金外，当销售人员的业绩达到既定的标准时，还可获得奖金	1. 兼顾薪金、佣金、奖金三种报酬特点 2. 有利于调动销售人员的积极性	1. 增加企业销售成本 2. 具体操作难度相对加大

4. 销售人员薪酬模式选择

由于企业所处行业、产品供求状况、企业规模大小、企业高层管理者价值取向的不同，企业的薪酬模式选择会有所差异。即使是同一企业在不同的发展阶段，也可能选择不同的薪酬模式。表 5-25 提供了不同行业 / 企业销售人员适合的薪酬模式，供读者参考。

表 5-25　不同行业 / 企业销售人员适合的薪酬模式

行业 / 企业特点	适合的薪酬模式
销售技术含量低、销售对象广泛、产品销售周期较短的行业	"低底薪 + 高提成"或"底薪 + 提成 + 奖金"模式
专业性很强、产品销售过程需高技术含量支持、市场相对狭窄、销售周期较长的行业	"高底薪 + 低提成"或"底薪 + 奖金"模式
企业刚上市、产品知名度比较低、产品性能不稳定时，市场开拓困难	"高底薪 + 低提成"或"底薪 + 奖金"模式

（续表）

行业 / 企业特点	适合的薪酬模式
企业进入快速成长期，产品性能进一步改进、市场开拓显露成效	"低底薪＋高提成"或"底薪＋提成＋奖金"模式
企业进入成熟期和衰退期时，客户群相对稳定、市场份额逐渐缩小	"高底薪＋低提成"或"底薪＋奖金"模式
企业产品非常畅销，销售人员几乎不需要花费太多精力进行产品的销售	纯薪金模式

5.9.3　销售人员销售提成设计

1. 销售提成比例设计

销售提成比例可根据不同职级、不同销售业绩、不同利润、产品的成熟度等进行阶梯型设计。表 5-26 为 ×× 企业销售提成比例设计示例，供读者参考。

表 5-26　×× 企业销售提成比例设计

职级	季度销售额	提成比例
销售部经理	3 000 万元以上	2.3%
	2 500 万 ~ 3 000 万元（含）	1.8%
	2 500 万元及以下	1.5%
销售主管	1 000 万元以上	4.2%
	850 万 ~ 1 000 万元（含）	3.5%
	850 万元（含）以内	3%
销售专员	100 万元以上	7%
	85 万 ~ 100 万元（含）	5%
	85 万元及以下	4%

注：1. 销售部经理的提成依据的是部门全体人员的销售总额。若销售部经理个人也销售产品，个人销售产品金额部分也可按照销售专员的提成比例计提产品提成。

2. 销售主管的提成依据的是自己所管理的销售团队的销售业绩总额。若销售主管个人也销售产品，个人销售产品金额部分也可按照销售专员的提成比例计提产品提成。

3. 销售专员的提成依据的是自己的销售业绩总额。

4. 销售人员职级越高，提成比例设置相对较低，直接销售产品的销售人员提成比例最高；产品销售的越多所获得的提成比例越高，且随着销售额档次的提高，提成比例的级差将逐渐拉大。

2. 销售提成计算设计

目前，销售人员提成计算设计包括按业务量设计、按合同量设计、按回款量设计、按价格设计、按项目设计、按团队设计、按小组设计等，具体如图 5-40 所示。

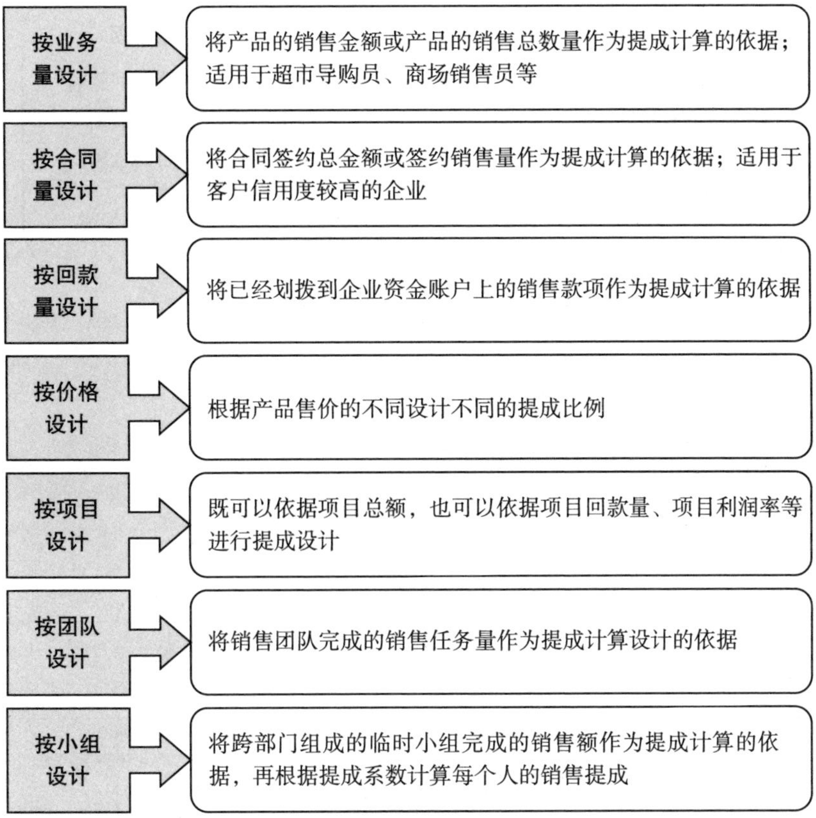

按业务量设计	将产品的销售金额或产品的销售总数量作为提成计算的依据；适用于超市导购员、商场销售员等
按合同量设计	将合同签约总金额或签约销售量作为提成计算的依据；适用于客户信用度较高的企业
按回款量设计	将已经划拨到企业资金账户上的销售款项作为提成计算的依据
按价格设计	根据产品售价的不同设计不同的提成比例
按项目设计	既可以依据项目总额，也可以依据项目回款量、项目利润率等进行提成设计
按团队设计	将销售团队完成的销售任务量作为提成计算设计的依据
按小组设计	将跨部门组成的临时小组完成的销售额作为提成计算的依据，再根据提成系数计算每个人的销售提成

图 5-40　销售提成计算设计

3. 销售提成兑现设计

企业可根据自身的业务性质和经营特点，自主确定销售提成的兑现时间、兑现依据等。图 5-41 提供了几种常见的销售提成兑现时间和兑现依据，供读者参考。

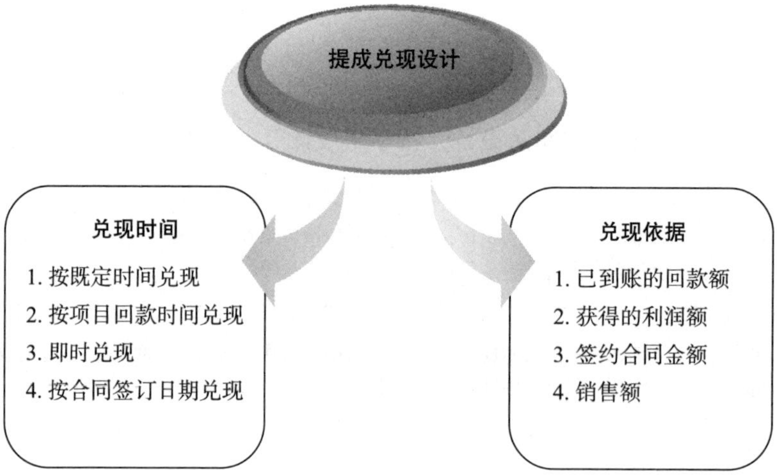

图 5-41　销售提成兑现设计

5.9.4　销售新人薪酬方案设计

销售新人薪酬体系设计方案示例如下。

方案名称	销售新人薪酬体系设计方案	编制部门	
		执行部门	

一、方案制定的目的

××公司是一家家电销售公司，截至____年____月底，公司共有员工____人，公司年销售额突破____万元。____年公司计划招聘 10 名销售人员。

为建立稳定的销售人员队伍，吸引高素质的人才，特制定本方案。

二、薪酬构成

1.试用期销售人员薪酬构成

试用期销售人员薪酬由试用期工资、员工福利组成。其中，试用期工资以招聘阶段销售人员与公司的约定为标准。试用期销售人员享有的福利参照公司薪酬福利制度执行。

2. 一年以下新进销售人员薪酬构成

试用期合格，但工作年限在一年以下新进销售人员薪酬由无责任底薪、销售提成、福利与保险、其他奖励四部分构成。

（1）无责任底薪。新进销售人员底薪标准以员工与公司双方协商的结果为准。新进销售人员只要达到日常工作量，且未违反公司相关管理制度，无论销售业绩如何均可获得规定的底薪。

（2）销售提成。为调动新进销售人员工作的积极性，公司将新进销售人员视作一个整体，确定整体的收入之和，然后根据新进销售人员贡献大小占总贡献的比例确定其销售提成，具体计算方法如表1所示。

表1 销售提成计算

新进销售人员	当月实现销售额（万元）	销售提成金额（元）
A_1	B_1	A_1 的销售提成 $=C \times [B_1 \div (B_1 + B_2 + \cdots\cdots + B_n)]$
A_2	B_2	A_2 的销售提成 $=C \times [B_2 \div (B_1 + B_2 + \cdots\cdots + B_n)]$
……	……	……
A_n	B_n	$A_n = C \times [B_n \div (B_1 + B_2 + \cdots\cdots + B_n)]$
注：根据市场和竞争对手的具体情况，C为团队奖总额。		

（3）福利与保险。福利与保险以国家、地区及公司规定的标准为准，津贴包括话费补助（＿＿＿元/月）、差旅费补助等。

（4）其他奖励。为了更好地激励表现优秀的新进销售人员，公司还设置了绩效奖励标准，具体如表2所示。

表2 销售人员奖励标准

奖励标准	奖励金额
销售业绩达到公司全部销售人员的平均水平	＿＿＿元
销售业绩达到排名前10%的销售人员业绩的平均水平	＿＿＿元

三、薪酬日常管理

1. 工资的发放

新进销售人员工资发放日期与公司其他员工一致，为每月的____日；逢付薪日是周末或公众假期，则提前至节假日前的工作日予以支付。

2. 薪酬体系维护和调整

公司将根据市场薪酬水平、公司整体经营状况等因素的变化对新进销售人员的薪酬体系进行维护和调整。

编制人员		审核人员		批准人员	
编制日期		审核日期		批准日期	

5.9.5 销售一线人员薪酬方案设计

网络科技公司销售一线人员薪酬设计方案示例如下。

方案名称	网络科技公司销售一线人员 薪酬设计方案	编制部门	
		执行部门	

一、薪酬方案设计目标

（1）符合公司整体经营战略的需要。

（2）保证公司的薪酬水平对外具有竞争性。

（3）保证公司的薪酬水平对内具有公平性。

二、一线销售人员的薪酬构成

一线销售人员的薪酬由底薪、提成、奖金、福利与保险等构成。各部门的具体构成及比例分配如下。

1.底薪

根据工作评价确定一线销售人员的工作年限、业绩水平等情况，并将其划归相应的岗位类型中，以保证其薪资体系在公司内部的公平性。同时，在薪资调查的基础上确保其薪资水平不低于社会同行业平均水平。一线销售人员底薪标准如表1所示。

表1　一线销售人员底薪标准

岗位名称	工作年限	签单任务量	底薪标准
资深销售员	8 年以上	___万元 / 月以上	___元
高级销售员	5 ~ 7 年	___万 ~ ___万元 / 月	___元
中级销售员	2 ~ 4 年	___万 ~ ___万元 / 月	___元
初级销售员	2 年以下	___万元 / 月	___元
说明：年签单任务量按上年度签单完成情况进行核定。			

2.提成

佣金是公司根据一线销售人员每月完成的利润额多少，从中提取一定比例作为提成，具体的提成比例如表2所示。

表2　一线销售人员提成比例

每月计划完成销售额	完成目标比例	提成比例
___万元	0 ~ 40%	___%
	41% ~ 70%	___%
	71% ~ 100%	___%
	超额完成任务	超额部分加发的___%

3. 奖金

（1）公司建立特殊贡献奖、销售成本节约奖、建议奖等奖项，每半年评选一次。对于在销售业绩、销售成本控制、有效建议提议等方面做出突出贡献的一线销售人员，分别给予____～____元的现金奖励。

（2）销售部根据一线销售人员的工作情况，在完成销售计划的前提下每年评选出一名"优秀销售员"，给予____元激励奖金。

4. 福利与保险

一线销售人员的福利与保险以国家、地区及公司的规定为准。

三、薪酬日常管理

1. 薪酬核发

每月____日支付一线销售人员上月薪酬，如遇节假日则提前支付。

2. 薪酬体系维护和调整

（1）一线销售人员在工作中若发现不正当销售行为，一经查实取消其领取奖金的资格，情节严重者予以辞退。

（2）公司将根据市场薪酬水平、公司整体经营状况、销售部整体业绩状况等，对一线销售人员的薪酬体系进行定期维护和调整。

编制人员		审核人员		批准人员	
编制日期		审核日期		批准日期	

5.9.6 销售管理人员薪酬方案设计

销售管理人员薪酬设计方案示例如下。

方案名称	销售管理人员薪酬设计方案	编制部门	
		执行部门	

为充分调动销售管理人员工作的积极性，提升销售部门的业绩水平，提高公司的经济效益，依据销售管理人员的工作特点和本公司实际情况，特制定本方案。

一、销售管理人员薪酬结构

公司销售管理人员的薪酬由基本工资、绩效工资、年底双薪、其他津贴补贴、社会保险、带薪假期等构成。

二、销售管理人员薪酬支付标准

1. 基本工资

基本工资是销售管理人员的基本收入。它根据公司经营状况、行业特点，以及职位责任的大小等因素确定，以更加充分地体现责任、利益、风险相一致的原则。公司销售管理人员基本工资按表 1 所示的标准执行。

表 1　销售管理人员基本工资标准

管理人员类型	基本工资标准
经理级销售管理人员	＿＿＿元 / 月
主管级销售管理人员	＿＿＿元 / 月

2. 绩效工资

绩效工资是公司根据销售管理人员的业绩表现而支付的工资，它依据对销售管理人员的考核结果来确定，具体的发放标准如表 2 所示。

表 2　销售管理人员绩效工资发放标准

考核得分	绩效工资发放比例
考核得分＞90 分	110%
75 分＜考核得分≤90 分	100%
60 分＜考核得分≤75 分	85%
考核得分≤60 分	50%
注：经理级销售管理人员绩效工资标准为＿＿＿元 / 月，主管级销售管理人员绩效工资标准为＿＿＿元 / 月	

3. 年底双薪

公司销售管理人员享受年底双薪。年底双薪的计算公式为：销售管理人员年底双薪＝销售管理人员标准年薪 ÷13。

4. 社会保险

公司按照规定为销售管理人员缴纳的各类社会保险包括养老保险、医疗保险、工伤保险、失业保险、生育保险等。

5. 其他津贴补贴

公司提供的班车服务等。

6. 带薪假期

（1）销售管理人员每年可享有规定的法定假期，法定假期的工资按正常出勤发放。

（2）销售管理人员可享有婚假、护理假、丧葬假、探亲假等带薪假，超出国家规定期限的按事假处理。

三、销售管理人员薪酬的支付

（1）销售管理人员基本工资和绩效工资于每月＿＿日支付，如遇节假日则提前支付。

（2）销售管理人员的年底双薪于年底最后一个月同基本工资和绩效工资一起支付。

编制人员		审核人员		批准人员	
编制日期		审核日期		批准日期	

5.9.7　销售专员提成方案设计

销售专员提成设计方案示例如下。

方案名称	销售专员提成设计方案	编制部门	
		执行部门	

一、目的

为了提高销售专员的工作积极性，提升公司产品市场份额，特制定本方案。

二、工资构成

销售专员的工资由底薪和提成两部分构成。

三、销售提成设计

1. 按销售业绩设计

为了迅速占领市场，提高市场占有率，公司应按照销售业绩设计销售专员的提成比例，具体提成比例如表 1 所示。

表 1　按销售业绩设计的提成比例表

等级	月度销售额（Q）	提成比例
1	Q＜10 万元	____%
2	10 万元≤Q＜20 万元	____%
3	20 万元≤Q＜30 万元	____%
4	Q≥30 万元	____%
备注	销售提成＝实际回款额 × 提成比例	

2. 按毛利润设计

为了迅速占领市场，提高公司产品的销量，公司应按销售产品的毛利润设计提成比例。假设销售专员月销售任务量为 150 万元，未完成销售任务的，只发放底薪；超额完成任务的，按表 2 所示的提成标准计提提成奖励。

表 2　提成标准表

月度销售额	提成比例	核算公式
150 万元≤ Q ＜ 200 万元	＿＿＿%	
200 万元≤ Q ＜ 300 万元	＿＿＿%	提成 = 超额部分的毛利润 × ＿＿＿%+ 业务支出
300 万元≤ Q ＜ 500 万元	＿＿＿%	
Q ≥ 500 万元	＿＿＿%	
备注	1. 业务支出包括销售人员工作期间的差旅费、通信费、资料费等。业务支出的具体额度经财务部核算，超出部分由业务员自行承担 2. 毛利润额 = 销售收入 – 销售成本	

四、销售提成发放

（1）提成与该销售专员服务客户的付款情况对应。

（2）每季度统计一次客户的付款数额，同时计算该销售专员提成的数额。

（3）每年年底核算并发放销售专员当年提成应发数额。

（4）对于销售专员合作完成的项目，销售经理应根据实际情况，征求有关人员意见后，确定分配方案。

（5）销售专员提成的个人所得税依法由公司代扣代缴。

编制人员		审核人员		批准人员	
编制日期		审核日期		批准日期	

5.9.8 销售人员薪酬制度设计

××公司销售人员薪酬管理制度示例如下。

制度名称	××公司销售人员薪酬管理制度	版本	
		页次	

第1章 总则

第1条 目的

为适应公司经营发展需要，有效调动销售人员工作的积极性、主动性，提升销售业绩，促进公司经营目标的有效达成，依据公司薪酬管理规定和销售人员的工作特点，特制定本制度。

第2条 适用范围

公司销售人员薪酬管理各项工作均参照本制度执行（销售总监除外）。

第2章 销售人员的薪酬构成

第3条 销售人员的薪酬由基本工资、销售提成、补贴、单项奖奖金、福利保险等构成。

第4条 销售人员的基本工资根据销售人员的业务水平、行业经验、学历及职位等因素综合确定。销售人员基本工资标准共分为10个等级，具体的划分依据和工资标准参见××公司销售人员基本工资划分标准表（见附表1）。

第5条 销售人员销售提成依据销售产品类别和销售业绩等因素确定，并区分为计划指标内、超出计划指标，具体计算公式为：销售提成 =（定额范围内销售额 × 定额范围内销售提成比例）+（超出定额范围的销售额 × 超出定额范围的销售提成比例）。销售人员提成比例参见××公司销售人员提成比例标准表（见附表2）。

第6条 销售人员享受以下补贴项目。

1. 交通费实行实报实销。

2. 出差期间住宿补贴____元/天。

3. 出差期间饭费补贴____元/天。

第7条 公司根据需要，分别设立销售状元奖、新客户开发奖、费用节约奖等，具体的奖项及奖励标准参见××公司销售人员单项奖金设置类别及发放标准表（见附表3）。

第8条 销售人员享受国家规定的福利保险项目。

第3章 销售人员的薪酬发放与调整

第9条 薪酬发放时间

销售人员的薪酬于每月____日发放，遇节假日提前发放。

第10条 销售人员发生协议外让利、呆死账等问题时，将按以下规定进行处罚。

1. 销售人员出现协议外让利，金额在____万元以下的，扣发此签单项目提成的____%；金额在____万元至____万元的，扣发此签单项目提成的____%；金额在____万元以上的，扣发当月全部基本工资和此签单项目全部销售提成。

2. 销售人员签单项目中发生呆死账情况的，不予计算此签单项目的销售提成。

3. 销售人员未在规定时间内提交已收回款项，处以____元/次的罚款；如遇特殊情况，需经销售部经理和财务部经理审批同意。

（续）

4. 销售人员出现____次迟报报表或____次报表不符合公司规定的，扣当月销售提成的____%；每出现1次报表失真，扣当月销售提成的____%。

第 11 条　薪酬调整

为了更加合理地确定销售人员的薪酬，全面考核销售人员的贡献，公司将根据行业发展及自身经营情况，对销售人员的基本工资和提成比例做出适当调整。

第 12 条　离职销售人员薪酬发放

销售人员离职，必须办理工作移交，并协助对剩余款项的回收，待所有工作均交接完毕之后方能办理薪酬结算手续。

第 4 章　附则

第 13 条　本制度由公司人力资源部负责解释。

第 14 条　本制度自公布之日起实施。

第 5 章　附表

附表 1　××公司销售人员基本工资划分标准表

职务类型	岗位级别	基本工资标准	划分依据
销售经理	经理一级岗	____元/月	在经理二级岗工作满 3 年，且年度考核均为优秀
	经理二级岗	____元/月	在经理三级岗工作满 1 年但不满 3 年，且年度考核均为良好以上
	经理三级岗	____元/月	担任销售主管职务满 1 年
销售主管	主管一级岗	____元/月	在主管二级岗工作满 3 年，且年度考核均为优秀
	主管二级岗	____元/月	在主管三级岗工作满 1 年但不满 3 年，且年度考核均为良好以上
	主管三级岗	____元/月	担任销售主管职务不满 1 年
销售专员	资深	____元/月	担任高级业务员满 3 年，上一考核年度签单业务量高于____万元
	高级	____元/月	担任中级业务员 2 年，上一考核年度签单业务量不低于____万元
	中级	____元/月	担任初级业务员满 1 年，上一考核年度签单业务量不低于____万元
	初级	____元/月	从事销售工作不满 1 年，上一考核年度签单业务量低于____万元

（续）

附表2 ××公司销售人员提成比例标准表

销售产品类型	销售定额	定额范围内的销售提成比例	超出定额的销售提成比例
A 类产品	资深销售员____万元	____%	____%
	高级销售员____万元	____%	____%
	中级销售员____万元	____%	____%
	初级销售员____万元	____%	____%
B 类产品	资深销售员____万元	____%	____%
	高级销售员____万元	____%	____%
	中级销售员____万元	____%	____%
	初级销售员____万元	____%	____%
C 类产品	资深销售员____万元	____%	____%
	高级销售员____万元	____%	____%
	中级销售员____万元	____%	____%
	初级销售员____万元	____%	____%
说明：销售额以最终回款额为标准计算			

附表3 ××公司销售人员单项奖金设置类别及发放标准表

奖金类别	计发标准
销售状元奖	依据考核年度签单业务量进行计算，年销售总额最高者即可获此奖励，奖励标准为____元
新客户开发奖	依据考核年度新开发客户总数量进行计算，其中签单量在____万元以上的大客户计为两个客户，新开发客户数量最多者即可获此奖励，奖励标准为____元
费用节约奖	以考核年度费用支出额除以年销售额为标准计算，数值最小者即可获此奖励，奖励标准为____元

编制部门		审核部门		批准部门	
编制日期		审核日期		批准日期	

第 **6** 章

技术研发人员量化考核与
薪酬体系设计

6.1 技术部量化分析与量化考核

6.1.1 技术部量化管理分析

根据技术部职责提取的量化考核项目如图6-1所示。

图6-1 技术部量化考核项目

6.1.2 技术部量化指标设计

根据技术部工作目标设计的量化考核指标如图6-2所示。

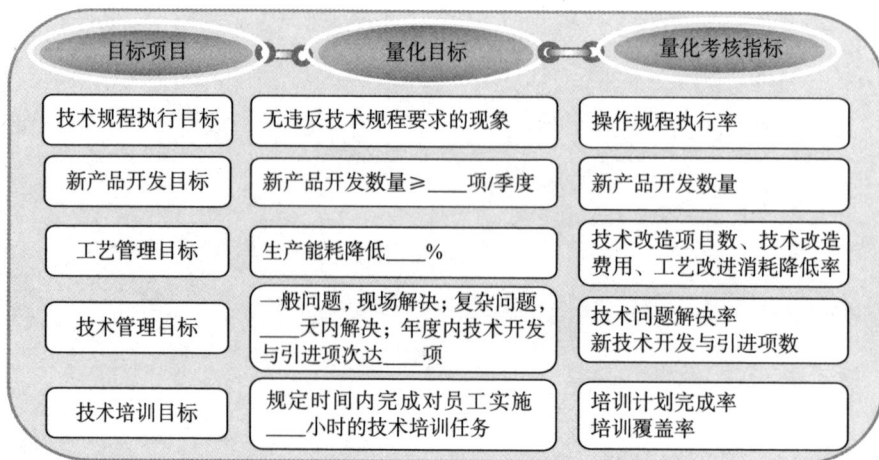

图6-2 技术部量化考核指标

6.1.3 技术部量化考核设计

1. 量化考核指标说明

图 6-3 对技术部量化考核指标体系中的三项指标进行了相关说明。

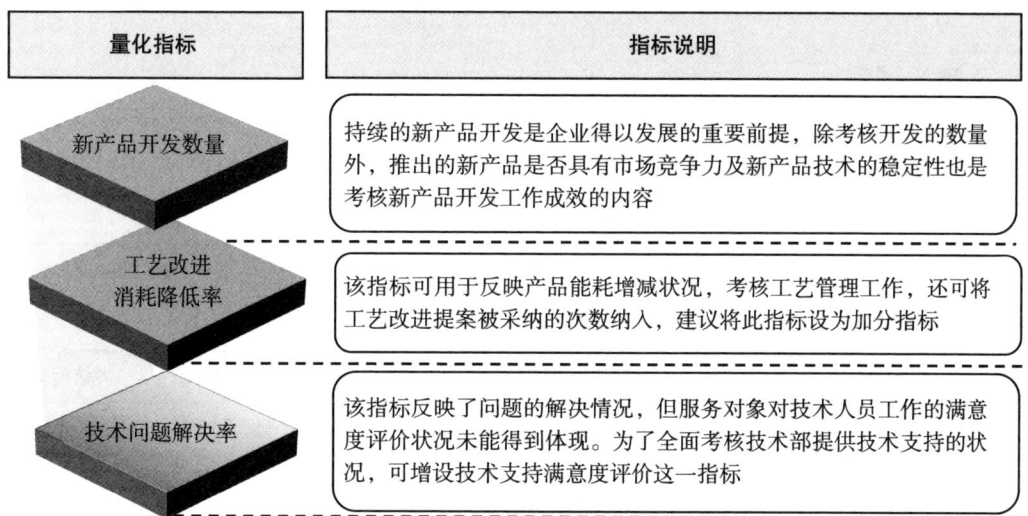

量化指标	指标说明
新产品开发数量	持续的新产品开发是企业得以发展的重要前提，除考核开发的数量外，推出的新产品是否具有市场竞争力及新产品技术的稳定性也是考核新产品开发工作成效的内容
工艺改进消耗降低率	该指标可用于反映产品能耗增减状况，考核工艺管理工作，还可将工艺改进提案被采纳的次数纳入，建议将此指标设为加分指标
技术问题解决率	该指标反映了问题的解决情况，但服务对象对技术人员工作的满意度评价状况未能得到体现。为了全面考核技术部提供技术支持的状况，可增设技术支持满意度评价这一指标

图 6-3 技术部量化考核指标说明

2. 考核实施说明

（1）考核内容。

企业对技术部门考核的内容有新产品研制、现有产品改进情况、工艺改进效果、部门内部管理绩效等方面。其中，对部门内部管理可从团队建设、制度执行、部门之间协调等方面进行细化考核。

企业对技术部员工的工作能力主要从人才培养、创新能力、发展潜能、执行能力、沟通协调能力等方面进行考核。

（2）绩效管理注意事项如下。

①对以项目制运作的技术开发工作，要设置合理的任务周期，并明确最终时间，以作为项目进度考核的重要依据。

②要对项目运行过程进行监督，即主要监督进度、质量及员工工作态度三方面的内容，如果发现问题，要及时解决。

③衡量企业整体开发能力的指标，不仅仅是技术部门可以达成的，也是技术、生产、市场、销售等部门共同合作的结果。

④企业需将新产品开发的整体指标分解到相关各个部门，如将新产品器件采购的及时性、新产品上市推广力度、新产品销售额、新产品产值率分别分摊至采购部、市场部、销售部、技术部，通过指标的牵引，使各个部门关注新产品开发的流程和结果。

3. 考核量表

技术部量化考核表如表6-1所示。

表6-1　技术部量化考核表

部门	技术部	部门负责人		技术部经理
考核期限	___年___月___日至___年___月___日			
量化考核指标	权重	指标计算 / 说明	目标值	考核得分
新产品开发数量	15%	—	___项	
新产品产值率	5%	反映新产品在企业产品产值中所占的比例	___%	
重大技术改进项目完成数	15%	当期完成并通过验收的重大技术改进项目总数	___项	
技术开发项次	10%	—	___项	
操作规程执行率	5%	该指标的高低反映了操作规程得到有效落实的状况	100%	
工艺改进消耗降低率	15%	通过工艺改进，反映原材料消耗、能源消耗等效果的考核指标	___%	
技术文件准确率	10%	该指标用于考核技术文件的设计工程师和审核者是否认真编制与审核技术文件，以及技术文件管理规范、流程的合理性	100%	
技术问题解决率	10%	—	95%	
培训计划完成率	5%	$\dfrac{实际完成的培训项目数}{计划培训的项目数} \times 100\%$	100%	
技术改造费用	10%	主要是与之前的预算相比较	预算内	
量化考核得分				

6.2 研发部量化分析与量化考核

6.2.1 研发部量化管理分析

根据研发部职责提取的量化考核项目如图 6-4 所示。

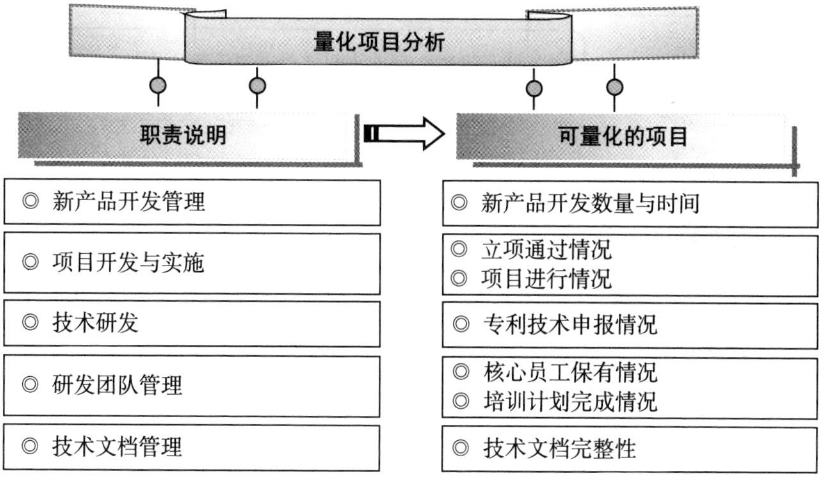

图 6-4 研发部量化考核项目

6.2.2 研发部量化指标设计

根据研发部工作目标设计的量化考核指标如图 6-5 所示。

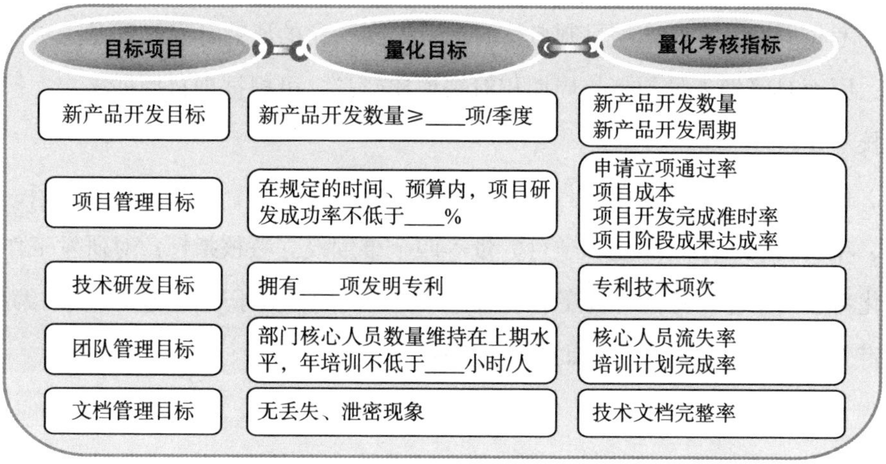

图 6-5 研发部量化考核指标

6.2.3 研发部量化考核设计

1. 量化考核指标分析

图 6-6 对研发部量化考核指标体系中的三项指标进行了相关说明。

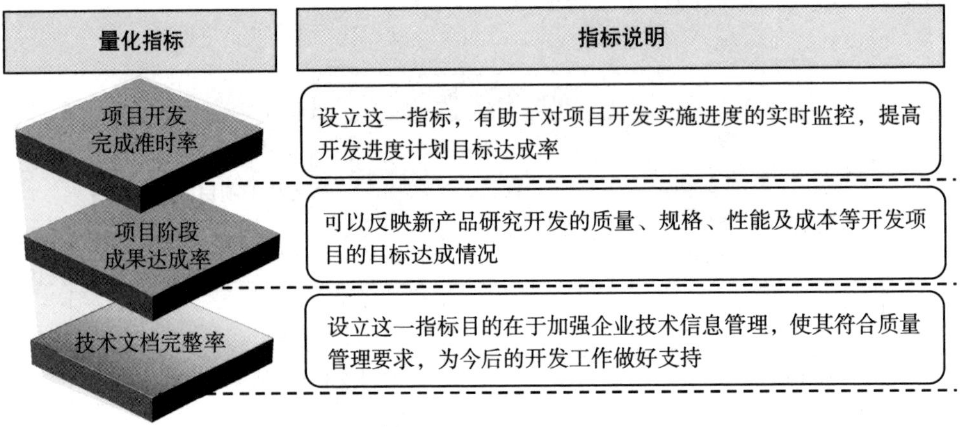

量化指标	指标说明
项目开发完成准时率	设立这一指标，有助于对项目开发实施进度的实时监控，提高开发进度计划目标达成率
项目阶段成果达成率	可以反映新产品研究开发的质量、规格、性能及成本等开发项目的目标达成情况
技术文档完整率	设立这一指标目的在于加强企业技术信息管理，使其符合质量管理要求，为今后的开发工作做好支持

图 6-6　研发部量化考核指标说明

2. 考核实施说明

（1）考核方法包括项目考核制和 KPI 考核等。

这些绩效考核方法有其适用的范围，因此企业在选用绩效管理工具或方法时，首先要清楚每种方法背后所蕴含的基本原理、优点、适用的范围，针对企业的发展阶段、管理水平、人员素质、企业文化等特点，选用适合自己的绩效考核工具和方法。

（2）考核周期。在实施项目制考核时，考虑到产品的研究开发过程是一项历时漫长的工作，因而对研发人员的考核周期相对来说比较长，可根据项目周期来定，但一般情况下最长不要超过一年。

（3）量化考核与非量化考核。结合研发人员的工作内容，对其量化的考核，可从项目成本、项目周期、项目质量和项目数量等四个维度设立考核指标；对研发工作中某些不能量化考核的工作，考核时就要采取细化尺度。例如，关于软件技术文档的编制水平，就可以定为以下五个级别，示例如图 6-7 所示。

1. 编写非常规范，非常及时，随时可查阅任意相关文档
2. 编写非常规范，较及时，随时可查阅近期文档，文档编写滞后3天以内
3. 编写较规范，较及时，一般可以查阅近期文档，文档编写滞后3~5天
4. 编写较规范，但不及时，常常难以查阅，文档编写滞后5天以上
5. 编写不规范，不及时，常常难以查阅，甚至没有编写相关文档

图 6-7　"软件技术文档编制"考核细化评价说明

（4）加强绩效指导和监控。为了保证研发指标的顺利达成，需要时刻关注研发人员的工作进度和状态。这里的管理方法有很多，如定期的例会、中期回顾、不定期指导等。

3. 考核量表

研发部量化考核表如表 6-2 所示。

表 6-2　研发部量化考核表

部门		研发部	部门负责人		
考核期限		____年____月____日至____年____月____日			
量化考核指标	权重	指标计算／说明		目标值	考核得分
新产品开发数量	15%	—		____项	
新产品开发周期	15%	从产品构思到产品上市所需的时间		平均____天	
申请立项通过率	10%	$\dfrac{产品立项通过数}{立项总数} \times 100\%$		____%	
项目开发完成准时率	15%	$\dfrac{项目开发周期}{项目开发计划周期} \times 100\%$		100%	
项目阶段成果达成率	20%	$\dfrac{各项目实施阶段成果达成数}{计划达成数} \times 100\%$		100%	
研发项目成本	10%	在研发过程中所需要投入的各种资源和费用		预算内	
专利拥有数	15%	—		____项	
量化考核得分					

6.2.4　研发项目管理考核办法

××公司研发项目管理考核办法示例如下。

制度名称	××公司研发项目管理考核办法	编制部门	
		执行部门	

第1章　总则

第1条　目的

为加强公司研发项目管理，明确员工工作导向，引导、激励员工发挥自身潜能和工作热情，使员工在项目目标的牵引下不断提高工作业绩，特制定本办法。

第2条　适用范围

本办法适用于公司的研发项目考核，包括参与项目的所有人员的考核。

第3条　考核实施部门

公司项目管理部是项目考核的归口管理部门，公司质量管理部、财务部、人力资源部为项目考核的协作部门。

第2章　研发项目考核

第4条　项目管理部对研发项目整体工作绩效进行评估。

第5条　公司对研发项目主要从如表1所示的项目进度、项目质量、项目成本、客户满意度四方面进行考核。

表1　研发项目整体绩效评估

考核项	评分说明
项目进度	按照计划的开发周期执行，每延迟____天，减____分
项目质量	每有1项（处）不符合规定的情况，减____分
项目成本	1.每超出预算的____%，减____分 2.在资金使用上，按照公司的财务管理规定执行，每有1次不符合的情况，减____分
客户满意度	每降低____%，减____分

第3章　项目组成员考核

第6条　对项目组成员的考核，采取由直接上级进行考评的方式。

第7条　对项目组成员的考核内容及计分办法如表2所示。

表2　研发项目组成员考核内容及计分办法

考核项	评分说明
项目进度	以设计开发计划书制定的时间为依据，每延期1次，减____分
设计质量	1.符合设计要求，得____分 2.基本符合设计要求，但局部需要调整，得____分 3.不符合设计要求，该项不得分

（续）

（续表）

考核项	评分说明
研发产品质量	根据试产出现问题的多少来评估，问题少，得＿＿＿分；问题较少，得＿＿＿分；问题一般，得＿＿＿分；问题多，则该项不得分
项目资料输出的完整性	1. 符合要求，得＿＿＿分 2. 基本符合要求，得＿＿＿分 3. 不符合要求，该项不得分

第4章　考核结果运用

第8条　项目考核结果主要用于计算项目总奖金，同时也用于项目人员的晋升、培训等方面。

第9条　项目奖金数额的确定。

1. 项目奖金

公司针对每一个研发成功的项目设立专项奖金，奖金数额按项目的技术复杂程度（技术含量）及项目完成后在一年内的预计净收益的一定比例提取，具体计算办法如下。

项目奖金＝一年内预计净收益 × 计提比例

一年内预计净收益＝一年内该项目产品的预计销售额－开发费用预算－产品成本预算

2. 个人奖金

研发设计人员所得的奖金按其在项目中的贡献度予以兑现，具体计算办法如下。

个人奖金＝项目奖金 × 个人贡献度

个人贡献度＝个人所得分值 ÷ 项目组总分值

编制日期		审核日期		批准日期	
修改标记		修改处数		修改日期	

6.3　设计部量化分析与量化考核

6.3.1　设计部量化管理分析

根据设计部职责提取的量化考核项目如图6-8所示。

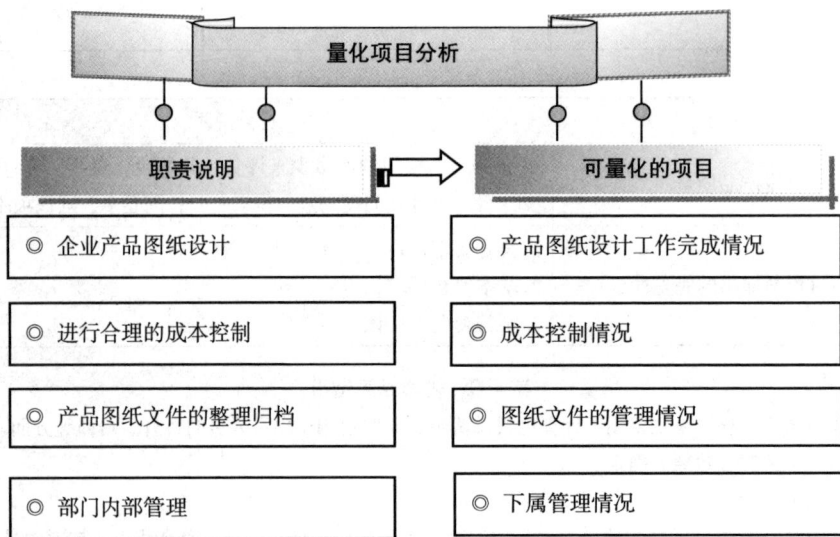

图 6-8　设计部量化考核项目

6.3.2　设计部量化指标设计

根据设计部工作目标设计的量化考核指标如图 6-9 所示。

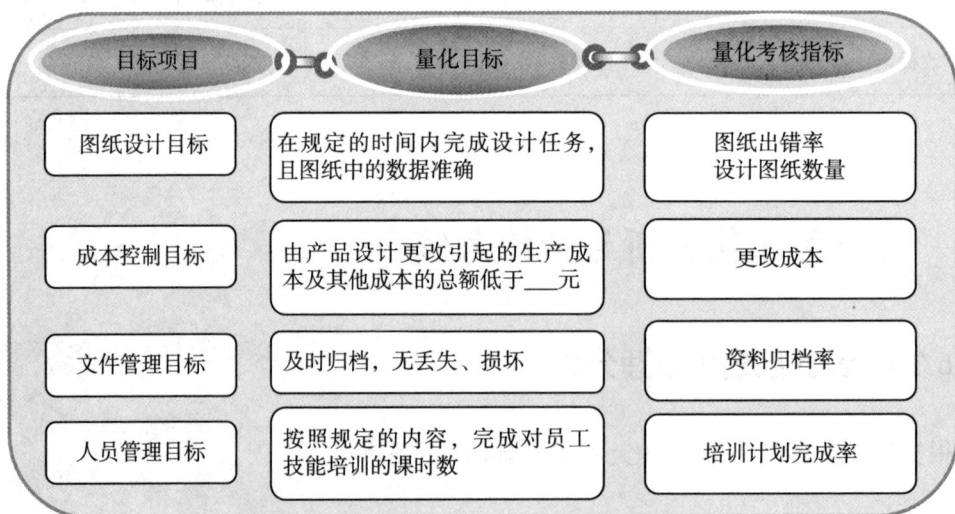

图 6-9　设计部量化考核指标

6.3.3 设计部量化考核设计

1. 量化考核指标说明

图 6-10 对设计部绩效量化指标体系中的三项指标进行了相关说明。

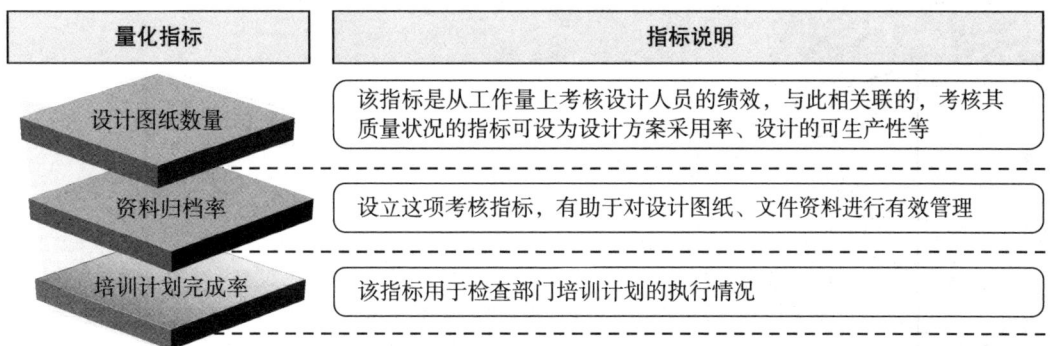

量化指标	指标说明
设计图纸数量	该指标是从工作量上考核设计人员的绩效,与此相关联的,考核其质量状况的指标可设为设计方案采用率、设计的可生产性等
资料归档率	设立这项考核指标,有助于对设计图纸、文件资料进行有效管理
培训计划完成率	该指标用于检查部门培训计划的执行情况

图 6-10 设计部量化考核指标说明

2. 考核量表

设计部量化考核表如表 6-3 所示。

表 6-3 设计部量化考核表

部门	设计部		部门负责人	设计部经理	
考核期限	___年___月___日至___年___月___日				
量化考核指标	权重	指标计算 / 说明		目标值	考核得分
图纸设计量	20%	考核期内完成的设计方案总量		___份	
设计周期	15%	—		平均___天	
图纸出错率	20%	$\dfrac{当期图纸出错数}{当期绘图总数} \times 100\%$		低于___%	
更改成本额	15%	由产品的设计图纸变更引发的生产成本及其相关成本		低于___元	
项目归档率	10%	$\dfrac{实际归档项目数}{应归档项目总数} \times 100\%$		100%	
部门费用	10%	主要考核部门实际费用与计划预算费用的偏差情况		预算内	
培训计划完成率	10%	$\dfrac{实际完成的培训项目数}{计划培训的项目数} \times 100\%$		100%	
量化考核得分					

6.4 技术部各岗位目标量化与考核

6.4.1 技术部经理目标量化与考核

技术部经理岗位基本信息与工作目标如图6-11所示。

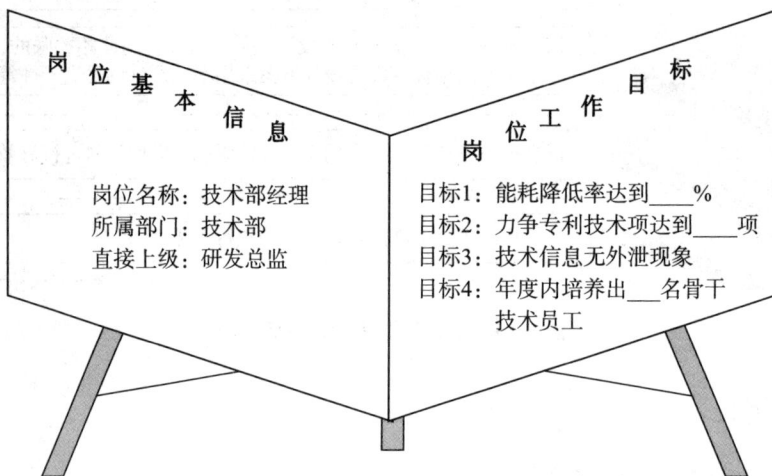

图6-11 技术部经理岗位基本信息与工作目标

技术部经理量化考核表如表6-4所示。

表6-4 技术部经理量化考核表

目标执行人			岗位	技术部经理	直接上级	研发总监
考核期限			___年___月___日至___年___月___日			
工作目标	量化考核指标	权重	绩效目标值	考核频率		考核得分
工艺管理目标	工艺合格率	15%	达到___%	季度/年度		
	工艺改进消耗降低率	15%	达到___%	月度/季度/年度		
技术改造目标	技术改造项目	15%	达到___项	月度/季度/年度		
	技术改造费用	15%	控制在预算之内	季度/年度		
创新目标	新产品开发数量	15%	达到___项	季度/年度		
	专利技术项次	15%	达到___项	年度		
人员培养目标	骨干员工培养数量	10%	达到___人	年度		
量化考核得分						
考核实施说明						

技术部经理目标责任考核方案示例如下。

技术部经理目标责任考核方案

一、目的

为了进一步规范岗位责任目标考核管理，充分发挥公司中层领导的主观能动作用，调动其工作积极性，特制定本方案。

二、责任期限

____年____月____日至____年____月____日。

三、结果运用

根据工作责任目标完成情况，对技术部经理实行百分制目标考核，考核结果作为年终工作责任奖金计算的主要依据。

四、考核内容及评分办法

1. 岗位职责考核内容及评分

（1）组织人员做好本行业技术发展信息的收集和研究工作。

①优秀：信息收集、整理详实，分析报告质量高（加____分）。

②好：信息掌握丰富，报告内容详实（加____分）。

③差：信息不准确，报告内容不清晰（减____分）。

（2）每月定期向研发总监以书面形式递交工作计划和建议书，工作计划每少提交1次，减____分。

（3）保持与各部门之间的顺畅沟通，提供技术支持。因提供技术支持不力而被其他部门投诉每发生1次，减____分

（4）部门内部管理。

①优秀：部门工作效率明显提高，科技成果不断（加____分）。

②好：部门工作效率高，团队绩效稳定（加____分）。

③差：部门工作效率低，员工积极性差（减____分）。

2. 目标任务考核内容及评分

（1）新产品研发项目数量、进程。

①新产品研发项目数量达到____项，每少1项，减____分。

（续）

②____月通过研发验收，____月试生产，每延迟1次，减____分。

（2）新产品技术稳定性。产品投放市场后，产品设计更改的次数每出现1次，减____分。

（3）改造项目数量、进程。完成既定的技术改造项目，每少1项，减____分。

（4）技术改造成本控制。技术改造成本控制在____元内，每超支____%，减____分。

（5）技术资料准确性。技术文档资料中每有1处错误，减____分。

（6）文件安全性。文件无泄密事件发生，每有1次，减____分。

五、附则

本方案未尽事宜，情况发生时在征求研发总监意见后，由公司另行研究确定解决办法。

编制日期：　　　　　审核日期：　　　　　实施日期：

6.4.2 技术主管目标量化与考核

技术主管岗位基本信息与工作目标如图6-12所示。

岗位基本信息	岗位工作目标
岗位名称：技术主管 所属部门：技术部 直接上级：技术部经理	目标1：组织人员完成企业的产品开发工作
	目标2：完成计划内的技术改造项目
	目标3：及时为生产部门提供技术支持，技术问题解决率达到____%

图6-12 技术主管岗位基本信息与工作目标

技术主管量化考核表如表6-5所示。

表 6-5　技术主管量化考核表

目标执行人		岗位	技术主管	考核时间			
考核期限		___年___月___日至___年___月___日					
业务目标	实际完成	权重	评价标准	考核得分			
				初核	复核	得分	
新产品开发数量达到___项	___项	20%	每少1项，减___分				
完成技改项目___项	___项	30%	每少1项，减___分				
工艺参数符合率达到___%	___%	20%	每低于目标值___%，减___分				
技术方案采用率达到___%	___%	20%	每低于目标值___%，减___分；每高于___%，加___分				
技术问题解决及时率达到100%	___%	10%	常规性的问题，生产现场予以解决；复杂性的问题，___天内予以解决；每延迟1次，减___分				
量化考核得分							
考核结果划分	优秀 90分及以上	良好 80（含）～90分	一般 70（含）～80分	合格 60（含）～70分	待改进 60分以下		
备注							

6.4.3　技术员目标量化与考核

技术员岗位基本信息与工作目标如图 6-13 所示。

岗位目标分解	
岗位基本信息	岗位工作目标
岗位名称：技术员 所属部门：技术部 直接上级：技术主管	目标1：完成规定的新产品开发工作
	目标2：及时、准确地向生产、研发等部门提供技术及资料支持
	目标3：技术资料管理完好无缺

图 6-13　技术员岗位基本信息与工作目标

技术员量化考核表如表 6-6 所示。

表 6-6　技术员量化考核表

姓名			出勤	迟到		事假		病假	旷工
岗位		技术员	奖惩事项	加分事项				减分事项	
序号	量化考核指标		权重	评分标准			数据来源		得分
1	新产品开发计划完成率		30%	时间进度上，每延期1天，减____分；技术成果指标上，每有1项指标未达成，减____分			技术部、生产部		
2	技术方案提交及时率		10%	每有1次未在规定时间内提交，减____分			技术部、生产部		
3	技术方案差错率		15%	每出现1处差错，减____分			技术部、生产部		
4	（技术）问题解决率		30%	每低于目标值____%，减____分			技术部、生产部		
5	技术服务满意率		10%	每低于目标值____%，减____分			技术部、生产部		
6	技术资料提供及时率		5%	每有1次未在规定时间内提交，减____分			技术部、生产部		
量化考核得分									
被考核人（签字）： 日　　　期：				考核人签字： 日　　　期：					

6.5　研发部各岗位目标量化与考核

6.5.1　研发部经理目标量化与考核

研发部经理岗位基本信息与工作目标如图 6-14 所示。

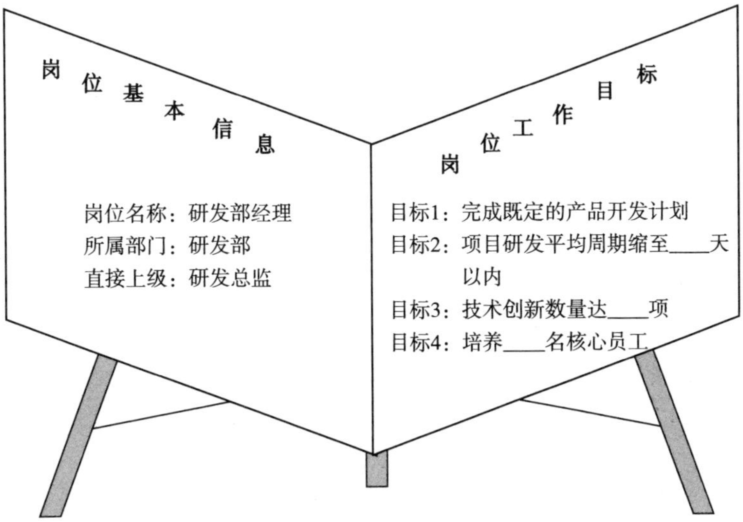

图 6-14　研发部经理岗位基本信息与工作目标

表 6-7　研发部经理量化考核表

目标执行人		岗位	研发部经理	直接上级	
考核期限					
目标项目	量化考核指标	权重	绩效目标值	考核频率	考核得分
新产品开发	新产品开发项目数	15%	达＿＿项	年度	
	中试通过率	15%	达＿＿%	项目周期	
	新产品销售收入占全年销售收入的比例	5%	不低于＿＿%	年度	
研发项目管理	项目开发周期	15%	平均周期在＿＿天内	年度	
	项目阶段成果达成率	15%	达到100%	项目周期	
	项目研发成本	10%	控制在预算内	项目周期 / 年度	
	专利项次	10%	＿＿项	年度	
研发团队管理	骨干员工培养数量	10%	＿＿人	年度	
	核心员工流失率	5%	低于＿＿%	年度	
量化考核得分					
考核实施说明					

考核期限：＿＿年＿＿月＿＿日至＿＿年＿＿月＿＿日

研发部经理目标责任考核方案示例如下。

研发部经理目标责任考核方案

一、目的

为明确各岗位工作目标和工作责任，公司特制定本方案，以确保研发目标按期完成。

二、责任期限

_____年_____月_____日至_____年_____月_____日。

三、考核办法

1. 业务目标考核

公司拟从下表所示的六个方面对研发部经理业务完成情况进行考核。

××公司研发部经理业务目标考核

指标名称	评分说明
新产品研发计划完成率	时间进度：按项目书中描述的阶段性成果是否按期实现为准，每提前1天，加_____分；因本人的过失，每延迟1天，减_____分
	技术指标：按项目书中规定的技术指标是否达到为准，每有1项未达到，减_____分
产品投入市场的稳定性	更改次数不超过_____次，得_____分；否则该项不得分
产品改良计划完成率	时间进度：按项目书中描述的阶段性成果是否按期实现为准，每提前1天，加_____分；因本人的过失，每延迟1天，减_____分
	技术指标：按项目书中规定的技术指标是否达到为准，每有1项未达到，减_____分
研发成本	研发成本控制在预算内，每超出预算_____%，减_____分
技术创新项目	每有1项，加_____分
合理化建议数量	对测试方法、设备、改良产品管理手段等提出合理化建议而被采用的，加_____分/次

（续）

2.管理绩效

（1）其他部门（市场、生产等）及客户对研发系统的有效投诉数，每出现1例，减____分。

（2）考核期内培养____名骨干员工，每少1人次，减____分。

（3）员工每有1次重大违反公司规章制度的行为，减____分。

（4）员工培训计划完成率达100%，每有1次未按计划完成的，减____分。

（5）研发成本不超出预算，每超出____%，减____分。

四、考核实施管理

1.签订岗位责任书。通过岗位责任书的签订进一步明确研发部经理的责任。

2.临时性工作的考核。根据阶段工作需要，公司临时安排的检查、抽查或临时布置的工作，其考核结果列入当期考核成绩并兑现奖惩。

五、绩效奖惩

（1）研发部经理绩效薪酬属于浮动部分，根据考核结果计发。

（2）对工作中表现突出、在技术领域取得重大突破的人员，公司另给予特别奖励。

六、附则

（1）岗位责任人在工作过程中，可以根据公司的目标、部门的工作目标及工作计划的变化、工作的实际需要，对工作计划进行变更，计划变更经直接上级批准后生效。

（2）本方案未尽事宜，情况发生时在征求研发总监意见后，由公司另行研究确定解决办法。

编制日期：　　　　　审核日期：　　　　　实施日期：

6.5.2　产品开发主管目标量化与考核

产品开发主管岗位基本信息与工作目标如图6-15所示。

岗位基本信息	岗位工作目标
岗位名称：产品开发主管 所属部门：研发部 直接上级：研发部经理	目标1：年度内开发____项新产品，实现企业产品的开发目标
	目标2：开发过程符合企业研发项目流程管理规范
	目标3：技术支持提供及时，满意度评价高

图 6-15　产品开发主管岗位基本信息与工作目标

产品开发主管量化考核表如表 6-8 所示。

表 6-8　产品开发主管量化考核表

目标执行人		岗位	产品开发主管	考核时间		
考核期限		____年____月____日至____年____月____日				
业务目标	实际完成	权重	评价标准	考核得分		
				初核	复核	得分
新产品开发数量达____项	____项	30%	每少1项，减____分			
开发成本在____元以内	____元	10%	每超出____元，减____分			
项目进度达成率为100%	____%	10%	每延误1天，减____分/次			
项目阶段成果达成率达100%	____%	30%	每有1项指标未达成，减____分			
设计的成果不能投入生产的次数为0	____次	20%	每出现1次，减____分			
量化考核得分						
考核结果划分	优秀 90分及以上	良好 80（含）~90分	一般 70（含）~80分	合格 60（含）~70分		待改进 60分以下
备注						

6.5.3　研发专员目标量化与考核

研发专员岗位基本信息与工作目标如图 6-16 所示。

```
                          岗位目标分解
```

岗位基本信息	岗位工作目标
岗位名称：研发专员 所属部门：研发部 直接上级：产品开发主管	目标1：信息收集及时、准确
	目标2：研发任务按计划100%完成
	目标3：研发资料完整、信息准确
	目标4：技术支持满意度评价不低于____分

图 6-16　研发专员岗位基本信息与工作目标

研发专员量化考核表如表 6-9 所示。

表 6-9　研发专员量化考核表

姓名		出勤	迟到	事假	病假	旷工
岗位	研发专员	奖惩事项	加分事项		减分事项	
序号	量化考核指标	权重	评分标准		数据来源	得分
1	申请立项通过率	10%	每低于目标值____%，减____分		研发部、生产部	
2	新产品开发数量	20%	每少 1 项，减____分		研发部、生产部	
3	新产品试制一次成功率	25%	每低于目标值____%，减____分		研发部、生产部	
4	新产品销售率	15%	每低于目标值____%，减____分		生产部、销售部	
5	研发项目阶段成果达成率	25%	每有 1 项指标未达成，减____分		研发部、技术部	
6	技术资料归档率	5%	每缺失 1 项，减____分		研发部	
量化考核得分						
被考核人（签字）： 考核日期：			考核人签字： 日　　　期：			

6.6 设计部各岗位目标量化与考核

6.6.1 设计部经理目标量化与考核

设计部经理岗位基本信息与工作目标如图 6-17 所示。

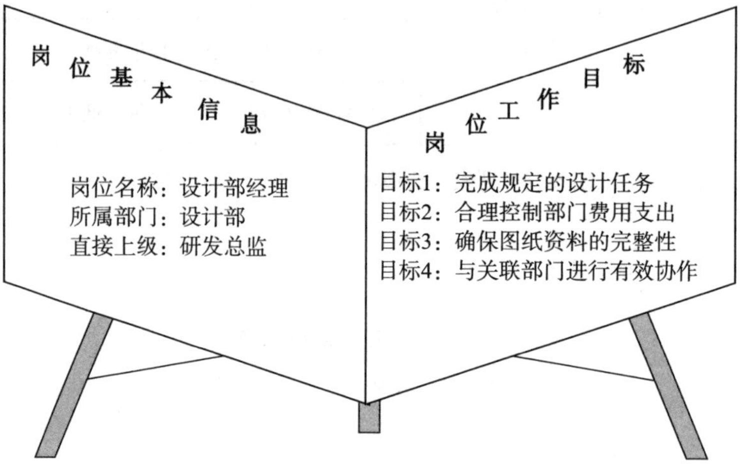

图 6-17 设计部经理岗位基本信息与工作目标

设计部经理量化考核表如表 6-10 所示。

表 6-10 设计部经理量化考核表

目标执行人		岗位	设计部经理	直接上级	研发总监
考核期限	___年___月___日至___年___月___日				
目标项目	**量化考核指标**	**权重**	**绩效目标值**	**考核频率**	**考核得分**
图纸设计	图纸设计数量	15%	___份	月度 / 季度 / 年度	
	设计周期	15%	平均为___天	年度	
	图纸出错率	20%	低于___%	月度 / 季度 / 年度	
成本费用控制	更改成本	20%	低于___元	月度 / 季度 / 年度	
	部门费用	10%	不超出预算	季度 / 年度	
部门员工管理	培训计划完成率	10%	100%	季度 / 年度	
	部门员工任职资格达标率	10%	100%	季度 / 年度	
量化考核得分					
考核实施说明					

设计部经理目标责任考核方案示例如下。

设计部经理目标责任考核方案

一、考核总体说明

1. 考核以百分制进行评分。

2. 设立考核考评小组，由研发总监牵头，负责考核目标落实。

二、公司目标管理原则

1. 责权利相统一的原则。

2. 公开、公平、公正原则。

3. 明确、具体、量化原则。

三、岗位的目标管理考核内容

1. 业务目标完成情况

2. 管理职责履行情况。

四、业务目标考核

结合公司设计部经理的工作，对其业务目标完成情况，主要设计了表1所示的五个指标。

表1　××公司设计部经理业务目标考核

KPI指标	工作标准	考核细则
项目设计完成率	达到____%	每低于目标值____%，减____分
图纸出错率	低于____%	每有1处错误，减____分；因图纸错误造成重大损失的，另按公司相关规定处理
更改成本	低于____元	每高于____%，减____分；超出____%，该项不得分
设计费用	预算内	每超出预算____%，减____分
资料完整率	资料完整、分类保存	每缺失1项资料，减____分

五、管理目标考核

××公司设计部经理管理目标考核如表2所示。

（续）

表2 ××公司设计部经理管理目标考核

考核内容	工作标准	考核细则
部门费用控制	不超过____元	任何一项单项超支，减____分
部门各项制度执行	无违章不究、无重大违章违纪	发现违章不究1次，减____分；出现重大违纪现象，该项不得分
部门培训计划实施	平均每月____次	每缺少1次，减____分

六、考核结果应用

1. 考核得分达____~____分为合格，考核得分低于合格分数，扣减责任人绩效工资的____%。

2. 考核得分达____~____分为良好，达到此标准者，以绩效工资的____%作为奖励；考核得分达____分以上为优秀，以绩效工资的____%作为奖励。

七、附则

1. 公司人力资源部为目标管理及考核的归口管理部门，负责公司目标管理制度的制定、修改、解释、实施和培训。

2. 员工在工作过程中，可以根据公司的目标、部门的工作目标和工作计划的变化及工作的实际需要，对工作计划进行变更，计划变更经直接上级批准后生效。

3. 本方案未尽事宜，由公司另行研究确定解决办法。

编制日期：　　　　　　审核日期：　　　　　　实施日期：

6.6.2　产品设计主管目标量化与考核

产品设计主管岗位基本信息与工作目标如图6-18所示。

岗位基本信息	岗位工作目标
岗位名称：产品设计主管 所属部门：设计部 直接上级：设计部经理	目标1：产品信息收集及时、准确
	目标2：完成产品设计的图纸绘制工作
	目标3：所属设计项目的进度把控，无延迟的情况出现

图 6-18　产品设计主管岗位基本信息与工作目标

产品设计主管量化考核表如表 6-11 所示。

表 6-11　产品设计主管量化考核表

目标执行人		岗位	产品设计主管		考核时间		
考核期限		___年___月___日至___年___月___日					
目标项目	**实际完成**	**权重**	**评价标准**		**考核得分**		
					初核	复核	得分
信息收集的准确率达____%	____%	10%	每低于目标值____%，减____分；低于____%，该项不得分				
设计任务完成率达 100%	____%	40%	每有 1 项计划中的图纸设计任务未完成，减____分				
设计周期平均控制在____天内	____天	20%	每延迟 1 天，减____分				
图纸出错率低于____%	____%	30%	每高于____%，减____分				
量化考核得分							
考核结果划分	优秀 90 分及以上	良好 80（含）~ 90 分	一般 70（含）~ 80 分		合格 60（含）~ 70 分	待改进 60 分以下	
备注							

6.6.3　制图员目标量化与考核

制图员岗位基本信息与工作目标如图 6-19 所示。

岗位目标分解

岗位基本信息	岗位工作目标
岗位名称：制图员 所属部门：设计部 直接上级：产品设计主管	目标1：按时完成绘图工作
	目标2：技术支持满意度评价不低于____分
	目标3：整理归类的产品图纸完整、准确

图 6-19　制图员岗位基本信息与工作目标

制图员量化考核表如表 6-12 所示。

表 6-12　制图员量化考核表

姓名		出勤	迟到	事假	病假	旷工
岗位	制图员	奖惩 事项	加分事项		减分事项	

序号	量化考核指标	权重	评分标准	数据来源	得分
1	图纸绘制数量	30%	每有 1 项未完成，减____分	设计部、生产部	
2	设计方案采纳率	20%	每超出目标值____%，加____分	设计部、生产部	
3	图纸出错率	30%	绘制的图纸中，每有 1 处错误，减____分	设计部、生产部	
4	图纸资料归档率	20%	每有 1 处缺失，减____分	设计部 人力资源部	
量化考核得分					

被考核人签字：	考核人签字：
考核日期：	日　　期：

6.7　技术研发人员薪酬体系设计

6.7.1　技术研发人员薪酬设计要考虑的因素

产品创新和技术创新是企业赖以生存的重要根基，而作为技术创新和产品创新载体的技术研发人员也就成为企业的一项至关重要的资源。

　　薪酬激励作为企业的重要激励手段之一，可以调动科技人员的工作积极性，发挥他们的创造力，保持他们良好稳定的工作状态。企业必须根据技术研发人员自身的特点设计合理的薪酬管理制度，以达到吸引人才、留住人才、激励人才和保持企业核心竞争力的目的。

1. 技术研发人员的工作特征

专业技术人员的工作具有一些区别于一般工作人员的特点，具体内容如图6-20所示。

智力含量高	他们从事创造性的脑力劳动，并在专业知识领域中容易得到大家的认可
业绩不易衡量	技术工作主要靠脑力劳动完成，工作难度大，但业绩往往要经过很长时间才能显现出来，不易衡量
流动意愿强	由于企业技术的不断创新和人才争夺的激烈，使得专用性和稀缺性很强的人力资源呈现出非常大的流动性

图 6-20　技术研发人员的工作特征

2. 技术研发人员薪酬设计需注意的问题

企业在进行技术研发人员薪酬设计时还应当注意如图 6-21 所示的三个方面的问题。

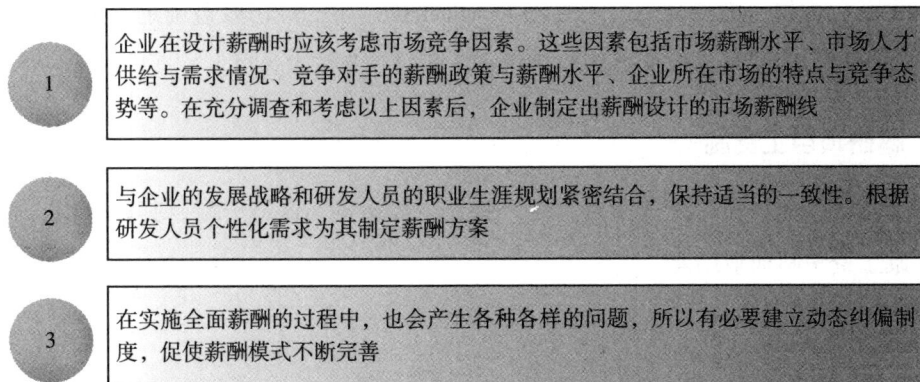

1	企业在设计薪酬时应该考虑市场竞争因素。这些因素包括市场薪酬水平、市场人才供给与需求情况、竞争对手的薪酬政策与薪酬水平、企业所在市场的特点与竞争态势等。在充分调查和考虑以上因素后，企业制定出薪酬设计的市场薪酬线
2	与企业的发展战略和研发人员的职业生涯规划紧密结合，保持适当的一致性。根据研发人员个性化需求为其制定薪酬方案
3	在实施全面薪酬的过程中，也会产生各种各样的问题，所以有必要建立动态纠偏制度，促使薪酬模式不断完善

图 6-21　技术研发人员薪酬设计需注意的问题

6.7.2 技术研发人员薪酬模式

结合技术研发人员的工作特点，企业在设计技术研发人员的薪酬模式时，需确保该模式达到如图 6-22 所示的两方面的效果。

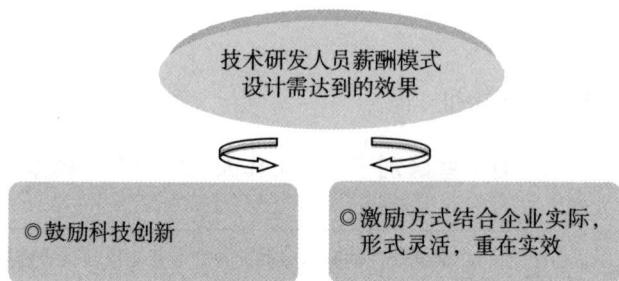

图 6-22 技术研发人员薪酬模式设计需达到的效果

1. 单一的高工资模式

单一的高工资模式一般适用于从事基础性研究工作的岗位。在薪酬构成中，可加入项目考核工资这一项目，项目考核工资根据项目级别和完成情况予以兑现，以更好地激发技术研发人员的工作积极性。

2. 工资加科技成果转化提成制

工资加科技成果转化提成制常运用于对专业技术人员个人的技术创新、专利技术等科研成果转化为生产力项目的薪酬管理上，即根据产生的经济效益确定一定的提成比例兑现奖励工资，适用对象如承担新产品开发任务的专业技术人员。

3. 科研项目工资制

为了加大科研人员分配的激励力度，将技术要素参与薪酬分配，其薪酬组合方式之一是基础工资＋科研业绩奖。

4. 技术年薪制

技术年薪制是根据科技人员对企业发展的作用及贡献来确定报酬，以充分肯定人才价值的一种工资制度。技术年薪制适用于在生产、技术、科研、设计、管理等方面具有较高学识水平和丰富经验，能引领本专业技术发展方向，且业绩显著的相关人员。

5. 股权激励

技术研发人员是高新技术企业产品创新和开发的主体,对企业赢得竞争优势发挥着重要的作用。对这类人员的薪酬实施股权激励,在此基础上,将技术研发人员与企业构建成为一个利益共同体。这有助于稳定核心人员,加大对研发人员追求项目成功的吸引力,使其能分享研发成果的经济回报,以此促进双方的共同发展。

综上所述,专业技术人员的薪酬激励应根据专业技术人员的工作特点,结合薪酬理论基础和具有的职能,围绕发挥专业技术人员的能力、提高工作绩效等内容考虑建立薪酬激励分配模式,从而达到实现薪酬分配的激励作用及稳定和吸引专业技术人员的目的。

6.7.3 技术研发人员激励措施

研发人员相对一般企业员工而言,大多是具有高学历、高素质、有专业知识和特长的知识型员工,自我价值实现愿望强烈,渴望得到组织、领导和团队的承认、肯定、尊重与信任,有着较高的心理预期,向往接受和完成具有创新性与挑战性的工作。他们的能力发挥如何,在很大程度上取决于薪酬激励机制设计的科学性、合理性。

1. 激励机制设计原则

对技术研发人员进行激励机制设计时,除了注意激励的一般原则外,还需把握好如图 6-23 所示的三个原则。

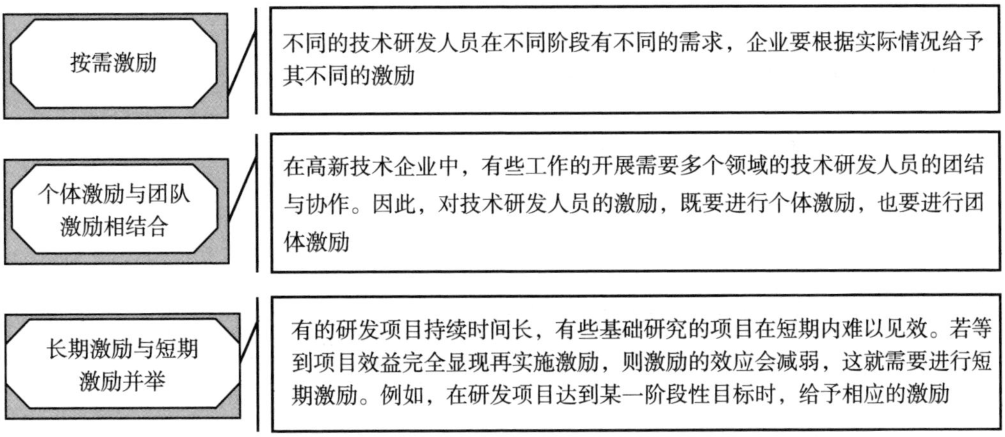

按需激励	不同的技术研发人员在不同阶段有不同的需求,企业要根据实际情况给予其不同的激励
个体激励与团队激励相结合	在高新技术企业中,有些工作的开展需要多个领域的技术研发人员的团结与协作。因此,对技术研发人员的激励,既要进行个体激励,也要进行团体激励
长期激励与短期激励并举	有的研发项目持续时间长,有些基础研究的项目在短期内难以见效。若等到项目效益完全显现再实施激励,则激励的效应会减弱,这就需要进行短期激励。例如,在研发项目达到某一阶段性目标时,给予相应的激励

图 6-23 技术研发人员激励机制设计原则

2. 激励措施

基于以上对研发人员工作特征的分析，图6-24提出四种相应的激励措施。企业可根据自身的技术特点、外部劳动力市场的状况，来选择合适的激励组合。

协商工资制	协商工资制是根据人才或劳动力市场供求状况，为吸引、留住、激励各类在科研、技术、经营、管理等方面稀缺或急需的特殊技术技能优秀人才，由企业与优秀人才双方在平等自愿基础上协商约定劳动报酬的一种分配形式
实行专业技术带头人津贴制度	专业技术带头人津贴是对从事技术和管理专业方面具有一定的理论素养、对本专业工作有较深的研究和见解、专业技术水平领先、具有带头作用的员工的奖励，按一定的津贴标准按月发放
实行科技成果科技论文奖励制度	对完成的科技计划项目和科技论文进行评审、奖励
弹性福利制	员工享受的福利除了包括规定的各种保险外，还包括带薪休假、免费旅游等。另外，企业可根据技术研发人员个体需求情况，制定一些可选方案

图6-24　技术研发人员激励方式

企业研发人员的需要是多层次、多样化的，各种激励手段都有其特定的激励效果与局限性，所以企业应根据研发人员的特点以及企业的条件来选取适当的激励组合，以此发挥激励的最大效用。

6.7.4　研发人员薪酬设计方案

××公司研发人员薪酬设计方案示例如下。

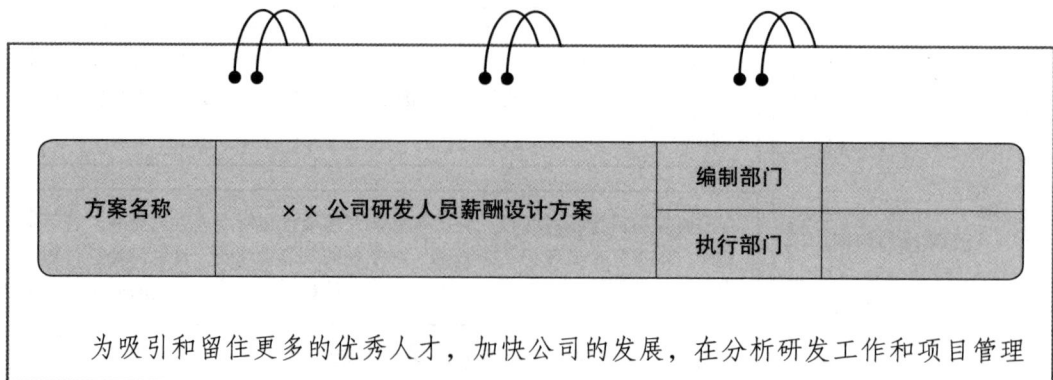

方案名称	××公司研发人员薪酬设计方案	编制部门	
		执行部门	

为吸引和留住更多的优秀人才，加快公司的发展，在分析研发工作和项目管理

模式的基础上，××公司设计了一套激励性薪酬方案，具体内容如下。

一、设计思路

本公司采用宽带薪酬的模式将研发人员的薪酬等级设为三个技术级别，级别少而宽。每一位研发人员的薪酬具体处于哪个级别，需要通过职位评估来确定。

二、宽带薪酬的设计

1. 职位评估

本公司对研发职位评估的内容如表1所示。

表1　研发职位评估

评估项	分值
具备国家承认的职称，且与目前所从事工作相对应的技术职称（＿＿分）	1. 初级（＿＿分） 2. 中级（＿＿分） 3. 高级（＿＿分）
在本公司连续服务期限（＿＿分）	1. 3个月＜服务期限≤1年（＿＿分） 2. 1年＜服务期限≤3年（＿＿分） 3. 3年＜服务期限≤5年（＿＿分） 4. 5年以上（＿＿分）
能独立完成一定程度的项目设计（＿＿分）	1. 技术难度较大（＿＿～＿＿分） 2. 技术难度大（＿＿～＿＿分） 3. 技术难度适中（＿＿～＿＿分） 4. 技术难度较小（1～＿＿分）
对公司技术发展提出可行性报告，并具有较好的参考价值（＿＿分）	每提出一项可行性报告，加＿＿分

2. 薪酬设计

研发人员的薪酬包括基本薪酬、绩效薪酬、学历津贴和福利四部分。

（1）基本薪酬。由于研发系统采用宽带等级，一般每组宽带薪酬设立三个级别。通过职位评估确定薪酬等级后，根据薪酬调查结果和公司自身发展情况制定薪酬方案，核心研发人员以领先市场中位水平为基准，一般研发人员以市场中值为基准。三档累计薪酬范围，最低最高的幅度相差100%～150%。

（2）绩效薪酬。绩效薪酬的表现形式主要是项目奖金。

①项目经理不参与项目奖金的分配。项目经理奖金由项目评审委员会确定，原则上为项目研发人员平均奖金的 120% ~ 160%。

②项目奖金的分配依据研发项目的难度及进程的不同而有所区别，具体标准如表 2 所示。

表 2　项目奖金发放标准

项目	难度系数	项目进程	奖励标准
项目 1	难度系数≤___	提前 1 周以上完成	110%A
		提前 1 周完成	60%A
		提前 3 天完成	50%A
项目 2	___＜难度系数≤___	提前 1 周以上完成	110%B
		提前 1 周完成	60%B
		提前 3 天完成	50%B
项目 3	___＜难度系数≤___	提前 1 周以上完成	110%C
		提前 1 周完成	60%C
		提前 3 天完成	50%C
项目 4	___＜难度系数≤___	提前 1 周以上完成	110%D
		提前 1 周完成	60%D
		提前 3 天完成	50%D

说明：1. 表中 A、B、C、D 均为研发项目的奖金总额。

2. 研发人员的个人奖金是基于项目奖金总额并结合项目的考核得分来计算的。

其中，项目难度系数评定标准如表 3 所示。

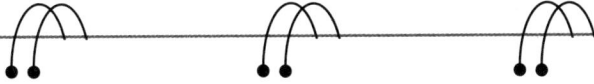

表3　项目难度系数评定标准

首创	仿研	合作	改进

（3）学历津贴。学历津贴是根据研发人员的学历水平，每月额外发放的薪酬，其计发标准如下：硕士及以上学历＿＿＿元/月、本科学历＿＿＿元/月、大专学历＿＿＿元/月。

（4）福利。考虑到研发人员工作的特殊性，我们在设计科技研发人员的福利时，应主要关注以下两个方面的内容。

①提供学习和培训的机会。

②自助式福利套餐。

在福利定额一定的情况下，公司提供多种可选的福利项目，让员工根据自身情况自由选择。

另外，对于公司希望留住的核心研发人员，在条件允许的情况下，应通过股份期权将其纳入长期激励体系。

三、建立薪酬管理机制

为确保新制定的薪酬体系顺利实施并达到预期目的，公司应采取以下配套措施。

（1）营造一个尊重科技、尊重人才的良好文化氛围。

（2）公司要提供学习机会，既可以是正规的培训，也可以是在职培训，以不断提高研发人员的核心竞争力。

（3）"双跑道"的薪酬管理，即当研发人员职业发展达到一定阶段的时候，他就有机会自主选择是从事管理岗位还是继续做专业技术工作。

编制人员		审核人员		批准人员	
编制日期		审核日期		批准日期	

6.7.5 技术人员提成设计方案

技术人员提成设计方案示例如下。

方案名称	技术人员提成设计方案	编制部门	
		执行部门	

为了实现按劳分配和按生产要素分配相结合，使技术要素参与企业收益分配，以进一步调动科技人员的积极性，加快科技向生产的转化进程，特制定本方案。

一、提成办法

技术提成的基本方法是试制新产品鉴定完成后，由研发总监组织参加设计的人员进行评定，提出提成分配比例及创新等级的意见，报总经理审批。产品达到一定的市场占有率后，主创设计人员开始从该产品的年销售贡献中按一定比例提取奖励。

二、提成基准

以产品的年销售额为基准，即以公历年度内回款数为准。

三、奖励形式

1. 新产品开发完工奖。在新产品开发成功后，我们会依照不同类别的新产品所规定的提奖率来核算奖金，分两次发放。在图纸设计、工艺编制等技术准备工作完成后，发放应计提数的 ××%，剩余部分待样品试制成功，通过鉴定或用户认可后发放。如未按计划进度完成图纸设计和工艺编制等技术准备工作，每延期一天，扣减奖金额的 ××%，造成经济损失的视情节扣罚。

2. 新产品销售提成奖。在新产品投放市场的前 ×× 年内，根据新产品年销售额、新产品市场占有率、回款额、新产品毛利率等指标，每年分别按不同的提奖率提取奖金。其提成比例如下表所示。

技术人员新产品销售提成比例

序号	产品名称	规格型号	创新等级	市场占有率	销售额	回款额	提成比例

四、提成期限

提成期限为____年，分为两个阶段，其总体原则是前期提成比例较后期提成比例高。

五、提成奖励实施

产品开发提成的奖励对象为整体项目小组。小组内部分配方法应由项目组长提出分配计划，交由公司项目评审委员会审核通过后实施。

六、其他说明

员工有严重违章违纪行为给公司造成重大损失，非因退休等原因解除、终止劳动关系的，将丧失提成资格。

编制人员		审核人员		批准人员	
编制日期		审核日期		批准日期	

6.7.6 研发项目奖金管理办法

××公司研发项目奖金管理办法示例如下。

制度名称	××公司研发项目奖金管理办法	编制部门	
		执行部门	

第1条　目的

为激励公司研发人员致力于产品的研发工作，提高产品的开发质量和开发效率，以提升公司竞争力，特制定本办法。

（续）

第2条 项目奖金的设立

1. 研发中心设项目奖金。项目奖金在项目立项时确立，作为项目目标奖金，一般情况下为所研发产品销售毛利的____% ~ ____%，具体根据每个项目的难度系数、创新系数、工作量大小等方面进行综合评估得出的评估系数予以确定，如表1所示。

表1 项目奖金总额提成比例

评估系数	1.2	1	0.8	0.6
项目奖金	____%	____%	____%	____%

2. 项目奖金由项目评审小组根据项目业绩考核结果予以兑现。

第3条 项目奖金的分配

1. 项目经理的奖金分配如下。

（1）项目经理应对整个项目负责，具体考核时，主要从项目进度、质量、成本三方面进行（见表2），考核结果直接影响项目的实际奖金数量。

表2 项目经理绩效考核内容说明

考核项	考核标准
项目进度	1. 以计划书中规定的时间为基准，拖延总计划时间的____%，不扣不奖；在此基础上每增加拖延总计划时间的____%，扣除项目目标奖金的____%，拖延超过总计划时间的____%，处理办法根据情况另议 2. 对经项目组努力使进度提前，提前总计划时间的____%，追加奖励新产品开发奖金额度的____%；在此基础上，提前总计划时间每增加____%，追加奖励新产品开发奖金额度的____%
项目质量	根据质量问题造成的后果将问题分为大、中、小三类；其扣罚新产品开发奖金比例为：小问题扣____%，中问题扣____%，大问题扣____%。将质量问题带到市场影响销售的，其扣罚比例加倍
项目成本	1. 超出预算额度的____%，扣奖金的____% 2. 成本减少，追加项目组成本的____%作为项目组奖金

（2）项目经理（负责人）所负责的项目都达到公司要求的，按项目目标奖金总额的____%予以奖励。

2. 项目组成员的奖金分配如下。

（1）项目组成员承担各自在项目研发过程中对应的项目指标，考核结果对应各自在项目中的奖金分配额，便于明确责任、强化激励。

（2）对研发人员日常行为考核（非项目的其他指标，主要包括能力、态度两方面），直接对应绩效奖金的发放额，便于加强协作意识、提升能力。

（3）对项目组成员的考核，由研发项目经理负责，并由其所属的部门经理对其进行奖惩处理。

（4）奖金分配办法如下。

个人奖金＝项目奖金 × 个人贡献度

个人贡献度＝个人所得分值 ÷ 项目组总分值

（续）

第4条 项目奖金发放					
项目奖金分阶段发放，具体方式如下。					
1. 实验样机试制通过后可支取项目目标奖金的___%，给项目组。					
2. 公司内部验收通过后可支取项目目标奖金的___%，给项目组。					
3. 其余部分待新产品实际完成并通过客户验收后结算。					
编制日期		审核日期		批准日期	
修改标记		修改处数		修改日期	

6.7.7 技术创新奖励管理办法

××公司技术创新奖励管理办法示例如下。

制度名称	××公司技术创新奖励管理办法	编制部门	
		执行部门	

第1条 目的

为鼓励员工积极参与技术创新活动，促进公司科技进步，增强自主创新能力，不断提升公司科技实力及竞争力，特制定本办法。

第2条 管理部门

本办法由公司技术发展中心统筹、负责、管理。

第3条 奖励范围

员工积极开展经济技术创新活动，取得经济效益和社会效益，其经济技术创新成果属下列情况之一者，均可按本办法给予奖励。

1. 具有进步性、可行性、效益性的合理化建议。

2. 自主创新，研究开发出国内目前没有的新工艺、新产品项目，应用实践中效果显著。

3. 获得国家发明、实用新型专利的项目。

4. 工艺方法、试验方法、检验方法、安全技术等的改进。

5. 工具、设备、仪器、装置的改进。

6. 更有效地利用原料、材料、燃料、动力、设备及自然条件的技术措施。

第4条 奖励办法

将项目分为"项目来源""技术水平""经济效益""社会效益""成本控制""进度控制"等项，进行百分制评定，奖励分为五个标准，具体如下表所示。

奖励标准

评审得分	奖励金额
95分及以上	___元
85（含）～95分	___元

（续）

（续表）

评审得分	奖励金额
75（含）~ 85 分	___元
65（含）~ 75 分	___元
60（含）~ 65 分	___元

第 5 条　申报和评审

1. 各申报单位按规定填写"技术创新成果申报表"并附上技术创新相应的技术资料（包括试验研究、试制报告、施工工艺、设计文件、技术总结等主要技术文件）后，将全套资料以书面或发送电子邮件方式，于每年____月____日前报公司技术发展中心。

2. 由公司总工程师组织评审组进行评审，评审组将评审结果报公司领导审批。

第 6 条　异议处理

1. 任何单位和个人对奖励候选单位、个人持有异议的，可在评选之日起____个工作日内向评审委员会提出，逾期不予受理。

2. 评审委员会在收到异议材料后，应当对异议内容进行审查，并组织评审组及相关人员进行调查，提出处理意见。

3. 评审委员会在受理异议之日起____个工作日内做出处理决定。

第 7 条　其他说明

1. 难以直接计算经济价值的经济技术创新成果，应根据其作用大小、进步水平、可推广应用范围等因素，评定相应的奖励等级。

2. 在岗位责任制范围内提出、实施的经济技术创新项目，只要具有改进、创新因素，并取得经济效益或社会效益，应予以奖励。

3. 采纳的经济技术创新项目，经评审确定作为技术储备的，采纳单位应按本办法的规定，在奖励等级的限额内酌情给予奖励，待项目应用后再按取得的经济效益或社会效益大小评定相应的奖励等级。

4. 对于积极开展经济技术创新活动的员工，其创新成果虽未被采纳，所在单位可根据本单位具体情况制定适当的奖励办法。

5. 对经济技术创新者的奖励，实行精神鼓励和物质奖励相结合的原则。在按本办法第 4 条给予奖励的同时，应对一、二、三等奖获得者颁发奖状、证书，对四、五等奖获得者予以表彰。

编制日期		审核日期		批准日期	
修改标记		修改处数		修改日期	

6.7.8　产品开发人员考核及奖励办法

××公司产品开发人员考核及奖励办法示例如下。

制度名称	××公司产品开发人员考核及奖励办法	编制部门	
		执行部门	

第1条 考核频率

以项目完成为一个考核周期。

第2条 目标制定与分解

在开始一个研发项目之前，项目主管需要明确公司对其所负责项目的总体要求。在此基础上，项目主管对任务进行分解，将每个开发人员所需要完成的部分的内容、期限、考核标准与项目开发人员达成一致，并形成一份完整的文档"任务说明书"。在研发项目结束时，项目主管需根据每个开发人员的工作状况及原先制定的考核标准对其进行考核。

第3条 考核内容

1. 产品开发主管考核

产品开发主管的考核与本小组项目开发的总体成绩挂钩，考核内容如表1所示。

表1 产品开发主管考核内容及评分说明

考核内容	评分说明
项目进度	按照计划的开发周期执行，每延迟____天，减____分
项目质量	每有1项（处）不符合规定的要求，减____分
项目成本	1. 每超出预算的____%，减____分 2. 在资金使用上，按照公司财务管理规定执行，每有1次不符合的情况，减____分
客户满意度	每低于目标值____%，减____分

2. 产品开发人员考核内容

产品开发人员考核内容如表2所示。

表2 产品开发人员考核内容及评分说明

考核内容	评分说明
项目进度	以设计开发计划书制定的时间为依据，每延期1次，减____分
设计质量	1. 符合设计要求，得____分 2. 基本符合设计要求，但局部需要调整，得____分 3. 不符合设计要求，不得分
研发产品质量	根据试产出现问题的多少来评估，问题少，得____分；问题较少，得____分；问题一般，得____分；问题多，则该项不得分

第4条 项目奖金数额的确定

1. 项目奖金

公司针对每一个研发成功的项目设立专项奖金，奖金数额按照项目净收益的一定比例提取，计提比例按项目技术难度系数、工作量系数、创新系数进行评估后得出。

（续）

2. 个人奖金				
研发设计人员所得的奖金按其在项目中的贡献度予以兑现，具体计算办法如下。				
个人奖金＝项目奖金 × 个人贡献度				
个人贡献度＝个人所得分值 ÷ 项目组总分值				
第5条　其他说明				
在项目开发过程中，若出现重大技术失误、严重延期等问题，公司根据其影响程度扣罚项目主管及相应责任人＿＿＿ ~ ＿＿＿元。				
编制日期		**审核日期**		**批准日期**	
修改标记		**修改处数**		**修改日期**	

第 7 章

电商人员量化考核与薪酬体系设计

7.1 电商产品部量化分析与量化考核

7.1.1 电商产品部量化管理分析

根据电商产品部职责提取的量化考核项目如图 7-1 所示。

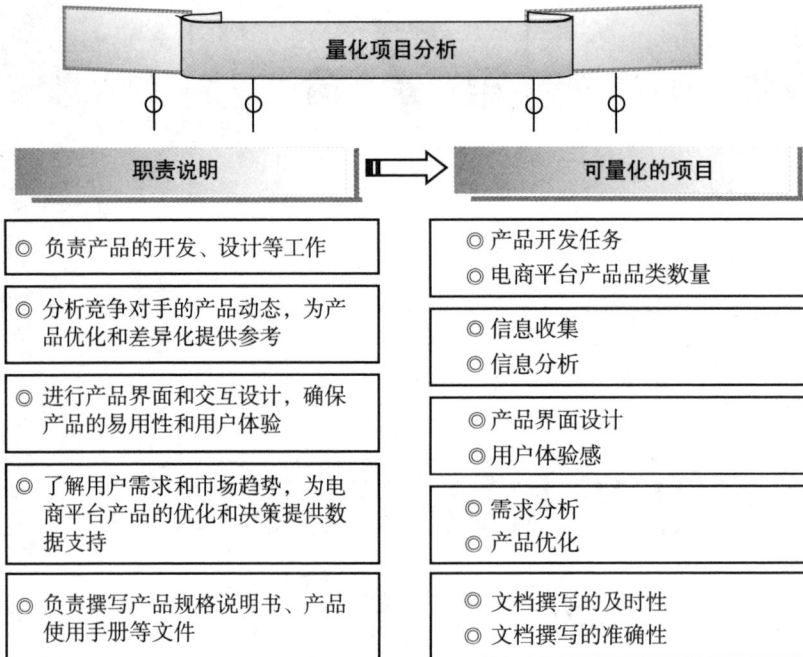

职责说明	可量化的项目
◎ 负责产品的开发、设计等工作	◎ 产品开发任务 ◎ 电商平台产品品类数量
◎ 分析竞争对手的产品动态，为产品优化和差异化提供参考	◎ 信息收集 ◎ 信息分析
◎ 进行产品界面和交互设计，确保产品的易用性和用户体验	◎ 产品界面设计 ◎ 用户体验感
◎ 了解用户需求和市场趋势，为电商平台产品的优化和决策提供数据支持	◎ 需求分析 ◎ 产品优化
◎ 负责撰写产品规格说明书、产品使用手册等文件	◎ 文档撰写的及时性 ◎ 文档撰写的准确性

图 7-1　电商产品部量化考核项目

7.1.2 电商产品部量化指标设计

根据电商产品部工作目标设计的量化考核指标如图 7-2 所示。

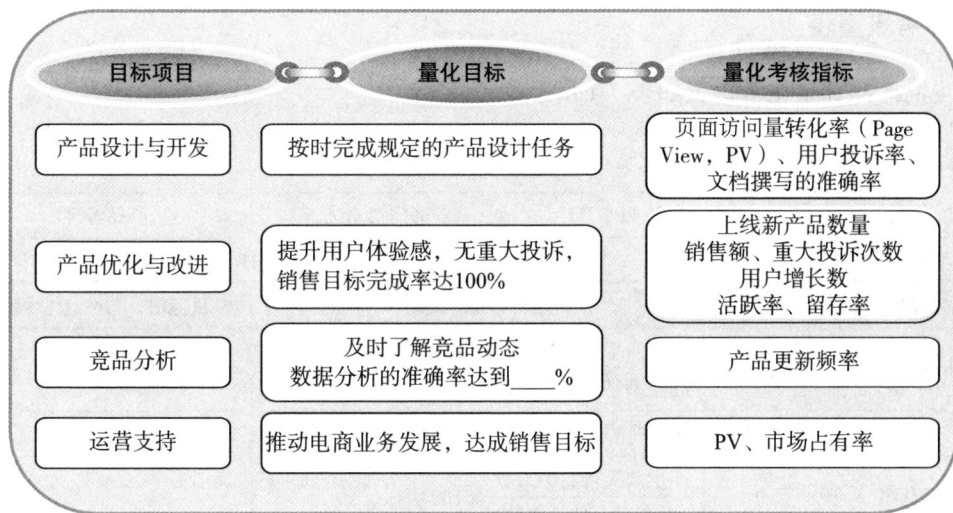

图 7-2　电商产品部量化考核指标

7.1.3　电商产品部量化考核设计

1. 量化考核指标说明

图 7-3 对电商产品部量化考核指标体系中的三项指标进行了相关说明。

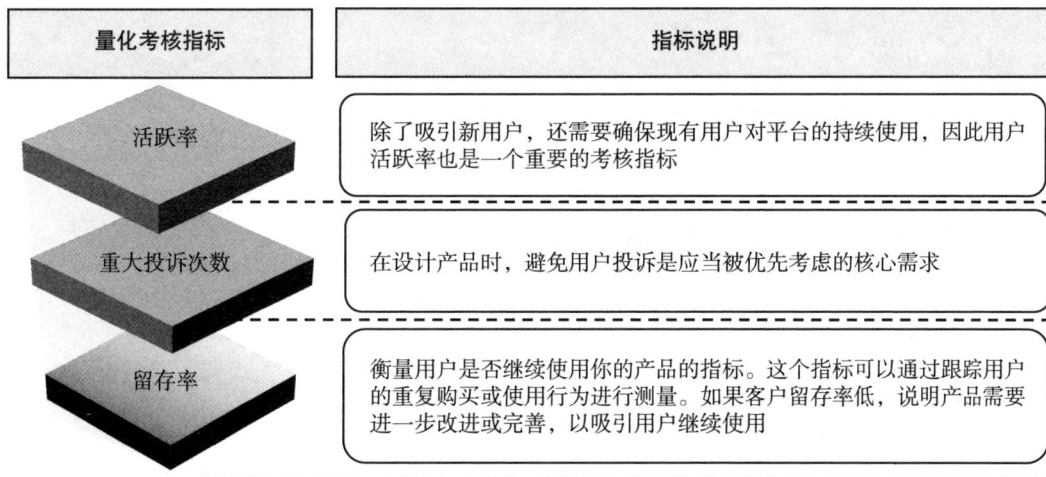

图 7-3　电商产品部量化考核指标说明

2. 考核量表

电商产品部量化考核表如表 7-1 所示。

表 7-1 电商产品部量化考核表

部门		产品部		部门负责人		产品经理	
考核期限			___年___月___日至___年___月___日				
量化考核指标	权重	指标计算 / 说明			目标值	考核得分	
市场占有率	20%	$\dfrac{电商平台销售额}{同类型平台销售总额} \times 100\%$			____%		
销售额	15%	即企业的销售额			____万元		
转化率	10%	$\dfrac{产生购买行为的人数}{电商平台的访客数} \times 100\%$			____%		
PV	10%	考核期内的页面浏览量			____人次		
上线新产品数量	15%	即电商网站或平台上上线的新产品数量			____款		
活跃率	10%	$\dfrac{电商平台活跃用户数}{电商平台总用户数} \times 100\%$			____%		
回头客百分比	10%	$\dfrac{再次购买该产品的客户数}{电商平台的总客户数} \times 100\%$			____%		
重大投诉次数	10%	考核期内因产品问题发生的重大投诉次数			0 次		
量化考核得分							

7.2　电商运营部量化分析与量化考核

7.2.1　电商运营部量化管理分析

根据电商运营部职责提取的量化考核项目如图 7-4 所示。

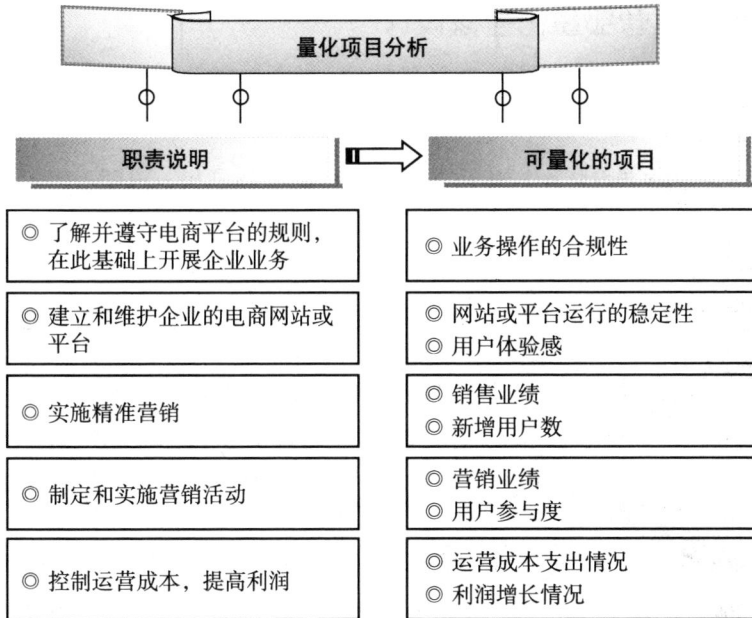

图 7-4　电商运营部量化考核项目

7.2.2　电商运营部量化指标设计

根据电商运营部工作目标设计的量化考核指标如图 7-5 所示。

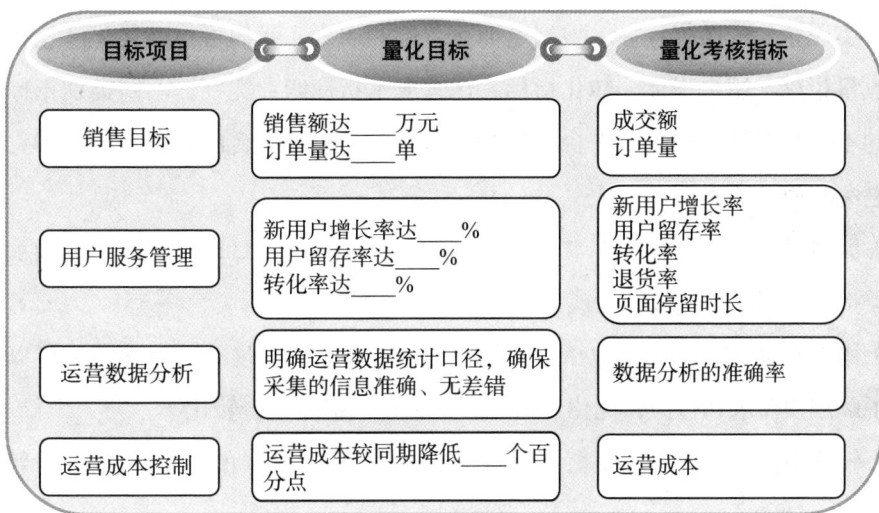

图 7-5　电商运营部量化考核指标

7.2.3 电商运营部量化考核设计

1. 量化考核指标说明

图 7-6 对电商运营部量化指标体系中的三项指标进行了相关说明。

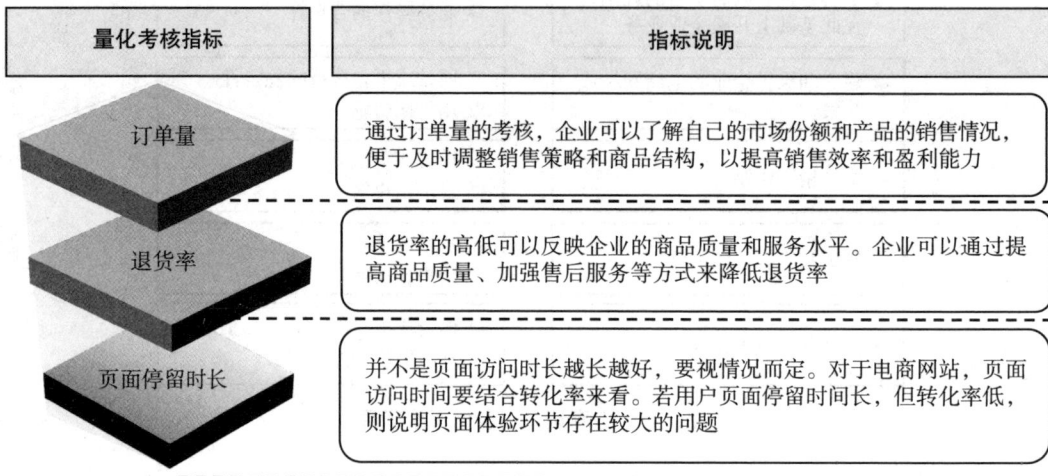

量化考核指标	指标说明
订单量	通过订单量的考核，企业可以了解自己的市场份额和产品的销售情况，便于及时调整销售策略和商品结构，以提高销售效率和盈利能力
退货率	退货率的高低可以反映企业的商品质量和服务水平。企业可以通过提高商品质量、加强售后服务等方式来降低退货率
页面停留时长	并不是页面访问时长越长越好，要视情况而定。对于电商网站，页面访问时间要结合转化率来看。若用户页面停留时间长，但转化率低，则说明页面体验环节存在较大的问题

图 7-6 电商运营部量化指标说明

2. 量化考核指标设计说明

电商运营部主要负责电商平台的日常运营管理和业务推进工作，以提升用户的体验感，进而实现企业的销售目标。根据电商运营部的职责，我们可将其量化考核指标体系划分为流量指标、用户指标、转化指标、运营成本指标四大类别。不同类别指标对应电商运营的不同环节，如网站或平台流量指标对应的是电商平台的运营环节，转化指标对应的是电商的销售环节。

（1）流量指标。流量指标如 PV 表示页面访问量，UV（Unique Visitor）表示独立访客，这类指标可以反映电商网站或平台的流量规模和用户活跃度。

（2）用户指标。用户指标包括新增用户数量、客户满意度等。这些指标可以帮助电商企业了解用户需求和行为，优化产品和服务，进而提高销售转化率。

（3）转化指标。转化指标是衡量电商网站或平台运营效果的重要指标，包括转化率、客单价等。

（4）运营成本指标。运营成本指标体现企业在电商运营过程中产生的费用，并反映企业的运营效率和盈利能力。

3. 考核量表

电商运营部量化考核表如表 7-2 所示。

表 7-2　电商运营部量化考核表

部门	运营部		部门负责人	运营部经理	
考核期限	___年___月___日至___年___月___日				
量化考核指标	权重	指标计算／说明		目标值	考核得分
销售额	20%	通过电商平台完成的订单总额		___元	
利润率	15%	利润 ÷ 成本 ×100%		___%	
订单量	10%	在一定时间内，在电商平台上完成的订单数量		___单	
UV	10%	表示在一定时间内访问电商平台的不同 IP 地址的人数		___人	
PV	10%	考核期内的页面浏览量		___人次	
页面停留时长	5%	用户在单个页面的停留时间		___分钟	
活跃率	5%	$\dfrac{电商平台活跃用户数}{电商平台总用户数} \times 100\%$		___%	
转化率	10%	$\dfrac{产生购买行为的人数}{电商平台的访客数} \times 100\%$		___%	
客单价	5%	销售额 ÷ 成交笔数		___元	
退货率	5%	$\dfrac{用户退货或拒收的商品数}{全部发运商品的数量} \times 100\%$		___%	
运营成本	5%	电商平台日常运营管理所需的成本		预算内	
量化考核得分					

7.3　仓储物流部量化分析与量化考核

7.3.1　仓储物流部量化管理分析

根据仓储物流部职责提取的量化考核项目如图 7-7 所示。

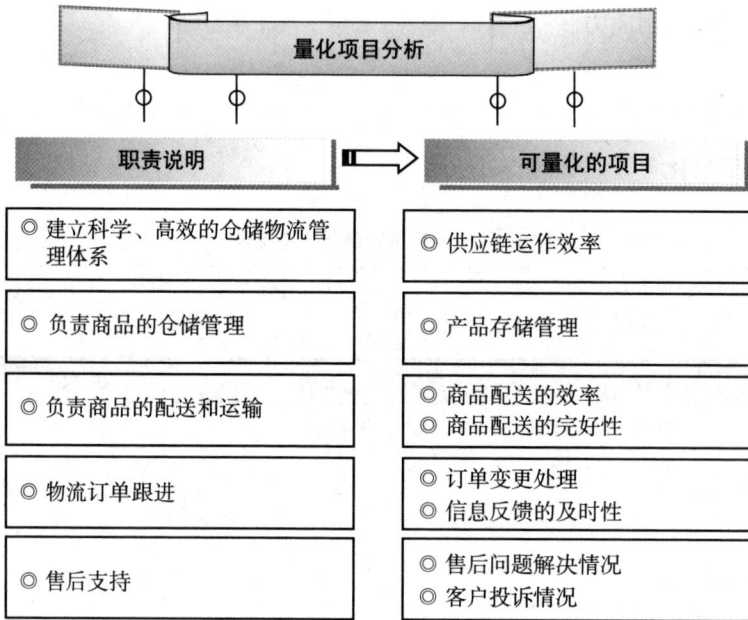

图 7-7　仓储物流部量化考核项目

7.3.2　仓储物流部量化指标设计

根据仓储物流部工作目标设计的量化考核指标如图 7-8 所示。

图 7-8　仓储物流部量化考核指标

7.3.3 仓储物流部量化考核设计

1. 量化考核指标说明

图 7-9 对仓储物流部量化考核指标体系中的三项指标进行了相关说明。

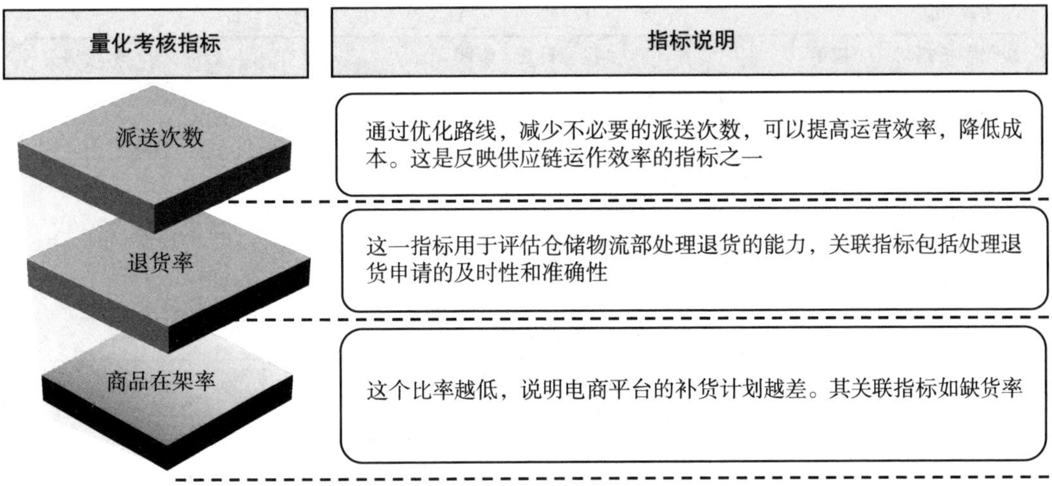

量化考核指标	指标说明
派送次数	通过优化路线，减少不必要的派送次数，可以提高运营效率，降低成本。这是反映供应链运作效率的指标之一
退货率	这一指标用于评估仓储物流部处理退货的能力，关联指标包括处理退货申请的及时性和准确性
商品在架率	这个比率越低，说明电商平台的补货计划越差。其关联指标如缺货率

图 7-9 仓储物流部量化考核指标说明

2. 考核指标设计要点

为了确保仓储物流部实现其绩效目标，考核指标应主要围绕表 7-3 所示的三大方面进行设计。

表 7-3 考核指标设计要点

设计要点	要点说明	考核重点
时效性	及时将商品按照需求运输到位，这是反映客户服务能力高低的指标	快速响应用户需求
准确性	订单与实际配送的商品信息需保持一致	配送信息与实际订单相符
安全性	货物或商品在配送过程中应得到妥善保护，避免损坏、丢失	货物或商品完好性方面的评估

结合电商仓储物流部的工作内容，我们将其量化考核指标分为效率类与质量类两大类。

（1）效率类指标：如及时率、周转率等。

（2）质量类指标：如准确率、满意率等。

3. 考核量表

仓储物流部量化考核表如表 7-4 所示。

表 7-4　仓储物流部量化考核表

部门		仓储物流部	部门负责人		
考核期限		___年___月___日至___年___月___日			
量化考核指标	权重	指标计算 / 说明		目标值	考核得分
准时发件率	5%	$\dfrac{准时发件数量}{发件总数量}\times100\%$		100%	
配送计划完成率	15%	$\dfrac{实际完成的配送计划}{应完成的配送计划}\times100\%$		100%	
配送准时率	15%	$\dfrac{商品准时送达订单数}{发货订单数}\times100\%$		100%	
派送次数	5%	对同一个客户派送货物的次数		___次	
货损率	10%	$\dfrac{考核期内损失的商品数}{应交付的商品总数}\times100\%$		___%	
退货率	5%	$\dfrac{客户退货或拒收的商品数}{全部发运商品的数量}\times100\%$		___%	
商品在架率	10%	$\dfrac{在线可售SKU^{①}数}{应在线可售SKU数}\times100\%$		___%	
库存周转率	10%	$\dfrac{货物周转量}{库存总量}\times100\%$		___%	
客户投诉率	5%	$\dfrac{客户因对物流服务不满意而提出投诉的次数}{客户投诉总次数}\times100\%$		___%	
仓储成本	10%	开展仓储业务活动所支出的费用		预算内	
物流成本	10%	企业在物流过程中产生的各项费用		预算内	
量化考核得分					

7.4　电商客服部量化分析与量化考核

7.4.1　电商客服部量化管理分析

根据电商客服部职责提取的量化考核项目如图 7-10 所示。

---

① SKU 的全称为 Stock Keeping Unit，即库存进出计量的基本单元。

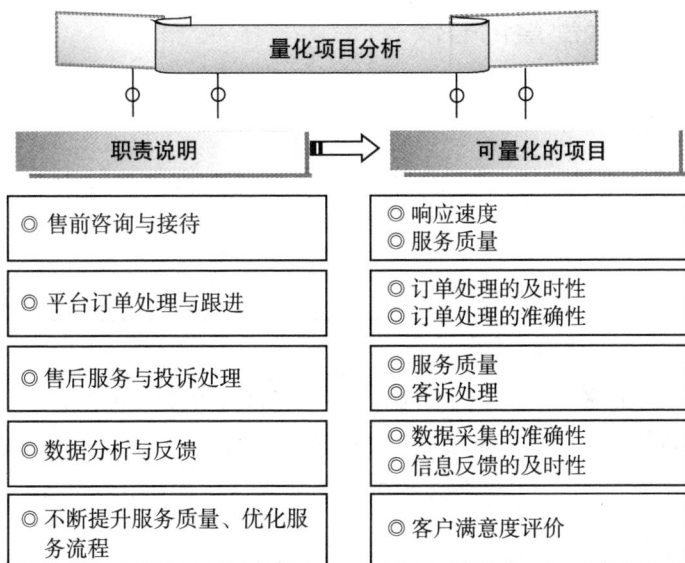

图 7-10 电商客服部量化考核项目

7.4.2 电商客服部量化指标设计

根据电商客服部工作目标设计的量化考核指标如图 7-11 所示。

图 7-11 电商客服部量化考核指标

7.4.3　电商客服部量化考核设计

1. 量化考核指标说明

图 7-12 对电商客服部量化考核指标体系中的三项指标进行了相关说明。

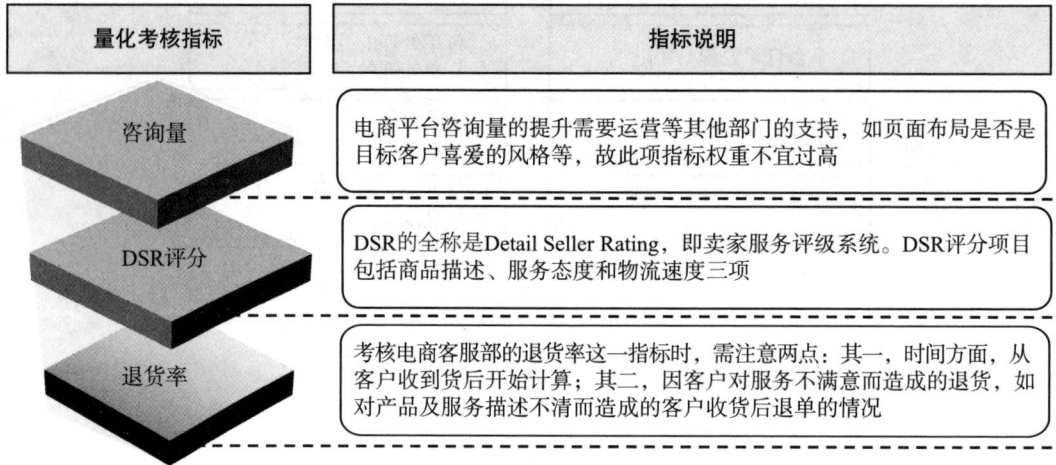

量化考核指标	指标说明
咨询量	电商平台咨询量的提升需要运营等其他部门的支持，如页面布局是否是目标客户喜爱的风格等，故此项指标权重不宜过高
DSR评分	DSR的全称是Detail Seller Rating，即卖家服务评级系统。DSR评分项目包括商品描述、服务态度和物流速度三项
退货率	考核电商客服部的退货率这一指标时，需注意两点：其一，时间方面，从客户收到货后开始计算；其二，因客户对服务不满意而造成的退货，如对产品及服务描述不清而造成的客户收货后退单的情况

图 7-12　电商客服部量化考核指标说明

2. 考核量表

电商客服部量化考核表如表 7-5 所示。

表 7-5　电商客服部量化考核表

部门	电商客服部		部门负责人	电商客服部经理
考核期限	___年___月___日至___年___月___日			
量化考核指标	权重	指标计算 / 说明	目标值	考核得分
咨询量	5%	某个时段内客服部接待的访客数	____	
销售额	20%	电商平台的销售额	____元	
客单价	15%	销售额 ÷ 成交单数	____元 / 笔	
平均响应时间	10%	从客户咨询到客服回复的每一次的时间差均值	____	
咨询转化率	20%	$\dfrac{\text{下单的咨询客户数}}{\text{咨询客户总数}} \times 100\%$	____%	
服务规范执行率	10%	$\dfrac{\text{规范服务次数}}{\text{服务总次数}} \times 100\%$	100%	

（续表）

量化考核指标	权重	指标计算 / 说明	目标值	考核得分
客户投诉率	15%	$\dfrac{投诉次数}{服务总次数} \times 100\%$	____%	
DSR 评分	5%	客户对该项指标评分的总和除以连续 6 个月内客户对该项指标评分的次数	____分	
量化考核得分				

7.5 电商产品部各岗位目标量化与考核

7.5.1 电商产品经理目标量化与考核

电商产品经理岗位基本信息与工作目标如图 7-13 所示。

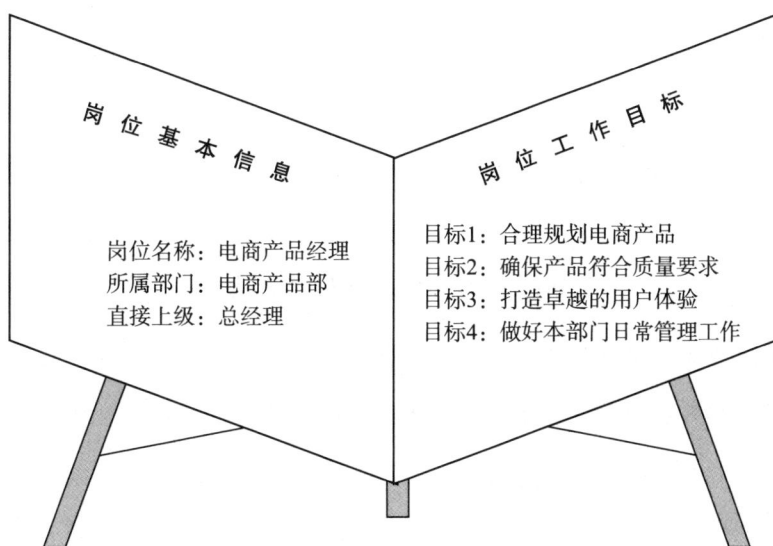

岗 位 基 本 信 息

岗位名称：电商产品经理
所属部门：电商产品部
直接上级：总经理

岗 位 工 作 目 标

目标1：合理规划电商产品
目标2：确保产品符合质量要求
目标3：打造卓越的用户体验
目标4：做好本部门日常管理工作

图 7-13　电商产品经理岗位基本信息与工作目标

电商产品经理量化考核表如表 7-6 所示。

表 7-6　电商产品经理量化考核表

目标执行人		岗位	电商产品经理	直接上级	总经理
考核期限		___年___月___日至___年___月___日			
目标项目	量化考核指标	权重	绩效目标值	考核频率	考核得分
销售目标	销售额	25%	达到___万元	月度 / 季度 / 年度	
	点击转化率	15%	达到___%	月度 / 季度 / 年度	
	市场占有率	15%	达到___%	/ 季度 / 年度	
用户体验目标	PV	10%	达到___次	月度 / 季度 / 年度	
	客户投诉率	5%	低于___%	季度 / 年度	
产品管理目标	需求变更次数	10%	达到___人次	季度 / 年度	
	上线新产品数量	5%	不少于___款	月度	
	产品更新频率	5%	___天 / 次	月度 / 季度 / 年度	
	退货率	5%	低于___%	月度 / 季度 / 年度	
部门管理目标	部门关键岗位人员流失率	5%	低于___%	季度 / 年度	
量化考核得分					
考核实施说明					

电商产品经理目标责任考核方案示例如下。

电商产品经理目标责任考核方案

一、考核目的

为明确工作目标与责任，本公司与电商产品经理签订此目标责任书，以确保绩效目标的达成。

二、考核依据

1. 电商平台年度发展计划。

2. 产品部部门职责。

3. 岗位说明书。

三、责任期限

____年____月____日至____年____月____日。

（续）

四、考核内容及指标设定

1. 管理绩效考核指标

电商产品经理应接受公司对其管理绩效的测评考核，测评结果占考核分值的20%，具体包括团队管理能力、遵守规章制度情况等。

2. 工作业绩考核指标

电商产品经理应接受公司对其工作业绩的测评考核，测评结果占考核分值的80%，具体内容主要包括如下三个方面。

（1）产品数据。对产品数据的考核主要包括 UV、PV 等指标。

（2）财务数据。对财务数据的考核主要包括成交额、利润率等指标。

（3）用户数据。对用户数据的考核，主要包括用户留存率、用户满意度等指标。

五、考核频率

1. 管理绩效考核：季度、年度。

2. 工作业绩考核：月度、年度。

六、考核与激励

1. 绩效工资的发放

月度考核结果主要应用于绩效工资的发放，具体发放办法如下。

（1）考核得分高于90分（含），绩效工资依据100%的比例计算。

（2）考核得分在80～90分（不含），绩效工资依据80%的比例计算。

（3）考核得分在70～80分（不含），绩效工资依据60%的比例计算。

2. 岗位工资调整

公司根据电商产品经理目标责任年度考核结果对其岗位工资进行调整。其中，绩效考核结果为优秀的，其岗位工资上调____级；绩效考核结果为良好的，其岗位工资上调____级；绩效考核结果为一般的，其岗位工资不做调整；绩效考核结果为待改进的，其岗位工资下调____级。

七、附则

1. 本公司在生产经营环境发生重大变化或发生其他情况时，有权修改本方案。

2. 本方案的签订日期为生效日期，方案一式两份，公司与被考核者各执一份。

7.5.2 电商设计师目标量化与考核

电商设计师岗位基本信息与工作目标如图 7-14 所示。

岗位目标分解

岗位基本信息	岗位工作目标
岗位名称：电商设计师 所属部门：产品部 直接上级：产品经理	目标1：提出创新且实用的设计方案
	目标2：设计出简洁、美观的产品界面
	目标3：设计出各种流畅、功能齐全的应用
	目标4：通过设计优化，提高平台的转化率

图 7-14　电商设计师岗位基本信息与工作目标

电商设计师量化考核表如表 7-7 所示。

表 7-7　电商设计师量化考核表

姓名		出勤	迟到	事假	病假	旷工
岗位	电商设计师	奖惩事项	加分事项		减分事项	

序号	量化考核指标	权重	评分标准	数据来源	得分
1	设计任务完成率	25%	每有 1 次延迟，减____分	产品部	
2	设计修改的次数	15%	每超出目标值 1 次，减____分	产品部	
3	点击率	10%	每低于目标值____%，减____分	产品部	
4	转化率	20%	每低于目标值____%，减____分	产品部	
5	用户投诉率	20%	每高于目标值____%，减____分	产品部、客服部	
6	图片使用产生纠纷的次数	10%	每出现 1 次，减____分	产品	
量化考核得分					

被考核人（签字）： 考核日期：	考核人签字： 日　期：

7.5.3 电商产品专员目标量化与考核

电商产品专员岗位基本信息与工作目标如图 7-15 所示。

岗位目标分解	
岗位基本信息	**岗位工作目标**
岗位名称：电商产品专员 所属部门：产品部 直接上级：产品经理	目标1：确保产品信息准确、完整
	目标2：提升销售额和转化率
	目标3：提升用户体验和复购率
	目标4：优化产品，提高产品竞争力

图 7-15 电商产品专员岗位基本信息与工作目标

电商产品专员量化考核表如表 7-8 所示。

表 7-8 电商产品专员量化考核表

姓名		出勤	迟到	事假	病假	旷工
岗位	电商产品专员	奖惩事项	加分事项		减分事项	

序号	量化考核指标	权重	评分标准	数据来源	得分
1	产品上架及时率	5%	每有 1 次延迟，减___分	产品部	
2	销售额	30%	每低于目标值___%，减___分	产品部、运营部	
3	销售额增长率	15%	每低于目标值___%，减___分	产品部、运营部	
4	产品信息的准确率	10%	每出现 1 处错误，减___分	产品部	
5	用户留存率	20%	每低于目标值___%，减___分	产品部	
6	客户投诉次数	10%	每出现 1 次，减___分	产品部、客服部	
7	数据分析的准确性	10%	每出现 1 次错误，减___分	产品部	
量化考核得分					

被考核人（签字）：	考核人签字：
考核日期：	日　　期：

7.6 电商运营部各岗位目标量化与考核

7.6.1 电商运营经理目标量化与考核

电商运营经理岗位基本信息与工作目标如图 7-16 所示。

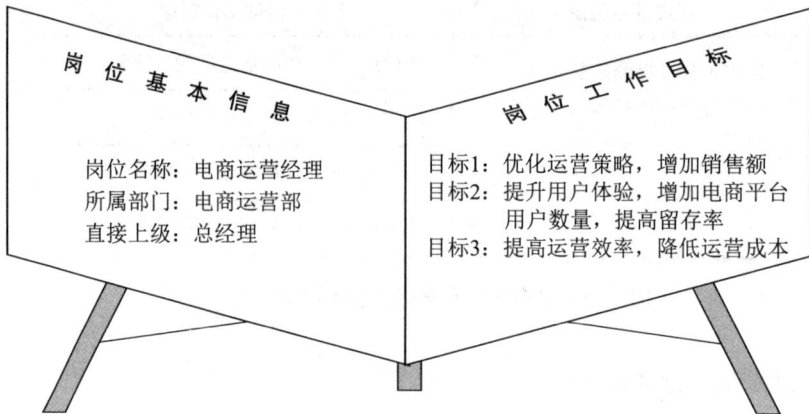

图 7-16 电商运营经理岗位基本信息与工作目标

电商运营经理量化考核表如表 7-9 所示。

表 7-9 电商运营经理量化考核表

目标执行人			岗位	电商运营经理	直接上级	总经理
考核期限			___年___月___日至___年___月___日			
目标项目	**量化考核指标**	**权重**	**绩效目标值**	**考核频率**		**考核得分**
销售目标	销售额	20%	销售额达___万元	月度 / 季度 / 年度		
	利润率	15%	达到___%	月度 / 季度 / 年度		
流量目标	UV（独立访客数）	10%	不低于___	月度		
	PV（页面浏览量）	10%	达到___人次	月度		
	转化率	15%	达到___%	月度		
库存和供应链管理目标	库存周转率	10%	达到___%	月度 / 季度 / 年度		
	订单处理时间	5%	控制在___分钟内	月度 / 季度 / 年度		
成本管理目标	运营成本	10%	控制在___元以内	月度 / 季度 / 年度		
部门管理目标	部门关键岗位人员流失率	5%	低于___%	季度 / 年度		
量化考核得分						
考核实施说明						

电商运营经理目标责任考核方案示例如下。

电商运营经理目标责任考核方案

一、考核目的

1. 明确工作重点。

2. 激励先进，促进发展。

二、考核频率

1. 月度。

2. 年终进行一次总体考核。

三、绩效考核实施

1. 实行百分制考核，全面完成考核指标基础分为100分。

2. 建立绩效计划实施目标，考核按事项进行。

3. 绩效目标制定后由总经理与电商运营经理签署绩效合约。

四、考核内容

对于电商运营经理的考核主要从销售业绩、用户体验、运营效率与供应链管理、部门管理与协调四个方面进行。

1. 事项一：销售业绩考核（40%）。

（1）销售目标完成率达100%，每低于目标值____个百分点，减____分。

（2）新用户增长率达____%，每低于目标值____个百分点，减____分。

（3）留存率达____%，每低于目标值____个百分点，减____分。

2. 事项二：用户体验考核（30%）。

（1）PV量达____人次，每低于目标值____个单位，减____分。

（2）转化率达____%，每低于目标值____个百分点，减____分。

3. 事项三：运营效率与供应链管理考核（20%）。

（1）订单处理及时，无延误情形，否则减____分/次。

（2）退货率控制在____%以内，每高于目标值____个百分点，减____分。

（3）供应链成本控制在____元以内，每高于目标值____个百分点，减____分。

（续）

4.事项四：部门管理与协调（10%）。

（1）部门培训次数比计划少1次，减____分。

（2）因与其他部门或者外部单位沟通协调不力导致工作不能顺利进行，每发生1次，减____分。

五、考核结果管理

1.根据考核得分确定运营经理的绩效工资。

2.根据考核得分确定运营经理的培训计划。

3.作为电商运营经理职务升降的重要依据。

六、附则

本公司在生产经营环境发生重大变化或发生其他情况时，有权修改本目标责任考核方案。

7.6.2 活动运营岗目标量化与考核

电商活动运营岗位基本信息与工作目标如图7-17所示。

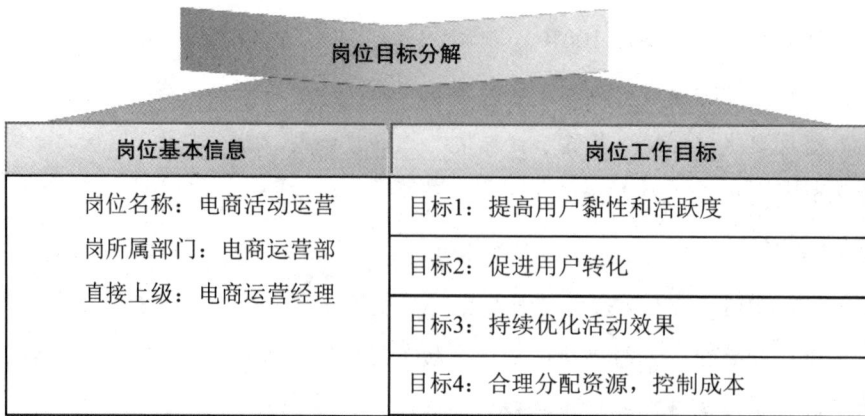

岗位目标分解	
岗位基本信息	**岗位工作目标**
岗位名称：电商活动运营 岗所属部门：电商运营部 直接上级：电商运营经理	目标1：提高用户黏性和活跃度
	目标2：促进用户转化
	目标3：持续优化活动效果
	目标4：合理分配资源，控制成本

图7-17 电商活动运营岗位基本信息与工作目标

电商活动运营岗量化考核表如表7-10所示。

表 7-10 电商活动运营岗量化考核表

姓名		出勤	迟到	事假	病假	旷工	
岗位	电商活动运营岗	奖惩事项	加分事项		减分事项		
序号	量化考核指标	权重	评分标准		数据来源		得分
1	新增注册客户数	15%	每低于目标值___%,减___分		电商运营部		
2	用户转化率	25%	每低于目标值___%,减___分		电商运营部		
3	ROI(投入产出比)	20%	每低于目标值___%,减___分		电商运营部、财务部		
4	活动浏览量	15%	每低于目标值___个单位,减___分		电商运营部		
5	活动参与率	20%	每低于目标值___%,减___分		电商运营部		
6	用户留存率	5%	每低于目标值___%,减___分		电商运营部		
量化考核得分							
被考核人(签字): 考核日期:			考核人签字: 日　　期:				

7.6.3 电商运营专员目标量化与考核

电商运营专员岗位基本信息与工作目标如图 7-18 所示。

岗位基本信息	岗位工作目标
岗位名称:电商运营专员 所属部门:电商运营部 直接上级:电商运营经理	目标1:有效执行网店的运营策略
	目标2:运用流量分析工具和CRM等工具实施精准营销,提升转化率
	目标3:优化店铺形象,实现销售增长

图 7-18 电商运营专员岗位基本信息与工作目标

电商运营专员量化考核表如表 7-11 所示。

表 7-11　电商运营专员量化考核表

姓名		出勤	迟到	事假		病假	旷工
岗位	电商运营专员	奖惩事项	加分事项			减分事项	
序号	量化考核指标	权重	评分标准			数据来源	得分
1	销售额	25%	每低于目标值____%，减____分			运营部、财务部	
2	点击率	20%	每低于目标值____%，减____分			运营部	
3	用户转化率	15%	每低于目标值____%，减____分			运营部	
4	订单完成率	20%	每低于目标值____%，减____分			运营部	
5	退货率	10%	每高于目标值____%，减____分			运营部	
6	库存周转率	10%	出现积压库存，减____分 / 次			运营部	
量化考核得分							
被考核人（签字）： 考核日期：			考核人签字： 日　　期：				

7.6.4　电商美工目标量化与考核

电商美工岗位基本信息与工作目标如图 7-19 所示。

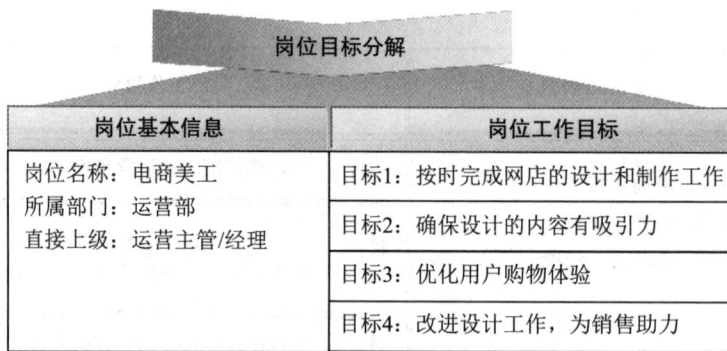

岗位目标分解	
岗位基本信息	**岗位工作目标**
岗位名称：电商美工 所属部门：运营部 直接上级：运营主管/经理	目标1：按时完成网店的设计和制作工作
	目标2：确保设计的内容有吸引力
	目标3：优化用户购物体验
	目标4：改进设计工作，为销售助力

图 7-19　电商美工岗位基本信息与工作目标

电商美工量化考核表如表 7-12 所示。

表 7-12 电商美工量化考核表

姓名		出勤	迟到	事假		病假		旷工
岗位	电商美工	奖惩事项	加分事项			减分事项		
序号	量化考核指标	权重	评分标准			数据来源		得分
1	设计任务完成率	25%	每有 1 次延迟，减____分			运营部		
2	设计通过率	20%	每低于目标值____%，减____分			运营部		
3	设计稿的修改次数	15%	每修改 1 次，减____分			运营部		
4	设计美观度	15%	每低于目标值____%，减____分			运营部		
5	页面优化率	10%	每低于目标值____%，减____分			运营部		
6	页面访问量	10%	每低于目标值____%，减____分			运营部		
7	设计成本	5%	超出预算，减____分			运营部、财务部		
量化考核得分								
被考核人（签字）： 考核日期：			考核人签字： 日　　期：					

7.7 仓储物流部各岗位目标量化与考核

7.7.1 仓储物流部经理目标量化与考核

仓储物流部经理岗位基本信息与工作目标如图 7-20 所示。

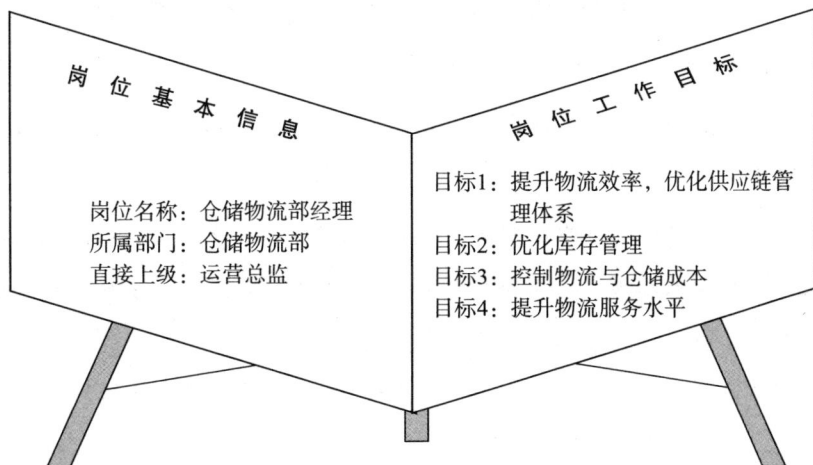

图 7-20 仓储物流部经理岗位基本信息与工作目标

仓储物流部经理量化考核表如表7-13所示。

表7-13　仓储物流部经理量化考核表

目标执行人			岗位	仓储物流部经理	直接上级	运营总监
考核期限			年　月　日至　年　月　日			
目标项目	**量化考核指标**	**权重**	**绩效目标值**	**考核频率**		**考核得分**
配送效率目标	配送准时率	5%	100%	月度／季度／年度		
	库存周转率	15%	%	月度／季度／年度		
服务质量目标	配送商品完好率	15%	%	月度／季度／年度		
	货损率	10%	低于　%	月度／季度／年度		
	仓储周转率	10%	%	月度／季度／年度		
	退货率	5%	低于　%	月度／季度／年度		
	客户投诉率	10%	低于　%	月度／季度／年度		
成本管理目标	仓储成本	10%	预算内	季度／年度		
	物流费比率	10%	%	季度／年度		
部门管理目标	部门员工违规操作次数	10%	0次	月度／季度／年度		
量化考核得分						
考核实施说明						

仓储物流部经理目标责任考核方案示例如下。

仓储物流部经理目标责任考核方案

一、考核目的

确保公司仓储物流体系的高效、安全、有序运行，以满足公司业务需求。

二、考核内容

1. 仓库管理。考核仓库的日常运营效率和流程执行情况，包括物资入库、存储、打包、发货等环节的准确性和时效性。其考核指标包括库存周转率、库存准确性、库存满足率等。

2. 订单管理。评估订单履行的准确性和时效性，考核指标包括订单处理速度、配送准确率、退货处理及时率等指标。

（续）

3. 成本控制。评估仓储物流部经理在仓储和物流环节中的成本控制能力，包括物流费用、库存成本等方面。

4. 安全与合规。确保仓库作业符合安全标准和法规要求，考核重点包括物资储存的合规性、仓库安全事故的发生率等。

5. 技术创新与持续改进。考核仓储物流经理在仓储物流技术方面的创新和应用，如自动化、智能化设备的引入情况。

6. 客户满意度管理。确保配送速度和准确度，提升客户满意度，降低因物流配送原因发生的客户投诉事件。

三、考核结果应用

1. 仓储物流部经理的绩效工资根据考核结果而定，具体发放标准参考公司绩效工资发放管理办法。

2. 仓储物流部经理职务升降根据考核结果而定，具体参考公司职位管理制度。

编制日期： 　　　审核日期： 　　　实施日期：

7.7.2 供应链管理岗目标量化与考核

供应链管理岗位基本信息与工作目标如图 7-21 所示。

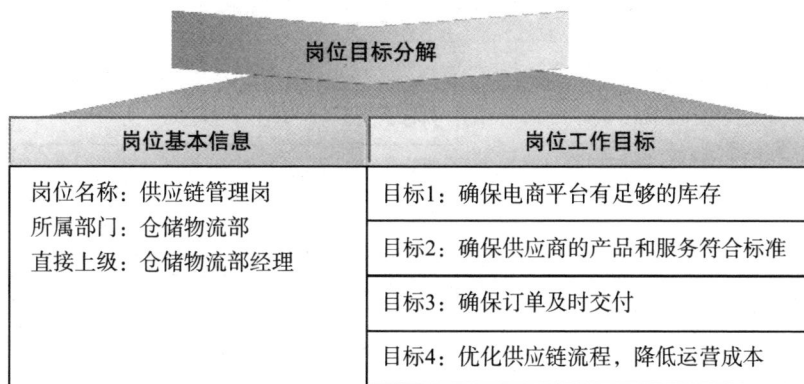

岗位基本信息	岗位工作目标
岗位名称：供应链管理岗 所属部门：仓储物流部 直接上级：仓储物流部经理	目标1：确保电商平台有足够的库存
	目标2：确保供应商的产品和服务符合标准
	目标3：确保订单及时交付
	目标4：优化供应链流程，降低运营成本

图 7-21 供应链管理岗位基本信息与工作目标

供应链管理岗量化考核表如表 7-14 所示。

表 7-14　供应链管理岗量化考核表

姓名			出勤	迟到	事假		病假	旷工
岗位	供应链管理岗		奖惩事项	加分事项			减分事项	
序号	量化考核指标		权重	评分标准			数据来源	得分
1	订单满足率		30%	每低于目标值＿＿%，减＿＿分			仓储物流部	
2	订单准时交付率		20%	每出现延迟，减＿＿分/次			仓储物流部	
3	退货率		10%	每高于目标值＿＿%，减＿＿分			仓储物流部	
4	库存周转率		10%	每低于目标值＿＿%，减＿＿分			仓储物流部	
5	优秀供应商比例		15%	每低于目标值＿＿%，减＿＿分			仓储物流部	
6	供应链成本		15%	每超过目标值＿＿元，减＿＿分			仓储物流部	
量化考核得分								
被考核人（签字）： 考核日期：				考核人签字： 日　　　期：				

7.7.3　物流专员目标量化与考核

物流专员岗位基本信息与工作目标如图 7-22 所示。

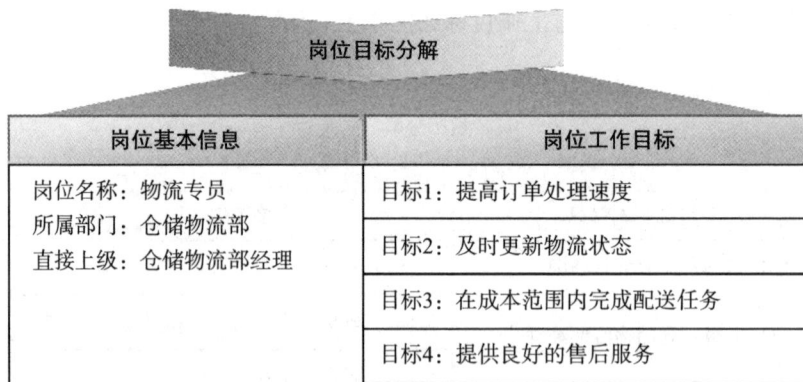

图 7-22　物流专员岗位基本信息与工作目标

物流专员量化考核表如表 7-15 所示。

表 7-15　物流专员量化考核表

姓名		出勤	迟到	事假	病假	旷工
岗位	物流专员	奖惩事项	加分事项		减分事项	
序号	量化考核指标	权重	评分标准		数据来源	得分
1	物流配送准时率	30%	出现延误，减____分 / 次		仓储物流部	
2	错误投递率	20%	出现错误投递的情况，减____分 / 次		仓储物流部	
3	订单延迟率	20%	出现延误，减____分 / 次		仓储物流部	
4	破损率	10%	每高于目标值____%，减____分		仓储物流部	
5	物流信息更新及时率	10%	未在规定时间内完成，减____分 / 次		仓储物流部	
6	客户投诉率	10%	每高于目标值____%，减____分		仓储物流部客服部	
量化考核得分						
被考核人（签字）：考核日期：			考核人签字：日　　期：			

7.7.4　仓储岗目标量化与考核

仓储岗位基本信息与工作目标如图 7-23 所示。

岗位目标分解

岗位基本信息	岗位工作目标
岗位名称：仓储岗所属部门：仓储物流部直接上级：仓储物流部经理/主管	目标1：订单处理准确、高效
	目标2：提高库房利用率
	目标3：妥善保管库存物资
	目标4：确保库存物资账物相符

图 7-23　仓储岗位基本信息与工作目标

仓储岗量化考核表如表 7-16 所示。

表 7-16　仓储岗量化考核表

姓名		出勤	迟到	事假		病假	旷工
岗位	仓储岗	奖惩事项	加分事项			减分事项	

序号	量化考核指标	权重	评分标准	数据来源	得分
1	订单处理及时率	10%	未在规定时间内完成，减＿＿分 / 次	仓储物流部	
2	订单处理准确率	15%	订单处理出现差错，减＿＿分 / 次	仓储物流部	
3	收 / 发货准确率	15%	出现差错，减＿＿分 / 次	仓储物流部	
4	退换货及时率	5%	未在规定时间内完成，减＿＿分 / 次	仓储物流部	
5	作业正确率	15%	未按操作规范执行，减＿＿分 / 次	仓储物流部	
6	仓库物资完好率	20%	每低于目标值＿＿%，减＿＿分	仓储物流部	
7	仓库面积利用率	10%	每低于目标值＿＿%，减＿＿分	仓储物流部	
8	账物相符率	10%	出现差错，减＿＿分 / 处	仓储物流部、财务部	
量化考核得分					

被考核人（签字）：　　　　　　考核人签字：

考核日期：　　　　　　　　　　日　　　期：

7.8　电商客服部各岗位目标量化与考核

7.8.1　电商客服经理目标量化与考核

电商客服经理岗位基本信息与工作目标如图 7-24 所示。

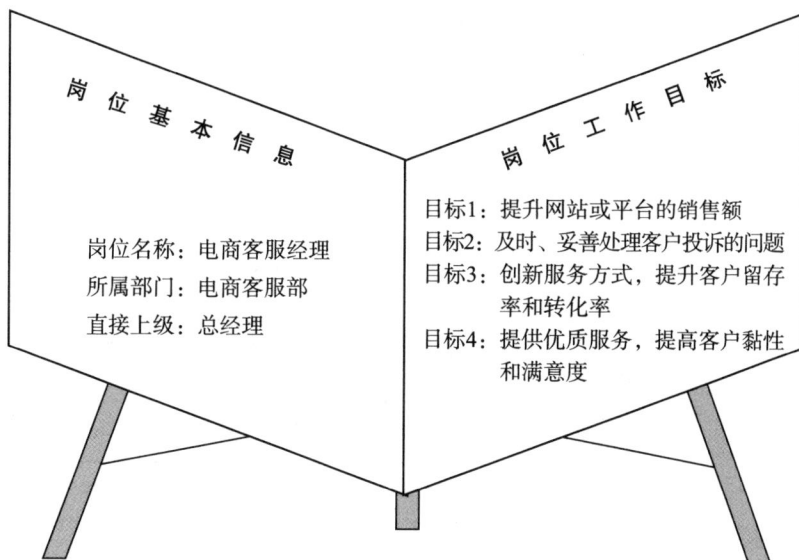

图 7-24　电商客服经理岗位基本信息与工作目标

电商客服经理量化考核表如表 7-17 所示。

表 7-17　电商客服经理量化考核表

目标执行人			岗位	电商客服经理	直接上级	总经理
考核期限			___年___月___日至___年___月___日			
目标项目	**量化考核指标**	**权重**	**绩效目标值**	**考核频率**	**考核得分**	
销售目标	销售额	20%	___万元	月度 / 季度 / 年度		
	客单价	15%	___元	月度 / 季度 / 年度		
订单管理目标	咨询量	10%	不低于___	月度 / 季度 / 年度		
	平均响应时间	5%	___秒内	月度		
	转化率	15%	___%	月度 / 季度 / 年度		
	退货率	15%	低于___%	月度 / 季度 / 年度		
客户关系管理目标	DSR 评分	10%	___分	季度 / 年度		
	客户投诉率	5%	低于___%	月度 / 季度 / 年度		
部门管理目标	服务规范执行率	5%	100%	月度 / 季度 / 年度		
量化考核得分						
考核实施说明						

7.8.2 电商售前客服目标量化与考核

电商售前客服岗位基本信息与工作目标如图 7-25 所示。

岗位目标分解

岗位基本信息	岗位工作目标
岗位名称：电商售前客服 所属部门：电商客服部 直接上级：电商客服经理/主管	目标1：及时、准确地为客户提供产品和服务信息 目标2：快速解答客户咨询 目标3：进行恰当的产品推介，引导客户下单 目标4：快速处理订单问题

图 7-25　电商售前客服岗位基本信息与工作目标

电商售前客服量化考核表如表 7-18 所示。

表 7-18　电商售前客服量化考核表

姓名		出勤	迟到	事假		病假	旷工
岗位	电商 售前客服	奖惩事项	加分事项			减分事项	
序号	量化考核指标	权重	评分标准			数据来源	得分
1	客户咨询响应时间	5%	有延迟的现象，减____分/次			电商客服部	
2	销售额	25%	每低于目标值____%，减____分			电商客服部	
3	转化率	20%	每低于目标值____%，减____分			电商客服部	
4	客单价	15%	每低于目标值____个单位，减____分			电商客服部	
5	客件数	15%	每低于目标值____个单位，减____分			电商客服部	
6	服务规范执行率	10%	未执行服务规范，减____分/次			电商客服部	
7	客户满意度	10%	每低于目标值____%，减____分			电商客服部	
量化考核得分							
被考核人（签字）：		考核人签字：					
考核日期：		日　　　　期：					

7.8.3 电商售中客服目标量化与考核

电商售中客服岗位基本信息与工作目标如图 7-26 所示。

岗位目标分解	
岗位基本信息	**岗位工作目标**
岗位名称：电商售中客服 所属部门：电商客服部 直接上级：电商客服经理/主管	目标1：为客户提供清晰的商品或服务信息
	目标2：为客户提供专业、客观的建议
	目标3：促进订单的成交
	目标4：降低退货率

图 7-26 电商售中客服岗位基本信息与工作目标

电商售中客服量化考核表如表 7-19 所示。

表 7-19 电商售中客服量化考核表

姓名		出勤	迟到	事假	病假	旷工
岗位	电商售中客服	奖惩事项	加分事项		减分事项	
序号	量化考核指标	权重	评分标准		数据来源	得分
1	客户咨询响应时间	10%	有延迟的现象，减____分 / 次		电商客服部	
2	销售额	25%	每低于目标值____%，减____分		电商客服部	
3	订单成交率	25%	每低于目标值____%，减____分		电商客服部	
4	问题解决率	15%	每低于目标值____%，减____分		电商客服部	
5	服务规范执行率	15%	未执行服务规范，减____分 / 次		电商客服部	
6	客户满意度	10%	每低于目标值____%，减____分		电商客服部	
量化考核得分						
被考核人（签字）： 考核日期：			考核人签字： 日　　期：			

7.8.4 电商售后客服目标量化与考核

电商售后客服岗位基本信息与工作目标如图 7-27 所示。

岗位目标分解	
岗位基本信息	**岗位工作目标**
岗位名称：电商售后客服 所属部门：电商客服部 直接上级：电商客服经理/主管	目标1：快速响应客户的售后需求
	目标2：妥善处理客户投诉
	目标3：依据企业规定提供退换货服务
	目标4：促进销售增长

图 7-27　电商售后客服岗位基本信息与工作目标

电商售后客服量化考核表如表 7-20 所示。

表 7-20　电商售后客服量化考核表

姓名		出勤	迟到	事假	病假	旷工
岗位	电商售后客服	奖惩事项	加分事项		减分事项	
序号	量化考核指标	权重	评分标准		数据来源	得分
1	平均响应时间	15%	每高于目标值____个单位，减____分		客服部	
2	投诉解决率	25%	每低于目标值____%，减____分		客服部	
3	服务规范执行率	20%	每有 1 次不遵守服务规范的情况，减____分		客服部 人力资源部	
4	重复购买率	10%	每低于目标值____%，减____分		客服部	
5	客户投诉次数	15%	每出现 1 次投诉，减____分		客服部	
6	差评率	15%	每高于目标值____%，减____分		客服部	
量化考核得分						
被考核人（签字）： 考核日期：			考核人签字： 日　　期：			

7.9 电商人员薪酬体系设计

7.9.1 电商人员薪酬设计要考虑的因素

电商企业的人员薪酬设计需要考虑多个因素，以确保薪酬方案的合理性和有效性，以下列举了一些主要因素。

1.岗位层级和职责

电商企业涉及商品运营、市场推广、客户服务等多个岗位，每个岗位的职责和贡献度不同，薪酬制度应根据不同岗位的特点和重要性进行差异化设计，以确保薪酬与工作内容和要求相匹配。

2.员工的绩效表现

电商企业业绩的提升与员工的个人能力和工作表现密切相关。薪酬设计应倾向于将业绩与薪酬挂钩，通过设定明确的绩效指标和评估体系，并根据员工的绩效水平来确定薪酬水平，激励员工提高工作绩效。

3.市场竞争力

由于电商行业竞争激烈，因此企业需要关注市场行情和行业趋势，确保能够吸引和留住优秀人才。

4.市场环境的变化

电商行业市场环境变化快，设计出的薪酬制度需要具有较高的灵活性和可调节性，以及时适应市场需求的变化。

5.地域因素

不同地区的电商行业发展水平和市场竞争状况不同，薪酬水平也存在差异。企业需要根据地区具体情况进行差异化调整。

6.引入长期激励

对于电商企业核心人才，可以引入股权激励等长期激励机制，使其更加关注企业的长远发展。

7. 企业内部因素

企业内部因素包括企业的财务状况、价值观等因素。

7.9.2　电商运营总监薪酬设计方案

电商运营总监薪酬体系设计方案示例如下。

方案名称	电商运营总监薪酬体系设计方案	编制部门	
		执行部门	

一、目的

为落实运营部的目标管理责任，确保电商平台运营目标的达成，强化公司中高层管理人员的激励与约束机制，实现公司持续稳健发展，特制定本方案。

二、设计原则

竞争性、激励性、公平性原则。

三、薪酬模式及标准

1. 薪酬模式

本公司对运营总监岗位的薪酬设计采用年薪制的模式。

2. 薪酬标准

综合市场行情、本公司业务规模、对运营总监职位的定位等因素，将运营总监岗位年薪设定为＿＿＿万元。

四、薪酬核算

1. 基本年薪

基本年薪 = 年薪 × 60%

月度固定薪金 = 基本年薪 ÷ 12

2. 绩效年薪

对于绩效年薪，公司可根据电商项目的实际经营成果，依据绩效考核结果支付，季度绩效工资占年薪总额的 40%。

季度绩效考核工资基数 = 年薪 × 40% ÷ 4

对电商运营总监的考核，主要包括如下四个方面的内容。

（1）业绩目标：评估运营总监对企业业绩的贡献，包括企业运营、市场份额、平台销售额等指标。

（2）团队管理能力：评估运营总监的团队建设、培养和激励能力，包括运营体系建设、部门人才培养等指标。

（3）创新能力：评估运营总监在业务模式、市场推广等方面的创新能力，如创新的举措等。

（4）成本控制：评估运营总监对公司经济效益的贡献，如成本控制等指标。

具体评分标准参照公司运营总监考核评分标准表。

3. 效益奖金

效益奖金是完成或超额完成年度利润目标，对电商运营部总监及其团队成员进行的一次性奖励。

4. 项目奖金

对于负责重要项目或创新业务的电商运营总监，可以考虑设置项目奖金。项目奖金的数额可以根据项目的规模、复杂性、重要性以及完成情况进行确定。

五、薪酬发放

（1）基本年薪按月平均发放，于每月＿＿＿日发放。

（2）绩效年薪每季度发放一次，于季度考核结束后根据绩效结果计发。

（3）效益奖金于年度考核结束后一次性发放。

（4）项目奖金于项目完成后一次性发放。

编制人员		审核人员		批准人员	
编制日期		审核日期		批准日期	

7.9.3 电商运营人员薪酬设计方案

电商运营人员薪酬设计方案示例如下。

方案名称	电商运营人员薪酬设计方案	编制部门	
		执行部门	

一、目的

为了在保障员工基本生活的同时，充分调动运营人员的工作积极性和创造性，以提高平台的运行效率和管理效率，特制定本方案。

二、适用范围

本方案适用于所有电商运营人员的薪酬设计。

三、工资构成

员工的工资由岗位工资、岗位绩效工资和奖金三部分构成，具体如表1所示。

表1　岗位工资构成表

组成部分	说明
岗位工资	根据岗位而定，是工资中相对固定的部分
岗位绩效工资	根据考核结果而定，属于工资中浮动的部分
奖金	包括运营计划超额完成奖和优秀员工奖

四、工资核算

1. 岗位工资

电商运营人员的岗位工资支付标准如下。

（1）高级运营人员，岗位工资划分为＿＿＿元、＿＿＿元、＿＿＿元三档。

（2）普通运营人员，岗位工资划分为＿＿＿元、＿＿＿元两档。

（3）运营助理，岗位工资划分为＿＿＿元、＿＿＿元两档。

2. 岗位绩效工资

岗位绩效工资根据考核结果而定，具体发放标准如表 2 所示。

表 2　电商运营人员绩效工资发放标准

考核内容	绩效考核得分（分）	绩效评定等级	分配系数	绩效工资
运营效率、电商平台销售业绩、营销活动、用户运营	90（含）~ 100	优秀	＿＿＿＿	岗位工资 × 分配系数
	80（含）~ 90	良好	＿＿＿＿	岗位工资 × 分配系数
	70（含）~ 80	合格	＿＿＿＿	岗位工资 × 分配系数
	70 以下	需改进	＿＿＿＿	岗位工资 × 分配系数

3. 奖金

奖金分为运营计划超额完成奖和优秀员工奖两部分。

（1）运营计划超额完成奖。运营计划超额完成奖发放标准如表 3 所示。

表 3　运营计划超额完成奖发放标准

运营计划超额完成比率	团队奖励
30% 及以上	＿＿＿元
20%（含）~ 30%	＿＿＿元
10%（含）~ 20%	＿＿＿元

（2）优秀员工奖。运营或推广工作取得实际效果，对网站、店铺的销售有极大推动作用，效果显著者可一次性获得＿＿＿~＿＿＿元的奖励。

五、工资的发放

工资支付日期为每月的＿＿＿日，如遇节假日则提前至节前的最后一个工作日发放。

六、工资的调整

企业根据自身的经营效益进行整体工资水平的调整。电商运营人员的薪酬调整依据为每年 7 月、下年度 1 月两次考核的综合成绩。

编制人员		审核人员		批准人员	
编制日期		审核日期		批准日期	

7.9.4 电商客服人员薪酬设计方案

电商客服人员薪酬设计方案示例如下。

方案名称	电商客服人员薪酬设计方案	编制部门	
		执行部门	

一、说明

本方案适用于电商客服人员的薪酬设计、发放等工作。

二、薪酬构成

1. 岗位工资

（1）根据客服人员的学历、工作经验、专业技能等因素，确定其岗位工资。

（2）设定的标准如下：资深客服人员＿＿＿元、中级客服人员＿＿＿元、初级客服人员＿＿＿元。

2. 销售提成

客服人员作为销售团队的一部分，通常会有一定的销售提成。电商客服人员的业绩计提依据是以个人的产品销售额为基础，具体的提成比例如下表所示。

电商客服人员销售提成比例设置

产品名称	销售额（万元）	提成标准	产品类别
产品 1	＿＿＿以上	销售总额的＿＿＿%	老产品
	＿＿＿ ~ ＿＿＿	销售总额的＿＿＿%	
	＿＿＿以下	销售总额的＿＿＿%	
产品 2	＿＿＿以上	销售总额的＿＿＿%	新产品
	＿＿＿ ~ ＿＿＿	销售总额的＿＿＿%	
	＿＿＿以下	销售总额的＿＿＿%	
电商客服人员销售提成计算 = 产品 1 的销售总额 × 对应的提成比例 + 产品 2 的销售总额 × 对应的提成比例			

3. 绩效奖金

为了激励客服人员提供更好的服务，可以设置绩效奖金。这通常与客服人员的服务质量、客户满意度、投诉问题解决率等指标挂钩。

4. 福利

本公司为电商客服人员提供的福利包括但不限于社保、带薪年假、节假日福利、职业培训等。

三、薪酬发放

每月＿＿日，销售提成、绩效奖金随同岗位工资一并发放。

编制人员		审核人员		批准人员	
编制日期		审核日期		批准日期	

7.9.5 物流仓储人员薪酬管理制度

××公司物流仓储人员薪酬管理制度示例如下。

制度名称	××公司物流仓储人员薪酬管理制度	编制部门	
		执行部门	

第1条 目的

为调动仓管、备货、送货人员的工作积极性，提高公司的物流速度，降低物流成本，规范公司的工资分配体系，体现公司按劳分配的原则，特制定本制度。

第2条 适用范围

本制度适用于本公司所有仓管、备货、送货人员的薪酬管理。

第3条 薪酬构成

物流仓储人员的薪酬由基本薪酬和可变薪酬两部分构成，各自包含的项目如下表所示。

物流仓储人员的薪酬构成

薪酬类型	内容	备注
基本薪酬	岗位基本工资	每年调整一次
	技能工资	每半年评定一次
	工龄工资	工龄每增加1年，加＿＿元

（续）

（续表）

薪酬类型	内容	备注
可变薪酬	绩效工资	根据工作纪律、任务完成情况、5S 管理状况等考核结果而定
	奖金	个人贡献奖、团队奖金

第 4 条　岗位基本工资

1. 岗位基本工资在相同岗位的员工中基本相同，但同岗位不同级别的员工有所不同。

2. 以岗位的基本要求、责任、劳动强度、劳动环境等要素为依据对所有岗位进行评价，根据评价结果确定岗位基本工资。

第 5 条　技能工资

1. 技能工资的设置可以鼓励物流仓储人员立足岗位，积极学习与工作有关的知识，熟练掌握工作技能。

2. 第一次进行技能工资评定时，可根据公司制定的测评标准，对物流仓储人员的能力进行统一评价定级或根据某时间段员工的工作结果进行统一评价定级。

第 6 条　绩效工资

1. 考核频率：月度考核。对当月的工作表现进行考核，考核实施时间为下个月____日之前，遇节假日顺延。

2. 绩效工资核算。物流仓储人员绩效工资 ＝ 岗位基本工资 × 考核系数。

第 7 条　奖金

对工作表现优异的团队和个人，公司给予一定数额的奖金激励。

第 8 条　薪酬发放

工资支付日期为每月的____日，如遇节假日则提前至节前的最后一个工作日发放。

第 9 条　薪酬调整

1. 调整依据如下。

（1）公司根据自身的经营效益进行整体工资水平的调整。

（2）物流仓储人员每年 7 月、下年度 1 月两次考核的综合成绩。

2. 调整时间为每年的____月。

第 10 条　附则

1. 本制度自颁布之日起开始执行。

2. 本制度由公司人力资源部负责解释。

编制日期		审核日期		批准日期	
修改标记		修改处数		修改日期	

第 **8** 章

新媒体运营人员量化考核与薪酬体系设计

8.1 新媒体运营部量化分析与量化考核

8.1.1 新媒体运营部量化管理分析

根据新媒体运营部职责提取的量化考核项目如图 8-1 所示。

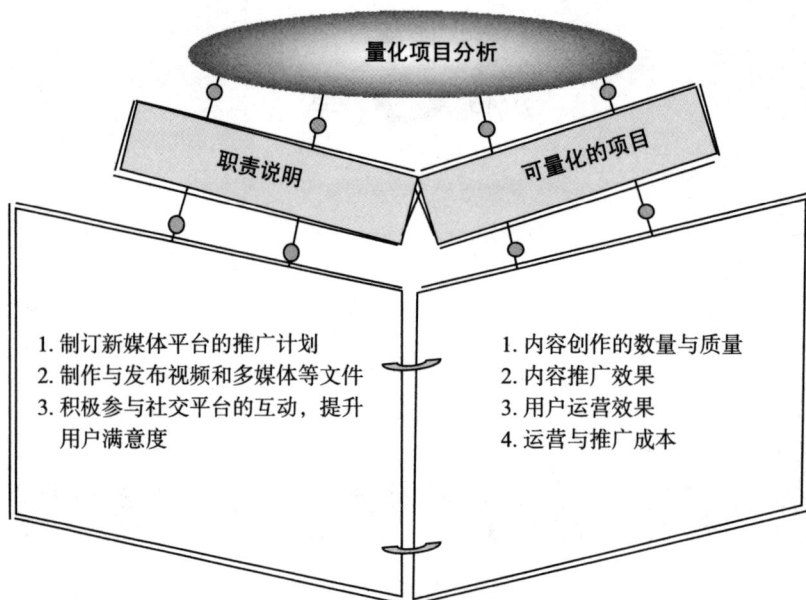

图 8-1 新媒体运营部量化考核项目

8.1.2 新媒体运营部量化指标设计

根据新媒体运营部工作目标设计的量化考核指标如图 8-2 所示。

目标项目	量化目标	量化考核指标
内容推广目标	在规定时间内完成内容的制作与推广工作，任务完成率达100%	发布的作品数、完播率
用户运营目标	构建良好的互动关系，促进用户增长，新增用户达＿＿人，作品转发率达＿＿%	粉丝数、点赞率转发率、互动量
商业转化目标	积极反馈用户需求，用户转化率达＿＿%	链接点击率转化率销售额
部门管理目标	部门无重大违规事件发生，运营成本控制在预算内	运营成本

图 8-2 新媒体运营部量化考核指标

8.1.3 新媒体运营部量化考核设计

1. 量化考核指标说明

图 8-3 对新媒体运营部量化考核指标体系中的三项指标进行了相关说明。

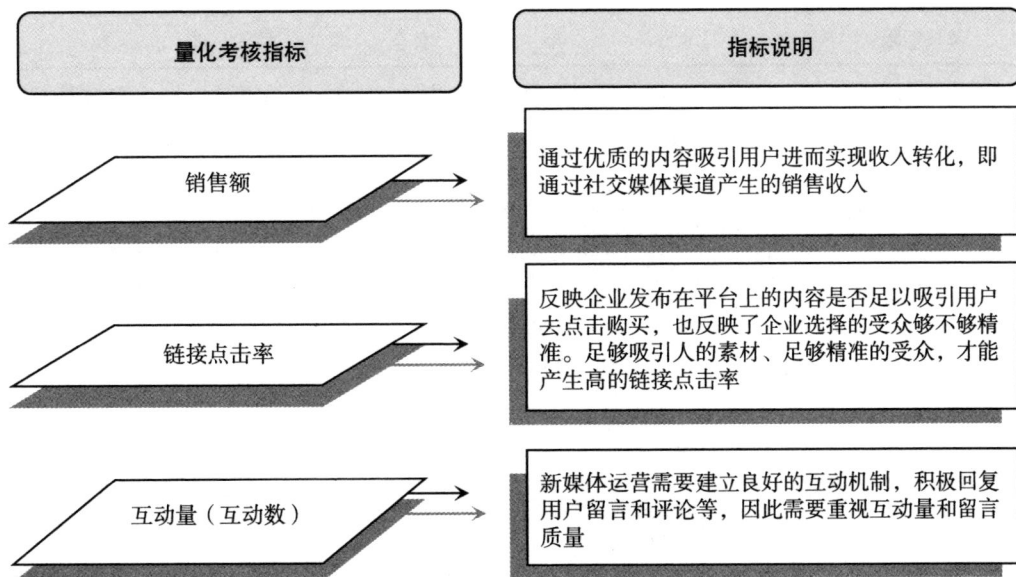

量化考核指标	指标说明
销售额	通过优质的内容吸引用户进而实现收入转化，即通过社交媒体渠道产生的销售收入
链接点击率	反映企业发布在平台上的内容是否足以吸引用户去点击购买，也反映了企业选择的受众够不够精准。足够吸引人的素材、足够精准的受众，才能产生高的链接点击率
互动量（互动数）	新媒体运营需要建立良好的互动机制，积极回复用户留言和评论等，因此需要重视互动量和留言质量

图 8-3 新媒体运营部量化考核指标说明

2. 考核内容设计说明

（1）内容质量考核。新媒体的内容质量对用户的留存、分享和转化至关重要。考核时需将其转化为可以量化的评估指标或标准，便于考核实施。

另外，正确的数据分析和选择合适的考核频率同样重要，需要在合理的时间范围内进行数据分析和绩效考核，以便及时对内容设计策略进行调整和优化。

（2）用户管理考核。用户数量是评估新媒体运营效果的重要指标之一，但单看数量还不够，还须关注用户的活跃度。

（3）内容转化考核。新媒体运营的最终目的是帮助企业实现其商业价值，因此可以通过考核新媒体运营的转化率来评估这一目标达成效果。

（4）财务指标考核。考核新媒体运营的绩效时要考虑财务指标，如收入、成本、利润等。

3. 考核量表

新媒体运营部量化考核表如表 8-1 所示。

表 8-1　新媒体运营部量化考核表

部门	新媒体运营部		部门负责人	新媒体运营部经理
考核期限	___年___月___日至___年___月___日			
量化考核指标	**权重**	**指标计算 / 说明**	**目标值**	**考核得分**
内容发布的数量	10%	某段时间内企业在社交媒体上发布的作品数量	___篇	
阅读率	15%	$\dfrac{推文阅读量}{用户总数} \times 100\%$	___%	
完播率	10%	$\dfrac{完整看完视频的用户数}{看视频的用户总数} \times 100\%$	___%	
转发率	5%	$\dfrac{转发量}{视频播放量} \times 100\%$	___%	
链接点击率	5%	$\dfrac{链接点击次数}{展示次数} \times 100\%$	___%	
新增用户数	10%	即企业新增的用户数	___人	

（续表）

量化考核指标	权重	指标计算/说明	目标值	考核得分
转化率	10%	$\dfrac{完成购买行为的访客数量}{访客总数量} \times 100\%$	＿＿%	
销售额	20%	即企业的销售额	＿＿万元	
ROI（投资回报率）	15%	$\dfrac{社交媒体活动产生的收入}{所有已知的社交媒体花费} \times 100\%$	＿＿%	
量化考核得分				

8.2　内容创作部量化分析与量化考核

8.2.1　内容创作部量化管理分析

根据内容创作部职责提取的量化考核项目如图 8-4 所示。

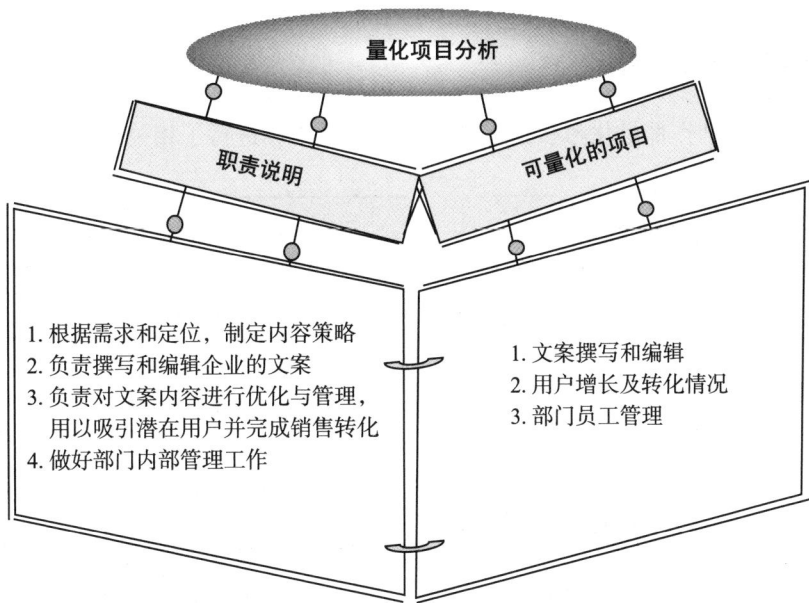

图 8-4　内容创作部量化考核项目

8.2.2 内容创作部量化指标设计

根据内容创作部工作目标设计的量化考核指标如图 8-5 所示。

目标项目	量化目标	量化考核指标
文案撰写	在规定时间内完成文案撰写及推送工作，任务完成率达100%	文案撰写任务完成率 文章原创率 更新频率
用户管理	将企业产品或服务的优势通过文字表述出来，以吸引潜在用户，力争当期用户增长率达____%，转化率达____%	新增用户数 阅读率 转化率 点击率 活跃用户数
员工管理	部门无重大违规事件发生，开展部门工作人员培训活动次数不少于____次	关键岗位人员流失率 培训计划完成率

图 8-5 内容创作部量化考核指标

8.2.3 内容创作部量化考核设计

1. 量化考核指标说明

图 8-6 对内容创作部量化考核指标体系中的三项指标进行了相关说明。

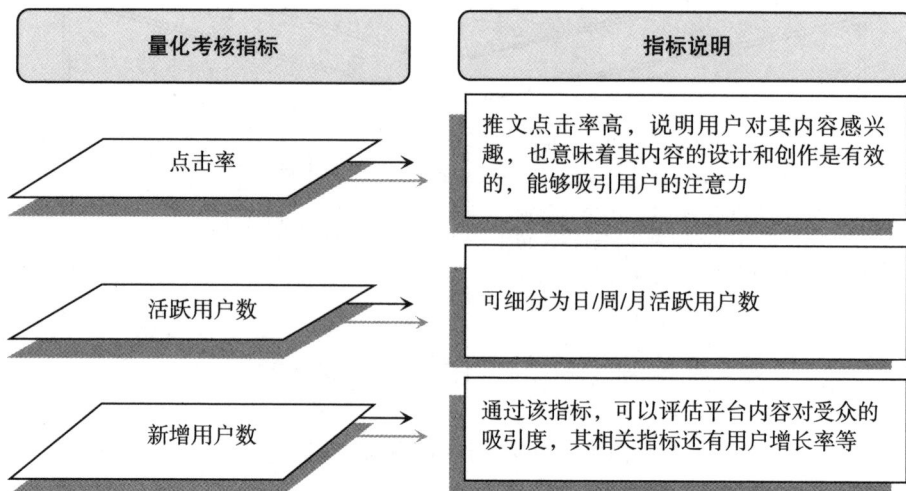

量化考核指标	指标说明
点击率	推文点击率高，说明用户对其内容感兴趣，也意味着其内容的设计和创作是有效的，能够吸引用户的注意力
活跃用户数	可细分为日/周/月活跃用户数
新增用户数	通过该指标，可以评估平台内容对受众的吸引度，其相关指标还有用户增长率等

图 8-6 内容创作部量化考核指标说明

2. 考核量表

内容创作部量化考核表如表 8-2 所示。

表 8-2　内容创作部量化考核表

部门	内容创作部		部门负责人	内容创作部经理	
考核期限	___年___月___日至___年___月___日				
量化考核指标	权重	指标计算 / 说明		目标值	考核得分
文章原创率	25%	$\dfrac{原创文章数量}{公众号发布的文章总数} \times 100\%$		___%	
阅读率	15%	$\dfrac{推文阅读量}{企业新媒体运营平台用户总数} \times 100\%$		___%	
点击率	10%	$\dfrac{推文点击数}{推文总展示数} \times 100\%$		___%	
新增用户数	15%	—		___人	
活跃用户数	10%	考核期内登录企业平台的用户数		___人	
转发量	10%	企业某个账号发布的内容在社交平台上被其他人转发的次数		___人 / 次	
转化率	15%	通过发布的内容而购买产品或服务的用户比例		___%	
量化考核得分					

8.3　新媒体技术部量化分析与量化考核

8.3.1　新媒体技术部量化管理分析

根据新媒体技术部职责提取的量化考核项目如图 8-7 所示。

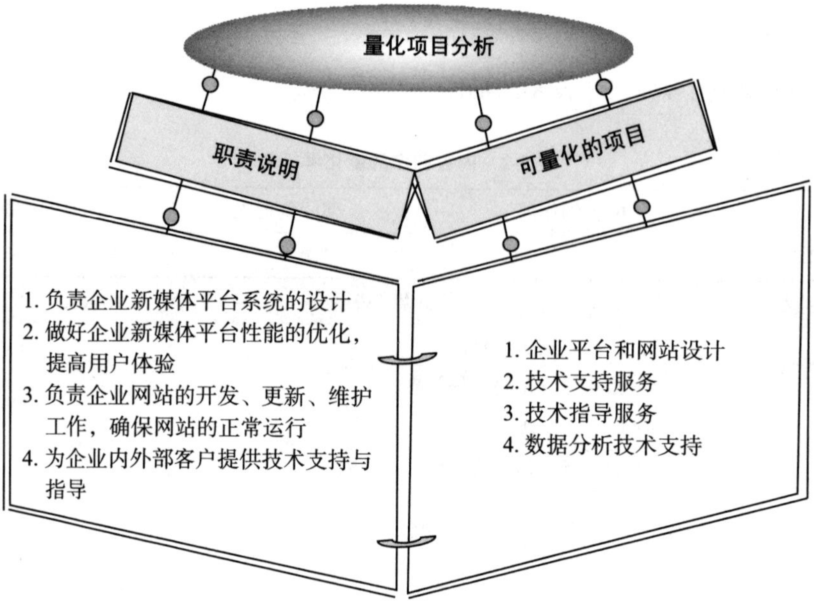

图 8-7　新媒体技术部量化考核项目

8.3.2　新媒体技术部量化指标设计

根据新媒体技术部工作目标设计的量化考核指标如图 8-8 所示。

目标项目	量化目标	量化考核指标
平台开发目标	规定时间完成平台功能的设计，任务完成率达100%	项目开发计划完成率
平台维护目标	企业网站系统有序运行，平台功能设计满足用户需求，用户满意率达＿＿%	用户满意率
技术服务目标	及时处理技术故障，＿＿分钟内响应各部门的需求	系统故障率 技术问题解决率 平均恢复时间 响应时间
员工管理目标	部门无重大违规事件发生，开展部门工作人员培训活动次数不少于＿＿次	信息泄露次数、培训计划完成率

图 8-8　新媒体技术部量化考核指标

8.3.3 新媒体技术部量化考核设计

1. 量化考核指标说明

图 8-9 对新媒体技术部量化考核指标体系中的三项指标进行了相关说明。

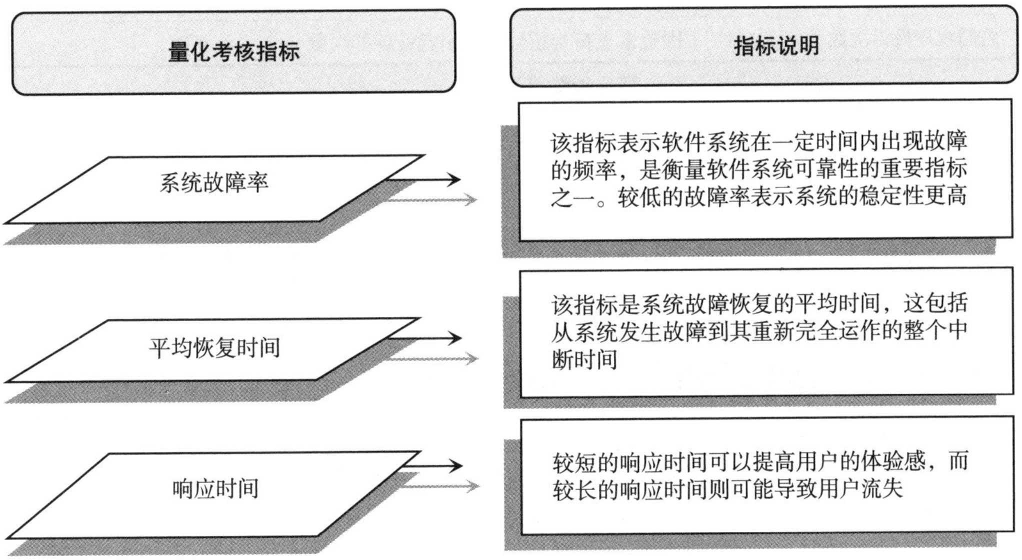

量化考核指标	指标说明
系统故障率	该指标表示软件系统在一定时间内出现故障的频率，是衡量软件系统可靠性的重要指标之一。较低的故障率表示系统的稳定性更高
平均恢复时间	该指标是系统故障恢复的平均时间，这包括从系统发生故障到其重新完全运作的整个中断时间
响应时间	较短的响应时间可以提高用户的体验感，而较长的响应时间则可能导致用户流失

图 8-9　新媒体技术部量化考核指标说明

2. 考核量表

新媒体技术部量化考核表如表 8-3 所示。

表 8-3　新媒体技术部量化考核表

部门	新媒体技术部		部门负责人	新媒体技术部经理
考核期限	___年___月___日至___年___月___日			
量化考核指标	权重	指标计算/说明	目标值	考核得分
项目开发完成率	25%	$\frac{已完成的项目开发数}{计划的项目开发数} \times 100\%$	100%	
系统故障率	20%	$\frac{系统因出现故障而停机的时间}{系统运行时间} \times 100\%$	___%	
功能模块出错率	10%	$\frac{设计出错的功能模块数}{功能模块总数} \times 100\%$	___%	
响应时间	5%	发出请求到收到响应所花费的时间	___秒内	

（续表）

量化考核指标	权重	指标计算 / 说明	目标值	考核得分
技术问题解决率	20%	$\dfrac{技术问题解决的次数}{出现技术问题的次数} \times 100\%$	____%	
平均恢复时间	10%	$\dfrac{修复时间}{故障时间 + 修复时间} \times 100\%$	____分钟 / 次	
内部客户投诉次数	10%	因技术支持与指导不力引起投诉的次数	0 次	
量化考核得分				

8.4 新媒体运营部各岗位量化分析与量化考核

8.4.1 新媒体运营部经理目标量化与考核

新媒体运营部经理岗位基本信息与工作目标如图 8-10 所示。

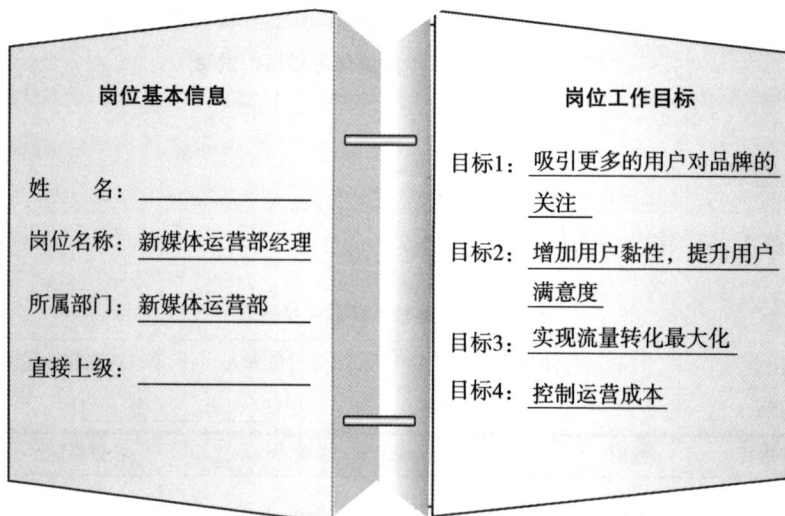

图 8-10 新媒体运营部经理岗位基本信息与工作目标

新媒体运营部经理量化考核表如表 8-4 所示。

表 8-4 新媒体运营部经理量化考核表

目标责任人		目标责任期限		___年___月___日至___年___月___日		
奖惩说明						
目标项目	量化考核指标	权重	绩效目标值		考核频率	考核得分
销售任务目标	销售额	15%	___万元		月度 / 季度 / 年度	
	销售利润目标达成率	15%	达到___%		月度 / 季度 / 年度	
	市场占有率	10%	达到___%		季度 / 年度	
用户管理目标	用户数量	10%	达到___个		季度 / 年度	
	点击率	5%	达到___%		季度 / 年度	
	用户留存率	10%	达到___%		月度 / 季度 / 年度	
	转化率	10%	达到___%		月度 / 季度 / 年度	
成本管理目标	ROI（投资回报率）	10%	达到___%		季度 / 年度	
	推广成本	5%	控制在预算内		季度 / 年度	
员工管理目标	部门核心员工流失率	5%	低于___%		季度 / 年度	
	培训计划完成率	5%	达到100%		月度 / 季度 / 年度	
考核得分合计						
考核人（签字）： 考核日期：			审核人（签字）： 审核日期：			

新媒体运营部经理目标责任考核方案示例如下。

新媒体运营部经理目标责任考核方案

一、目的

为了进一步规范岗位责任目标考核管理，明确运营经理岗位工作目标，确保公司___年度运营管理工作目标的实现，特制定本方案。

二、责任期限

___年___月___日至___年___月___日。

三、考核办法

根据工作责任目标完成情况，实行百分制目标考核办法。

（续）

四、考核内容及评分办法

1. 用户增长

（1）月度/季度的用户增长率达到____%，每低于目标值____个百分点，减____分。

（2）用户留存率达到____%，每低于目标值____个百分点，减____分。

2. 内容效果

（1）内容原创率达到____%，每低于目标值____个百分点，减____分。

（2）点击率达到____%，每低于目标值____个百分点，减____分。

（3）播放次数达到____次，每比目标值少____次，减____分。

（4）内容分享率达到____%，每比目标值少____个百分点，减____分

3. 转化及销售

（1）转化率达到____%，每低于目标值____个百分点，减____分。

（2）通过社交媒体渠道产生的销售收入达到____万元，每低于目标值____个百分点，减____分。

4. 成本费用

本公司的运营推广费用控制在预算内，每超出预算____个百分点，减____分。

五、奖励措施

若责任人在考核期内完成以上工作指标，公司除依照绩效标准计发绩效工资外，还会在薪酬待遇、个人荣誉等方面对责任人进行奖励，具体内容见公司绩效考核相关制度。

编制日期：　　　　　　审核日期：　　　　　　实施日期：

8.4.2 微博运营专员目标量化与考核

微博运营专员岗位基本信息与工作目标如图 8-11 所示。

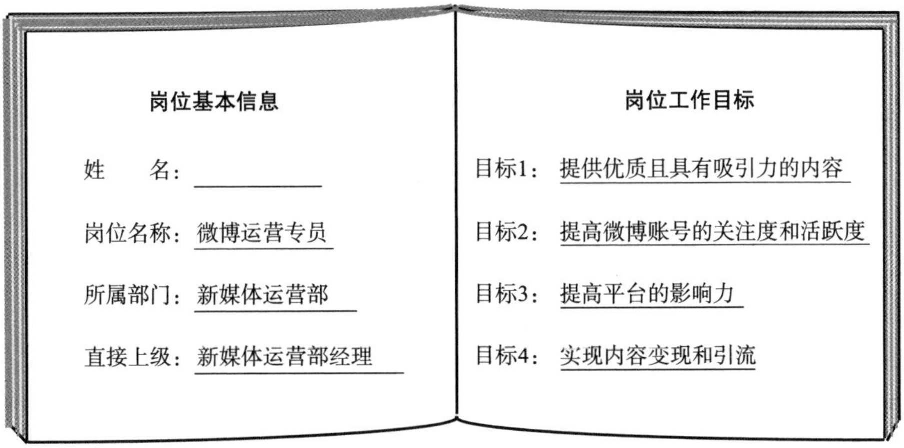

图 8-11　微博运营专员岗位基本信息与工作目标

微博运营专员量化考核表如表 8-5 所示。

表 8-5　微博运营专员量化考核表

姓名		出勤	迟到	事假		病假	旷工
岗位	微博运营专员	奖惩事项	加分事项			减分事项	

序号	量化考核指标	权重	评分标准	数据来源	得分
1	日发布微博数	15%	每比目标值少____条，减____分	新媒体运营部	
2	文章原创率	20%	每低于目标值____%，减____分	新媒体运营部	
3	相关话题数	10%	受到关注的话题数每比目标值少____个单位，减____分	新媒体运营部	
4	微博账号新增用户数	10%	每低于目标值____%，减____分	新媒体运营部	
5	微博曝光量	15%	每低于目标值____%，减____分	新媒体运营部	
6	平均转发数	10%	每低于目标值____%，减____分	新媒体运营部	
7	链接点击量	10%	每低于目标值____%，减____分	新媒体运营部	
8	转化率	10%	每低于目标值____%，减____分	新媒体运营部	
量化考核得分					
被考核人（签字）：			考核人签字：		
考核日期：			日　　　期：		

8.4.3 微信运营专员目标量化与考核

微信运营专员岗位基本信息与工作目标如图 8-12 所示。

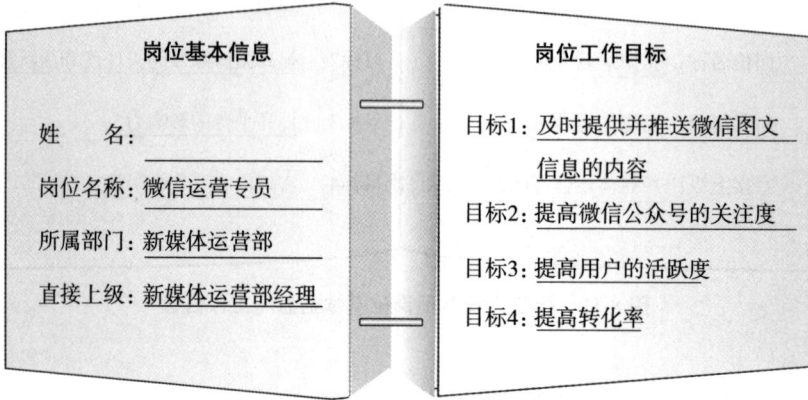

图 8-12 微信运营专员岗位基本信息与工作目标

微信运营专员量化考核表如表 8-6 所示。

表 8-6 微信运营专员量化考核表

姓名			出勤	迟到	事假	病假	旷工
岗位	微信运营专员		奖惩事项	加分事项		减分事项	

序号	量化考核指标	权重	评分标准	数据来源	得分
1	微信公众号点击率	10%	每低于目标值＿＿＿%，减＿＿＿分	新媒体运营部	
2	内容更新频率	20%	未在规定时间内更新内容，减＿＿＿分	新媒体运营部	
3	阅读率	10%	每低于目标值＿＿＿%，减＿＿＿分	新媒体运营部	
4	转发率	10%	每低于目标值＿＿＿%，减＿＿＿分	新媒体运营部	
5	互动率	10%	每低于目标值＿＿＿%，减＿＿＿分	新媒体运营部	
6	微信平台新增关注数量	20%	每低于目标值＿＿＿%，减＿＿＿分	新媒体运营部	
7	取消关注数	10%	每高于目标值＿＿＿%，减＿＿＿分	新媒体运营部	
8	转化率	10%	每低于目标值＿＿＿%，减＿＿＿分	新媒体运营部	
量化考核得分					
被考核人（签字）：考核日期：			考核人签字：日 期：		

8.4.4 短视频运营专员目标量化与考核

短视频运营专员岗位基本信息与工作目标如图8-13所示。

岗位基本信息	岗位工作目标
姓　　名：_____	目标1：提供优质、有趣、有吸引力的短视频内容
岗位名称：短视频运营专员	目标2：提高短视频账号的关注度
所属部门：新媒体运营部	目标3：提高短视频账号的活跃度
直接上级：新媒体运营部经理	目标4：提高平台知名度，实现商业变现

图 8-13　短视频运营专员岗位基本信息与工作目标

短视频运营专员量化考核表如表8-7所示。

表 8-7　短视频运营专员量化考核表

姓名		出勤	迟到	事假	病假	旷工
岗位	短视频运营专员	奖惩事项	加分事项		减分事项	
序号	量化考核指标	权重	评分标准		数据来源	得分
1	短视频制作数量	20%	每比目标值少____个，减____分		新媒体运营部	
2	短视频播放量	10%	所发布的作品的播放量每低于目标值____%，减____分		新媒体运营部	
3	完播率	10%	每低于目标值____%，减____分		新媒体运营部	
4	跳出率	10%	每高于目标值____%，减____分		新媒体运营部	
5	爆款作品数	15%	每出现1则爆款作品，加____分		新媒体运营部	
6	用户增长数	10%	每低于目标值____%，减____分		新媒体运营部	
7	点赞率	5%	每低于目标值____%，减____分		新媒体运营部	
8	转发率	10%	每低于目标值____%，减____分		新媒体运营部	
9	转化率	10%	每低于目标值____%，减____分		新媒体运营部	
量化考核得分						
被考核人（签字）： 考核日期：			考核人签字： 日　　期：			

8.4.5 直播运营人员目标量化与考核

直播运营人员岗位基本信息与工作目标如图 8-14 所示。

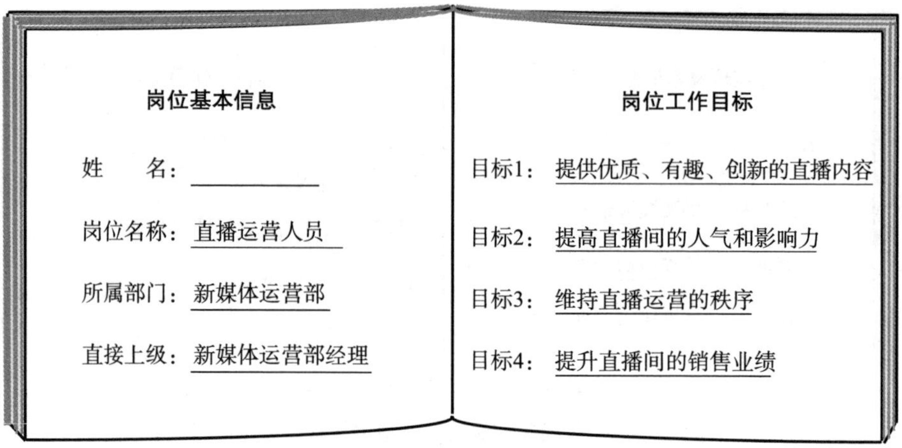

岗位基本信息

姓　　名：＿＿＿＿＿＿

岗位名称：直播运营人员

所属部门：新媒体运营部

直接上级：新媒体运营部经理

岗位工作目标

目标1：提供优质、有趣、创新的直播内容

目标2：提高直播间的人气和影响力

目标3：维持直播运营的秩序

目标4：提升直播间的销售业绩

图 8-14　直播运营人员岗位基本信息与工作目标

直播运营人员量化考核表如表 8-8 所示。

表 8-8　直播运营人员量化考核表

姓名			出勤	迟到	事假	病假	旷工
岗位	直播运营人员		奖惩事项	加分事项		减分事项	
序号	量化考核指标	权重	评分标准		数据来源		得分
1	直播间的观看人数	20%	每比目标值少＿＿＿人，减＿＿＿分		新媒体运营部		
2	直播间销售收入	10%	每低于目标值＿＿＿%，减＿＿＿分		新媒体运营部		
3	新增用户数	10%	每低于目标值＿＿＿%，减＿＿＿分		新媒体运营部		
4	付费用户数	20%	每低于目标值＿＿＿%，减＿＿＿分		新媒体运营部		
5	转化率	10%	每低于目标值＿＿＿%，减＿＿＿分		新媒体运营部		
6	用户留存率	20%	每低于目标值＿＿＿%，减＿＿＿分		新媒体运营部		
7	点赞数	10%	每低于目标值＿＿＿%，减＿＿＿分		新媒体运营部		
量化考核得分							
被考核人（签字）：			考核人签字：				
考核日期：			日　　期：				

8.4.6　社交媒体推广专员目标量化与考核

社交媒体推广专员岗位基本信息与工作目标如图 8-15 所示。

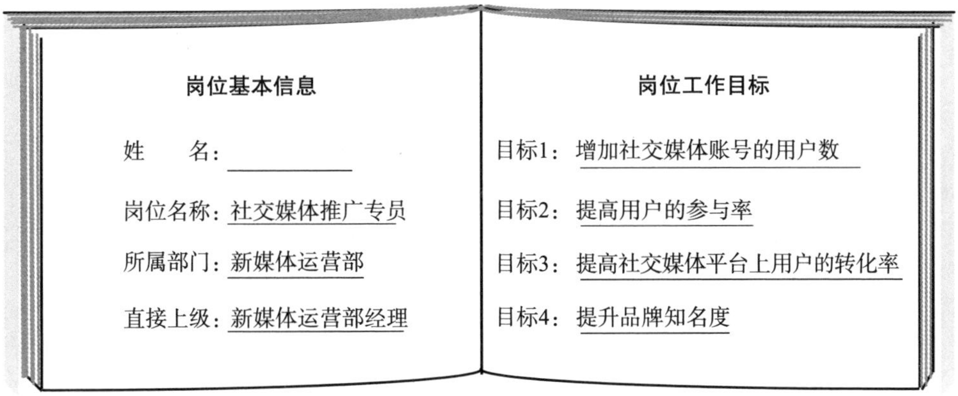

岗位基本信息

姓　　名：_____

岗位名称：社交媒体推广专员

所属部门：新媒体运营部

直接上级：新媒体运营部经理

岗位工作目标

目标1：增加社交媒体账号的用户数

目标2：提高用户的参与率

目标3：提高社交媒体平台上用户的转化率

目标4：提升品牌知名度

图 8-15　社交媒体推广专员岗位基本信息与工作目标

社交媒体推广专员量化考核表如表 8-9 所示。

表 8-9　社交媒体推广专员量化考核表

姓名		出勤	迟到	事假	病假	旷工
岗位	社交媒体推广专员	奖惩事项	加分事项		减分事项	
序号	量化考核指标	权重	评分标准		数据来源	得分
1	新增用户数	15%	每低于目标值___%，减___分		新媒体运营部	
2	曝光量	20%	推文被查看的总次数每比目标值少___个单位，减___分		新媒体运营部	
3	互动数	10%	每低于目标值___%，减___分		新媒体运营部	
4	点击率	10%	每低于目标值___%，减___分		新媒体运营部	
5	转化率	20%	每低于目标值___%，减___分		新媒体运营部	
6	反馈率	5%	每低于目标值___%，减___分		新媒体运营部	
7	CPC[①]	20%	每高于目标值___%，减___分		新媒体运营部	
量化考核得分						
被考核人（签字）：　　　　　考核日期：			考核人签字：　　　　　日　　　期：			

---

① CPC 的英文全称为 Cost Per Click，即一种网络广告的收费计算形式。

8.4.7 视频剪辑师目标量化与考核

视频剪辑师岗位基本信息与工作目标如图8-16所示。

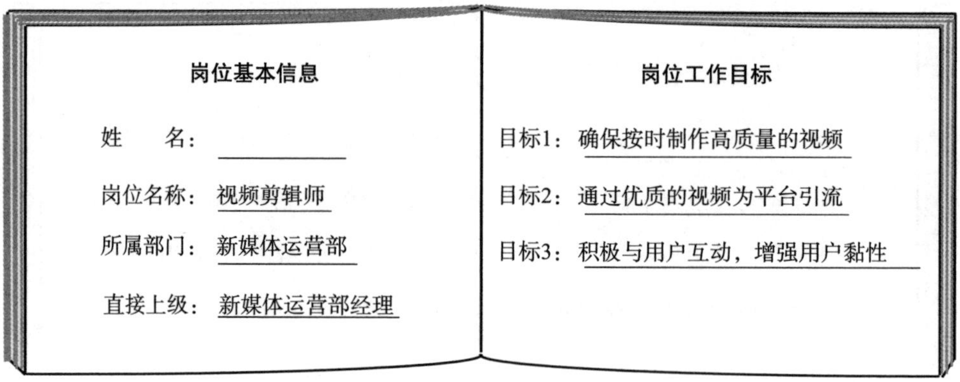

图8-16 视频剪辑师岗位基本信息与工作目标

视频剪辑师量化考核表如表8-10所示。

表8-10 视频剪辑师量化考核表

姓名			出勤	迟到	事假	病假	旷工
岗位	视频剪辑师		奖惩事项	加分事项		减分事项	
序号	量化考核指标	权重		评分标准		数据来源	得分
1	视频发布量	25%		每比目标值少____个，减____分		新媒体运营部	
2	视频剪辑任务完成率	15%		每低于目标值____%，减____分		新媒体运营部	
3	返工次数	10%		剪辑的视频每出现1次技术错误而返工，减____分		新媒体运营部	
4	月度总播放量	10%		每低于目标值____%，减____分		新媒体运营部	
5	完播率	15%		每低于目标值____%，减____分		新媒体运营部	
6	单条视频最高播放量	5%		每低于目标值____%，减____分		新媒体运营部	
7	互动量	10%		每低于目标值____%，减____分		新媒体运营部	
8	转发率	10%		每低于目标值____%，减____分		新媒体运营部	
量化考核得分							
被考核人（签字）： 考核日期：				考核人签字： 日　期：			

8.5 内容创作部量化分析与量化考核

8.5.1 运营主编目标量化与考核

运营主编岗位基本信息与工作目标如图 8-17 所示。

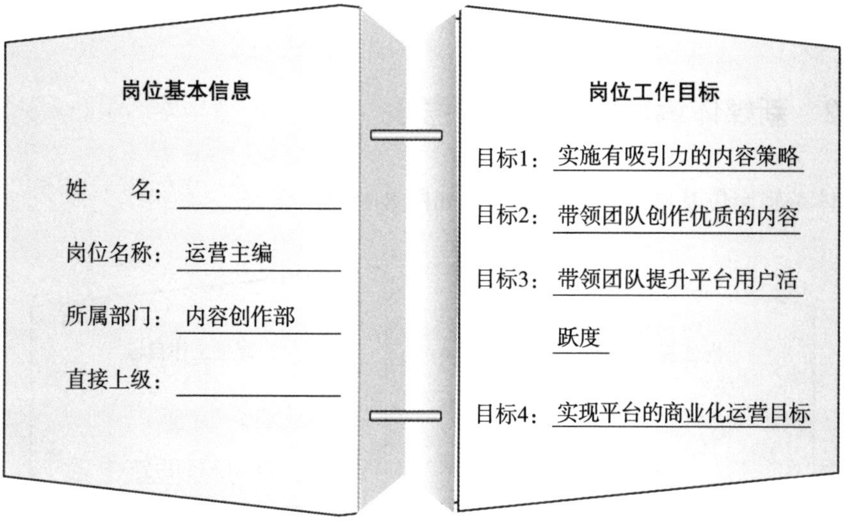

图 8-17 运营主编岗位基本信息与工作目标

运营主编量化考核表如表 8-11 所示。

表 8-11 运营主编量化考核表

姓名		出勤	迟到	事假	病假	旷工
岗位	运营主编	奖惩事项	加分事项		减分事项	

序号	量化考核指标	权重	评分标准	数据来源	得分
1	推文数量	15%	每比目标值少___篇，减___分	内容创作部	
2	文章原创率	20%	每低于目标值___%，减___分	内容创作部	
3	更新频率	15%	未在规定时间内更新内容，减___分	内容创作部	
4	阅读量	20%	每低于目标值___，减___分	内容创作部	
5	新增用户数	10%	每低于目标值___，减___分	内容创作部	
6	用户活跃度	10%	每低于目标值___%，减___分	内容创作部	

（续表）

序号	量化考核指标	权重	评分标准	数据来源	得分
7	转化率	10%	每低于目标值____%，减____分	内容创作部 新媒体运营部	
			量化考核得分		
被考核人（签字）：			考核人签字：		
考核日期：			日　　期：		

8.5.2　新媒体编辑目标量化与考核

新媒体编辑岗位基本信息与工作目标如图 8-18 所示。

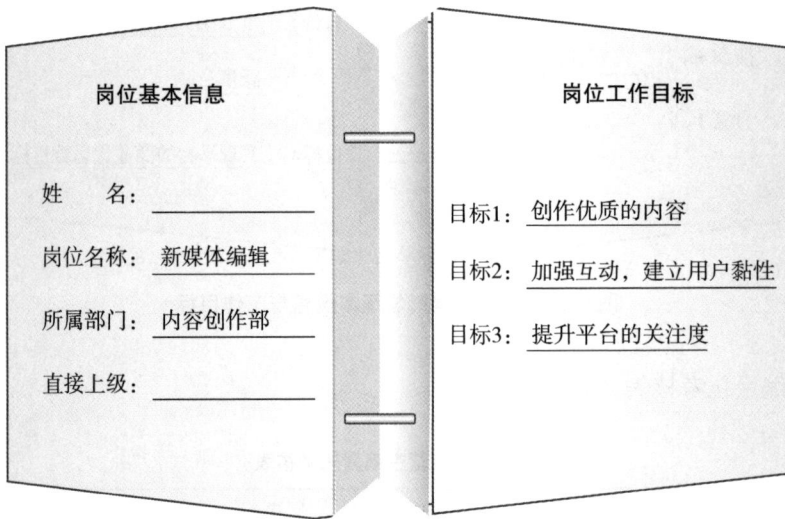

岗位基本信息

姓　　名：＿＿＿＿＿

岗位名称：新媒体编辑

所属部门：内容创作部

直接上级：＿＿＿＿＿

岗位工作目标

目标1：创作优质的内容

目标2：加强互动，建立用户黏性

目标3：提升平台的关注度

如 8-18　新媒体编辑岗位基本信息与工作目标

新媒体编辑量化考核表如表 8-12 所示。

表 8-12　新媒体编辑量化考核表

姓名		出勤	迟到	事假	病假	旷工
岗位	新媒体编辑	奖惩事项	加分事项		减分事项	

序号	量化考核指标	权重	评分标准	数据来源	得分
1	日均发文数量	10%	每比目标值少____篇，减____分	内容创作部	

（续表）

序号	量化考核指标	权重	评分标准	数据来源	得分
2	内容原创率	20%	每低于目标值____%，减____分	内容创作部	
3	图文错误率	15%	图文内容出现差错，减____分／处	内容创作部	
4	阅读量	15%	每低于目标值____，减____分	内容创作部	
5	推荐量	10%	每低于目标值____，减____分	内容创作部	
6	平均转发量	10%	每低于目标值____，减____分	内容创作部	
7	互动量	15%	每低于目标值____，减____分	内容创作部	
8	新增用户数	5%	每低于目标值____，减____分	内容创作部	
量化考核得分					
被考核人（签字）： 考核日期：		考核人签字： 日　　期：			

8.5.3　文案策划专员目标量化与考核

文案策划专员岗位基本信息与工作目标如图 8-19 所示。

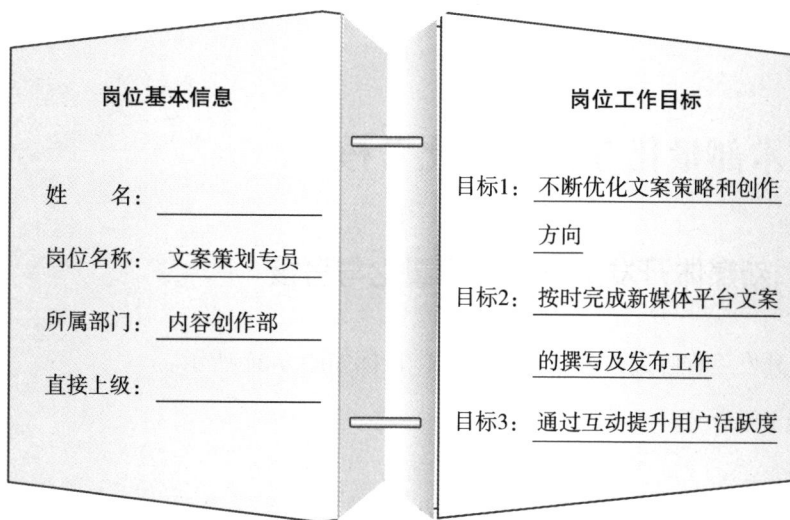

图 8-19　文案策划专员岗位基本信息与工作目标

文案策划专员量化考核表如表 8-13 所示。

表 8-13　文案策划专员量化考核表

姓名			出勤	迟到		事假		病假	旷工
岗位	文案策划专员		奖惩事项	加分事项				减分事项	
序号	量化考核指标		权重	评分标准				数据来源	得分
1	策划方案一次通过率		20%	每低于目标值＿＿%，减＿＿分				内容创作部	
2	文案撰写任务完成率		15%	每低于目标值＿＿%，减＿＿分				内容创作部	
3	图文差错率		15%	图文内容出现差错，减＿＿分／处				内容创作部	
4	点击率		10%	每低于目标值＿＿%，减＿＿分				内容创作部	
5	转发量		10%	每低于目标值＿＿，减＿＿分				内容创作部	
6	点赞数		10%	每低于目标值＿＿，减＿＿分				内容创作部	
7	新增用户数		10%	每低于目标值＿＿，减＿＿分				内容创作部	
8	转化率		10%	每低于目标值＿＿%，减＿＿分				内容创作部新媒体运营部	
量化考核得分									
被考核人（签字）：考核日期：				考核人签字：日　　　期：					

8.6　技术部量化分析与量化考核

8.6.1　新媒体开发工程师目标量化与考核

新媒体开发工程师岗位基本信息与工作目标如图 8-20 所示。

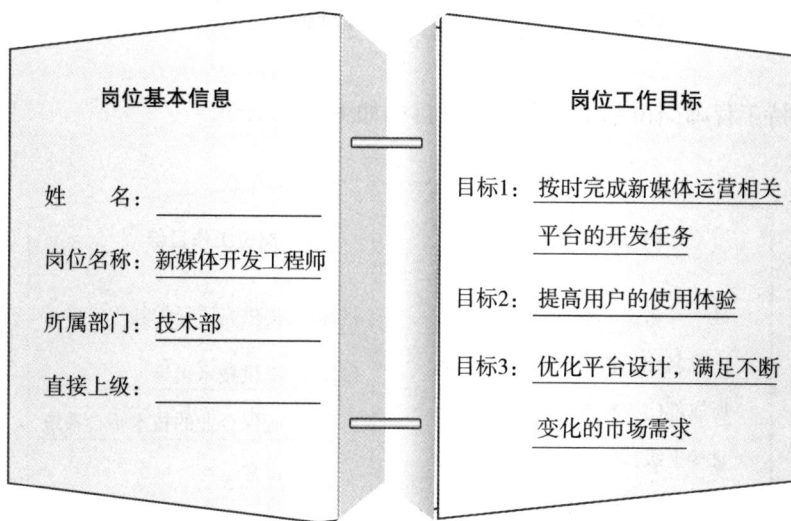

图 8-20 新媒体开发工程师岗位基本信息与工作目标

新媒体开发工程师量化考核表如表 8-14 所示。

表 8-14 新媒体开发工程师量化考核表

姓名		出勤	迟到	事假	病假	旷工
岗位	新媒体开发 工程师	奖惩事项	加分事项		减分事项	
序号	量化考核指标	权重	评分标准		数据来源	得分
1	项目开发完成率	25%	每低于目标值____%，减____分		技术部	
2	项目开发周期	20%	未在规定时间内完成，减____分/次		技术部	
3	功能模块出错率	15%	每高于目标值____%，减____分		技术部	
4	系统故障率	15%	每高于目标值____%，减____分		技术部	
5	缺陷率	10%	每高于目标值____%，减____分		技术部	
6	返工率	10%	每出现1次返工，减____分		技术部	
7	项目报告完整率	5%	内容不完整，减____分/处		技术部	
量化考核得分						
被考核人（签字）： 考核日期：			考核人签字： 日　　期：			

8.6.2 技术支持工程师目标量化与考核

技术支持工程师岗位基本信息与工作目标如图 8-21 所示。

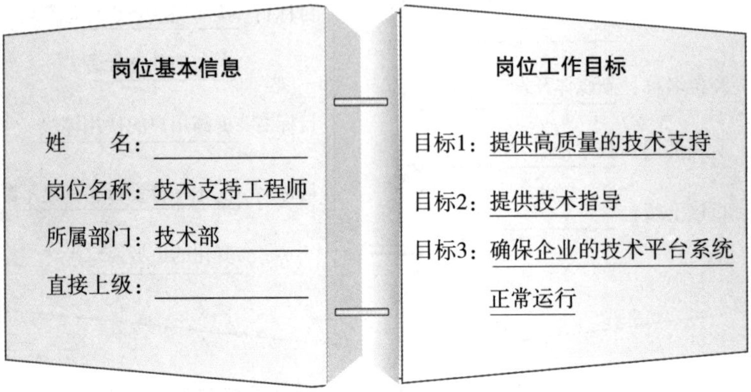

图 8-21 技术支持工程师岗位基本信息与工作目标

技术支持工程师量化考核表如表 8-15 所示。

表 8-15 技术支持工程师量化考核表

姓名		出勤	迟到	事假	病假	旷工
岗位	技术支持工程师	奖惩事项	加分事项		减分事项	

序号	量化考核指标	权重	评分标准	数据来源	得分
1	技术问题解决率	30%	每低于目标值＿＿%，减＿＿分	技术部	
2	技术问题解决及时率	20%	每低于目标值＿＿%，减＿＿分	技术部	
3	技术指导满意率	20%	每低于目标值＿＿%，减＿＿分	技术部	
4	合理化建议采纳数	10%	合理化建议被采纳，加＿＿分 / 条	技术部	
5	客户投诉次数	20%	每出现 1 次投诉，减＿＿分	技术部	
量化考核得分					
被考核人（签字）：			考核人签字：		
考核日期：			日　　期：		

8.7 新媒体运营人员薪酬体系设计

8.7.1 新媒体运营人员薪酬设计要考虑的因素

1. 新媒体运营人员的特性

新媒体运营人员的特性如下。

（1）年龄结构。在新媒体企业中，员工更为年轻化。

（2）个性化更突出。新媒体运营人员的价值观、生活方式、想法等与传统行业员工存在着明显的差异，他们的个性展现也更为突出。

（3）展现出更强的学习能力。新媒体运营人员能够快速地接受、适应新事物，进而掌握新的知识和技能。

2. 薪酬设计需考虑的因素

新媒体企业的管理人员在设计薪酬体系时，除了结合企业的实际情况，还需考虑新媒体运营人员的特性，具体如图 8-22 所示。

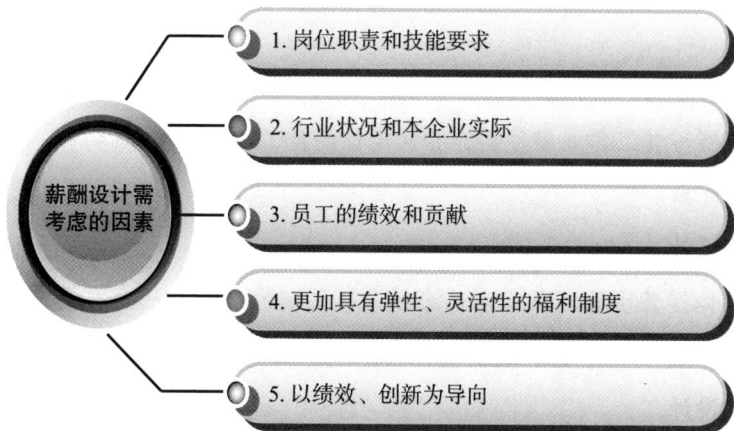

薪酬设计需考虑的因素

1. 岗位职责和技能要求

2. 行业状况和本企业实际

3. 员工的绩效和贡献

4. 更加具有弹性、灵活性的福利制度

5. 以绩效、创新为导向

图 8-22　薪酬设计需考虑的因素

8.7.2　新媒体运营主管薪酬体系设计方案

新媒体运营主管薪酬体系设计方案示例如下。

方案名称	新媒体运营主管薪酬体系设计方案	编制部门	
		执行部门	

一、方案设计原则

1. 价值导向原则

在保障员工基本生活的前提下，根据公司发展要求及各岗位对公司价值贡献的大小，进行薪酬分配。

2. 公平性原则

确定各岗位对公司的价值贡献时，要从各岗位的知识技能要求、工作的复杂程度、影响的广度和深度、监督职责和工作的稳定性等方面综合考虑，以充分体现公平性。

3. 绩效导向原则

员工的薪酬与其工作业绩挂钩，相同岗位的员工，由于所取得的工作业绩不同，薪酬也会有所差别。

二、比例设计

由于新媒体运营主管还承担着部分销售、引流的职责，因此在固定工资与浮动工资的比例设计上，可以考虑固定工资占比为60%，浮动工资占比为40%。

三、结构设计

本公司对新媒体运营主管岗位设计的薪酬结构如下：薪酬＝基本工资＋岗位工资＋绩效工资＋业绩提成＋福利。

1. 基本工资

基本工资一般根据行业水平设定，本公司对这一部分薪酬设定的标准为＿＿元。

2. 岗位工资

本公司根据岗位评估结果、市场薪酬水平、本公司的发展现状等因素，将岗位工资设定为四档，一档为____元，二档为____元，三档为____元，四档为____元。

3. 绩效工资

绩效工资根据员工当期绩效考核结果来计发。对新媒体运营主管的考核主要从作品内容质量和创新、用户增长和互动、品牌传播效果、销售额提升等方面进行。

绩效工资的发放根据考核结果而定，发放比例如下表所示。

××公司新媒体运营主管绩效工资发放比例

考核得分	90分及以上	80（含）～90分	70（含）～80分	60（含）～70分
发放比例	____%	____%	____%	____%

4. 业绩提成

新媒体运营主管的业绩提成主要是针对团队业绩给予一定比例的提成，如用户增长、内容产出、超额完成目标，按照____%～____%的比例提成。

5. 福利

（1）法定福利。

（2）公司设立的福利。

四、薪酬计算与发放

（1）公司人力资源部负责编制工资报表，并提交公司财务部审核。

（2）本公司于每月____日发放上月工资，如遇节假日，则提前一日发放。

编制人员		审核人员		批准人员	
编制日期		审核日期		批准日期	

8.7.3　短视频运营人员薪酬体系设计方案

短视频运营人员薪酬体系设计方案示例如下。

方案名称	短视频运营人员薪酬体系设计方案	编制部门	
		执行部门	

一、制定目的

激励短视频运营人员的工作积极性，推动公司短视频平台业务的发展，从而实现公司新媒体业务的发展目标。

二、方案设计原则

（1）战略导向原则：设计薪酬体系时要从公司发展战略的角度分析哪些因素重要，哪些因素不重要，并通过一定的价值标准，给予这些因素一定的权重，同时确定它们的价值分配。

（2）激励性原则：设计的薪酬体系要体现激励性，以提高生产一线人员的工作积极性。

（3）公平性原则：设计的薪酬体系要体现公平性，同工同酬。

三、薪酬方案设计需考虑的因素

（1）公司规模及竞争力水平。

（2）员工经验、个性、工作绩效等。

（3）职位等级。

四、薪酬设计

为了体现薪酬设计原则，本公司设计的短视频运营人员薪酬体系应包括如下内容：薪酬总额＝基本工资（40%）＋绩效工资（30%）＋奖金（20%）＋福利（10%）

1. 基本工资

基本工资是短视频运营人员薪酬的基础部分，根据员工的经验、能力和职位等级来设定。对于初级短视频运营人员，基本工资可以设定为行业平均水平；对于中级和高级运营人员，基本工资可以适当高于行业平均水平，以吸引和留住优秀人才。

2. 绩效工资

绩效工资是与员工工作绩效挂钩的部分，用于激励短视频运营人员更好地完成工作任务。绩效工资的设定可以根据公司的绩效考核标准来制定。结合短视频运营人员的工作内容，可从以下四方面来设定绩效考核指标。

（1）短视频内容质量：短视频的创意、制作质量等。

（2）用户管理：公司短视频账号的用户增长数、互动率等。

（3）社交媒体影响力：视频播放量、单视频最高播放量等。

（4）商业价值：公司品牌知名度、销售额等。

上述四方面的考核得分越高，员工的绩效工资则越高，具体发放标准如下。

（1）月度考核在80分及以上者，绩效工资 = 基本工资 × ____。

（2）月度考核在70（含）～80分者，绩效工资 = 基本工资 × ____。

（3）月度考核在60（含）～70分者，绩效工资 = 基本工资 × ____。

3. 奖金

（1）项目奖金：针对特定的短视频项目或活动，设定项目奖金，以激励员工更好地完成项目任务。

（2）创新奖金：鼓励短视频运营人员提出创新性的短视频运营思路和方案，对于被采纳并取得良好效果的创新方案，给予一定数额的创新奖金。

（3）年度奖金：根据公司的年度业绩和员工个人的年度绩效来设定年度奖金，表现优秀的员工可以获得公司设立的年度奖金。

4. 福利

除了基本工资、绩效工资和奖金外，公司还可以提供一系列的福利待遇，以吸引和留住优秀的短视频运营人才，如健康体检等。

五、附则

（1）本方案未尽事宜参考公司薪酬管理制度。

（2）本方案由公司人力资源部制定并负责解释。

编制人员		审核人员		批准人员	
编制日期		审核日期		批准日期	

8.7.4 直播带货团队薪酬体系设计方案

直播带货团队薪酬体系设计方案示例如下。

方案名称	直播带货团队薪酬体系设计方案	编制部门	
		执行部门	

一、方案设计目的

为更好地激励本公司直播团队成员的工作积极性，以达成公司销售目标，特制定本方案。

二、方案设计原则

（1）公平公正原则。

（2）激励与约束相结合原则。

三、适用范围

本方案适用于公司直播团队的员工，包括直播主播、直播间的运营人员等。

四、薪酬模式设计

由于直播主播岗位及运营人员都承担销售业绩的职责，故对这两类人员的薪酬采取"基本工资＋绩效工资＋提成＋福利"的模式。

1. 基本工资

（1）标准设定。对于直播主播，公司根据其以往工作业绩、工作年限等因素将其工资设为三个档次（一档____元，二档____元，三档____元）。对于运营人员的基本工资，公司根据其具体职责将其工资划分为两个档次（一档____元，二档____元）。

（2）调整频率。基本工资可以根据员工的绩效、工作态度、能力等进行调整，调整频率为半年一次。

2. 绩效工资

直播主播岗位及运营人员的绩效工资根据绩效考核结果而定。

（1）考核内容。对直播主播的考核主要从直播间的 GMV、人气指标（如评论率等）、转化指标（链接点击率、点击成交率等）三方面进行。

对直播间的运营人员的考核主要从人气指标（如最高在线人数等）、转化指标（如 GMV、GPM 看播转化率等）两大方面进行。

（2）绩效工资计算公式：员工绩效工资 = 基本工资 × 绩效考核系数。

3. 提成

提成的计算方式主要根据直播间达成的销售额来确定，按照一定比例进行计算，具体内容如下表所示。

提成计算

人员	直播间销售额	提成比例
直播主播	＿＿＿元以上	＿＿＿%
	＿＿＿ ~ ＿＿＿元	＿＿＿%
	＿＿＿元	＿＿＿%
直播间的运营人员	＿＿＿元以上	＿＿＿%
	＿＿＿ ~ ＿＿＿元	＿＿＿%
	＿＿＿元	＿＿＿%

4. 福利

本公司将为员工提供相应的福利待遇，包括但不限于五险一金、带薪年假、节假日福利等。

五、附则

（1）本方案未尽事宜参考公司薪酬管理制度。

（2）本方案由公司人力资源部制定并负责解释。

编制人员		审核人员		批准人员	
编制日期		审核日期		批准日期	

第 **9** 章

项目部人员量化考核与薪酬体系设计

9.1 工程项目部量化分析与量化考核

9.1.1 工程项目部量化管理分析

依据工程项目部职责提取的量化考核项目如图 9-1 所示。

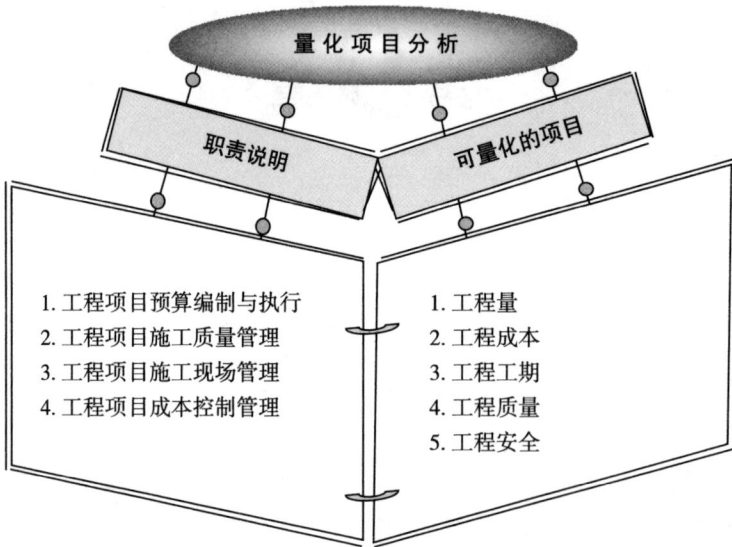

图 9-1 工程项目部量化考核项目

9.1.2 工程项目部量化指标设计

根据工程项目部工作目标设计的量化考核指标如图 9-2 所示。

目标项目	量化目标	量化考核指标
工程量	1. 年度完成施工工程总量达____ 2. 年度完成在建工程项目总数不少于___个	1. 完成的总工程量 2. 在建工程项目数量
工程成本	工程项目成本控制在预算范围内	工程项目成本
工程工期	按期实现计划（合同）工期目标	施工进度计划按时完成率
工程质量	工程质量合格率达到100%	1. 工程质量合格率 2. 工程质量优良率
工程安全	杜绝发生重大事故，施工事故率低于____%	1. 重大事故发生率 2. 施工事故率

图 9-2　工程项目部量化考核指标

9.1.3　工程项目部量化考核设计

1. 量化考核指标说明

图 9-3 对工程项目部量化考核指标体系中的三项指标进行了相关说明。

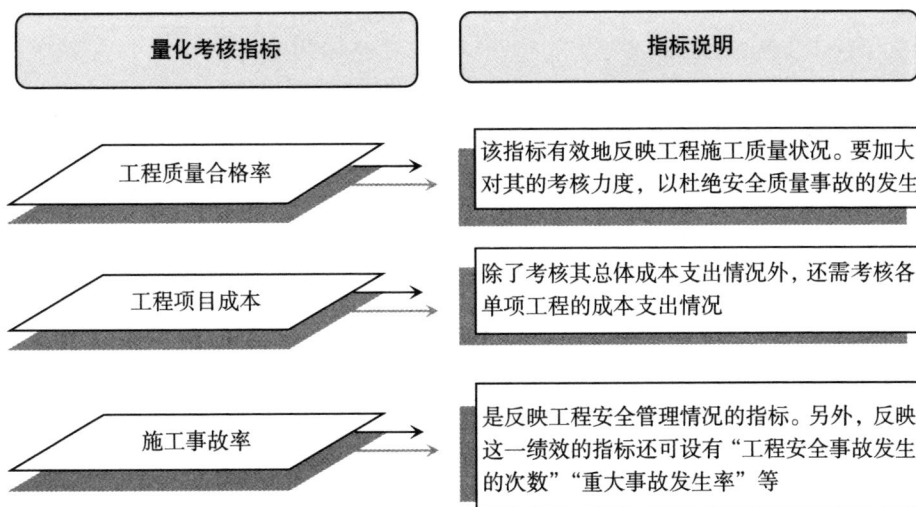

量化考核指标	指标说明
工程质量合格率	该指标有效地反映工程施工质量状况。要加大对其的考核力度，以杜绝安全质量事故的发生
工程项目成本	除了考核其总体成本支出情况外，还需考核各单项工程的成本支出情况
施工事故率	是反映工程安全管理情况的指标。另外，反映这一绩效的指标还可设有"工程安全事故发生的次数""重大事故发生率"等

图 9-3　工程项目部量化考核指标说明

2. 考核实施说明

（1）考核内容。对工程项目部的考核内容主要包括工程进度、工程质量、安全生产、经济效益、文明施工、日常管理等方面。基于此可设置如图 9-4 所示的考核指标。

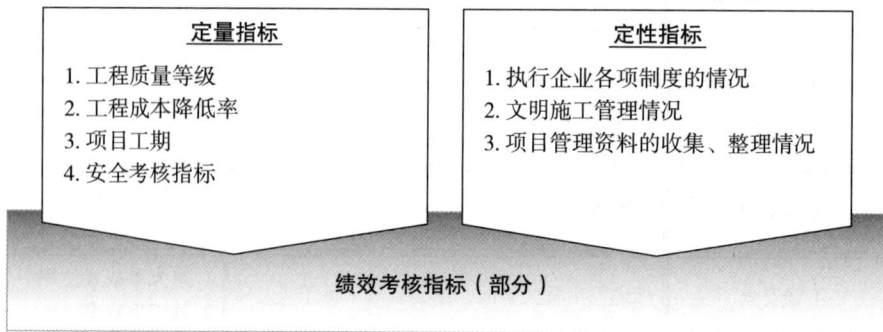

图 9-4　工程项目部部分绩效考核指标

（2）考核周期设定。项目考核评价可按年度进行，也可按工程进度计划分阶段进行，还可综合以上两种方式。工程完工后，必须对项目管理进行全面的终结性考核。

3. 考核量表

工程项目部量化考核表如表 9-1 所示。

表 9-1　工程项目部量化考核表

考核周期：＿＿＿＿＿＿＿			直接责任人：＿＿＿＿＿＿	
主要考核内容：1. 工程项目完成情况　　　　2. 工程项目质量				
3. 工程成本管理　　　　　4. 安全施工管理				
量化考核指标	权重	指标计算／说明	目标值	考核得分
工程项目完成数量	10%	考核期内完成工程项目总数	＿＿＿项	
工程质量合格率	15%	$\dfrac{\text{报告期评定的合格工程项目数}}{\text{报告期验收鉴定工程项目数}} \times 100\%$	＿＿＿%	
工程项目质量等级	15%	—	＿＿＿级别	
工程成本	15%	—	＿＿＿元	
工程成本降低率	10%	$\dfrac{\text{工程成本降低额}}{\text{工程成本额}} \times 100\%$	＿＿＿%	
项目施工进度计划按时完成率	10%	主要用于衡量项目是否按照进度计划进行，有无延误工期现象	100%	

（续表）

量化考核指标	权重	指标计算／说明	目标值	考核得分
工程安全事故发生次数	20%	考核期内各项工程项目发生安全事故的总次数	____次	
工程技术资料归档率	5%	$\dfrac{\text{工程技术资料实际归档数}}{\text{工程技术资料应归档总数}} \times 100\%$	100%	
量化考核得分				

评价标准	优秀	良好	一般	合格	待改进

备注说明	

9.1.4 工程项目施工考核管理办法

工程项目施工考核管理办法示例如下。

制度名称	工程项目施工考核管理办法	版本	
		页次	

第1条 目的

为有效控制施工项目的质量、进度、安全文明生产，保证工程建设顺利进行，依据有关规定，结合本公司建设工程的实际情况，特制定本办法。

第2条 考核内容

现场管理的考核内容大致上应分为施工进度管理、工程质量、安全文明施工、过程控制、施工现场管理、施工设施管理、施工资料管理、成本管理、协调配合情况九个方面。考核评分均采用百分制的方法，具体评定标准见附表。

第3条 考核方式

考核采取集中检查（占70%）与平时检查（占30%）相结合的方式，最后进行综评。

第4条 奖励与处罚

对于综合得分在85分及以上的施工项目，公司对该项目组进行相应奖励，额度为____～____元；得分在70～85分的，不奖不罚；得分在70分以下的，罚款____元。

第5条 附则

本办法由公司项目管理部负责制定并解释。

（续）

附表 施工项目考核表

考核内容	计分办法
施工进度管理	1. 每月施工进度计划齐全，内容具体、合理 2. 每月计划不细致，未具体到每个施工部位，减＿＿分/处 3. 对工程进度进行监督，将相关问题落实到责任人，每有1项未执行到位，减＿＿分
工程质量	1. 质量缺陷 发现质量缺陷，减＿＿分/处 2. 质量事故 （1）发生一般质量事故，减＿＿分/次 （2）发生较大质量事故，减＿＿分/次 （3）发生重大及以上质量事故，减＿＿分/次 3. 安全事故 （1）一般安全事故，减＿＿分/起 （2）造成1人及以上重伤，减＿＿分/起
安全文明施工	1. 安全生产 （1）施工现场安全防护措施不按规范搭设，减＿＿分/处 （2）施工现场未按规定佩戴安全防护设施（设备），减＿＿分/人次 （3）检查发现的隐患未整改，减＿＿分/项 （4）不按安全操作规程施工，每人每次减＿＿分 2. 文明施工 （1）材料、工具不按要求堆放，减＿＿分/处 （2）尘、噪污染未治理，减＿＿分/次
过程控制	1. 项目质量检查 项目部未按计划对项目质量进行检查的，每少1次减＿＿分；记录不真实，每发现1处，减＿＿分；记录不及时、不完整，每发现1处，减＿＿分 2. 原材料、半成品控制 原材料、半成品进场无合格证，每发现1处，减＿＿分；进场记录不齐全、复检材料无见证取样，每发现1处，减＿＿分 3. 不合格项（品）处理 项目查出的质量问题无处理意见（措施）、处理不及时，每发现1处，减＿＿分；无复查结果、无签字，每发现1处，减＿＿分 4. 质量改进 项目无月度质量统计、分析、改进措施的，减＿＿分；措施不得力，改进效果不明显的，每发现1处，减＿＿分

（续）

（续表）

考核内容	计分办法
施工现场管理	（1）施工现场不按文明施工要求布置，减＿＿＿分/处 （2）施工场地应平整、清洁，工程废料要及时清理，不符合要求的，减＿＿＿分/项 （3）施工结束后，没有及时清理现场，场地脏、乱、差，减＿＿＿分/处 （4）现场施工人员不按要求佩戴或不正确佩戴安全防护用品，每发现1次，减＿＿＿分
施工设施管理	（1）施工现场，违规违章操作设备、机具的，减＿＿＿分/次 （2）施工机具、设备未保持清洁，未定期保养，减＿＿＿分/次
施工资料管理	（1）施工技术档案资料、安全资料与工程进度不同步，每发现1次，减＿＿＿分 （2）所管项目未按公司工程项目过程管理办法或程序执行的，每发现1次，减＿＿＿分 （3）将工作计划、各种报表及结算资料按时提交给公司，未提供的每次减＿＿＿分，迟交的，每次减＿＿＿分
成本管理	（1）管理项目施工场地材料如出现不归类存放，无标识，堆码不整齐，有乱丢、乱扔现象的，每次减＿＿＿分 （2）材料采购计划不合理，现场材料有积压现象的，减＿＿＿分/次 （3）因管理不当、周转材料配搭使用不当，造成废料、弃料现象的，减＿＿＿分/次 （4）项目总成本每超出预算＿＿＿%，减＿＿＿分
协调配合情况	积极配合业主和监理工作，有拖延、不积极的情况出现，减＿＿＿分/次

编制部门		审核部门		批准部门	
编制日期		审核日期		批准日期	

9.2 软件项目部量化分析与量化考核

9.2.1 软件项目部量化管理分析

根据软件项目部职责提取的量化考核项目如图9-5所示。

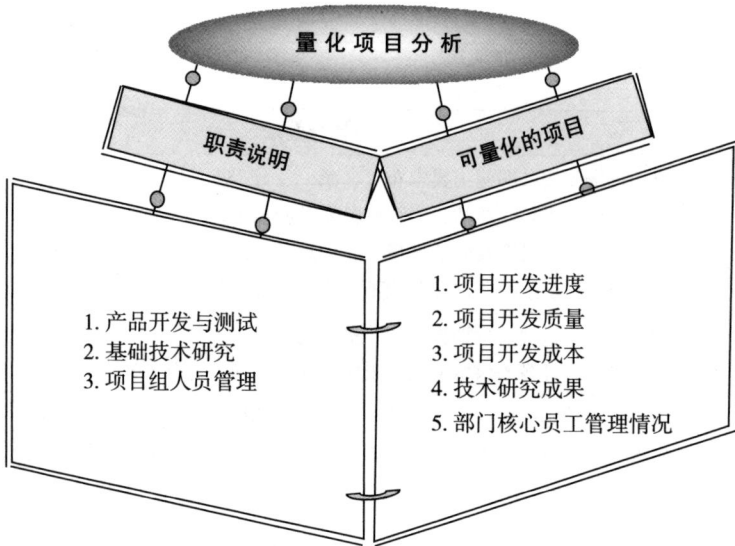

图 9-5　软件项目部量化考核项目

9.2.2　软件项目部量化考核指标设计

根据软件项目部工作目标设计的量化考核指标如图 9-6 所示。

目标项目	量化目标	量化考核指标
项目开发进度	按计划进行项目开发，在规定的时间内完成	时间差率 项目开发周期
项目开发质量	满足设计要求及客户预期的各项指标	千行代码缺陷率 缺陷率的等级和个数
项目开发成本	控制在预算内	开发成本
技术研究成果	年度内，自主研发专利达____项	专利技术项次
部门核心人员管理	部门核心员工、技术骨干流动率控制在____%的范围内	核心员工流失率

图 9-6　软件项目部量化考核指标

9.2.3 软件项目部量化考核设计

1. 量化考核指标说明

图 9-7 对软件项目部量化考核指标体系中的三项指标进行了相关说明。

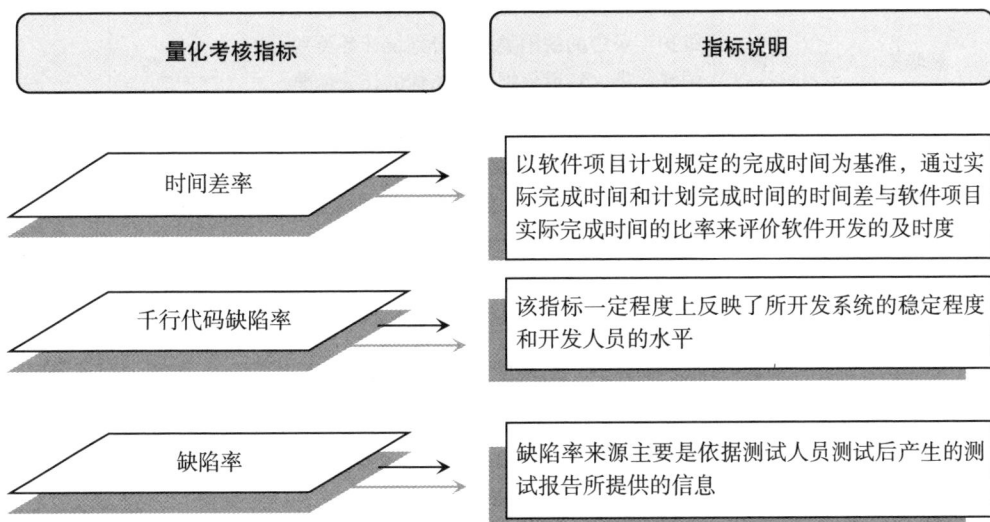

图 9-7 软件项目部量化指标说明

2. 考核量表设计

软件项目部量化考核表如表 9-2 所示。

表 9-2 软件项目部量化考核表

考核周期：项目周期 / 年度		直接责任人：软件项目部经理		
主要考核内容：1. 项目开发进度是否达成		2. 软件开发质量状况		
3. 项目开发成本控制情况		4. 部门员工管理情况		

量化考核指标	权重	指标计算 / 说明	目标值	考核得分
项目开发周期	10%	—	平均＿＿天	
时间差率	10%	$\dfrac{实际完成时间 - 计划完成时间}{实际完成时间} \times 100\%$	＿＿% 以内	
项目开发按时完成率	10%	加强对该项指标的考核，有助于确保软件项目部人员按照计划或客户的要求按时完成软件项目的开发工作	＿＿%	

（续表）

量化考核指标	权重	指标计算 / 说明	目标值	考核得分
缺陷的等级和个数	15%	考核软件开发的质量，除了考核软件中缺陷的数量外，还应对缺陷进行分析，了解其问题严重程度		
缺陷率	10%	计算该指标值时，需根据测试报告和软件维护记录中的缺陷类别，分别统计各类别的缺陷率，然后依据度量指标的计分标准来打分	低于____%	
缺陷级别	20%	在实施考评时，可结合企业实际设置级别，如设为轻微、一般、较严重错误、严重错误	____级别	
项目开发成本	15%	—	____元	
核心员工流失率	10%	—	____%	
量化考核得分				
评价标准	优秀	良好	一般	合格	待改进
备注说明					

9.3 工程项目部各岗位目标量化与考核

9.3.1 工程项目部经理目标量化与考核

工程项目部经理岗位基本信息与工作目标如图 9-8 所示。

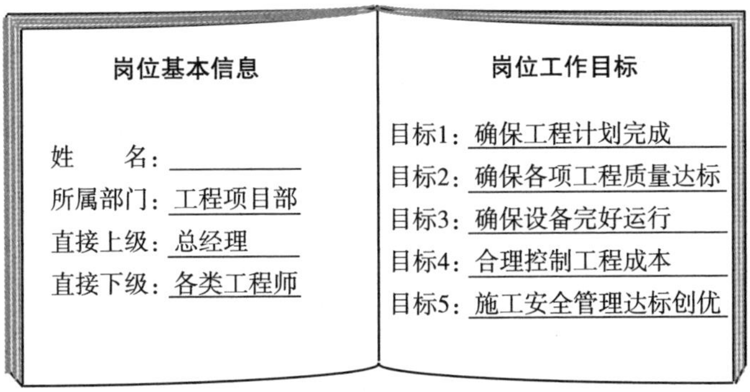

图 9-8　工程项目部经理岗位基本信息与工作目标

工程项目部经理量化考核表如表 9-3 所示。

表 9-3　工程项目部经理量化考核表

目标责任人		目标责任期限	___年___月___日至___年___月___日		
奖惩说明					
工作目标	量化考核指标	权重	绩效目标值	考核频率	考核得分
工程施工	完成的总工程量	20%	达到___个	年度	
	施工进度目标按时完成率	10%	达到 100%	项目周期	
工程质量	施工项目质量等级	20%	达到___级别以上	项目周期	
	工程质量合格率	20%	达到___%	年度	
工程设备管理	设备完好率	5%	达到___%	年度	
工程成本	工程成本降低率	10%	达到___%	年度	
施工安全	工程安全事故发生次数	15%	0 次	年度	
考核得分合计					
考核人（签字）： 考核日期：			审核人（签字）： 审核日期：		

工程项目部经理目标责任考核方案示例如下。

工程项目部经理目标责任考核方案

一、目的

为规范工程项目的管理行为，加强项目过程控制，提高项目管理水平，激发项目部人员的工作积极性，特制定本方案。

（续）

二、项目考核小组

公司项目考核小组负责对项目整体情况实施考核，小组成员主要包括公司总经理、分管施工生产的副总经理、财务部经理、人力资源部经理，以及项目管理部经理。

三、考核管理办法

公司对工程项目实行管理目标责任制的考核管理，工程项目部经理对施工过程中的工期进度、工程质量、安全生产、文明施工、工程成本等负全责。

四、项目考核流程

1. 目标制定

（1）项目启动前，在确定项目的工作计划和项目预算的基础上，项目管理部经理和项目经理共同拟定项目工作目标与考核内容，经公司总经理核准后，项目管理部经理和项目经理共同签字确认。

（2）考核内容包括工程项目人员配置、工程进度、工程质量、安全文明施工、成本控制、文档完整性六个方面，具体计分说明见附表。

2. 绩效沟通与控制

（1）每月最后一个工作日，财务部经理向项目管理部汇报财务预算执行情况，质量管理部向项目管理部汇报项目质量情况。

（2）每月第一个工作日，项目管理部经理与各项目经理就项目进展情况进行沟通，并就出现的问题提出改进意见，以顺利开展下一阶段的工作。

3. 绩效考核

项目结束后的____个工作日内，项目经理向项目考核小组提出考核申请。

4. 绩效反馈与改进

（1）项目考核结束后，项目经理撰写项目总结，报送项目管理部。

（2）项目管理部经理与项目经理进行绩效面谈，就项目实施及管理过程中所取得的成绩与不足之处进行分析。

五、考核结果管理

1. 考核加减分

考核中，对在降低成本、增加效益、创造信誉等方面超过考核指标或成绩特别

（续）

突出的，除按工程项目管理单位的有关规定给予奖励外，另采取加分的方式予以鼓励；对未按期完成工期目标及上交款或内部成本控制、项目管理方面出现问题的项目部，考核时酌情予以扣分处理；对出现安全、质量事故的，除按工程项目管理单位的有关规定给予处罚外，在考核时另予以酌情扣分处理。

2. 考核结果的运用

项目考核结果主要用于计算项目总奖金，同时也作为项目人员晋升的依据。

附表　工程项目考核表

考核内容	计分说明
人员配置	未按施工组织设计配置到岗，每缺 1 处，减____分
工程进度	1. 根据施工条件和工期，编制详细的施工进度计划，得____分；无施工计划，该项不得分 2. 所实施的工程项目，按照审批的施工进度计划未按时完成施工任务的（客观因素除外），每次减____分
工程质量	1. 工程质量等级评定 所完成的工作（各分项工程）经质量部门按规定程序检查不合格，每次减____分 2. 质量事故控制 （1）未发生等级质量事故，加____分 （2）因工程质量差而受到建设单位通报批评的，减____分／次 3. 质量管理体系建设情况 （1）有健全的质量管理体系和完善的质量管理制度，加____分 （2）质量体系运行记录真实可靠，无不符合项，加____分，有一般不符合项，减____分，有严重不符合项，减____分／处
文明安全施工	1. 有健全的文明施工管理组织和规章制度，加____分 2. 定期开展了文明工地检查且有记录，加____分 3. 贯彻环境管理标准，运行记录真实可靠，无不符合项加____分，每有 1 处不符合项，减____分；有严重不符合项，减____分／处 4. 办公、生活设施齐全加____分，无严重污染和扰民现象加____分，综合治理状况良好，未发生任何治安案件加____分 5. 无安全标志或标志不明显、不全的，每次减____分；特殊岗位无证上岗，减____分／人次 6. 未发生重伤及以上事故，加____分，否则按公司相关规定处理 7. 被建设单位、上级机关评定为文明工地的，加____分，被省（市）政府评定为文明工地的，加____分

（续）

（续表）

考核内容	计分说明
成本控制	1.逐级建立了责任成本核算体系，有完善的责任成本管理制度，加___分 2.项目无亏损，加___分
文档完整性	项目组是否按开发计划在阶段结束点处完整地交付项目阶段成果及相关文档，每缺失1项，减___分

编制日期：　　　　　审核日期：　　　　　实施日期：

9.3.2　电气工程师目标量化与考核

电气工程师岗位基本信息与工作目标如图 9-9 所示。

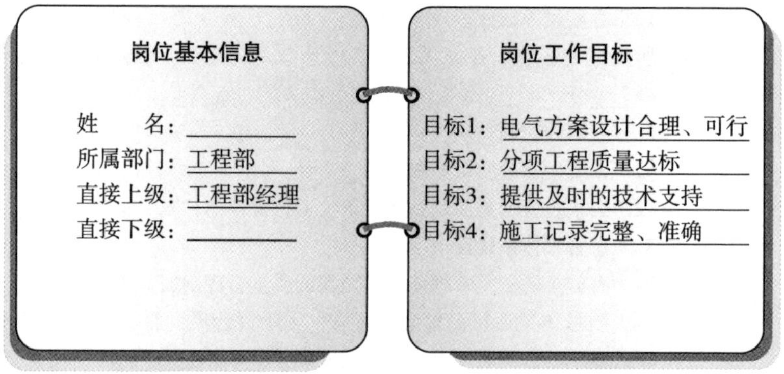

岗位基本信息

姓　　名：_____
所属部门：工程部
直接上级：工程部经理
直接下级：_____

岗位工作目标

目标1：电气方案设计合理、可行
目标2：分项工程质量达标
目标3：提供及时的技术支持
目标4：施工记录完整、准确

图 9-9　电气工程师岗位基本信息与工作目标

电气工程师量化考核表如表 9-4 所示。

表 9-4　电气工程师量化考核表

考核人				考核日期			
奖惩说明							
目标量化	实际完成	权重	评价标准		考核得分		
					初核	复核	得分
工程进度计划完成率达到100%	___%	15%	电气工程施工进度按计划完成，每延迟___天，减___分				

（续表）

目标量化	实际完成	权重	评价标准	考核得分		
				初核	复核	得分
施工图纸审核及时率达到100%	____%	10%	每有1次未在规定时间内完成，减____分			
（电气施工）工程验收合格率达____%	____%	30%	每有1次未达标，减____分			
（电气）材料设备合格率达____%	____%	15%	施工所用材料出现不合格的情况，减____分/次			
技术问题处理及时率达100%	____%	20%	每有1次未在规定时间内完成，减____分			
电气施工记录缺失率低于____%	____%	10%	超出规定的范围，每缺失1项，减____分			
量化考核得分						
评分标准	90分及以上：优秀　　　80（含）~90分：良好　　　70（含）~80分：尚可 60（含）~70分：需改进　60分以下：不称职					

被考核者		考核者		复核者	
签字：	日期：	签字：	日期：	签字：	日期：

9.3.3　水暖工程师目标量化与考核

水暖工程师岗位基本信息与工作目标如图 9-10 所示。

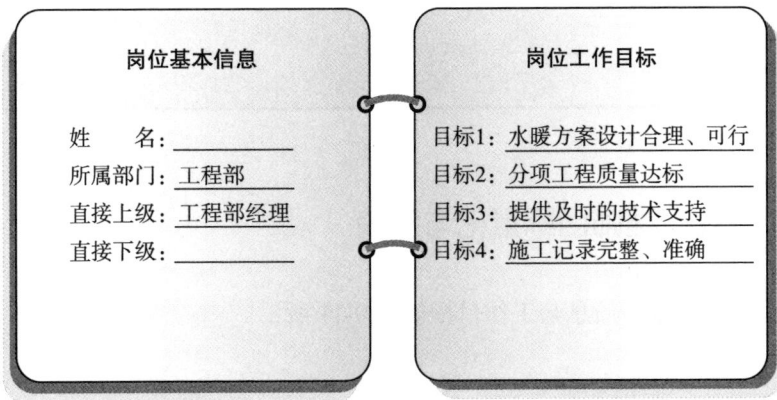

岗位基本信息

姓　　名：_____
所属部门：工程部
直接上级：工程部经理
直接下级：_____

岗位工作目标

目标1：水暖方案设计合理、可行
目标2：分项工程质量达标
目标3：提供及时的技术支持
目标4：施工记录完整、准确

图 9-10　水暖工程师岗位基本信息与工作目标

水暖工程师量化考核表如表 9-5 所示。

表 9-5　水暖工程师量化考核表

考核人		考核日期			
奖惩说明					
目标量化	实际完成	权重	评价标准	考核得分		
				初核	复核	得分
工程进度计划完成率达到 100%	＿＿%	15%	水暖工程施工进度按计划完成，每延迟＿＿天，减＿＿分			
施工图纸审核及时率达到 100%	＿＿%	10%	每有 1 次未在规定时间内完成，减＿＿分			
（水暖施工）工程验收合格率达到＿＿%	＿＿%	30%	每有 1 次未达标，减＿＿分			
（水暖）材料设备合格率达到＿＿%	＿＿%	15%	施工所用材料出现不合格的情况，减＿＿分/次			
技术问题处理及时率达到 100%	＿＿%	20%	每有 1 次未在规定时间内完成，减＿＿分			
水暖施工记录缺失率低于＿＿%	＿＿%	10%	每缺失 1 项，减＿＿分			
量化考核得分						
评分标准	90 分及以上：优秀　　　　80（含）～ 90 分：良好　　　70（含）～ 80 分：尚可 60（含）～ 70 分：需改进　60 分以下：不称职					
被考核者		考核者		复核者	
签字：　　日期：		签字：　　日期：		签字：　　日期：	

9.3.4　土建工程师目标量化与考核

土建工程师岗位基本信息与工作目标如图 9-11 所示。

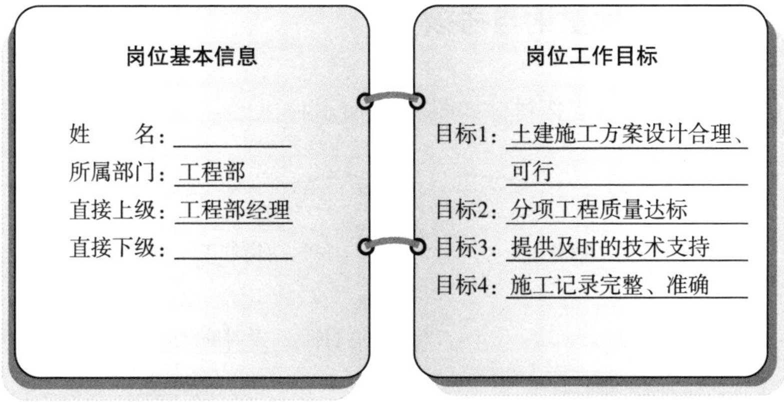

图 9-11　土建工程师岗位基本信息与工作目标

土建工程师量化考核表如表 9-6 所示。

表 9-6　土建工程师量化考核表

考核人				考核日期			
奖惩说明							

目标量化	实际完成	权重	评价标准	考核得分		
				初核	复核	得分
工程进度计划完成率达到100%	＿＿＿%	15%	土建工程施工进度按计划完成，每延迟＿＿天，减＿＿分			
施工图纸审核及时率达到100%	＿＿＿%	10%	每有 1 次未在规定时间内完成，减＿＿分			
（土建）工程验收合格率达到＿＿%	＿＿＿%	30%	每有 1 次未达标，减＿＿分			
（土建）材料设备合格率达到＿＿%	＿＿＿%	15%	施工所用材料出现不合格的情况，减＿＿分/次			
土建施工技术问题处理及时率达到100%	＿＿＿%	20%	每有 1 次未在规定时间内完成，减＿＿分			
土建施工记录缺失率低于＿＿%	＿＿＿%	10%	每缺失 1 项，减＿＿分			
量化考核得分						
评分标准	90分及以上：优秀　　　80（含）～ 90分：良好　　　70（含）～ 80分：尚可 60（含）～ 70分：需改进　　60分以下：不称职					

被考核者		考核者		复核者	
签字：　　日期：		签字：　　日期：		签字：　　日期：	

9.3.5 施工员目标量化与考核

施工员岗位基本信息与工作目标如图 9-12 所示。

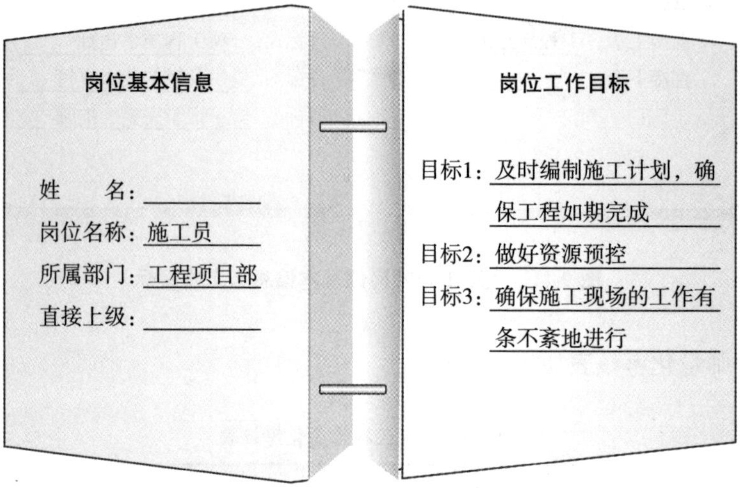

图 9-12 施工员岗位基本信息与工作目标

施工员考核量化表如表 9-7 所示。

表 9-7 施工员考核量化表

绩效考核说明					
本次考核周期			本次考核得分		
其他奖惩说明					
本期考核内容					
序号	量化考核指标	权重	评分标准	数据来源	得分
1	项目进度目标按时完成率	30%	每有 1 次未按计划完成，减___分	工程项目部	
2	工程材料（设备）合格率	15%	有不合格的物资，减___分/批次	工程项目部	
3	工程技术交底及时率	15%	未在规定时间内提交，减___分 / 次	工程项目部	
4	施工项目质量等级	30%	验收时出现不合格现象，减___分 / 项（处）	工程项目部	
5	施工资料归档率	10%	每缺失 1 项（份），减___分	工程项目部	

（续表）

下期重点改进目标设定	
改进目标1	
改进目标2	
考核人（签字）： 考核日期：	审核人（签字）： 审核日期：

9.3.6　预算员目标量化与考核

预算员岗位基本信息与工作目标如图9-13所示。

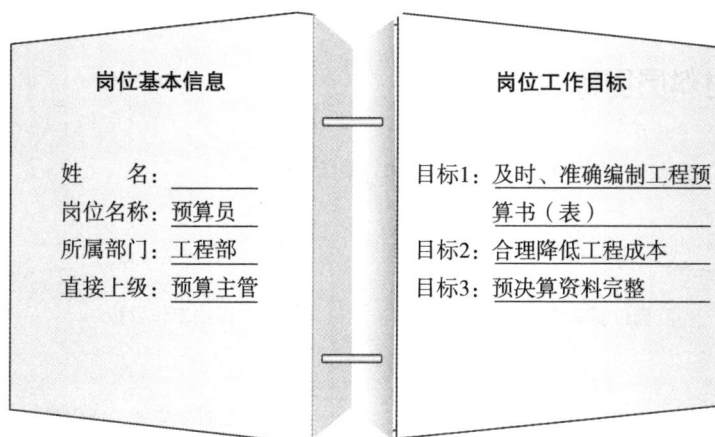

岗位基本信息

姓　　名：_____
岗位名称：预算员
所属部门：工程部
直接上级：预算主管

岗位工作目标

目标1：及时、准确编制工程预
　　　　算书（表）
目标2：合理降低工程成本
目标3：预决算资料完整

图 9-13　预算员岗位基本信息与工作目标

预算员考核量化表如表9-8所示。

表 9-8　预算员考核量化表

绩效考核说明					
本次考核周期				本次考核得分	
其他奖惩说明					
本期考核内容					
序号	量化考核指标	权重	评分标准	数据来源	得分
1	预算编制及时率	15%	每有1次未在规定的时间内完成，减____分	项目部 工程预算部	

（续表）

序号	量化考核指标	权重	评分标准	数据来源	得分
2	工程概算误差率	30%	每超出目标值____%，减____分	工程预算部	
3	工程预算误差率	30%	每超出目标值____%，减____分	工程预算部	
4	工程成本降低率	15%	每低于目标值____%，减____分	工程预算部	
5	预决算技术资料归档率	10%	每缺失 1 项（份），减____分	工程预算部	
下期重点改进目标设定					
改进目标 1					
改进目标 2					
考核人（签字）： 考核日期：			审核人（签字）： 审核日期：		

9.3.7 材料员目标量化与考核

材料员岗位基本信息与工作目标如图 9-14 所示。

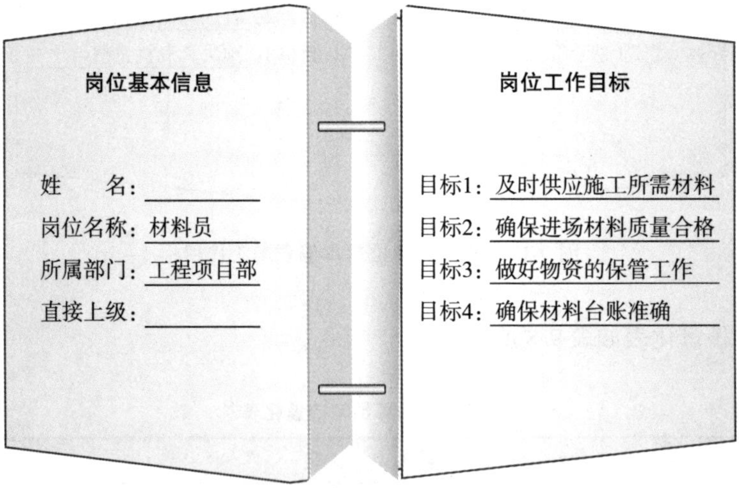

岗位基本信息

姓　　名：＿＿＿＿＿
岗位名称：材料员
所属部门：工程项目部
直接上级：＿＿＿＿＿

岗位工作目标

目标1：及时供应施工所需材料
目标2：确保进场材料质量合格
目标3：做好物资的保管工作
目标4：确保材料台账准确

图 9-14　材料员岗位基本信息与工作目标

材料员量化考核表如表 9-9 所示。

表 9-9　材料员量化考核表

绩效考核说明						
本次考核周期				本次考核得分		
其他奖惩说明						
本期考核内容						
序号	量化考核指标	权重	评分标准		数据来源	得分
1	材料供应及时率	20%	每有 1 次未及时供应，减＿＿＿分		工程项目部	
2	进场材料质量合格率	35%	每出现 1 次不合格的材料，减＿＿＿分		材料管理部	
3	材料发放出错的次数	10%	每出现 1 次，减＿＿＿分		材料管理部	
4	材料安全事故发生次数	20%	每出现 1 次，减＿＿＿分		材料管理部	
5	材料账实不相符的次数	15%	每出现 1 次，减＿＿＿分		财务部 材料管理部	
下期重点改进目标设定						
改进目标 1						
改进目标 2						
考核人（签字）： 考核日期：				审核人（签字）： 审核日期：		

9.4　软件项目部各岗位目标量化与考核

9.4.1　软件项目部经理目标量化与考核

软件项目部经理岗位基本信息与工作目标如图 9-15 所示。

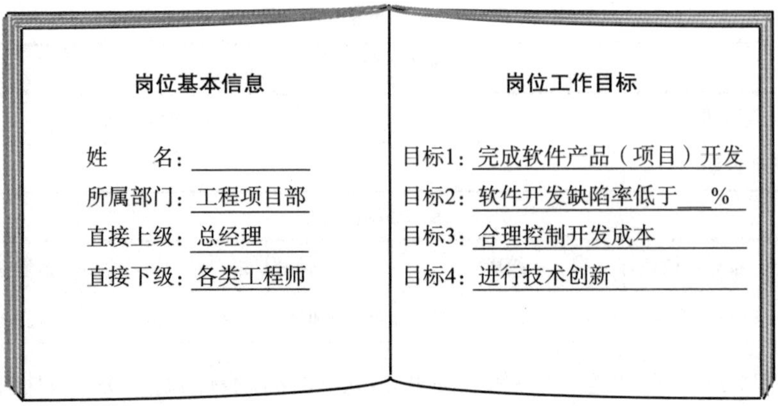

图 9-15　软件项目部经理岗位基本信息与工作目标

表 9-10　软件项目部经理量化考核表

目标责任人		目标责任期限		___年___月___日至___年___月___日		
奖惩说明						
工作目标	量化考核指标	权重	绩效目标值		考核频率	考核得分
项目开发进度	项目开发周期	15%	低于____		年度	
	软件开发生产率	15%	达到____%		年度	
项目开发质量	缺陷率	20%	低于____%		项目周期	
	缺陷级别	20%	低于____级		项目周期	
项目开发成本	软件开发成本	10%	控制在预算内		项目周期	
项目团队管理	骨干员工流失率	10%	低于____%		年度	
技术创新管理	专利/科技创新申请项	10%	____项		年度	
考核得分合计						
考核人（签字）： 考核日期：			审核人（签字）： 审核日期：			

软件项目部经理目标责任考核方案示例如下。

软件项目部经理目标责任考核方案

一、岗位目标责任考核制定依据

1. 企业的经营目标。

2. 项目合同文件。

（续）

3. 企业的管理制度。

4. 项目管理规划大纲。

二、目标考核实施总体要求

1. 既要兼顾企业的绩效目标，又要兼顾项目管理的特征。

2. 既要重视项目成功的产品因素，又要重视项目成功的管理因素。

三、考核分值设置

目标管理责任考核基准分值为百分制，各项指标（依据其重要程度）被赋予不同分值，指标总累计分值为100分，最小考核评分单位为0.5分。

四、考核内容

1. 项目进度

对比项目计划来考核，考核标准设置如下。

（1）领先于项目计划，得____分。

（2）完全符合项目计划，得____分。

（3）落后于项目计划，不得分。

（4）明显与计划有较大出入，不得分。

2. 项目质量

对在测试过程中发现的软件缺陷，按照严重程度分级评估，并对不同的级别赋予一定的权重。将测试中出现的各种缺陷的数量乘以其对应的加权系数，然后求和，即为项目质量评估结果。

3. 项目成本

项目成本与预算相比，每超支____%，减____分。

4. 风险控制能力

考核软件项目部经理的风险控制能力，包括发现风险点的能力及风险防范的能力，具体评分标准如下。

（1）能主动及时发现风险点，并制订有效的风险防范计划，取得明显效果，得____分。

（2）能发现风险点，并制订风险防范计划，且切实实施，得____分。

（续）

（3）未能及时发现风险点，但未造成损失，得____分。

（4）未能及时发现风险点且造成损失的，减____分。

5.项目团队管理能力

（1）项目组成员分工明确，成员协作高效，内部满意度评价达到____分，得____分。

（2）项目组成员分工合理，成员之间能较好地协作，内部满意度评价达到____分，得____分。

（3）项目组成员有分工，成员之间协作性差，内部满意度评价低于____分，减____分。

五、考核实施主体

对软件项目部经理的考核，由公司项目管理小组完成。

六、考核结果管理

（1）考核得分结果分为六级，分别是：S级，达到95分及以上；A级，达到90（含）~95分；B级，达到80（含）~90分；C级，达到70（含）~80分；D级，达到60（含）~70分；E级，在60分以下。

（2）考核结果与软件项目部经理奖励年薪的发放比例挂钩，具体如下表所示。

奖励年薪发放比例

考核结果	S	A	B	C	D	E
奖励年薪发放比例	105%	100%	85%	70%	60%	0

（3）考核期内，项目组人员如出现重大的违规违纪行为，软件项目部经理岗位责任目标考核结果降低一个级次。

编制日期：　　　　审核日期：　　　　实施日期：

9.4.2 软件开发工程师目标量化与考核

软件开发工程师岗位基本信息与工作目标如图 9-16 所示。

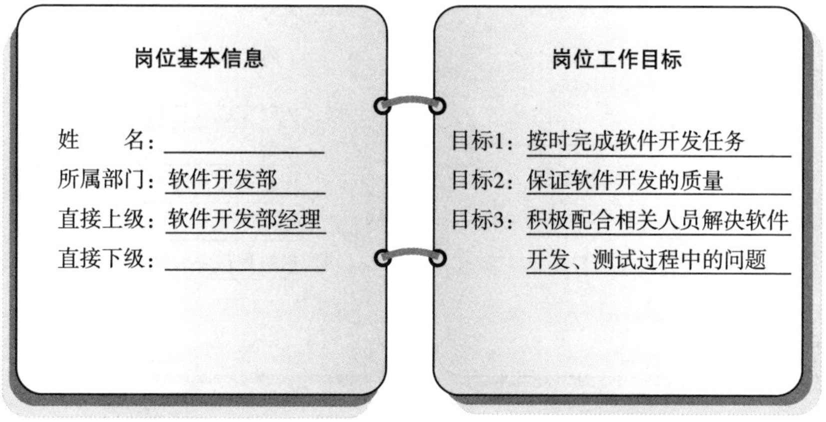

岗位基本信息

姓　　名：＿＿＿＿＿＿＿
所属部门：软件开发部
直接上级：软件开发部经理
直接下级：＿＿＿＿＿＿＿

岗位工作目标

目标1：按时完成软件开发任务＿＿
目标2：保证软件开发的质量＿＿＿
目标3：积极配合相关人员解决软件
　　　　开发、测试过程中的问题

图 9-16　软件开发工程师岗位基本信息与工作目标

软件开发工程师量化考核表如表 9-11 所示。

表 9-11　软件开发工程师量化考核表

考核人			考核日期				
奖惩说明							
目标量化	实际完成	权重	评价标准		考核得分		
					初核	复核	得分
项目开发计划完成率达 100%	___%	20%	每低于目标值___%，减___分				
时间差率低于___%	___%	10%	每高于目标值___%，减___分				
代码编制达___代码行 / 日	___行	10%	按计划 100% 完成，每低于目标值___%，减___分				
缺陷率低于___%	___%	30%	每高于目标值___%，减___分				
千行代码缺陷率低于___%	___%	30%	每高于目标值___%，减___分				
量化考核得分							
评分标准	90 分及以上：优秀　　　80（含）～ 90 分：良好　　　70（含）～ 80 分：尚可						
	60（含）～ 70 分：需改进　　60 分以下：不称职						
被考核者		考核者			复核者		
签字：　　　日期：		签字：　　　日期：			签字：　　　日期：		

9.4.3 软件测试工程师目标量化与考核

软件测试工程师岗位基本信息与工作目标如图 9-17 所示。

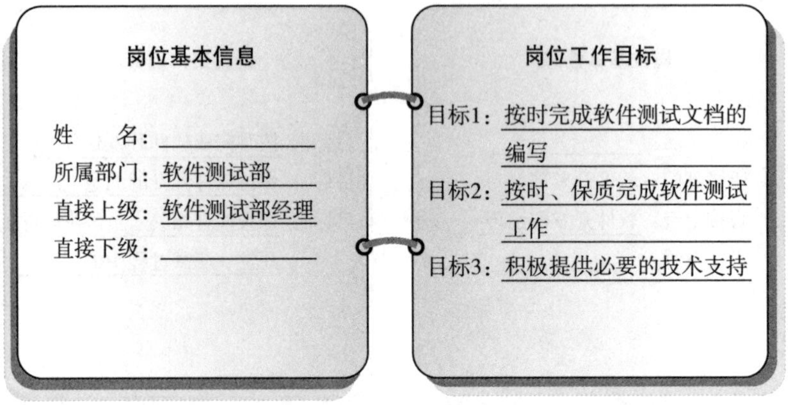

图 9-17 软件测试工程师岗位基本信息与工作目标

软件测试工程师量化考核表如表 9-12 所示。

表 9-12 软件测试工程师量化考核表

考核人			考核日期		
奖惩说明					

目标量化	实际完成	权重	评价标准	考核得分		
				初核	复核	得分
文档有效率达到____%以上	____%	15%	每低于目标值____%，减____分			
进度偏离度，按照测试日程进行	____%	10%	每延迟 1 次，减____分			
需求覆盖率达到____%	____%	15%	每低于目标值____%，减____分			
用例有效率达到____%以上	____%	20%	每低于目标值____%，减____分			
缺陷发现率达到____%以上	____%	20%	每低于目标值____%，减____分			
有效缺陷率低于____%	____%	20%	每高于目标值____%，减____分			
量化考核得分						
评分标准	90 分及以上：优秀　　　80（含）~ 90 分：良好　　　70（含）~ 80 分：尚可 60（含）~ 70 分：需改进　　60 分以下：不称职					

被考核者		考核者		复核者	
签字：　　　　日期：		签字：　　　　日期：		签字：　　　　日期：	

9.5 项目部人员薪酬体系设计

9.5.1 项目部人员薪酬设计要考虑的因素

企业在制定项目部人员薪酬制度或方案时，需考虑如图9-18所示的五个因素。

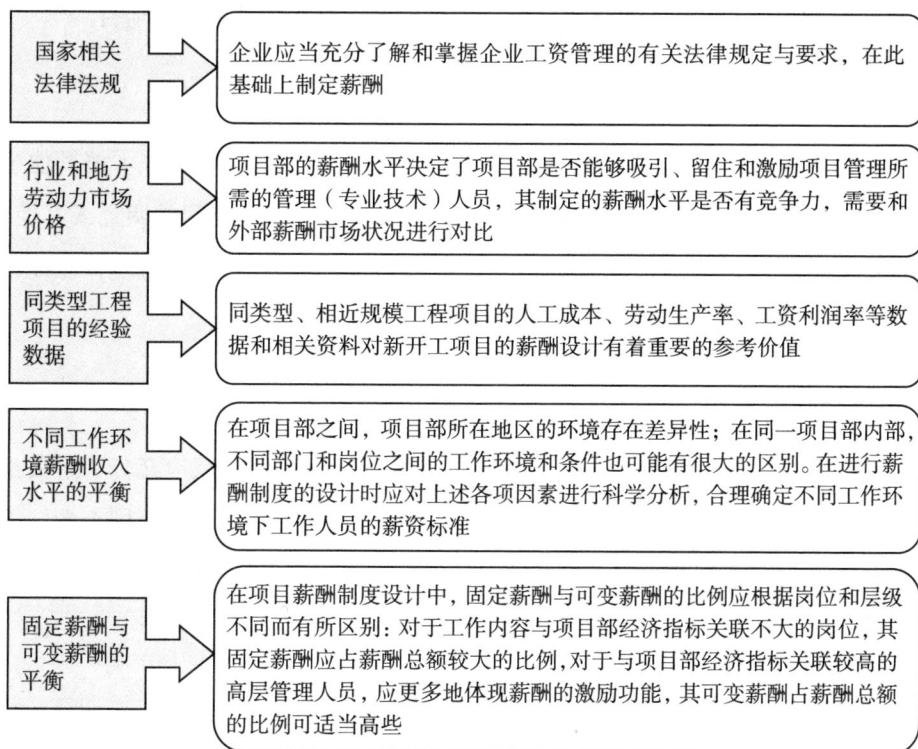

国家相关法律法规	企业应当充分了解和掌握企业工资管理的有关法律规定与要求，在此基础上制定薪酬
行业和地方劳动力市场价格	项目部的薪酬水平决定了项目部是否能够吸引、留住和激励项目管理所需的管理（专业技术）人员，其制定的薪酬水平是否有竞争力，需要和外部薪酬市场状况进行对比
同类型工程项目的经验数据	同类型、相近规模工程项目的人工成本、劳动生产率、工资利润率等数据和相关资料对新开工项目的薪酬设计有着重要的参考价值
不同工作环境薪酬收入水平的平衡	在项目部之间，项目部所在地区的环境存在差异性；在同一项目部内部，不同部门和岗位之间的工作环境和条件也可能有很大的区别。在进行薪酬制度的设计时应对上述各项因素进行科学分析，合理确定不同工作环境下工作人员的薪资标准
固定薪酬与可变薪酬的平衡	在项目薪酬制度设计中，固定薪酬与可变薪酬的比例应根据岗位和层级不同而有所区别：对于工作内容与项目部经济指标关联不大的岗位，其固定薪酬应占薪酬总额较大的比例，对于与项目部经济指标关联较高的高层管理人员，应更多地体现薪酬的激励功能，其可变薪酬占薪酬总额的比例可适当高些

图 9-18　项目部人员薪酬设计要考虑的因素

9.5.2 项目部人员福利设计

一套好的福利制度，对外要使企业具有竞争性，确保企业的福利水平与同行业或同类型企业的福利水平相当，对内要符合企业的发展战略、经济规模及财务实力，确保企业的福利水平在其实际支付能力范围内。

1.区分受益人群

通常情况下，企业福利是一种普惠式的补充报酬，其享受对象应是企业的所有员工，尤其是国家法定福利，如社会保险、带薪年休假等，只要是企业的员工均可享受。但企业为了充分发挥核心人才或特定人群的主动性和积极性，会专门针对某类员工设立特定的福利项目。因此，在制定企业福利管理制度时，应明确某种福利项目的受益人群，即该福利项目为哪类员工设定，员工具有哪些资格后方可享受特殊的福利项目。

2.市场情况调查

企业要想吸引和留住员工，保持在劳动力市场上的竞争力，就必须了解其他组织所提供的福利水平。因此，企业应做好充分的福利调查工作，通过问卷调查或其他方式，了解其他企业福利项目的设置情况及其员工对所提供的福利项目的满意度，以设计出真正满足员工需求的福利制度。

3.设置福利项目

要使福利发挥较强的激励作用，企业在制定福利管理制度时就应充分了解员工的真正需求，有针对性地为本企业员工提供符合其实际需求的福利项目。不同企业、不同岗位、不同员工类型，福利需求也不尽相同。

4.福利总额预算

企业初步确定福利项目后，还应结合企业的财务状况编制员工福利总额预算。这一过程应综合考虑各福利项目的受益人群、覆盖范围等，以准确估算年度的员工福利总支出。如果福利总额能控制在薪酬总额计划内，并且企业有充足的财务能力来支持这些福利项目，那么便可以实施这些福利计划。如果企业财务状况不足以支撑所有的福利项目，企业应保证员工享有国家法定的福利项目，再酌情设立一些员工迫切需要的福利项目。

9.5.3 项目部人员奖金设计

1.奖金发放需考虑的三个问题

项目部人员奖金发放要综合考虑如图 9-19 所示的三个问题。

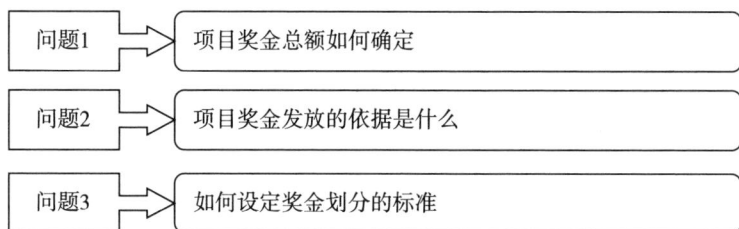

图 9-19 项目部人员奖金发放需考虑的问题

2. 项目型奖金类别

结合项目型工作的特点，下面列举了企业常设的五种奖励类型。

（1）项目开发奖。项目开发奖是项目负责人完成企业下达的开发任务后，由企业对其项目开发工作进行评价或评估后而给予的奖励。

（2）工程（工期）进度奖。在保证安全和质量的前提下对工程各主要节点设置适当的进度奖金。

（3）工程质量奖。

（4）工程（项目）安全奖。

（5）合理化建议奖。在不降低原设计标准的前提下，对于旨在提高工程质量、缩短工期、节约投资的合理化建议，一旦被采纳并取得显著成效，将给予提出者一定的奖励。

9.5.4　项目提成管理方案

项目提成管理方案示例如下。

方案名称	项目提成管理方案	编制部门	
		执行部门	

一、目的

为明确项目提成核算标准，规范项目提成管理工作，特制定本方案。

二、项目提成总额的确定

公司签订项目合同后，集团公司项目考评委员在初步测算后，向项目经理下达目标成本管理目标，并与项目部签订项目职责书。项目提成的计算公式如下。

项目提成＝（合同额－营销费用－开发费用）× 提成比例 × 调整系数

三、提成比例与调整系数的确定

1. 提成比例

本公司设置的提成比例标准如表1所示。

表1　项目提成比例

项目合同金额	0 ~ ＿＿万元	＿＿万 ~ ＿＿万元	＿＿万 ~ ＿＿万元	＿＿万元以上
提成比例	＿＿％	＿＿％	＿＿％	＿＿％

2. 调整系数

调整系数是为了充分考虑项目的各种影响因素而设立的，其设定依据主要来源于表2所示的四个方面。

表2　调整系数

影响因素	权重	说明	调整系数
项目重要性	20%	属于常规业务项目	
		属于比较重点的业务项目	
		属于重点开展的业务项目	
项目目标利润率	30%	项目目标利润率＜＿＿％	
		＿＿％ ≤项目目标利润率≤＿＿％	
		项目目标利润率＞＿＿％	
项目管理难度	40%	很少需要技术创新	
		需要技术创新	
		必须进行管理和技术创新	
外部协调复杂程度	10%	外部单位比较支持	
		沟通不畅且存在很多障碍	

四、项目组成员提成系数

根据不同职务及其所承担任务量的差异来设定个人奖金计提系数，其划分情况如表 3 所示。

表 3　项目组人员奖金计提系数

成员	奖金计提系数
项目经理	
项目成员	
项目支持人员	

五、附则

本方案自＿＿＿年＿＿＿月＿＿＿日起实施。

编制人员		审核人员		批准人员	
编制日期		审核日期		批准日期	

9.5.5　项目奖金管理办法

项目奖金管理办法示例如下。

制度名称	项目奖金管理办法	版本	
		页次	

第 1 章　总则

第 1 条　目的

为加强工程项目质量、进度、安全管理，调动现场管理人员及工作人员的主动性、积极性，特制定本办法。

第 2 条　设置的奖励类别

本办法设置的奖励项目包括工程项目管理奖金、工程成本节约奖金、工期进度奖、工程项目质量奖、文明施工奖五种。

第 3 条　项目奖励管理

1. 公司设立项目评审委员会，其成员由副总经理、技术部经理、财务部经理等人员组成。

2. 公司按照工程项目收益和每一位项目部工作人员的业绩，制定工程项目奖金分配标准。

（续）

第2章　工程项目管理奖金

第4条　公司将工程项目金额的____%设为项目部的工程项目管理奖金。

第5条　项目部人员工程项目管理奖金按照其奖金总额的一定比例予以提取，其分配比例如下表所示。

项目部人员工程项目管理奖金计提比例

人员	项目经理	项目总工	系统工程师	资料员	安全员	施工员	材料员	质检员
计提比例	____%	____%	____%	____%	____%	____%	____%	____%

第3章　工程成本节约奖金

第6条　这部分奖金是项目管理各相关人员通过优化管理、提高工艺水平、采用新工艺等措施，有效降低了项目总成本而产生的。

第7条　公司签订工程项目合同后，市场整体价格水平发生了重大变更，这时计划经营部应对目标成本进行统一调整。

第8条　项目部应在达到下列要求的基础上实施目标成本控制。

1. 项目竣工验收合格。

2. 根据双方签订的项目经理责任书，项目部完成了质量、安全、文明施工等其他责任指标。

3. 项目考核结果平均分达到____分以上。

4. 公司对项目规定的其他要求。

第9条　将成本节余部分的____%作为项目部的奖金。

第4章　工期进度奖

第10条　工程总进度目标提前____天以内完成的，给予工程进度目标考核奖金的____%作为奖励；提前____天以上的，按工程进度目标考核奖金的____%计发。

第11条　进度考核将不可抗力、特殊市场因素、重大政策变化、设计或甲方原因影响因素排除在外。

第5章　工程项目质量奖

第12条　工程质量奖申报

单位工程经过验收，特殊情况下分项工程验收结束，由施工单位申报，质量管理部在审定的金额上核定考核系数并提交申请单，经项目部批准后发放。

第13条　项目部奖励金额的确定

奖励金额 = 奖励基数 × 考核系数

第14条　个人质量奖的评定

1. 本单位员工（不包括兼职质检人员及中层以上人员）发现质量问题或缺陷并反馈到质量管理部的，每次嘉奖____ ~ ____元，按月发放。

2. 对于在工程项目中表现突出、工作成绩优良的员工，质量管理部可不定期给予嘉奖。

第6章　文明施工奖

第15条　根据安全文明施工的要求，采取评比的方式，公司对获胜的项目班组奖励____元/次。

第16条　对获得"文明施工单位"称号的工程项目，公司另给予____元的奖励。

编制部门		审核部门		批准部门	
编制日期		审核日期		批准日期	

9.5.6 项目部薪酬管理制度

××公司项目部薪酬管理制度示例如下。

制度名称	××公司项目部薪酬管理制度	版本	
		页次	

第1章 总则

第1条 目的

为充分调动项目部工作人员的积极性，保证项目生产活动的有效运行和持续发展，实现公司的发展目标，特制定本制度。

第2条 薪酬的分配原则

1. 员工薪酬收入与个人绩效和公司经济效益挂钩。

2. 坚持按劳分配、体现效率优先、兼顾公平的原则。

3. 坚持责任、风险、利益一致的原则。

第3条 适用范围

本制度适用于公司项目部员工的薪酬管理。

第2章 项目部经理薪酬管理

第4条 工资形式

项目部经理的薪酬实行年薪制管理，其年薪水平应由企业薪酬考核委员会考核确定，控制在工程项目员工平均薪酬的_____倍以内。

第5条 项目部经理年薪制构成

1. 项目部经理的年薪由基本年薪和效益年薪组成。

2. 年薪标准如下。

（1）基本年薪。

①薪酬考核委员会根据施工产值、地域环境、合同履行难度等因素确定基本基数，并将其划分为三个薪酬级别，具体如下表所示。

××公司项目部经理基本年薪

级别	一级	二级	三级
基本年薪最高额度	_____万元	_____万元	_____万元

②对项目部经理基本年薪实行月份预支制度。月份预支计算基数为：基础年薪总额÷12。其中，60%为固定支付部分；40%为挂钩考核部分。在40%挂钩考核部分中，15%与安全挂钩，10%与质量挂钩，10%与进度挂钩，5%与成本核算工作挂钩。具体计发时，按照考核评定结果进行，不同的考核结果，对应效益年薪发放的比例不同。考核根据工程项目管理目标责任书确定的考核内容进行。

（2）效益年薪。

效益年薪根据项目部经理实现的效益按一定比例提取，当实现效益额在_____万元以内时，公司按实现效益的_____%作为其效益年薪的总额；当超过_____万元不足_____万元时，按_____%提取，当超过_____万元时，按_____%提取。

（续）

第3章　项目部一般员工薪酬管理

第6条　对于项目部的一般员工则实行岗位工资＋效益工资＋工龄工资＋奖金＋津贴的岗位薪酬模式。

第7条　岗位工资

1. 员工因工作需要变动岗位，根据易岗易薪的原则相应变动其岗位工资。

2. 对员工实行一岗一薪，对身兼多项岗位责任的员工按照就高不就低的原则，以最高岗位工资标准支付。

第8条　效益工资

效益工资是公司和项目部根据生产经营效益情况而支付的绩效工资。

第9条　工龄工资

工龄工资是公司对员工积累劳动贡献的补充性报酬。

第10条　奖金

项目员工生产性质的奖金，如工程进度奖、安全奖、年终奖、特别贡献奖等奖金的发放标准，见公司项目部员工奖金管理办法。

第11条　津贴

1. 项目部具有技术职称人员的技术津贴标准为：高级职称＿＿＿元，中级职称＿＿＿元，助理级职称＿＿＿元等。

2. 其他津贴，如高温津贴，公司则根据相关规定予以发放。

第4章　福利保险

第12条　项目部员工享受国家规定的福利和保险。培训、进修、娱乐等其他福利项目由公司视情况确定。

第5章　附则

第13条　本制度由公司项目综合办负责解释。

第14条　如公司出台新的内部分配与奖励相关制度，则按新制度执行。

编制部门		审核部门		批准部门	
编制日期		审核日期		批准日期	

第 **10** 章

供应采购人员量化考核与
薪酬体系设计

10.1 采购部量化分析与量化考核

10.1.1 采购部量化管理分析

依据采购部职责提取的量化考核项目如图 10-1 所示。

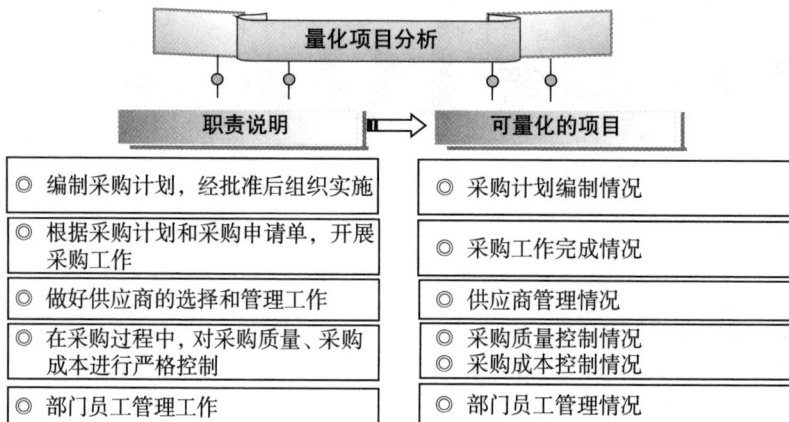

图 10-1 采购部量化考核项目

10.1.2 采购部量化指标设计

依据采购部工作目标设计的量化考核指标如图 10-2 所示。

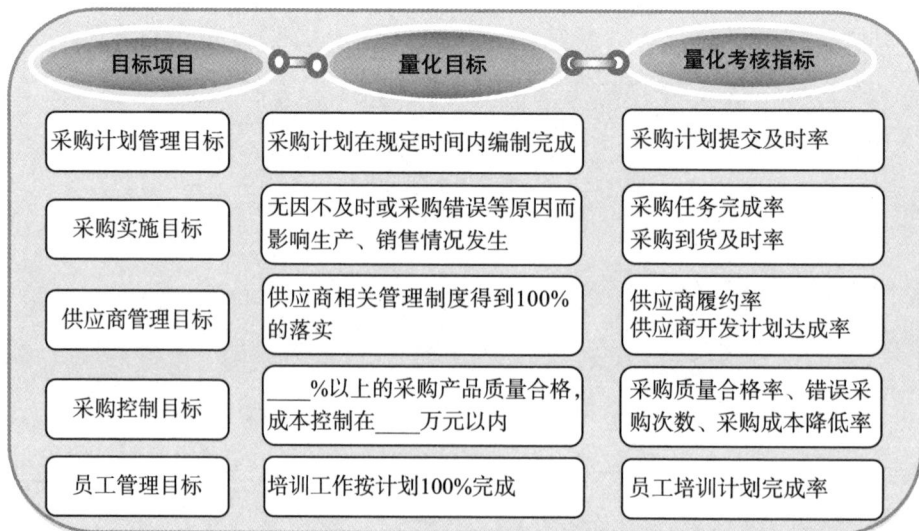

图 10-2 采购部量化考核指标

10.1.3 采购部量化考核设计

1. 量化考核指标说明

图 10-3 对采购部量化考核指标体系中的三项指标进行了相关说明。

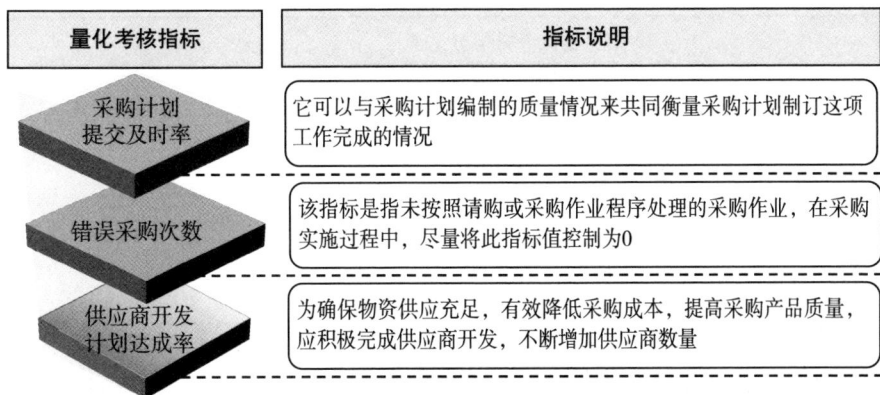

量化考核指标	指标说明
采购计划提交及时率	它可以与采购计划编制的质量情况来共同衡量采购计划制订这项工作完成的情况
错误采购次数	该指标是指未按照请购或采购作业程序处理的采购作业，在采购实施过程中，尽量将此指标值控制为0
供应商开发计划达成率	为确保物资供应充足，有效降低采购成本，提高采购产品质量，应积极完成供应商开发，不断增加供应商数量

图 10-3 采购部量化考核指标说明

2. 绩效考核量表设计

采购部量化考核表如表 10-1 所示。

表 10-1 采购部量化考核表

部门	采购部		部门负责人		
考核期限	___年___月___日至___年___月___日				
量化考核指标	权重	指标计算 / 说明		目标值	考核得分
采购计划完成率	15%	$\dfrac{实际完成的采购任务数}{计划的采购任务数} \times 100\%$		___%	
采购物料质量合格率	15%	$\dfrac{采购物资的合格数量}{采购物资总数量} \times 100$		___%	
采购及时率	10%	$\dfrac{按时采购总数}{计划采购总数} \times 100$		___%	
采购成本降低额	15%	$\sum\left[(计划价 - 实际购入价) \times 采购量\right]$		___元	
采购成本降低目标达成率	10%	$\dfrac{成本实际降低额}{成本计划降低额} \times 100\%$		___%	
供应商开发计划完成率	15%	$\dfrac{实际开发数量}{计划开发数量} \times 100\%$		___%	

（续表）

量化考核指标	权重	指标计算／说明	目标值	考核得分
供应商履约率	10%	$\dfrac{\text{履约的合同数量}}{\text{签订的合同总数量}} \times 100\%$	____%	
培训计划完成率	10%	$\dfrac{\text{实际完成的培训项目（次数）}}{\text{计划的培训项目（次数）}} \times 100\%$	____%	
量化考核得分				

10.1.4 采购部量化考核制度

×× 公司采购部量化考核制度示例如下。

制度名称	×× 公司采购部量化考核制度	编制部门	
		执行部门	

第1章 总则

第1条 目的

为全面评价采购部的整体工作绩效，确保采购绩效的达成，特制定本制度。

第2条 遵循的原则

1. 明确化、公开化原则。考评标准、考评程序和考评责任都应当有明确的规定，同时，考评标准、程序和对考评责任者的规定在企业内部应当对全体员工公开。

2. 适当体现差别原则。考核等级之间应当有适当的差别界限，以便体现考核的激励性。

第2章 绩效考核组织与实施

第3条 考核周期

采购部考核周期分为月度考核和年度考核两种，月度考核于下一个月____日前完成，年度考核于下一年度1月____日前完成。

第4条 职责权限

1. 人力资源部负责考核的组织与实施。

2. 各主管和其他人员应积极配合考核活动的进行。

第3章 绩效考核内容

第5条 绩效考核内容说明

采购部绩效考核采用量化指标与日常工作表现相结合的方式进行，量化指标占考核总权重的70%，日常工作表现占考核总权重的30%。

第6条 采购绩效量化考核指标

对采购工作的绩效考核从时间、数量、品质、价格、效率五个方面进行，以量化指标作为考核的尺度。采购人员绩效量化考核表参见附表1。

第7条 日常工作表现

对采购部人员的日常工作表现主要从公司规章制度遵守情况、部门协作满意度评价、供应商管理情况三个方面进行考核。

（续）

第4章 考核结果应用

第8条 考核等级划分

将采购部的考核结果划分为五个等级，具体划分标准如下表所示。

绩效考核结果等级划分标准

S	A	B	C	D
90（含）~ 100分	80（含）~ 90分	70（含）~ 80分	60（含）~ 70分	60分以下

第9条 月度考核结果应用

根据当月考核结果等级，确定当月奖励标准，具体标准参见附表2。

第10条 年度考核结果应用

1. 确定年终奖金的发放标准。

2. 作为员工薪资调整、职位晋升、岗位培训等的决策依据。

第5章 采购部绩效考核所需表单

第11条 采购人员绩效量化考核表和月度奖励标准见附表1和附表2。

附表1 采购人员绩效量化考核表

考核项目	权重	考核指标/指标说明	绩效目标	得分
时间绩效	15%	停工断料，影响工时	无停工断料的情况，不影响正常生产经营	
		紧急采购的费用差额	紧急采购的费用差额不超过____元	
品质绩效	20%	采购质量合格率	采购质量合格率达到____%	
		物料使用不良率	物料使用不良率不高于____%	
数量绩效	20%	呆滞料损失金额	呆滞料损失金额控制在____元以内	
		库存金额	库存金额不高于____元	
		库存周转率	库存周转率平均达到____天	
价格绩效	30%	实际价格与标准价格的差额	实际价格与标准价格之间的差额不超过____元	
		采购成本降低率	下降____%	
效率绩效	15%	采购计划完成率	采购计划完成率达到100%且按时完成	
		新供应商开发数量	当月新开发供应商数量达到____个	
		错误采购次数	确保采购不出差错	

附表2 月度奖励标准

考核等级	奖励标准	
	部门绩效奖金	个人绩效工资
S	____元	发放绩效工资的____%
A	____元	发放绩效工资的____%

（续）

（续表）

考核等级	奖励标准	
	部门绩效奖金	个人绩效工资
B	___元	发放绩效工资的___%
C	___元	发放绩效工资的___%
D	无	发放绩效工资的___%

编制日期		审核日期		批准日期	
修改标记		修改处数		修改日期	

10.1.5　供应商管理考核制度

××公司供应商管理考核制度示例如下。

制度名称	××公司供应商管理考核制度	编制部门	
		执行部门	

第 1 章　总则

第 1 条　目的

为确保采购质量，满足产品质量要求，规范对供应商的考核，特制定本制度。

第 2 条　适用范围

本制度适用于公司采购部的供应商管理工作。

第 3 条　权责部门

1. 采购部负责本制度的制定、修改、废止工作。

2. 总经理负责本制度的制定、修改、废止的核准。

第 2 章　考核组织与实施

第 4 条　工作程序

1. 采购部通过供应商调查表，对现有供应商进行调查，以了解供应商质量保证能力，并将其作为评定的依据。

2. 采购部在调查的基础上，组织质量部、生产部对供应商进行评价。

3. 在评价的基础上选择合格供应商，并报总经理审批。

4. 根据供应商的业绩，定期对其进行评价。

第 5 条　考核周期

对供应商的考核分为月度考核和年度考核。月度考核于下月____日前完成，年度考核于下年度 1 月____日前完成。

（续）

第3章　考核内容

第6条　考核内容

1. 供应商月度考核项目及权重如下（满分100分）。

（1）品质评价（40分）：采购部及质检部每月统计供应商供应材料的质量情况，并进行评分。

（2）交期评价（25分）：考核供应商按时交货的能力以及补货达成情况等。

（3）价格评价（15分）：对供应商同类产品价格进行比较。

（4）服务评价（15分）：对供应商的反应速度、增值服务等项目进行评价。

（5）其他评价（5分）：如供应商的社会责任感、供应商品牌知名度等。

2. 供应商月度考核表详见附表1。

第7条　月度考核由采购部供应商管理主管和专员负责。年度考核由供应商考核小组进行，由采购部经理进行审批。

第8条　年度考核计分标准

年度考核得分＝月度考核平均得分×70%＋年终考核×30%

第4章　考核结果运用

第9条　考核等级确定

根据月度和年度考核绩效标准，将供应商分为五类：A类、B类、C类、D类、E类，具体如下表所示。

供应商分类标准

等级划分	A类	B类	C类	D类	E类
考核得分	90分及以上	80（含）～90分	70（含）～80分	60（含）～70分	60分以下

第10条　供应商考核结果应用

1. A类厂商为优秀厂商，予以付款、订单、检验等优惠奖励。

2. B类厂商为良好厂商，由采购部提请厂商改善不足。

3. C类厂商为合格厂商，由品管、采购等部门予以必要的辅导。

4. D类厂商为辅导厂商，由品管、采购等部门予以辅导，____个月内未能达到C等以上者，予以淘汰。

5. E类厂商为不合格厂商，予以淘汰。

6. 被淘汰厂商如欲再向本公司供货，需再次经过供应商调查评估。

第5章　所需表格

第11条　供应商月度考核表和供应商考核年度汇总表分别见附表1和附表2。

附表1　供应商月度考核表

供应商编号：　　　　　　　　　　　　　　　　　　　　　　　　　考核周期：

考核项目	权重	考核指标	考核说明	绩优目标	考核结果	考核得分
品质评价	40%	退货率	$\dfrac{供应商被退货次数}{该供应商交货总次数}×100\%$	0		
		物料抽检合格率	$\dfrac{抽检物料合格总数}{抽检物料总数}×100\%$	100%		

（续）

（续表）

考核项目	权重	考核指标	考核说明	绩优目标	考核结果	考核得分
品质评价	40%	物料在线合格率	$\dfrac{物料在线生产时发现的合格数}{供应商交货总数} \times 100\%$	100%		
交期评价	25%	交货及时率	$\dfrac{及时交货次数}{交货总次数} \times 100\%$	100%		
		交货差错率	$\dfrac{交货出错次数}{交货总次数} \times 100\%$	0		
		交货破损率	$\dfrac{考核期内交货破损数}{考核期内交货总数} \times 100\%$	____%		
		总供货满足率	$\dfrac{考核期内实际完成供货量}{考核期内应当完成供货总量} \times 100\%$	100%		
价格评价	15%	1. 根据市场最高价、最低价、平均价自行确定一标准价格（会计成本），此标准价格对应评价分数为 15 分		—		
		2. 价格高出标准价格____个百分点，减____分；价格低于标准价格____个百分点，加____分，以此类推		—		
服务	15%	配合度	1. 品质异常时本公司要求采取的纠正和预防措施，未整改执行，致使相同缺陷重复出现，每次减____分 2. 本公司生产计划提前，未很好配合，减____分	—		
其他	5%	技术支持	是否为公司提供及时的技术支持	—		
合　计						
考核人			考核日期			

附表 2　供应商考核年度汇总表

编号：　　　　　　　　　　　　　　　　　　　　　　　　　　　　　　日期：

供应商名称	各项考核分数					评定等级
	品质等级	交期等级	价格等级	服务等级	其他	

经理签字：　　　　　　　　　　　　　　　　　　　　　　　　　　　　日期：

编制日期		审核日期		批准日期	
修改标记		修改处数		修改日期	

10.2 储运部量化分析与量化考核

10.2.1 储运部量化管理分析

根据储运部职责提取的量化考核项目如图 10-4 所示。

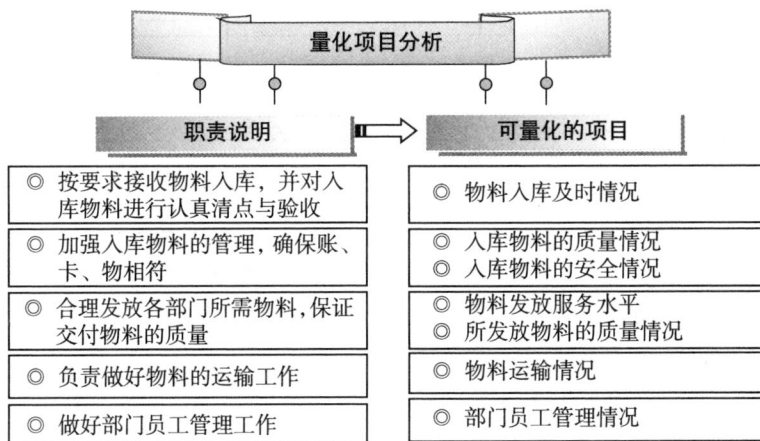

图 10-4 储运部量化考核项目

10.2.2 储运部量化指标设计

根据储运部工作目标设计的量化考核指标如图 10-5 所示。

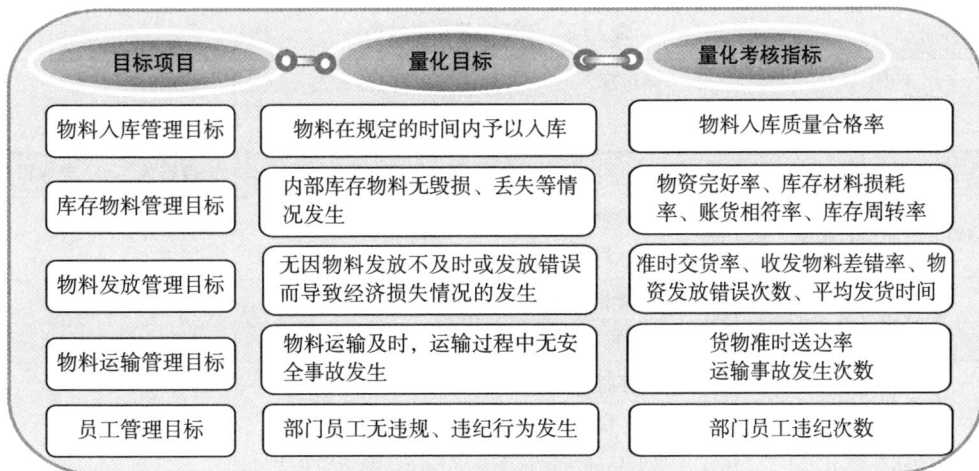

图 10-5 储运部量化考核指标

10.2.3 储运部量化考核设计

1. 量化考核指标说明

图 10-6 对储运部量化考核指标体系中的四项指标进行了相关说明。

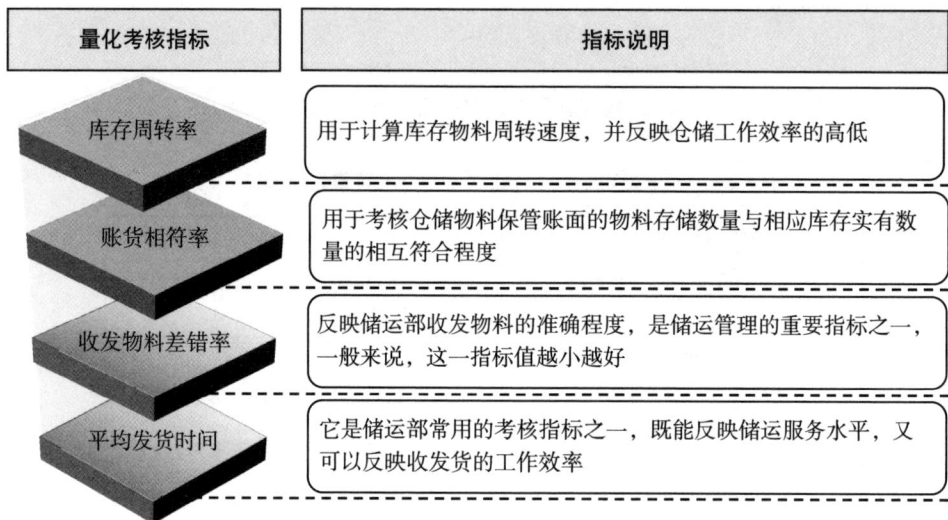

量化考核指标	指标说明
库存周转率	用于计算库存物料周转速度，并反映仓储工作效率的高低
账货相符率	用于考核仓储物料保管账面的物料存储数量与相应库存实有数量的相互符合程度
收发物料差错率	反映储运部收发物料的准确程度，是储运管理的重要指标之一，一般来说，这一指标值越小越好
平均发货时间	它是储运部常用的考核指标之一，既能反映储运服务水平，又可以反映收发货的工作效率

图 10-6　储运部量化考核指标说明

2. 绩效考核量表设计

储运部量化考核表如表 10-2 所示。

表 10-2　储运部量化考核表

部门	储运部		部门负责人	
考核期限	___年___月___日至___年___月___日			
量化考核指标	权重	指标计算 / 说明	目标值	考核得分
物料入库质量合格率	15%	$\dfrac{入库物料合格数量}{入库物料总量} \times 100\%$	___%	
账货相符率	15%	$\dfrac{账货相符笔数}{库存货物总笔数} \times 100\%$	___%	
仓容利用率	15%	$\dfrac{库存商品实际数量或占用容积}{仓库应存数量或容积} \times 100\%$	___%	
平均储存费用	10%	保管每吨货物每个月平均所需的费用开支	___元	

（续表）

量化考核指标	权重	指标计算 / 说明	目标值	考核得分
收发物料差错率	10%	$\dfrac{\text{收发物料发生差错的累计笔数}}{\text{收发物料累计总笔数}} \times 100\%$	＿＿＿%	
物料准时送达率	10%	$\dfrac{\text{准时送达的物料数量}}{\text{运送物料总量}} \times 100\%$	＿＿＿%	
平均发货时间	10%	储运部收发每笔物料平均所用的时间	＿＿＿小时	
仓储事故次数	15%	考核期内发生消防、盗窃等事故的次数	＿＿＿次	
量化考核得分				

10.2.4　仓储安全管理量化考核办法

××公司仓储安全管理量化考核办法示例如下。

制度名称	××公司仓储安全管理量化考核办法	编制部门	
		执行部门	

第1条　目的

为了消除隐患，堵塞漏洞，仓库应采取定期检查与经常性检查相结合的方法，实行逐级负责的检查制度。检查中若发现问题，应当予以记录，及时研究解决，逐项落实，以保证仓库和商品安全。

第2条　考核计分办法

采取百分制计分办法进行相应的增减来计算考核得分。

第3条　仓储安全作业管理

1. 安全操作管理制度化

制定科学合理的作业安全制度、操作规程和安全责任制度，并通过严格的监督，确保员工能够有效并充分地执行相关规章制度。相关规章制度每缺失1项，减＿＿＿分。

2. 加强劳动安全保护

提供合适和足够的劳动防护用品，并督促作业人员按规定使用。发现有不符合要求的，减＿＿＿分 / 人次。

第4条　仓库安全保卫管理

1. 组织领导

（1）单位要成立安全工作领导小组，单位负责人为组长。制定完善的安全防火、安全保卫及消防器材管理制度，每缺失1项，减＿＿＿分。

（2）各单位要设有专兼职安全值班人员，没有按规定设置的，减＿＿＿分。

（3）值班要有记录，交接要履行手续，记录或手续不齐全的，减＿＿＿分 / 项。

2. 安全用电及设备管理

（1）电线电路布局和走向要符合安全标准，不符合标准的，减＿＿＿分 / 处。

（2）没有临时、老化、破损线路，否则减＿＿＿分 / 处（项）。

（续）

第5条　事故预防与处理

按要求制定事故应急救援预案并适时修订。没有制定预案的，减＿＿分；由于某些原因需要修订预案而没及时修订的，减＿＿分。

第6条　作业场所要求

1.易燃、易爆、易腐蚀等危险品必须与其他物品分隔存放。

2.应有明显的安全警示标志。

3.地面不得有积水、油污和杂物，标线要清晰。

4.登高库要具有牢固、有效的防护措施。

现场检查时，每发现有1处不符合要求的，减＿＿分，扣完该项标准分为止。

第7条　仓储设施要求

1.危险化学品必须储存在专用仓库内，并由专人管理。

2.堆放易潮物品仓库的地面必须高于本厂区的基准面，并有防潮、防雨淋措施。

3.易燃、易潮物资仓库应有防火、防潮措施。

查阅资料和现场检查相结合，每有1项不符合要求的，减＿＿分，扣完该项标准分为止。

第8条　消防器材设备管理

1.各项消防器材要按规定配齐，每缺失1项，减＿＿分。

2.库区内安全防火警示标语醒目，无吸烟现象，每有1项不符合要求的，减＿＿分。

第9条　安全通道

1.安全通道必须符合消防安全要求，保持畅通。

2.现场检查时，每发现1处不符合要求的，减＿＿分，扣完该项标准分为止。

第10条　安全作业培训

查阅培训记录、培训内容和员工签到等档案资料，无培训的，减＿＿分；有部分培训但不齐全的，减＿＿分。

第11条　增减分项目

1.本年度因仓储、安全工作存在问题，受到通报批评的单位，每次扣减＿＿分。

2.因仓储安全工作突出受到表扬的单位，每次加＿＿分。

第12条　附则

本办法自＿＿年＿＿月＿＿日起实施。

编制日期		审核日期		批准日期	
修改标记		修改处数		修改日期	

10.3　物流中心量化分析与量化考核

10.3.1　物流中心量化管理分析

根据物流中心职责提取的量化考核项目如图10-7所示。

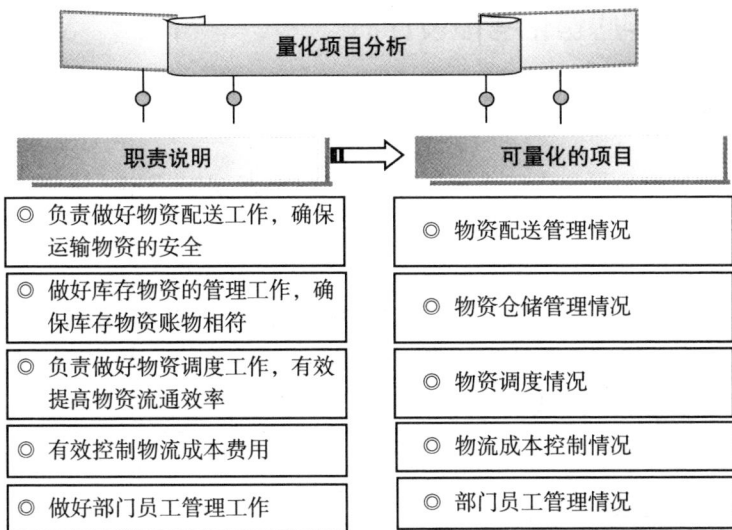

图 10-7　物流中心量化考核项目

10.3.2　物流中心量化指标设计

根据物流中心工作目标设计的量化考核指标如图 10-8 所示。

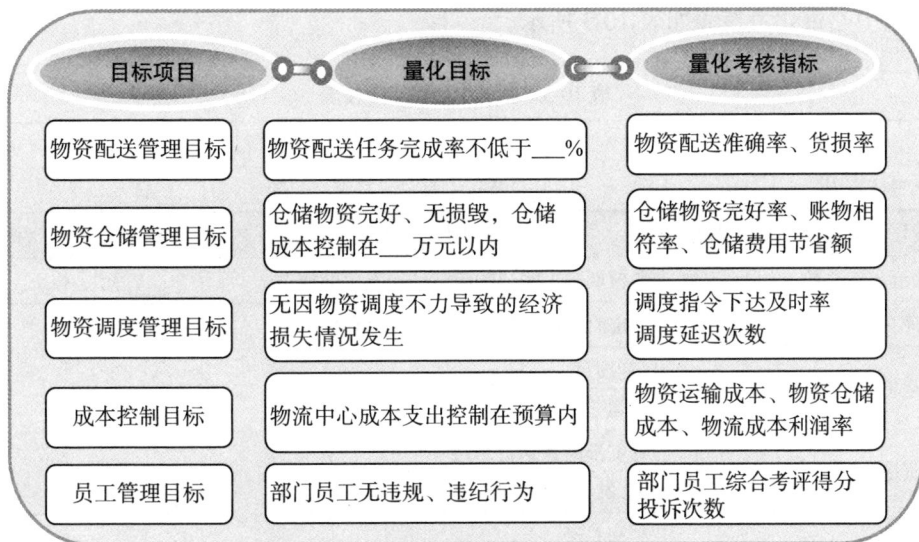

图 10-8　物流中心量化考核指标

10.3.3　物流中心量化考核设计

1. 量化考核指标说明

图 10-9 对物流中心量化考核指标体系中的三项指标进行了相关说明。

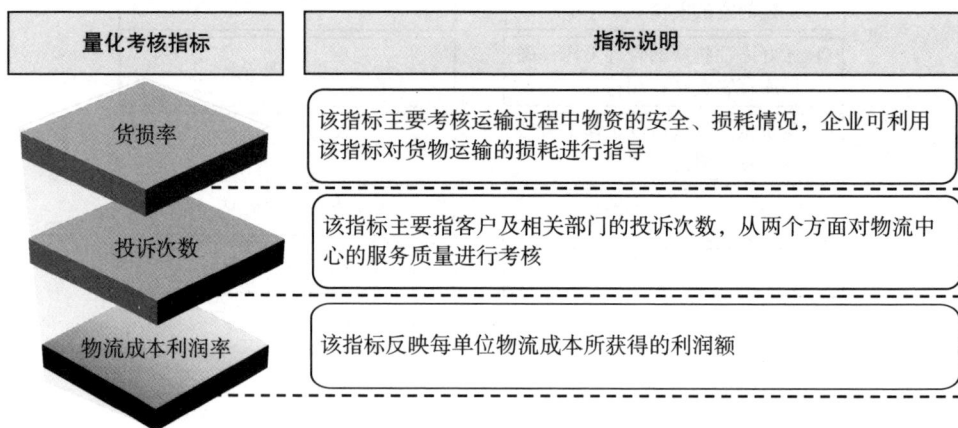

量化考核指标	指标说明
货损率	该指标主要考核运输过程中物资的安全、损耗情况，企业可利用该指标对货物运输的损耗进行指导
投诉次数	该指标主要指客户及相关部门的投诉次数，从两个方面对物流中心的服务质量进行考核
物流成本利润率	该指标反映每单位物流成本所获得的利润额

图 10-9　物流中心量化考核指标说明

2. 绩效考核量表设计

物流中心量化考核表如表 10-3 所示。

表 10-3　物流中心量化考核表

部门			部门负责人		
考核期限		___年___月___日至___年___月___日			
量化考核指标	权重	指标计算 / 说明		目标值	考核得分
物流成本总额	5%	考核期内，完成物流活动所发生的成本		___元	
库存周转率	10%	一定时期内销售成本与平均库存的比率		___%	
运输货损率	15%	$\dfrac{货损量}{货运总量} \times 100\%$		___%	
物资准时送达率	15%	$\dfrac{物资准时送达订单数}{发货订单总数} \times 100\%$		___%	
物流成本利润率	10%	$\dfrac{利润总额}{物流成本} \times 100\%$		___%	
运营费用比率	10%	$\dfrac{所支付仓库租金和运输费用}{费用支出总额} \times 100\%$		___%	

（续表）

量化考核指标	权重	指标计算 / 说明	目标值	考核得分
装卸工时效率	10%	$\dfrac{操作量}{装卸工时数} \times 100\%$	＿＿＿%	
投诉次数	10%	客户及相关部门对物流中心有效投诉次数	＿＿＿次	
货运质量事故次数	15%	考核期内由于承运部门的责任造成的货损、货差等货运质量事故的次数	＿＿＿次	
量化考核得分				

10.4 采购部各岗位目标量化与考核

10.4.1 采购部经理目标量化与考核

采购部经理岗位基本信息与工作目标如图 10-10 所示。

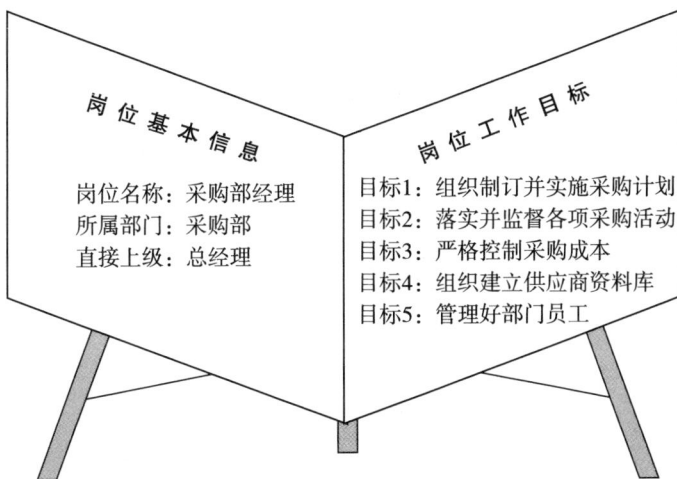

图 10-10 采购部经理岗位基本信息与工作目标

采购部经理量化考核表如表 10-4 所示。

表 10-4 采购部经理量化考核表

目标执行人		岗位	采购部经理	直接上级	总经理
考核期限		＿＿＿年＿＿＿月＿＿＿日至＿＿＿年＿＿＿月＿＿＿日			
工作目标	**量化考核指标**	**权重**	**绩效目标值**	**考核频率**	**考核得分**
采购计划管理目标	采购计划完成率	15%	＿＿＿%	月度 / 季度 / 年度	

（续表）

工作目标	量化考核指标	权重	绩效目标值	考核频率	考核得分
采购实施管理目标	采购物资质量合格率	15%	____%	月度 / 季度 / 年度	
	供货及时率	15%	____%	月度 / 季度 / 年度	
供应商管理目标	供应商履约率	15%	____%	月度 / 季度 / 年度	
	供应商开发计划完成率	10%	____%	季度 / 年度	
成本控制目标	采购成本降低率	15%	____%	季度 / 年度	
员工管理目标	员工违规事件发生次数	10%	0 次	月度 / 季度 / 年度	
	培训计划完成率	5%	____%	季度 / 年度	
量化考核得分					
考核实施说明					

采购部经理目标责任考核方案示例如下。

采购部经理目标责任考核方案

一、考核目的

为全面评价采购部经理的工作绩效，确保各项采购任务的顺利达成，依据公司考核管理办法，结合采购部经理的工作绩效，特制定本方案。

二、考核原则

1. 公开、公正的原则。

2. 定量化与定性化相结合的原则。

3. 全面考核的原则。

三、考核周期

采购部经理目标责任考核分为季度考核和年度考核两种，其中季度考核于下一季度第 1 个月____日前完成，年度考核于下一年度 1 月____日前完成。

四、考核组织管理部门

1. 人力资源部负责采购部经理目标责任考核的组织与实施。

2. 其他相关部门应积极配合目标责任考核活动的进行，提供考核资料、参与考核评估。

（续）

五、目标责任考核内容

采购部经理目标责任考核内容包括采购制度管理目标、采购计划目标、采购质量控制目标、采购成本控制目标、供应商管理目标、员工管理目标等，具体考核标准和评价标准见附表。

六、目标责任考核方法

采购部经理目标责任考核将定量与定性考核相结合，由其他相关部门的负责人根据目标责任考核标准评价表予以评分。

七、考核等级划分

将采购部经理目标责任考核结果划分为五个等级，分别为优秀、良好、一般、合格、待改进。

八、考核结果应用

1. 季度考核：作为采购部经理季度奖金的发放依据。

2. 年度考核：作为采购部经理薪资调整、职位晋升等的决策依据。

九、附则

1. 本方案由公司人力资源部负责解释。

2. 本方案自____年____月____日起实施。

十、附表

采购部经理目标责任考核评价标准表

目标责任项目	目标考核标准	评价标准
采购制度管理目标	1. 规章制度内容齐全 2. 及时进行制度修订 3. 无违反制度行为发生	每发现1项采购活动无制度可依，扣____分；每延迟修订1次，扣____分；每发生1起违规行为，扣____分，扣完为止
采购计划目标	1. 采购计划完成率不低于____% 2. 采购计划外的紧急采购任务，能够及时、有效完成	采购计划完成率每降低____%，扣____分；紧急采购任务延迟完成1次，扣____分；扣完为止
采购质量控制目标	采购质量合格率达____%以上	采购质量合格率每降低____%，扣____分；扣完为止
采购成本控制目标	1. 采购成本控制在预算内 2. 采购成本降低率高于____%	采购成本每超出预算____%，扣____分；采购成本降低率每增加____%，加____分

（续）

（续表）

目标责任项目	目标考核标准	评价标准
供应商管理目标	1.供应商开发数量不少于____家 2.供应商合同履约率达____% 3.接受调查的供应商满意度评分不低于____分	供应商开发数量每减少____家，扣____分； 供应商合同履约率每降低____%，扣____分； 供应商满意度评分每降低____分，扣____分，扣完为止
员工管理目标	1.员工培训计划完成率达到____% 2.核心员工流失率低于____%	培训计划完成率每降低____%，扣____分；核心员工流失率高于目标值____%，扣____分

编制日期：　　　　　　审核日期：　　　　　　实施日期：

10.4.2　采购计划主管目标量化与考核

采购计划主管岗位基本信息与工作目标如图 10-11 所示。

岗位基本信息	岗位工作目标
岗位名称：采购计划主管 所属部门：采购部 直接上级：采购部经理	目标1：负责制订月度/季度/年度采购计划 目标2：负责编制增补计划或临时采购计划 目标3：平衡采购计划，及时调整供货期 目标4：做好各项计划执行情况的监督工作

图 10-11　采购计划主管岗位基本信息与工作目标

采购计划主管量化考核表如表 10-5 所示。

表 10-5　采购计划主管量化考核表

目标执行人		岗位	采购计划主管	考核时间			
考核期限		___年___月___日至___年___月___日					
业务目标	实际完成	权重	评价标准	考核得分			
				初核	复核	得分	
采购计划编制及时率达到___%	___%	20%	每有 1 次未在规定时间内提交，减___分				
采购增补计划提交及时率达到___%	___%	20%	每有 1 次未在规定时间内提交，减___分				
采购物资供应及时率达到___%	___%	15%	每降低___%，减___分				
因采购计划编制不及时或编制错误而造成的经济损失为 0	损失___元	15%	每损失___元，减___分				
采购资金占用率低于___%	___%	15%	每提高___%，减___分				
采购成本控制在预算内	超出预算___%	15%	每超出预算___%，减___分				
量化考核得分							
考核结果划分	优秀 90 分及以上	良好 80（含）~ 90 分	一般 70（含）~ 80 分	合格 60（含）~ 70 分		待改进 60 分以下	
备注							

10.4.3　采购成本控制主管目标量化与考核

采购成本控制主管岗位基本信息与工作目标如图 10-12 所示。

岗位基本信息	岗位工作目标
岗位名称：采购成本控制主管 所属部门：采购部 直接上级：采购部经理	目标1：编制采购成本控制计划，并监督执行
	目标2：协调各部门达成采购成本目标
	目标3：组织完成采购成本核算工作
	目标4：编写成本控制报告，提交成本管理方案

图 10-12　采购成本控制主管岗位基本信息与工作目标

采购成本控制主管量化考核表如表 10-6 所示。

表 10-6　采购成本控制主管量化考核表

目标执行人		岗位	采购成本控制主管	考核时间		
考核期限		___年___月___日至___年___月___日				
业务目标	实际完成	权重	评价标准	考核得分		
				初核	复核	得分
采购成本总额控制在预算内	___元	20%	每超出___%，减___分			
采购成本降低目标达成率达到___%	___%	20%	每降低___%，减___分			
采购成本核算准确率达到___%以上	___%	15%	每有 1 次核算错误，减___分			
采购成本降低建议被采纳次数不少于___次	___次	15%	每被采纳 1 条，加___分			
采购成本控制报告提交及时率达到___%	___%	15%	每延迟提交 1 次，减___分			
主管领导对采购成本控制报告满意度评分不低于___分	___分	15%	每减少___分，减___分			
量化考核得分						
考核结果划分	优秀 90 分及以上	良好 80（含）~ 90 分	一般 70（含）~ 80 分	合格 60（含）~ 70 分	待改进 60 分以下	
备注						

10.4.4　供应商开发主管目标量化与考核

供应商开发主管岗位基本信息与工作目标如图 10-13 所示。

岗位基本信息	岗位工作目标
岗位名称：供应商开发主管 所属部门：采购部 直接上级：采购部经理	目标1：编制并实施供应商开发计划
	目标2：做好供应商考察、评估、维护工作
	目标3：负责采购物资的质量、价格审核工作
	目标4：负责搜集信息并建立供应商资料库

图 10-13　供应商开发主管岗位基本信息与工作目标

供应商开发主管量化考核表如表 10-7 所示。

表 10-7 供应商开发主管量化考核表

目标执行人			岗位	供应商开发主管	考核时间		
考核期限			___年___月___日至___年___月___日				
业务目标	实际完成	权重	评价标准		考核得分		
					初核	复核	得分
供应商开发计划完成率达到___%以上	___%	20%	每降低___%,减___分				
合同履约率不低于___%	___%	20%	每降低___%,减___分				
优秀供应商比例不低于___%	___%	15%	每降低___%,减___分				
供应商准时交货率不低于___%	___%	15%	每降低___%,减___分				
采购物资质量合格率不低于___%	___%	10%	每降低___%,减___分				
供应商管理费用支出额不超过___万元	___万元	10%	每超过___万元,减___分				
供应商资料档案完备率达到___%	___%	10%	每降低___%,减___分				
量化考核得分							
考核结果划分	优秀 90分及以上	良好 80(含)~90分	一般 70(含)~80分		合格 60(含)~70分	待改进 60分以下	
备注							

10.4.5 采购预算专员目标量化与考核

采购预算专员岗位基本信息与工作目标如图 10-14 所示。

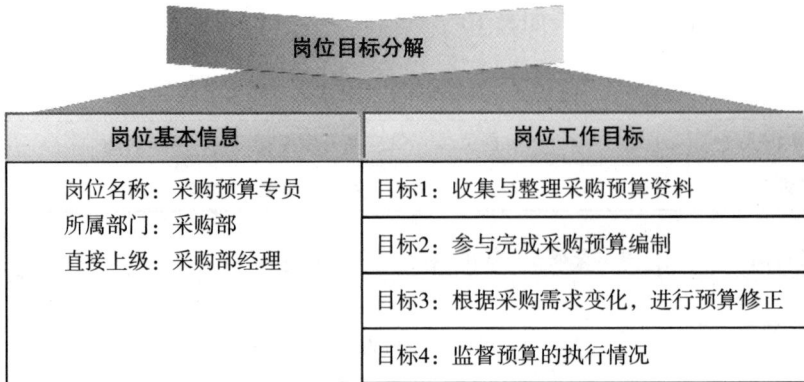

图 10-14 采购预算专员岗位基本信息与工作目标

采购预算专员量化考核表如表 10-8 所示。

表 10-8 采购预算专员量化考核表

姓名			出勤	迟到		事假		病假	旷工
岗位		采购预算专员	奖惩事项	加分事项				减分事项	
序号	量化考核指标		权重	评分标准				数据来源	得分
1	采购预算编制及时率		30%	每降低____%，减____分				采购部	
2	采购预算执行偏差率		20%	每高于____%，减____分				采购部 生产部	
3	采购预算修正次数		25%	每增加____次，减____分				采购部	
4	采购预算资料归档率		25%	每降低____%，减____分				采购部	
量化考核得分									
被考核人签字： 日　　期：				考核人签字： 日　　期：					

10.4.6 采购结算专员目标量化与考核

采购结算专员岗位基本信息与工作目标如图 10-15 所示。

岗位目标分解

岗位基本信息	岗位工作目标
岗位名称：采购结算专员 所属部门：采购部 直接上级：采购部经理	目标1：负责供应商货款结算工作
	目标2：负责清算供应商退货款
	目标3：反馈和处理结算、清算出现的问题
	目标4：协助完成账务核对工作

图 10-15　采购结算专员岗位基本信息与工作目标

采购结算专员量化考核表如表 10-9 所示。

表 10-9　采购结算专员量化考核表

姓名		出勤	迟到	事假	病假	旷工
岗位	采购结算专员	奖惩事项	加分事项		减分事项	

序号	量化考核指标	权重	评分标准	数据来源	得分
1	货款结算准确率	40%	低于____%，减____分	采购部 财务部	
2	退货款清算延误次数	20%	每延误 1 次，减____分	采购部	
3	账务核对出错次数	25%	每有 1 次，减____分	财务部 采购部	
4	供应商满意度评分	15%	每减少____分，减____分	供应商	
量化考核得分					

被考核人签字：	考核人签字：
日　　期：	日　　期：

10.4.7　采购检验专员目标量化与考核

采购检验专员岗位基本信息与工作目标如图 10-16 所示。

岗位目标分解

岗位基本信息	岗位工作目标
岗位名称：采购检验专员 所属部门：采购部 直接上级：采购部经理	目标1：负责采购物品检验，提交检验报告单
	目标2：定期分析检验中的问题，并提交报告
	目标3：负责做好不合格品的处理工作
	目标4：负责检验仪器，做好设备的维护和保养工作

图 10-16　采购检验专员岗位基本信息与工作目标

采购检验专员量化考核表如表 10-10 所示。

表 10-10　采购检验专员量化考核表

姓名		出勤	迟到	事假	病假	旷工
岗位	采购检验专员	奖惩事项	加分事项		减分事项	
序号	量化考核指标	权重	评分标准		数据来源	得分
1	检验工作按时完成率	25%	每降低____%，减____分		采购部	
2	原辅料现场使用合格率	25%	每降低____%，减____分		采购部 物料使用部门	
3	采购检验结果出错次数	15%	每发生 1 次，减____分		采购部 物料使用部门	
4	因检验不及时被协作部门投诉的次数	10%	每发生 1 次，减____分		综合管理部	
5	采购检验报表准确率	10%	低于____%，减____分		采购部	
6	报告提交及时率	5%	每延迟提交 1 次，减____分		采购部 报表使用部门	
7	检验仪器 / 设备完好率	10%	每降低____%，减____分		采购部	
量化考核得分						
被考核人签字： 日　　期：			考核人签字： 日　　期：			

10.4.8 采购专员目标量化与考核

采购专员岗位基本信息与工作目标如图 10-17 所示。

岗位目标分解

岗位基本信息	岗位工作目标
岗位名称：采购专员 所属部门：采购部 直接上级：采购部经理	目标1：完成采购工作，确保采购物资质量
	目标2：负责监控日常采购物资价格的变动情况
	目标3：整理和保存采购物资资料
	目标4：配合相关部门做好物资盘点工作

图 10-17　采购专员岗位基本信息与工作目标

采购专员量化考核表如表 10-11 所示。

表 10-11　采购专员量化考核表

姓名		出勤	迟到	事假	病假	旷工
岗位	采购专员	奖惩事项	加分事项		减分事项	
序号	量化考核指标	权重	评分标准		数据来源	得分
1	采购任务完成率	25%	每降低____%，减____分		采购部	
2	错误采购次数	20%	每发生 1 次，减____分		采购部	
3	采购物资质量合格率	20%	每降低____%，减____分		采购部 物资使用部门	
4	因采购不及时导致停工断料损失额	20%	每损失____元，减____分		财务部	
5	采购成本降低率	15%	每降低____%，减____分		财务部 采购部	
量化考核得分						
被考核人签字： 日　　期：			考核人签字： 日　　期：			

10.5 储运部各岗位目标量化与考核

10.5.1 储运部经理目标量化与考核

储运部经理岗位基本信息与工作目标如图 10-18 所示。

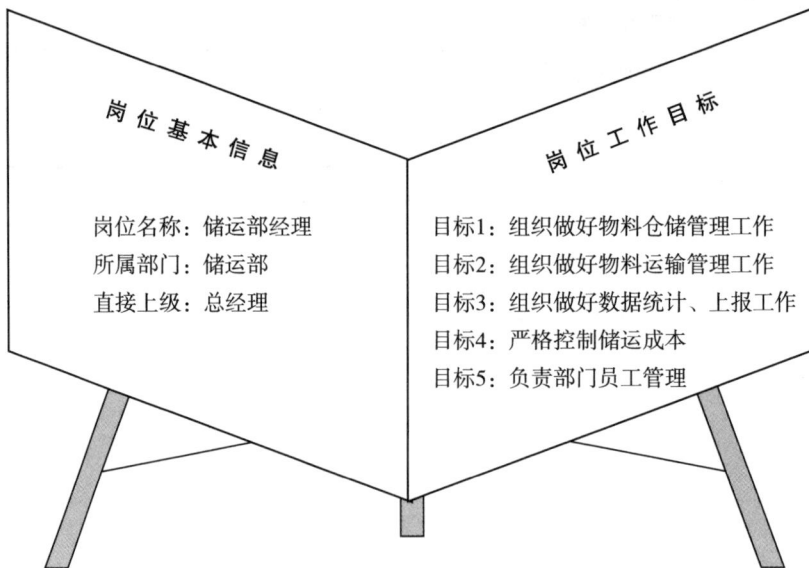

图 10-18 储运部经理岗位基本信息与工作目标

储运部经理量化考核表如表 10-12 所示。

表 10-12 储运部经理量化考核表

目标执行人		岗位	储运部经理	直接上级	总经理
考核期限		____年____月____日至____年____月____日			
工作目标	**量化考核指标**	**权重**	**绩效目标值**	**考核频率**	**考核得分**
物料仓储管理目标	物料入库质量合格率	15%	____%	月度 / 季度 / 年度	
	仓容利用率	10%	____%	季度 / 年度	
	收发物料差错率	15%	低于____%	月度 / 季度 / 年度	
	库存物料损耗率	10%	低于____%	月度 / 季度 / 年度	
	账货相符率	10%	____%	月度 / 季度 / 年度	
物料运输管理目标	物料准时送达率	10%	____%	月度 / 季度 / 年度	
	仓储安全事故发生次数	10%	0 次	季度 / 年度	

（续）

工作目标	量化考核指标	权重	绩效目标值	考核频率	考核得分
数据统计目标	统计数据准确率	5%	＿＿＿%	月度／季度／年度	
成本控制目标	平均储存费用	10%	＿＿＿元	季度／年度	
员工管理目标	部门员工综合考核得分	5%	＿＿＿分	季度／年度	
量化考核得分					
考核实施说明					

储运部经理目标责任考核方案示例如下。

储运部经理目标责任考核方案

一、总则

1.考核目的

（1）为充分调动储运部经理工作的积极性，确保储运部各项工作得以顺利开展。

（2）为储运部经理绩效工资的发放、培训与发展等管理提供决策依据。

2.适用范围

储运部经理目标责任考核管理相关工作均依据本方案执行。

二、物料仓储管理目标责任考核

1.物料入库管理目标责任考核

（1）指导部门员工严把入库关，确保入库物料质量合格率达到＿＿＿%以上；入库物料质量合格率每降低＿＿＿%，减＿＿＿分。

（2）组织部门员工对入库物料进行及时登记、核对，并有相应的书面记录；每发现1次未按规定进行入库登记的，减＿＿＿分；每发现1次未进行账货核对的，减＿＿＿分。

2.物料出库管理目标责任考核

（1）督促本部门员工严格执行物料出库管理规定，每发现1次未按规定发放物料的现象，减＿＿＿分；发生3次以上的，该项不得分。

（2）不断提升部门员工的责任心，减少和降低物料收发差错情况发生，将物料收发差错率控制在＿＿＿%以内，每增加＿＿＿%，减＿＿＿分。

（续）

（3）指导部门员工不断提高物料发放效率，将平均发货时间控制在____分钟以内，每超出____分钟，减____分。

3. 不断提高部门员工对库存物料的管理能力，尽量将物料损耗率控制在____%以内，每高于____%，减____分。

4. 组织部门员工做好库存物资的安全管理工作，避免责任事故发生；每发生1起事故，损失金额在____元以内的，减____分，损失金额在____元以上的，该项不得分。

5. 督促部门员工定期核对库存物资与账务，确保账货相符率达到100%，每有1项不符，减____分。

三、物料运输目标责任考核

1. 指导物料运输工作，确保货物准时送达率达到____%，每降低____%，减____分。

2. 做好运输人员指导和培训，避免安全事故发生，每发生1起事故，减____分。

四、成本控制目标责任考核

1. 督促部门员工严格控制各项成本支出，将成本支出额控制在预算范围内，每超出预算____%，减____分。

2. 探索新方法将仓储费用分摊率控制在____%以内，每提高____%，减____分。

五、数据统计管理目标责任考核

1. 指导本部门工作人员按要求及时上交各类报表，包括产品月报表，仓储费用、转仓费用、装卸费用及其他费用报表，每延迟提交1次，减____分。

2. 指导部门员工不断提高统计数据的准确率，每有1处错误，减____分。

六、部门员工管理目标责任考核

1. 做好部门员工的日常管理工作，确保员工无违反公司规章管理制度的行为发生，每发生1起，减____分，造成恶劣社会影响的，另按公司相关规定处理。

2. 配合人力资源部完成部门员工的培训管理工作，培训计划完成率每比目标值低____%，减____分。

（续）

七、考核结果应用

1. 将储运部经理目标责任评估划分为优秀（90分及以上）、良好［75（含）~90分］、合格［60（含）~75分］、不合格（60分以下）四个档次。其绩效工资的发放标准分别为＿＿％、＿＿％、＿＿％、＿＿％。

2. 对于连续＿＿次责任考核均为优秀者，在晋升中会予以优先考虑。

八、附则

1. 本方案由公司人力资源部负责解释。

2. 本方案自＿＿年＿＿月＿＿日起实施。

编制日期：	审核日期：	实施日期：

10.5.2　仓库主管目标量化与考核

仓库主管岗位基本信息与工作目标如图 10-19 所示。

岗位基本信息	岗位工作目标
岗位名称：仓库主管 所属部门：储运部 直接上级：储运部经理	目标1：指导出入库物资登记，并编制台账
	目标2：创造适宜的环境，避免物资损毁
	目标3：组织做好库存物资的现场管理
	目标4：负责统计、上报仓储信息

图 10-19　仓库主管岗位基本信息与工作目标

仓库主管量化考核表如表 10-13 所示。

表 10-13　仓库主管量化考核表

目标执行人		岗位		仓库主管		考核时间		
考核期限		___年___月___日至___年___月___日						
业务目标	实际完成	权重	评价标准			考核得分		
						初核	复核	得分
仓容利用率达到___%	___%	15%	每降低___%，减___分					
责任货损率控制在___%以内	___%	20%	每高于___%，减___分					
出库差错率低于___%	___%	15%	每高于___%，减___分					
配货差错率低于___%	___%	15%	每高于___%，减___分					
账货相符率达到___%	___%	15%	每降低___%，减___分					
劳动生产率达到___%	___%	10%	每降低___%，减___分					
有效投诉率低于___%	___%	10%	每高于___%，减___分					
量化考核得分								
考核结果划分	优秀90分及以上	良好80（含）~90分		一般70（含）~80分		合格60（含）~70分	待改进60分以下	
备注								

10.5.3　仓管员目标量化与考核

仓管员岗位基本信息与工作目标如图 10-20 所示。

岗位基本信息	岗位工作目标
岗位名称：仓管员 所属部门：储运部 直接上级：仓库主管	目标1：负责进库物料数量、质量的验收
	目标2：负责发放出库物料，并办理出库手续
	目标3：负责建立和管理出入库物料台账
	目标4：做好库存物料的日常管理工作

图 10-20　仓管员岗位基本信息与工作目标

仓管员量化考核表如表 10-14 所示。

表 10-14　仓管员量化考核表

姓名			出勤	迟到		事假		病假		旷工
岗位	仓管员		奖惩事项	加分事项			减分事项			
序号	量化考核指标		权重	评分标准			数据来源			得分
1	物料及时验收率		20%	每降低____%，减____分			储运部			
2	入库物料质量合格率		20%	每降低____%，减____分			储运部			
3	进发物料准确率		15%	每降低____%，减____分			储运部 使用部门			
4	仓储物资完好率		15%	每降低____%，减____分			储运部			
5	账货相符率		15%	每降低____%，减____分			储运部			
6	仓储事故发生次数		15%	每发生 1 次，减____分			储运部			
量化考核得分										

被考核人签字：	考核人签字：
日　　期：	日　　期：

10.6　物流中心各岗位目标量化与考核

10.6.1　物流中心经理目标量化与考核

物流中心经理岗位基本信息与工作目标如图 10-21 所示。

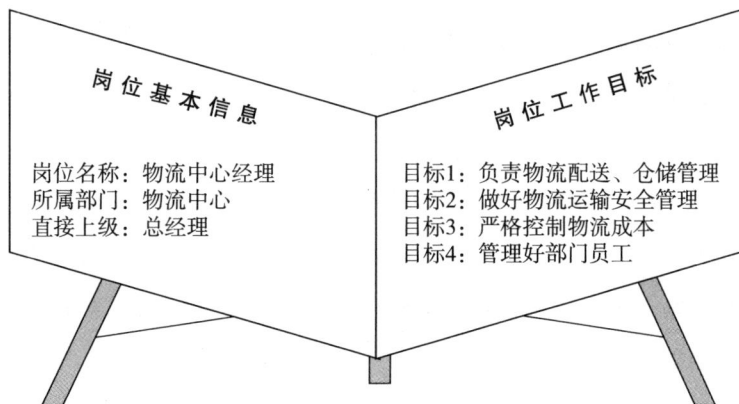

图 10-21　物流中心经理岗位基本信息与工作目标

物流中心经理量化考核表如表10-15所示。

表10-15 物流中心经理量化考核表

目标执行人		岗位	物流中心经理	直接上级	
考核期限		年 月 日至 年 月 日			
工作目标	量化考核指标	权重	绩效目标值	考核频率	考核得分
配送、仓储管理目标	货物准时送达率	15%	___%	月度/季度/年度	
	配送计划完成率	15%	___%	月度/季度/年度	
	库存完好率	10%	___%	季度/年度	
物流安全管理目标	货运质量事故发生次数	15%	___次内	月度/季度/年度	
	仓储安全事故发生次数	10%	0次	月度/季度/年度	
成本控制目标	平均储存费用	10%	___元	月度/季度/年度	
	物流费用率	10%	___%	月度/季度/年度	
员工管理目标	核心员工流失率	10%	___%	季度/年度	
	员工重大违纪次数	5%	0次	季度/年度	
量化考核得分					
考核实施说明					

物流中心经理目标责任考核方案示例如下。

物流中心经理目标责任考核方案

一、总则

1. 考核目的

为进一步规范物流中心经理目标考核管理，客观评价物流中心经理的工作表现，做到目标明确，奖惩分明，特制定本方案。

2. 考核原则

（1）公开性原则。让物流中心经理了解考核的程序、标准、方法、时间等事宜，提高考核透明度。

（2）量化原则。考核指标设计、考核评分标准都要本着尽可能量化的原则。

3. 适用范围

物流中心经理目标责任考核相关问题均参照本方案执行。

（续）

二、目标责任考核内容

1. 业务目标责任考核

业务目标考核占物流中心经理目标责任考核的60%，具体的考核指标包括货物准时送达率、配送计划完成率、货损率、装卸工时效率、库存调度不力的次数、安全质量事故发生次数、客户投诉率等，具体评分标准见附表1。

2. 管理目标责任考核

管理目标责任考核占物流中心经理目标责任考核的40%，具体的考核指标包括物流制度建设的完善性、5S现场管理情况、预算控制情况、部门核心员工流失率、员工重大违纪次数等，具体评分标准见附表2。

三、目标责任考核管理

1. 考核组织管理

（1）人力资源部负责组织实施物流中心经理目标责任考核工作。

（2）物流中心及其他相关部门应予以积极配合。

2. 考核周期

物流中心经理目标责任考核以年度为周期，于次年1月10日前完成上年度目标责任考核。

3. 考核方法

物流中心经理目标责任考核采取数据分析、资料查询、实地调查等方法，对照考核指标项目进行逐项打分，最终确定考核得分，并上报总经理审核。

四、考核等级划分与考核奖惩

1. 考核等级划分

（1）优秀：考核得分≥90分。

（2）良好：80分≤考核得分＜90分。

（3）一般：70分≤考核得分＜80分。

（4）合格：60分≤考核得分＜70分。

（5）待改进：考核得分＜60分。

（续）

2. 考核奖惩规定

（1）物流中心经理目标责任考核结果为优秀的，向其发放奖金＿＿＿＿元；考核结果为良好的，向其发放奖金＿＿＿＿元；考核结果为一般及以下的，不发放奖金。

（2）物流中心经理目标责任考核结果为待改进的，应提交书面报告，说明情况。无特殊原因的，下年基本工资下调一个档次。

（3）物流中心经理目标责任考核结果连续两年均为"合格"级次以下的，应重新调整其岗位或予以降级使用。

五、附则

1. 本方案未尽事宜，参照公司考核管理规定执行。

2. 本方案由公司人力资源部负责解释。

3. 本方案自＿＿＿＿年＿＿＿＿月＿＿＿＿日起实施。

六、附表

附表1　物流中心经理业务目标责任考核评分标准

考核指标	权重	评分标准
货物准时送达率	5%	目标值为＿＿＿＿%；每降低＿＿＿＿%，扣＿＿＿＿分；扣完为止
配送计划完成率	10%	目标值为＿＿＿＿%；每降低＿＿＿＿%，扣＿＿＿＿分；扣完为止
货损率	10%	目标值为＿＿＿＿%以内；每提高＿＿＿＿%，扣＿＿＿＿分；扣完为止
装卸工时效率	10%	目标值为＿＿＿＿%；每降低＿＿＿＿%，扣＿＿＿＿分；扣完为止
安全质量事故发生次数	15%	目标值为0次；每出现1次，扣＿＿＿＿分；扣完为止
库存调度不力的次数	5%	目标值为0次；每出现1次，扣＿＿＿＿分；扣完为止
客户投诉率	5%	目标值为0次；每出现1次有效投诉，减＿＿＿＿分

附表2　物流中心经理管理目标责任考核评分标准

考核指标	权重	评分标准
物流制度建设的完善性	10%	每出现1项物流工作无制度可依，减＿＿＿＿分
5S现场管理情况	10%	1. 每发现1处服务承诺、标牌、安全警示等标识未配挂到位，减＿＿＿＿分 2. 每发现1处货物杂乱摆放，减＿＿＿＿分 3. 每发现1处运输现场打扫不干净，减＿＿＿＿分 4. 每发现1处设施设备不整洁，减＿＿＿＿分 5. 每发现1名工作人员无故离岗、脱岗，减＿＿＿＿分

（续）

（续表）

考核指标	权重	评分标准
预算控制情况	10%	每超出预算____%，减____分
部门核心员工流失率	5%	目标值为____%以内；高于该值，减____分
员工重大违纪次数	5%	目标值为0次；每发生1次，减____分

编制日期：　　　　审核日期：　　　　实施日期：

10.6.2　物流运输主管目标量化与考核

物流运输主管岗位基本信息与工作目标如图 10-22 所示。

岗位基本信息	岗位工作目标
岗位名称：物流运输主管 所属部门：物流中心 直接上级：物流中心经理	目标1：组织完成货物运输工作
	目标2：有效确保货物运输安全
	目标3：指导员工做好运输车辆的维护与保养工作
	目标4：控制运输成本，降低运输费用

图 10-22　物流运输主管岗位基本信息与工作目标

物流运输主管量化考核表如表 10-16 所示。

表 10-16　物流运输主管量化考核表

目标执行人		岗位	物流运输主管	考核时间		
考核期限		___年___月___日至___年___月___日				
业务目标	实际完成	权重	评价标准	考核得分		
				初核	复核	得分
运输任务完成率不低于___%	___%	10%	每降低___%，减___分			

（续表）

业务目标	实际完成	权重	评价标准	考核得分		
				初核	复核	得分
货物准时送达率达到____%以上	____%	15%	每降低____%，减____分			
货差率低于____%	____%	15%	每高于____%，减____分			
运输货损率低于____%	____%	15%	每高于____%，减____分			
客户对运输服务满意度评分	____分	10%	每降低____分，减____分			
运输安全事故发生次数	____次	15%	每出现 1 次，减____分			
运输管理成本控制在预算内	____%	10%	每超出____%，减____分			
车辆完好率达到____%	____%	10%	每降低____%，减____分			
量化考核得分						

考核结果划分	优秀 90分及以上	良好 80（含）~ 90分	一般 70（含）~ 80分	合格 60（含）~ 70分	待改进 60分以下
备注					

10.6.3 装卸作业主管目标量化与考核

装卸作业主管岗位基本信息与工作目标如图 10-23 所示。

岗位基本信息	岗位工作目标
岗位名称：装卸作业主管 所属部门：物流中心 直接上级：物流中心经理	目标1：组织开展货物装卸工作
	目标2：调配作业人员，确保装卸任务完成
	目标3：指导工作人员做好装卸设备管理
	目标4：负责做好对装卸工的培训工作

图 10-23 装卸作业主管岗位基本信息与工作目标

装卸作业主管量化考核表如表 10-17 所示。

表 10-17　装卸作业主管量化考核表

目标执行人		岗位	装卸作业主管	考核时间		
考核期限		___年___月___日至___年___月___日				
业务目标	实际完成	权重	评价标准	考核得分		
				初核	复核	得分
装卸计划完成率不低于____%	___%	15%	每降低___%，减___分			
装卸工时效率达到___%	___%	20%	每降低___%，减___分			
装卸货物完好率不低于___%	___%	15%	每降低___%，减___分			
装卸过程中事故发生次数为 0 次	___次	20%	每出现 1 次，减___分			
装卸设备开工率不低于___%	___%	10%	每降低___%，减___分			
员工违规操作的次数为 0	___次	15%	每出现 1 次，减___分			
员工培训计划完成率达到___%以上	___%	5%	每降低___%，减___分			
量化考核得分						
考核结果划分	优秀 90 分及以上	良好 80（含）~ 90 分	一般 70（含）~ 80 分	合格 60（含）~ 70 分		待改进 60 分以下
备注						

10.6.4　理货员目标量化与考核

理货员岗位基本信息与工作目标如图 10-24 所示。

岗位目标分解

岗位基本信息	岗位工作目标
岗位名称：理货员 所属部门：物流中心 直接上级：	目标1：负责商品编码标价和标签管理工作
	目标2：负责做好商品分类、陈列工作
	目标3：负责及时为空缺商品补货
	目标4：负责做好商品的防损工作

图 10-24　理货员岗位基本信息与工作目标

理货员量化考核表如表 10-18 所示。

表 10-18　理货员量化考核表

姓名			出勤	迟到	事假	病假	旷工
岗位	理货员		奖惩事项	加分事项		减分事项	
序号	量化考核指标		权重	评分标准		数据来源	得分
1	理货差错次数		25%	每出现 1 次，减____分		物流中心	
2	作业单据填写差错次数		25%	每出现 1 次，减____分		物流中心	
3	5S 管理不合格项数		30%	每有 1 项，减____分		综合管理部	
4	发生商品空架次数		15%	每出现 1 次，减____分		物流中心	
5	主管领导满意度评分		5%	每降低____分，减____分		综合管理部	
量化考核得分							
被考核人签字：　　　　　　　　　日　　　期：				考核人签字：　　　　　　　　　日　　　期：			

10.6.5　调度员目标量化与考核

调度员岗位基本信息与工作目标如图 10-25 所示。

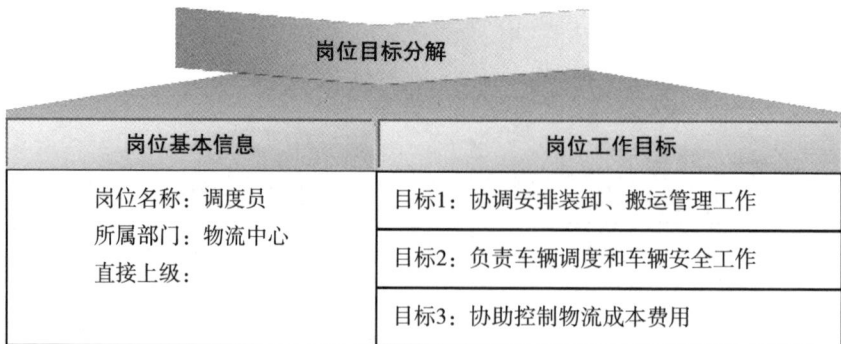

图 10-25　调度员岗位基本信息与工作目标

调度员量化考核表如表 10-19 所示。

表 10-19　调度员量化考核表

姓名			出勤	迟到	事假	病假	旷工
岗位		调度员	奖惩事项	加分事项		减分事项	

序号	量化考核指标	权重	评分标准	数据来源	得分
1	调度指令下达及时率	25%	每低于____%，减____分	物流中心	
2	装卸计划完成率	15%	每降低____%，减____分	物流中心	
3	货物准时送达率	15%	每降低____%，减____分	物流中心	
4	运力利用率	15%	每降低____%，减____分	物流中心	
5	因调度不力而影响正常工作的次数	15%	每发生 1 次，减____分	物流中心	
6	被客户或相关职能部门投诉的次数	15%	每发生 1 次，减____分	客户相关职能部门物流中心	
量化考核得分					

被考核人签字：	考核人签字：
日　　期：	日　　期：

10.6.6　叉车司机目标量化与考核

叉车司机岗位基本信息与工作目标如图 10-26 所示。

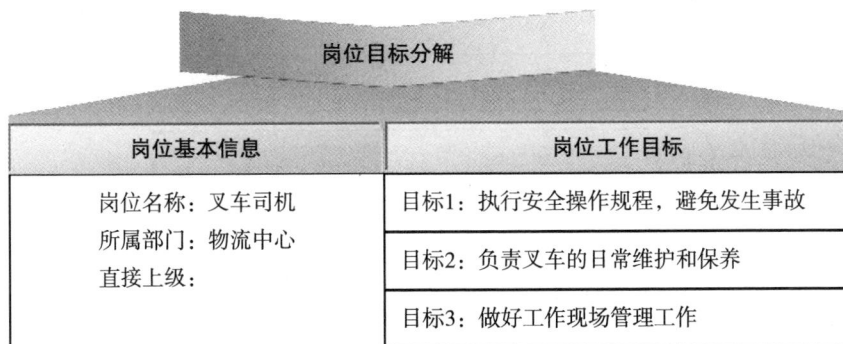

岗位目标分解

岗位基本信息	岗位工作目标
岗位名称：叉车司机 所属部门：物流中心 直接上级：	目标1：执行安全操作规程，避免发生事故
	目标2：负责叉车的日常维护和保养
	目标3：做好工作现场管理工作

图 10-26　叉车司机岗位基本信息与工作目标

叉车司机量化考核表如表 10-20 所示。

表 10-20 叉车司机量化考核表

姓名			出勤	迟到	事假	病假	旷工
岗位	叉车司机		奖惩事项	加分事项		减分事项	
序号	量化考核指标		权重	评分标准		数据来源	得分
1	单位工作作业量完成率		30%	每降低____%，减____分		物流中心	
2	安全管理达标率		20%	每降低____%，减____分		综合管理部	
3	发生安全事故次数		20%	每出现1次，减____分		物流中心	
4	设备完好率		15%	每降低____%，减____分		物流中心	
5	违反工作纪律次数		15%	每发生1次，减____分		物流中心	
量化考核得分							
被考核人签字：				考核人签字：			
日　　　期：				日　　　期：			

10.7 供应采购人员薪酬体系设计

10.7.1 供应采购人员薪酬设计要考虑的因素

1. 薪酬设计要考虑的因素

企业进行供应采购人员薪酬设计时应考虑如图 10-27 所示的因素。

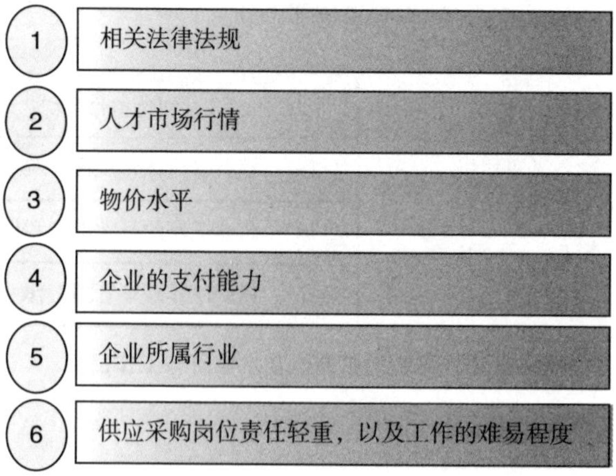

1　相关法律法规

2　人才市场行情

3　物价水平

4　企业的支付能力

5　企业所属行业

6　供应采购岗位责任轻重，以及工作的难易程度

图 10-27 供应采购人员薪酬设计要考虑的因素

2.采购人员成本节约提成设计

为充分调动采购人员的工作积极性、主动性，争取最优的合作条件，提高企业经济效益，部分企业在采购人员薪酬设计中增加了成本节约提成项目，即以同类同质供应商的平均单价为基础，依据节约的成本按比例提成，以增强采购人员对成本的控制意识，并做好对供应商的有效管理。

10.7.2　供应采购人员薪酬设计方案

××公司供应采购人员薪酬设计方案示例如下。

方案名称	××公司供应采购人员薪酬设计方案	编制部门	
		执行部门	

一、薪酬方案设计目的

为了充分调动供应采购人员的工作积极性，实现多劳多得、按劳分配，确保供应采购工作顺利完成，特制定本方案。

二、供应采购人员薪酬构成及发放

供应采购人员薪酬由基本工资、岗位津贴、奖金、社会保险四部分构成。

1.基本工资构成及发放

基本工资根据供应采购人员的工作复杂程度、技能和知识水平、劳动强度、学历水平等因素确定。

2.岗位津贴构成及发放

岗位津贴依据供应采购人员当前的岗位性质确定。供应采购人员岗位津贴由加班津贴、交通补贴、通信补贴等构成，具体发放标准如表1所示。

表1　供应采购人员岗位津贴发放标准

岗位津贴构成	发放标准	发放时间
加班津贴	按照国家相关规定执行	按月发放
交通补贴	对需要在外联系业务的供应采购人员工作期间产生的交通费用予以报销，但月报销金额最高不得超过＿＿＿元，且报销时需持发票证明	
通信补贴	采购人员：＿＿＿元/月，仓储人员：＿＿＿元/月，物资配送人员：＿＿＿元/月	

3. 奖金构成及发放

奖金主要依据供应采购人员取得的工作成果和工作业绩确定。供应采购人员奖金由年度奖金、例行奖金、不定期奖励等构成，具体发放标准如表2所示。

表2　供应采购人员奖金发放标准

奖金构成		发放标准	发放时间
年度奖金	采购人员	1. 年度考核优秀：发放年度奖金＿＿＿元 2. 年度考核良好：发放年度奖金＿＿＿元	按年发放
	仓储人员	1. 年度考核优秀：发放年度奖金＿＿＿元 2. 年度考核良好：发放年度奖金＿＿＿元	
	配送人员	1. 年度考核优秀：发放年度奖金＿＿＿元 2. 年度考核良好：发放年度奖金＿＿＿元	
例行奖金		全勤奖：＿＿＿元/人；成本节约奖：＿＿＿元/人	按月发放
不定期奖励		对做出特殊贡献的员工进行不定期奖励，奖励标准视具体情况而定	视情况而定

4. 社会保险

供应采购人员享受社会保险的具体待遇标准参照国家相关规定执行。

三、其他说明

供应采购人员在工作过程中，如有舞弊隐瞒等不正当行为，一经查实，取消其领取奖金的资格，情节严重者，予以辞退。

编制人员		审核人员		批准人员	
编制日期		审核日期		批准日期	

10.7.3　供应采购人员薪酬管理制度设计

××公司供应采购人员薪酬管理制度示例如下。

制度名称	××公司供应采购人员薪酬管理制度	版本	
		页次	

第 1 章　总则

第 1 条　目的

为规范供应采购人员工资支付管理，建立和谐的劳资关系，确保供应采购工作顺利完成，依据公司薪酬管理规定，结合供应采购人员的工作特点，特制定本制度。

第 2 条　适用范围

本制度适用于公司内部供应采购人员的薪酬管理，经理级以上供应采购人员薪酬管理办法另行规定。

第 3 条　薪酬构成

公司内部供应采购人员薪酬由岗位工资、绩效工资、奖金、补贴四部分组成。

第 2 章　供应采购人员岗位工资

第 4 条　岗位工资基本标准

岗位工资是以供应采购人员能力、贡献、责任为基础，综合考虑人才市场行情、物价水平、公司支付能力及员工担任工作的责任轻重、难易程度等因素而确定的工资。供应采购人员岗位工资标准参见附表 1。

第 5 条　岗位工资计算方法

供应采购人员岗位工资的计算方法为：岗位工资＝岗位工资标准 × 工资调整系数 × 工资率。其中，工资调整系数主要依据劳动力市场需求状况及公司发展战略确定，以保证供应采购人员薪资收入符合社会公平和竞争的要求；工资率的调整与物价指数挂钩，当物价指数上升时，工资率应与该指数同步提高，当物价指数下降时，工资率保持不变。

第 6 条　岗位工资发放要求

岗位工资以供应采购人员考勤情况为依据，按月发放，具体的发放日期为每月____日，如遇节假日则提前一天发放。

第 3 章　供应采购人员绩效工资

第 7 条　绩效工资计算方法及发放标准

绩效工资是以供应采购人员的工作态度、贡献大小为依据而确定的工资。供应采购人员绩效工资的计算方法为：绩效工资＝绩效工资标准 × 发放比例。其中，发放比例依据月度考核结果确定，具体参见附表 2。

第 8 条　绩效工资发放要求

公司于每月____日前完成供应采购人员绩效考核工作，考核结果经人力资源部经理审核后，按规定标准核发绩效工资。绩效工资发放日期同岗位工资。

第 4 章　供应采购人员奖金

第 9 条　奖金项目及计发标准

公司对供应采购人员设置了采购成本节约奖、合理化建议奖、年终奖等三种奖励类别，具体计发标准参见附表 3。

第 10 条　奖金发放说明

1. 供应采购人员有以下行为之一的，不得参与评奖。

（1）故意刁难供应商，向其索取现金回扣或好处的。

（续）

（2）与供应商合伙损害公司利益的。

（3）因个人原因导致供应延误，给公司带来巨额经济损失的。

（4）其他有严重损害公司利益的行为。

　2.供应采购人员有以下行为之一的，扣发____％的年终奖。

（1）不及时补足畅销货品的。

（2）不及时退换滞销货品的。

（3）工作上有较严重过失的其他行为。

第5章　供应采购人员补贴

第11条　午餐补贴标准及发放

公司为全体工作人员提供免费午餐，供应采购人员如因外出采购，无法在公司内部就餐，可享受____元/天的午餐补贴。

第12条　话费补贴标准及发放

为便于采购人员与供应商联系，公司为采购人员提供定额话费补贴____元/月，与岗位工资、绩效工资等一同发放。

第6章　其他相关问题说明

第13条　供应采购人员依法享受国家法定福利和保险，享受内容和享受标准参照国家有关规定执行。

第14条　供应采购人员有关病事假期间薪酬核发办法参照公司考勤管理规定执行。

第7章　附则

第15　本制度由公司人力资源部负责解释。

第16　本制度自____年____月____日起实施。

第8章　附表

附表1　××公司供应采购人员岗位工资标准

岗位级别	岗位工资标准	采购岗位名称	供应岗位名称
一级	____元/月	成本控制主管、供应商开发主管、高级采购员	物资供应主管
二级	____元/月	采购预算专员、采购结算专员、采购检验专员、中级采购员	理货员、调度员
三级	____元/月	初级采购员	仓管员、运输司机

附表2　××公司供应采购人员绩效工资发放标准

考核得分	考核等级	绩效工资发放标准
90分及以上	优秀	____％的岗位工资
80（含）～90分	良好	____％的岗位工资
70（含）～80分	一般	____％的岗位工资
60（含）～70分	合格	____％的岗位工资
60分以下	待改进	无

（续）

附表3 ××公司供应采购人员奖金设置类别及发放标准

奖金类别	计发标准
采购成本节约奖	采购成本比预算低____%以上，按照采购成本节约额的____%予以奖励
合理化建议奖	提出合理化建议，使公司供应采购效率提高、成本下降的，将视创造价值大小给予____～____元的奖励
年终奖	将人员岗位工资的____%作为员工的年终奖金

编制部门		审核部门		批准部门	
编制日期		审核日期		批准日期	

第 **11** 章

财务人员量化考核与薪酬体系设计

11.1 财务部量化分析与量化考核

11.1.1 财务部量化管理分析

根据财务部职责提取的量化考核项目如图 11-1 所示。

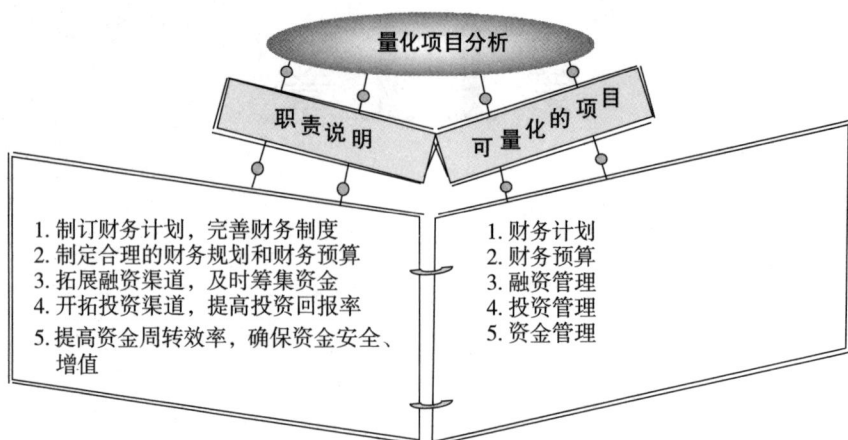

图 11-1 财务部量化考核项目

11.1.2 财务部量化指标设计

根据财务部工作目标设计的量化考核指标如图 11-2 所示。

目标项目	量化目标	量化考核指标
财务计划	财务计划及时提交	财务计划提交及时率
财务预算	财务预算编制及时 财务预算执行率达到____%	预算编制及时率 财务预算执行率
融资管理	完成本年度计划____元的融资目标	融资任务完成率 融资成本降低率
投资管理	确保投资收益率达到____%	投资收益率 投资计划完成率
资金管理	资金供应及时，资金周转率达到____%	资金供应延迟次数 资金周转率

图 11-2 财务部量化考核指标

11.1.3 财务部量化考核设计

1. 量化考核指标说明

图 11-3 对财务部量化考核指标体系中的四项指标进行了相关说明。

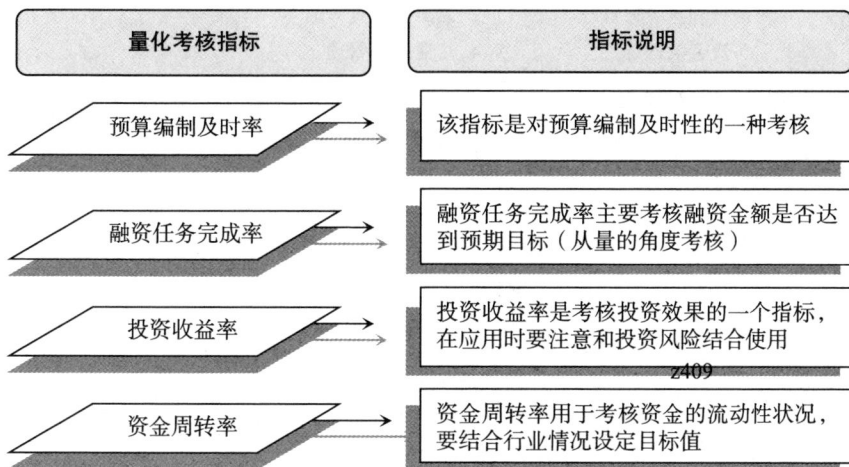

量化考核指标	指标说明
预算编制及时率	该指标是对预算编制及时性的一种考核
融资任务完成率	融资任务完成率主要考核融资金额是否达到预期目标（从量的角度考核）
投资收益率	投资收益率是考核投资效果的一个指标，在应用时要注意和投资风险结合使用
资金周转率	资金周转率用于考核资金的流动性状况，要结合行业情况设定目标值

图 11-3 财务部量化指标说明

2. 量化考核方案设计应注意的问题

在对财务部进行量化管理分析的基础上，企业结合财务部的实际情况和相关考核制度，着手进行量化考核方案的设计工作，并注意如图 11-4 所示的问题。

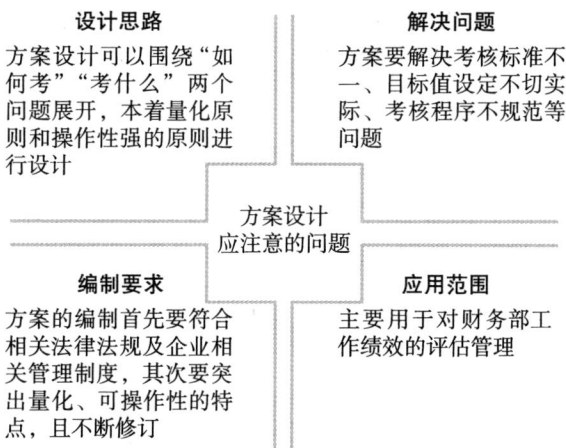

设计思路
方案设计可以围绕"如何考""考什么"两个问题展开，本着量化原则和操作性强的原则进行设计

解决问题
方案要解决考核标准不一、目标值设定不切实际、考核程序不规范等问题

方案设计应注意的问题

编制要求
方案的编制首先要符合相关法律法规及企业相关管理制度，其次要突出量化、可操作性的特点，且不断修订

应用范围
主要用于对财务部工作绩效的评估管理

图 11-4 财务部量化考核方案设计应注意的问题

3. 考核量表设计

财务部量化考核表如表 11-1 所示。

表 11-1　财务部量化考核表

考核周期：_____		直接责任人：_____		
主要考核内容：1. 财务计划与预算管理　　2. 企业投融资管理				
3. 财务资金管理　　　　4. 企业账务管理				

量化考核指标	权重	指标计算 / 说明	目标值	考核得分
财务计划提交及时率	5%	$\dfrac{及时提交的财务计划数量}{提交的财务计划总数量} \times 100\%$		
财务预算编制及时率	5%	—		
财务预算达成率	15%	$\dfrac{年度财务实际支出}{年度财务预算支出} \times 100\%$		
账务处理及时率	10%	$\dfrac{账务及时处理次数}{账务处理总次数} \times 100\%$		
融资任务完成率	15%	$\dfrac{实际融资数额}{计划融资数额} \times 100\%$		
融资成本降低率	10%	$\dfrac{计划融资成本 - 实际融资成本}{计划融资成本} \times 100\%$		
投资收益率	15%	$\dfrac{投资收益}{投资成本} \times 100\%$		
资金供应延迟次数	10%	—		
资金周转率	15%	可以用总资产周转率来表示，即主营业务收入净额 ÷ 平均资产总额 × 100%		
量化考核得分				

评价标准	优秀	良好	一般	合格	待改进

备注说明	

11.1.4 财务报告量化考核细则

财务报告量化考核细则示例如下。

细则名称	财务报告量化考核细则	编制部门	
		执行部门	

第1条 考核目的

为了加强公司财务工作的规范化管理，提高财务报告的质量和水平，为企业相关人员提供真实、准确、有效的财务报告，特制定本细则。

第2条 考核原则

（1）遵循客观公正、注重实效的原则。

（2）考核指标一定要本着相关责任人有能力改变的原则设定。

第3条 考核周期

采取平时考核和定期考核相结合的方式，对财务报告定期考核的周期为一个月，即于下月____日前完成对上月财务报告的考核。

第4条 考核组织

考核工作小组由总经理、内审人员、人事部考核人员、财务高层组成，其主要职责是组织、指导、监督考核工作，并提出考核建议。

第5条 考核方法

对于财务报告的考核主要采取抽样检查，即抽取一定量的财务报告及重点财务项目和数据进行检查，尽可能采取量化考核的方法。

第6条 考核内容及标准

1. 规范性

（1）目标：编制企业财务报告时，要严格遵守财务会计法律、规则、制度的规定。

（2）考核标准：违反财务会计法规相关规定，减____分；报表格式错误，减____分；未按企业编制程序执行，减____分；编制口径不统一，减____分；金额单位不符合统一要求，减____分。

2. 真实性

（1）目标：会计数据准确，会计报表附注和说明真实，不弄虚作假。

（2）考核标准：每发现1处信息失真作假，减____分。

3. 及时性

（1）目标：各类汇总报表在规定的时间内报送和会审，财务报告编制和报送及时。

（2）考核标准：每有1项报表延迟报送或提交，减____分。

4. 准确性

（1）目标：报表内各项数据准确、完整，表内表间勾稽关系正确、合理。

（2）考核标准：每发现1处数据错误，减____分；每有1处表间、表内勾稽关系不正确，减____分。

5. 完整性

（1）目标：要确保财务报告内容完整。

（2）考核标准：每缺少1类报表，减____分；上报报表每缺少1份，减____分；上报报表装订破损、不完好的，减____分；上报内容不完整，减____分/处；每有1处盖章不全的，减____分；报表编制说明及财务报告说明等配套资料每少1份，减____分；每有1项重大漏项，减____分。

（续）

第 7 条　考核得分计算 考核总分为 100 分，以减分制的形式进行。 第 8 条　附则 本细则自下发之日起施行。					
编制日期		审核日期		批准日期	
修改标记		修改处数		修改日期	

11.2　审计部量化分析与量化考核

11.2.1　审计部量化管理分析

根据审计部职责提取的量化考核项目如图 11-5 所示。

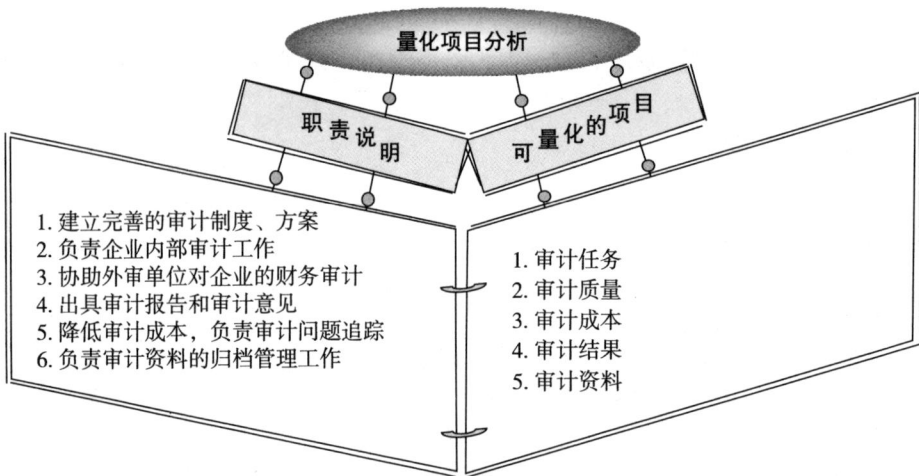

图 11-5　审计部量化考核项目

11.2.2　审计部量化指标设计

根据审计部工作目标设计的量化考核指标如图 11-6 所示。

目标项目	量化目标	量化考核指标
审计任务	按计划全面完成规定的审计工作	审计计划达成率
审计质量	无违反审计操作规范的情况 审计报告内容无差错	审计重大差错次数 违反审计操作规范的次数
审计成本	控制在预算内	审计成本
审计结果	审计报告提交及时 审计建议采纳率达到＿＿＿%	审计报告提交及时率 审计建议采纳率
审计资料	审计资料及时归档率达到＿＿＿% 无审计资料泄密情况	审计资料及时归档率 审计资料泄密次数

图 11-6　审计部量化考核指标

11.2.3　审计部量化考核设计

1. 量化考核指标说明

图 11-7 对审计部量化考核指标体系中的三项指标进行了相关说明。

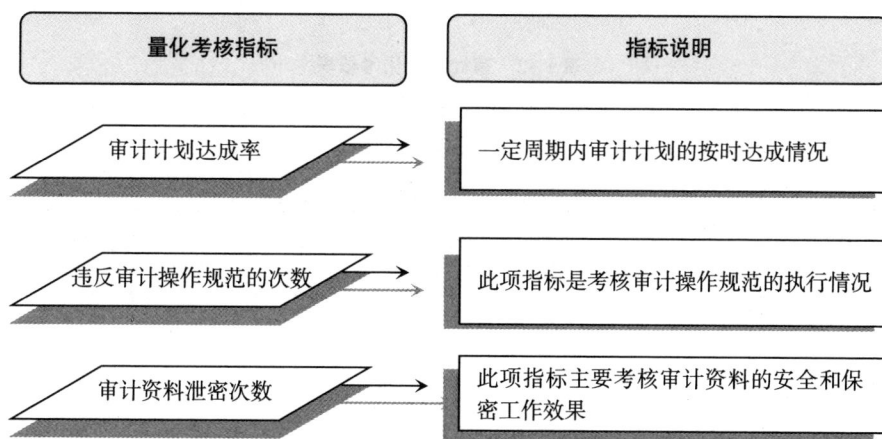

量化考核指标	指标说明
审计计划达成率	一定周期内审计计划的按时达成情况
违反审计操作规范的次数	此项指标是考核审计操作规范的执行情况
审计资料泄密次数	此项指标主要考核审计资料的安全和保密工作效果

图 11-7　审计部量化考核指标说明

2. 指标选取及应用要注意的问题

在应用上述指标时应注意如图 11-8 所示的问题。

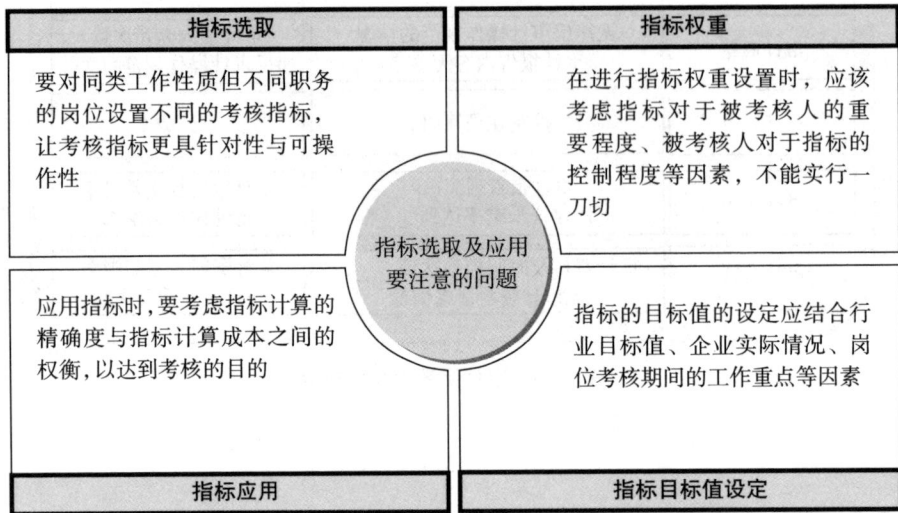

指标选取	指标权重
要对同类工作性质但不同职务的岗位设置不同的考核指标，让考核指标更具针对性与可操作性	在进行指标权重设置时，应该考虑指标对于被考核人的重要程度、被考核人对于指标的控制程度等因素，不能实行一刀切
应用指标时，要考虑指标计算的精确度与指标计算成本之间的权衡，以达到考核的目的	指标的目标值的设定应结合行业目标值、企业实际情况、岗位考核期间的工作重点等因素
指标应用	指标目标值设定

中心：指标选取及应用要注意的问题

图 11-8　会计部考核指标选取及应用要注意的问题

3. 考核量表设计

审计部量化考核表如表 11-2 所示。

表 11-2　审计部量化考核表

考核周期：_____		直接责任人：_____		
主要考核内容：1. 审计计划完成情况　　　2. 审计质量状况　　　3. 审计成本管理　　　4. 审计资料管理				
量化考核指标	权重	指标计算 / 说明	目标值	考核得分
审计计划达成率	15%	$\dfrac{已完成的审计项目}{计划完成的审计项目} \times 100\%$	达到____%	
延迟的审计项目数量	5%	—	在____项内	
审计问题追踪检查率	10%	$\dfrac{追踪检查的审计问题数量}{审计问题总数量} \times 100\%$	达到____%	
审计成本	10%	主要指审计的直接成本	控制在预算内	
重大审计差错	10%	指由于人为原因发生的重大审计差错	0 次	

量化考核指标	权重	指标计算 / 说明	目标值	考核得分
因审计不规范影响正常工作的次数	5%	—	不超过＿＿次	
违规事件漏查率	15%	可将该指标进一步细分为重大违规事件漏查率与一般违规事件漏查率，并对其设置不同的考核标准	低于＿＿％	
审计报告提交及时率	10%	$\dfrac{\text{及时提交的审计报告数量}}{\text{提交的审计报告总数量}} \times 100\%$	达到＿＿％	
审计建议采纳率	5%	$\dfrac{\text{被采纳的审计建议的数量}}{\text{提交的审计建议的数量}} \times 100\%$	达到＿＿％	
审计资料及时归档率	5%	$\dfrac{\text{及时归档的审计资料的数量}}{\text{归档的审计资料总数量}} \times 100\%$	达到＿＿％	
审计资料泄密次数	10%	—	0 次	
量化考核得分				
评价标准	优秀	良好	一般	合格	待改进
备注说明					

11.3 财务部各岗位目标量化与考核

11.3.1 财务部经理目标量化与考核

财务部经理岗位基本信息与工作目标如图 11-9 所示。

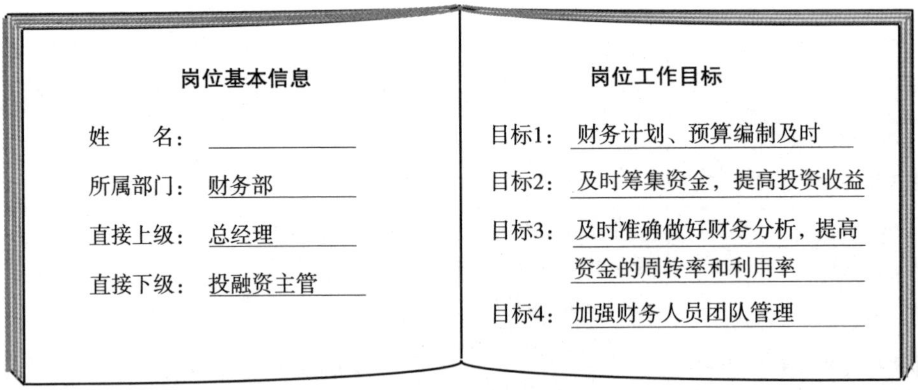

图 11-9　财务部经理岗位基本信息与工作目标

财务部经理量化考核表如表 11-3 所示。

表 11-3　财务部经理量化考核表

目标责任人		目标责任期限	___年___月___日至___年___月___日		
奖惩说明					
业务目标	量化考核指标	权重	绩效目标值	考核频率	考核得分
财务费用	财务费用降低率	5%	0 次	月度 / 季度 / 年度	
财务预算	财务预算达成率	15%	高于___%	月度 / 季度 / 年度	
筹资	筹资及时率	10%	达___%	季度 / 年度	
	筹资任务完成率	10%	高于___%	季度 / 年度	
	筹资成本	10%	预算内	季度 / 年度	
投资	投资收益率	10%	达到___%	季度 / 年度	
资金管理	资金周转率	15%	高于___%	季度 / 年度	
财务报表管理	财务报表编制及时率	5%	达到___%	月度 / 季度 / 年度	
	财务数据准确率	10%	达 100%	月度 / 季度 / 年度	
部门管理	培训计划完成率	10%	高于___%	季度 / 年度	
考核得分合计					
考核人（签字）： 考核日期：			审核人（签字）： 审核日期：		

财务部经理目标责任考核方案示例如下。

财务部经理目标责任考核方案

一、考核目的

为了客观公正地评价财务部经理的工作业绩，落实公司目标责任制，确保完成公司各项财务目标，提高公司的经济效益，特制定本方案。

二、考核形式

对于财务部经理的考核采取签订目标责任书的形式。

三、财务部经理的职权

1. 有权参与制定公司经营发展规划并提出建议。

2. 有权制定并修改公司各项财务制度与计划，建立财务管理体系。

3. 有权监督和指导财务制度与财务计划的执行，规范企业财务内控管理。

4. 有权建立和培训财务人员队伍，对财务人员有管理权。

四、财务部经理目标责任及考核

1. 目标责任一及考核：财务管理制度（占10%）

财务管理制度完善、规范、可操作性强，则得满分；存在1项重大漏洞，减____分；存在1项完全不可行的制度条款，减____分。

2. 目标责任二及考核：预算管理（占15%）

（1）财务预算编制及时，每有1次延迟，减____分。

（2）对预算执行过程中出现的问题没有及时解决，每出现1次，减____分。

（3）财务预算执行偏差率控制在±____%范围内，超出此范围，减____分。

3. 目标责任三及考核：筹资管理（占15%）

（1）筹资任务达成率达到____%，则得满分；每低于目标值____%，减____分；低于____%，不得分。

（2）筹资成本控制在预算内，则得满分；每高于目标值____%，减____分；高于____%，不得分。

（3）筹资结构不合理，减____分。

4. 目标责任四及考核：投资管理（占10%）

投资收益率高于____%，则得满分；每低于目标值____%，减____分；低于____%，不得分。存在投资重大风险而没有相应的规避措施，减____分。

（续）

5. 目标责任五及考核：资金管理（占 15%）

（1）资金周转率不少于＿＿次 / 年，每少 1 次，减＿＿分。

（2）资金周转率高于＿＿%，则得满分；每低于目标值＿＿%，减＿＿分；低于＿＿%，不得分。

（3）重大资金管理差错，每发生 1 次，减＿＿分。

6. 目标责任六及考核：财务分析管理（占 15%）

（1）财务分析报告每有 1 处差错，减＿＿分。

（2）财务分析建议被采纳 1 项，加＿＿分。

7. 成本控制（占 10%）

对各部门的成本进行控制，每出现 1 次未能按照财务会计制度控制各项费用的情况，减＿＿分。

8. 分管部门人员管理（占 10%）

（1）部门培训计划完成率达到 100%，未达到此标准，减＿＿分。

（2）及时、公正地对下属人员进行考核，下属人员对绩效考核工作满意度评分在＿＿分以上，加＿＿分。

五、考核结果

考核结果主要用于财务部经理绩效工资的发放以及相关业务培训。

| 编制日期： | 审核日期： | 实施日期： |

11.3.2 投资主管目标量化与考核

投资主管岗位基本信息与工作目标如图 11-10 所示。

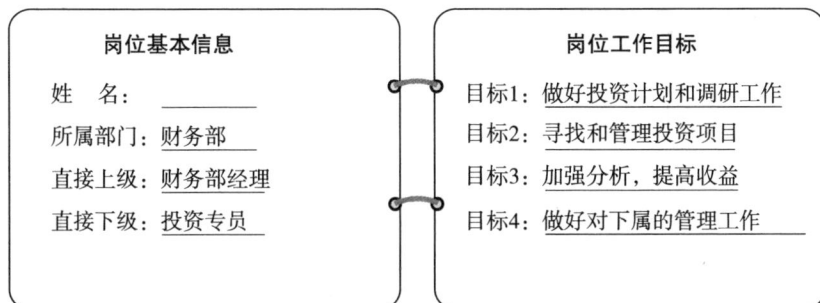

图 11-10 投资主管岗位基本信息与工作目标

投资主管量化考核表如表 11-4 所示。

表 11-4 投资主管量化考核表

考核人			考核日期			
奖惩说明						
目标量化	实际完成	权重	评价标准	考核得分		
				初核	复核	得分
投资计划完成率达到___%	___%	20%	1. 投资计划完成率达到___%，得满分 2. 每低于目标值___%，减___分			
投资调研报告提交及时率达到___%	___%	10%	1. 投资调研报告提交及时率达到___%，得满分 2. 每低于目标值___%，减___分			
投资项目报告提交及时率达到___%	___%	10%	1. 投资项目报名提交及时率达到___%，得满分 2. 每低于目标值___%，减___分			
投资收益率达到___%	___%	25%	1. 投资收益率达到___%，得满分 2. 每低于目标值___%，减___分			
投资分析报告提交及时率达到___%	___%	15%	1. 投资分析报告提交及时率达到___%，得满分 2. 每低于目标值___%，减___分			
投资费用控制在预算内	___	10%	1. 投资费用在预算内，得满分 2. 每高出预算___%，减___分			
下属无违反企业制度行为	___次	10%	每违反 1 次，减___分			
量化考核得分						
评分标准	90 分及以上：优秀　　80（含）~ 90 分：良好　　70（含）~ 80 分：尚可 60（含）~ 70 分：需改进　　60 分以下：不称职					
被考核者		考核者		复核者		
签字：　日期：		签字：　日期：		签字：　日期：		

11.3.3 融资主管目标量化与考核

融资主管岗位基本信息与工作目标如图 11-11 所示。

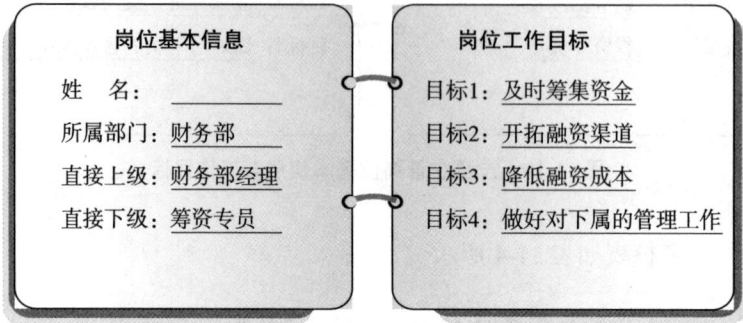

岗位基本信息	岗位工作目标
姓　　名：_____	目标1：及时筹集资金
所属部门：财务部	目标2：开拓融资渠道
直接上级：财务部经理	目标3：降低融资成本
直接下级：筹资专员	目标4：做好对下属的管理工作

图 11-11　融资主管岗位基本信息与工作目标

融资主管量化考核表如表 11-5 所示。

表 11-5　融资主管量化考核表

考核人		考核日期	
奖惩说明			

目标量化	实际完成	权重	评价标准	考核得分		
				初核	复核	得分
筹资无延迟	—	10%	1. 筹资无延迟，得满分 2. 每发生1次，减___分			
筹资任务达成率达到___%	___%	25%	1. 筹资任务达成率达到___%，得满分 2. 每低于目标值___%，减___分			
新增___种方式的筹资渠道	___种	10%	每少1种方式，减___分			
筹资成本控制在预算内	___	10%	1. 筹资成本在预算内，得满分 2. 每高于预算___%，减___分			
筹资方案一次性通过率达到___%	___%	20%	1. 筹资方案一次性通过率达到___%，得满分 2. 每低于目标值___%，减___分			
筹资报告提交及时率达到___%	___%	15%	筹资报告提交及时率达到100%，每延迟1次，减___分			
下属考核平均得分达到___分	___分	10%	1. 超过___分，得满分 2. 每低于___分，减___分			

（续表）

量化考核得分			
评分标准	90分及以上：优秀　　　　80（含）~ 90分：良好　　　　70（含）~ 80分：尚可 60（含）~ 70分：需改进　　　60分以下：不称职		

被考核者		考核者		复核者	
签字：	日期：	签字：	日期：	签字：	日期：

11.3.4　预算专员目标量化与考核

预算专员岗位基本信息与工作目标如图 11-12 所示。

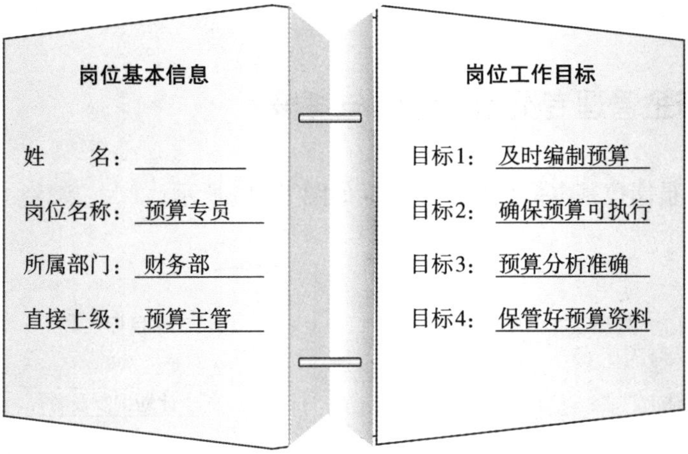

图 11-12　预算专员岗位基本信息与工作目标

预算专员量化考核表如表 11-6 所示。

表 11-6　预算专员量化考核表

绩效考核说明					
本次考核周期			本次考核得分		
其他奖惩说明					
本期考核内容					
序号	量化考核指标	权重	评分标准	数据来源	得分
1	预算方案提交及时率	25%	每低于目标值＿＿＿%，减＿＿＿分	财务部	
2	预算执行率	20%	每低于目标值＿＿＿%，减＿＿＿分	各业务部 财务部	

（续表）

序号	量化考核指标	权重	评分标准	数据来源	得分
3	预算执行差异分析报告按时完成率	20%	每低于目标值____%，减____分	财务部	
4	预算分析建议被采纳的项数	20%	每比目标值少 1 项，减____分	财务部	
5	预算资料及时归档率	15%	每低于目标值____%，减____分	财务部	
下期重点改进目标设定					
改进目标 1					
改进目标 2					
考核人（签字）： 考核日期：			审核人（签字）： 审核日期：		

11.3.5　资金管理专员目标量化与考核

资金管理专员岗位基本信息与工作目标如图 11-13 所示。

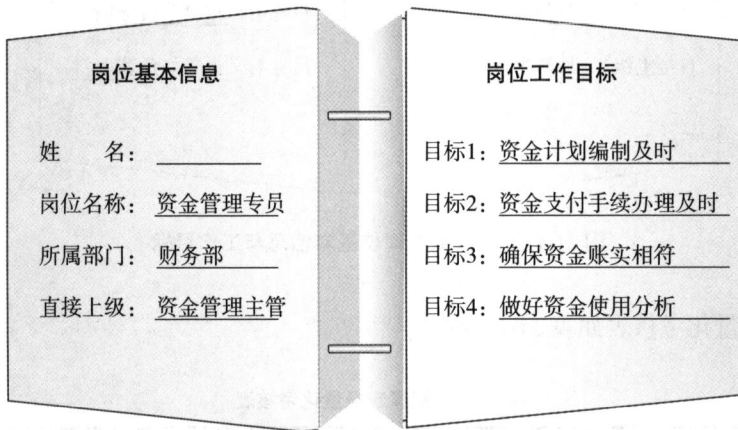

图 11-13　资金管理专员岗位基本信息与工作目标

资金管理专员量化考核表如表 11-7 所示。

表 11-7　资金管理专员量化考核表

绩效考核说明					
本次考核周期				本次考核得分	
其他奖惩说明					
本期考核内容					
序号	量化考核指标	权重	评分标准	数据来源	得分
1	资金计划编制及时率	10%	每低于目标值____%，减____分	财务部	
2	资金支付手续办理延迟次数	10%	每发生 1 次，减____分	相关部门、财务部	
3	资金业务核算差错次数	30%	每发生 1 次，减____分	财务部	
4	资金收支准确	10%	每发生 1 次错误，减____分	财务部	
5	账实不符的次数	30%	每发生 1 次，减____分	财务部	
6	资金使用分析报告提交及时率	10%	每低于目标值____%，减____分	财务部	
下期重点改进目标设定					
改进目标 1					
改进目标 2					
考核人（签字）： 考核日期：			审核人（签字）： 审核日期：		

11.4　审计部各岗位目标量化与考核

11.4.1　审计部经理目标量化与考核

审计部经理岗位基本信息与工作目标如图 11-14 所示。

岗位基本信息

姓　　名：____________

所属部门：审计部

直接上级：总经理

直接下级：审计主管

岗位工作目标

目标1：审计制度完善、规范

目标2：按时完成内审、外审工作任务

目标3：控制审计成本，提高审计质量

目标4：完成对下属的培训和指导工作

图 11-14　审计部经理岗位基本信息与工作目标

审计部经理量化考核表如表 11-8 所示。

表 11-8　审计部经理量化考核表

目标责任人		目标责任期限	____年____月____日至____年____月____日		
奖惩说明					
业务目标	量化考核指标	权重	绩效目标值	考核频率	考核得分
审计制度目标	审计制度不完善的项数	10%	控制在____项以内	年度	
审计成本目标	审计成本	10%	控制在预算内	季度 / 年度	
审计任务目标	审计任务达成率	15%	达到____%	月度 / 季度 / 年度	
	漏查率	10%	低于____%	月度 / 季度 / 年度	
	审计及时率	10%	达到____%	月度 / 季度 / 年度	
审计结果目标	审计报告提交及时率	10%	达到____%	季度 / 年度	
	审计报告出现差错项数	15%	0 项	季度 / 年度	
	审计问题追踪检查率	10%	达到____%	季度 / 年度	
部门管理目标	核心人才流失率	10%	低于____%	季度 / 年度	
考核得分合计					
考核人（签字）： 考核日期：			审核人（签字）： 审核日期：		

审计部经理目标责任考核方案示例如下。

审计部经理目标责任考核方案

一、考核形式

对审计部经理的考核采取签订目标责任书的形式，甲方为公司，乙方为审计部经理。

二、考核期限

____年____月____日至____年____月____日。

三、双方权利和义务

1. 甲方对乙方拥有监督考核权，并负有指导、协助乙方开展必要工作的责任。

2. 乙方全面负责公司的审计管理工作。

四、薪酬标准

1. 乙方的年薪为____万元，其中固定薪酬占年薪的60%，浮动薪酬占年薪的40%。

2. 浮动薪酬根据年度考核得分进行发放。

五、考核内容

对审计部经理的考核主要分为两部分：日常工作业绩和重点工作，二者所占的比例为7∶3。

1. 审计部经理日常工作业绩考核表如表1所示。

表1　审计部经理日常工作业绩考核表

考核指标	绩效目标值	考核标准	实际值	权重	得分
审计成本	控制在预算内	每高于目标值____%，减____分		15%	
审计任务达成率	达到____%	每低于目标值____%，减____分		15%	
审计漏查率	低于____%	每高于目标值____%，减____分		10%	
审计及时率	达到____%	每低于目标值____%，减____分		10%	
审计报告提交及时率	达到____%	每低于目标值____%，减____分		15%	
审计报告差错项数	控制____项内	每多1项，减____分		15%	
审计问题追踪检查率	达到____%	每低于目标值____%，减____分		10%	
核心人才流失率	低于____%	每高于目标值____%，减____分		10%	

（续）

2.审计部经理重点工作考核从任务完成量、时间控制、完成质量三个方面进行，三者所占的比例为 5：2：3。

六、考核结果

审计部经理目标责任考核结果主要应用于绩效工资的发放，具体发放标准如表 2 所示。

表 2　审计部经理绩效考核结果应用表

考核得分（X）	考核结果应用
$90 \leqslant X \leqslant 100$	绩效工资发放____%
$80 \leqslant X < 90$	绩效工资发放____%
$70 \leqslant X < 80$	绩效工资发放____%
$60 \leqslant X < 70$	绩效工资发放____%
$X < 60$	无绩效工资

七、其他说明

1.本公司在生产经营环境发生重大变化或发生其他情况时，有权修改本方案。

2.本方案未尽事宜在征求公司总经理意见后，由公司另行研究确定解决办法。

3.本方案的解释权归公司人力资源部。

编制日期：　　　　　审核日期：　　　　　实施日期：

11.4.2　审计主管目标量化与考核

审计主管岗位基本信息与工作目标如图 11-15 所示。

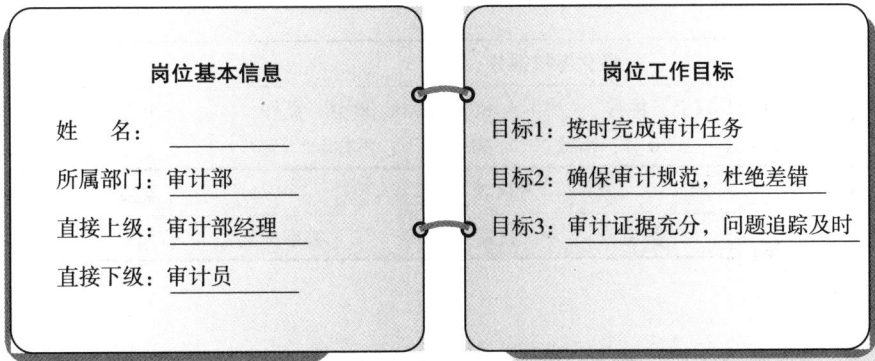

图 11-15　**审计主管岗位基本信息与工作目标**

审计主管量化考核表如表 11-9 所示。

表 11-9　**审计主管量化考核表**

考核人			考核日期			
奖惩说明						
目标量化	实际完成	权重	评价标准	考核得分		
				初核	复核	得分
审计项目按时完成率达到____%	____%	20%	1.审计项目按时完成率达到目标值，得满分 2.每低于目标值____%，减____分			
违规事件漏查率低于____%	____%	15%	1.违规事件漏查率达到目标值，得满分 2.每高于目标值____%，减____分			
审计差错次数控制在 0 次	____次	15%	每超过目标值 1 次，减____分			
控制审计进度，审计项目延迟完成的数量在____项内	____项	10%	1.达到目标值，得满分 2.每多 1 次，减____分			
审计报告提交及时率达到____%	____%	10%	1.审计报告提交及时率达到 100%，得满分 2.每延迟 1 次，减____分			
审计报告无差错	____处	15%	每有 1 处，减____分			
审计问题追踪检查率达到____%	____%	15%	1.审计问题追踪检查率达到目标值，得满分 2.每低于目标值____%，减____分			

（续表）

量化考核得分		
评分标准	90 分及以上：优秀　　　80（含）~ 90 分：良好　　　70（含）~ 80 分：尚可 60（含）~ 70 分：需改进　　　60 分以下：不称职	
被考核者	考核者	复核者
签字：　　　日期：	签字：　　　日期：	签字：　　　日期：

11.4.3　税务审计专员目标量化与考核

税务审计专员岗位基本信息与工作目标如图 11-16 所示。

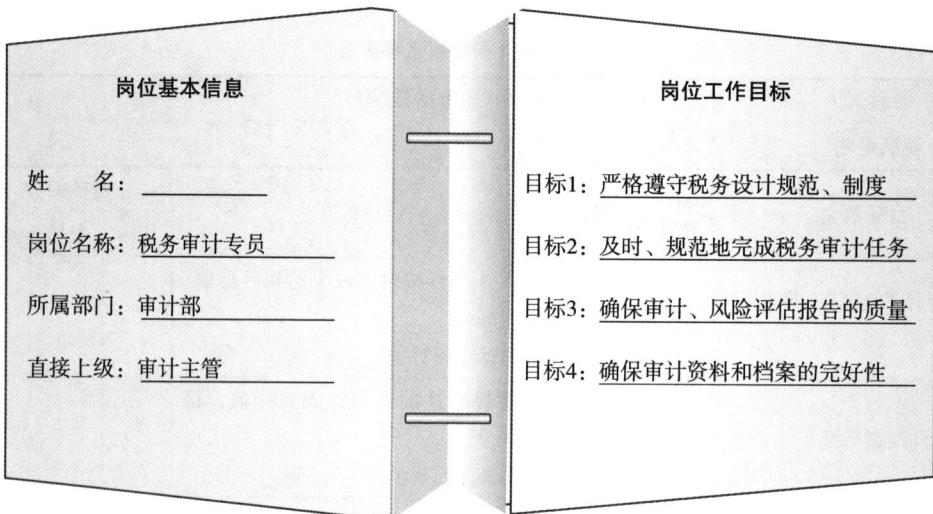

图 11-16　税务审计专员岗位基本信息与工作目标

税务审计专员量化考核表如表 11-10 所示。

表 11-10　税务审计专员量化考核表

绩效考核说明						
本次考核周期				本次考核得分		
其他奖惩说明						
本期考核内容						
序号	量化考核指标	权重	评分标准		数据来源	得分
1	违反税务审计规范的次数	15%	每违反 1 次，减＿＿分		审计部	

（续表）

序号	量化考核指标	权重	评分标准	数据来源	得分
2	审计项目按时完成率	30%	每低于目标值____%，减____分	审计部	
3	税务审计差错次数	20%	每发生 1 次，减____分	审计部	
4	税务审计报告按时提交率	10%	每延迟提交 1 次，减____分	审计部	
5	税务审计报告出现差错次数	15%	每出现 1 次，减____分	审计部	
6	审计资料归档及时率	10%	每低于目标值____%，减____分	审计部	
下期重点改进目标设定					
改进目标 1					
改进目标 2					
考核人（签字）： 考核日期：			审核人（签字）： 审核日期：		

11.4.4 财务审计专员目标量化与考核

财务审计专员岗位基本信息与工作目标如图 11-17 所示。

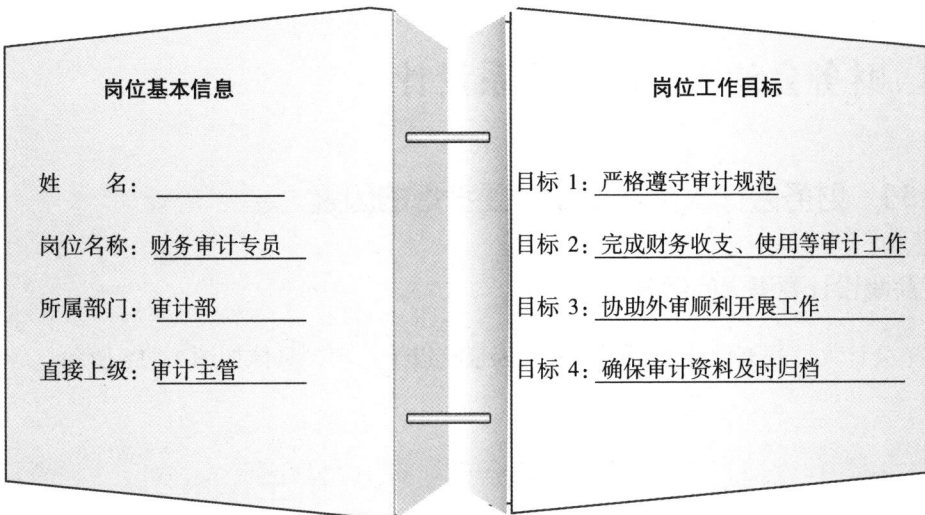

图 11-17 财务审计专员岗位基本信息与工作目标

财务审计专员量化考核表如表 11-11 所示。

表 11-11　财务审计专员量化考核表

绩效考核说明					
本次考核周期			本次考核得分		
其他奖惩说明					
本期考核内容					
序号	量化考核指标	权重	评分标准	数据来源	得分
1	审计任务执行率	30%	每有1次未按计划完成，减____分	审计部	
2	重大违规事件漏查率	15%	每高于目标值____%，减____分	审计部	
3	因审计证据不足，审计结果被推翻的次数	20%	每发生1次，减____分	审计部	
4	审计问题追踪检查率	15%	每低于目标值____%，减____分	审计部	
5	审计报告一次性通过率	10%	每低于目标值____%，减____分	审计部	
6	重要审计资料泄密次数	10%	每发生1次，减____分	审计部	
下期重点改进目标设定					
改进目标1					
改进目标2					
考核人（签字）： 考核日期：			审核人（签字）： 审核日期：		

11.5　财务会计人员薪酬体系设计

11.5.1　财务会计人员薪酬设计要考虑的因素

1. 薪酬设计要考虑的因素

财务会计人员薪酬设计主要应考虑的因素有以下八项，具体如图 11-18 所示。

图 11-18　财务会计人员薪酬设计要考虑的因素

2. 因素应用需注意的问题

在考虑上述因素进行财务会计人员薪酬设计时，应注意如图 11-19 所示的四个问题。

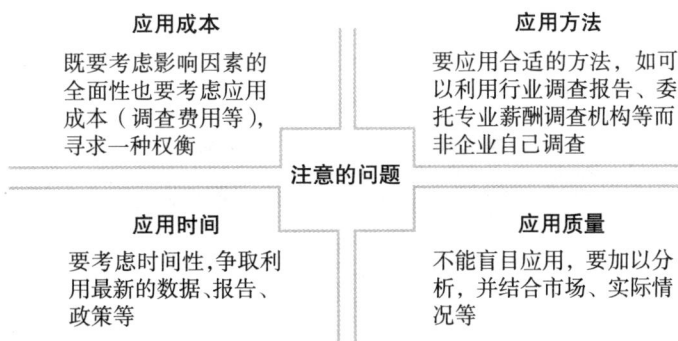

应用成本
既要考虑影响因素的全面性也要考虑应用成本（调查费用等），寻求一种权衡

应用方法
要应用合适的方法，如可以利用行业调查报告、委托专业薪酬调查机构等而非企业自己调查

注意的问题

应用时间
要考虑时间性，争取利用最新的数据、报告、政策等

应用质量
不能盲目应用，要加以分析，并结合市场、实际情况等

图 11-19　因素应用需注意的问题

11.5.2　财务会计人员薪酬体系设计方案

××企业高层财务会计人员薪酬体系设计方案示例如下。

方案名称	××企业高层财务会计人员薪酬体系设计方案	编制部门	
		执行部门	

一、方案背景

某企业是生产型企业，属于该行业的领先者。企业的薪酬策略是薪酬水平领先策略，目前企业高层财务会计人员工作绩效表现较好，且具有很强的稳定性。

二、方案目的

为了降低高层财务会计人员的流动性，激发他们的工作积极性，提高财务管理水平，特制定本方案。

三、适用范围

本方案仅适用于企业高层财务会计人员薪酬体系设计。

四、薪酬体系内容设计

薪酬总额＝基本工资＋绩效年薪＋法定保险＋股权激励＋其他特别福利与保险计划。

1. 基本工资

基本工资略高于竞争对手和市场薪酬水平，以体现激励性。基本工资占薪酬总额的比例为30%，按月发放。各岗位的基本工资根据工作评价、市场薪资水平等因素综合确定，具体标准如下表所示。

高层财务会计人员基本工资标准

职务名称	基本工资	
××	一档	××元
	二档	××元
××	一档	××元
	二档	××元
××	一档	××元
	二档	××元

2. 绩效年薪

绩效年薪是对高层财务会计人员经营业绩的一种短期激励。其根据年度绩效考核的结果确定。绩效年薪占薪酬总额的比例为30%。绩效年薪按年发放。

3. 法定保险

高层财务会计人员的法定保险参照相关劳动法等法律法规执行。法定保险占薪酬总额的比例为 10%。

4. 股权激励

股权激励是对企业高层财务会计人员施行股票期权和股票激励，使其薪酬与企业未来股票价格和经营业绩相关。股票期权占薪酬总额的比例为 20%。

5. 其他特别福利与保险计划

根据企业效益和实际情况另行规定，这部分占薪酬总额的比例为 10%。

五、附则

（1）本方案未尽事宜，另行规定或参见其他规定的相应条款。

（2）本方案的解释权归企业人力资源部。

编制人员		审核人员		批准人员	
编制日期		审核日期		批准日期	

11.5.3 财务会计人员薪酬管理制度

××公司财务会计人员薪酬管理制度示例如下。

制度名称	××公司财务会计人员薪酬管理制度	编制部门	
		执行部门	
第 1 章 总则			
第 1 条 目的 为进一步完善公司财务会计人员的薪酬管理，建立科学有效的激励与约束机制，有效调动财务会计人员的工作积极性，提升公司的财务管理效益，依据国家相关法律、法规的规定及公司实际，特制定本制度。 第 2 条 适用范围 本制度中的财务会计人员是指除实行年薪制以外的公司所有的财务会计人员。			

（续）

第3条 薪酬管理原则

财务会计人员的薪酬分配和发放以企业经济效益为出发点，根据公司年度经营计划和财务会计人员分管工作的工作目标，进行综合考核，依据考核结果确定薪酬分配。其具体原则如下。

1. 竞争力原则，即公司提供的薪酬与市场同等职位收入水平相比有竞争力。

2. 按劳分配与责、权、利相结合的原则。

3. 与公司效益及工作目标挂钩的原则。

4. 短期与长期激励相结合的原则。

5. 公开、公正、透明的原则。

第2章 薪酬构成及内容

第4条 基本工资与管理工资

由于财务会计人员所在岗位的不同，其基本工资与管理工资水平各异，具体标准见附表1。

第5条 绩效工资

公司将财务会计人员的绩效考核结果划分为五个等级，并据此发放不同数额的绩效工资，具体标准见附表2。

第6条 学历职称工资

结合财务会计人员的职业特性，根据其取得的不同学历与职称，设置不同标准的职称津贴标准，具体见附表3。

第7条 年终奖励

年终奖励是一次性表彰表现特别突出或对公司/分公司财务管理有重大贡献的财务会计人员，树立先进榜样，具体发放标准见公司员工奖励管理办法。

第3章 薪酬发放与调整

第8条 薪酬发放

工资发放时间为次月的____日，如遇法定节假日或休息日，则提前节假日前一天发放。

第9条 薪酬调整

财务会计人员的薪酬体系应为公司的经营战略服务，并随着公司经营状况的不断变化及各种客观情况而做相应的调整，以适应公司进一步发展的需要。

1. 同行业财务会计人员薪资增幅水平。

2. 当地生活水平。

3. 公司盈利状况。

第4章 附则

第10条 本制度由公司人力资源部制定并负责解释。

第11条 本制度自颁布之日起开始执行。

附表1 财务会计人员工资标准

岗位	职称	管理工资	基本工资	绩效工资
财务经理	初级	____元	____元	____元
	中级	____元	____元	____元
	高级	____元	____元	____元

（续）

（续表）

岗位	职称	管理工资	基本工资	绩效工资
财务主管	初级	＿＿元	＿＿元	＿＿元
	中级	＿＿元	＿＿元	＿＿元
	高级	＿＿元	＿＿元	＿＿元
……				
会计员	初级		＿＿元	＿＿元
	中级		＿＿元	＿＿元
	高级		＿＿元	＿＿元

附表2 绩效工资发放标准

考核分数	90分及以上	80（含）~90分	70（含）~80分	60（含）~70分	60分以下
系数	1.2	1.1	1.0	0.9	0.5
备注：绩效工资由绩效工资基数乘以考核系数得出					

附表3 学历职称工资标准

学历	注册类	高级职称	中级职称	初级职称	助理类
硕士及以上学历	＿＿元/月	＿＿元/月	＿＿元/月	＿＿元/月	＿＿元/月
全日制本科	＿＿元/月	＿＿元/月	＿＿元/月	＿＿元/月	＿＿元/月
全日制专科	＿＿元/月	＿＿元/月	＿＿元/月	＿＿元/月	＿＿元/月
其他学历	＿＿元/月	＿＿元/月	＿＿元/月	＿＿元/月	＿＿元/月

编制日期		审核日期		批准日期	
修改标记		修改处数		修改日期	

第 **12** 章

行政人事人员量化考核与薪酬体系设计

12.1 行政部量化分析与量化考核

12.1.1 行政部量化管理分析

根据行政部职责提取的量化考核项目如图 12-1 所示。

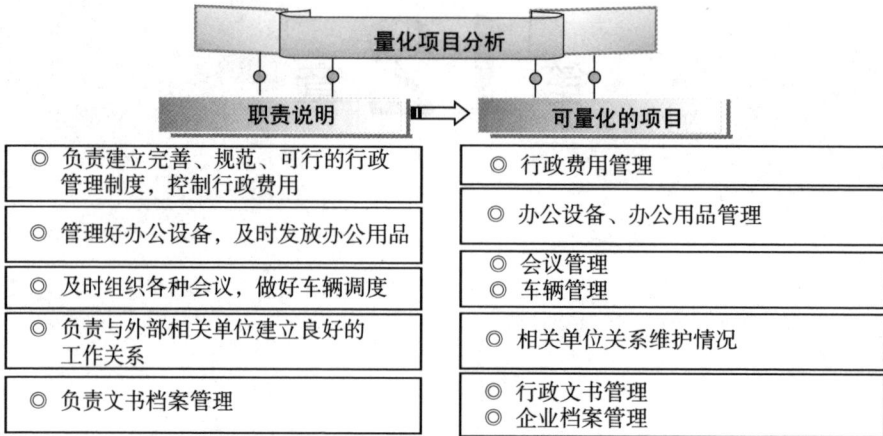

图 12-1 行政部量化考核项目

12.1.2 行政部量化指标设计

根据行政部工作目标设计的量化考核指标如图 12-2 所示。

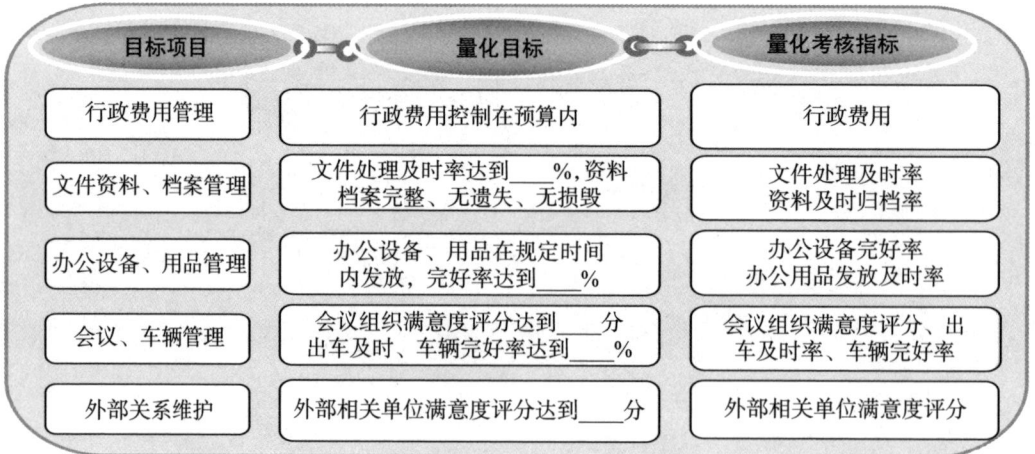

图 12-2 行政部量化考核指标

12.1.3 行政部量化考核设计

1. 量化考核指标说明

图 12-3 对行政部量化考核指标体系中的三项指标进行了相关说明。

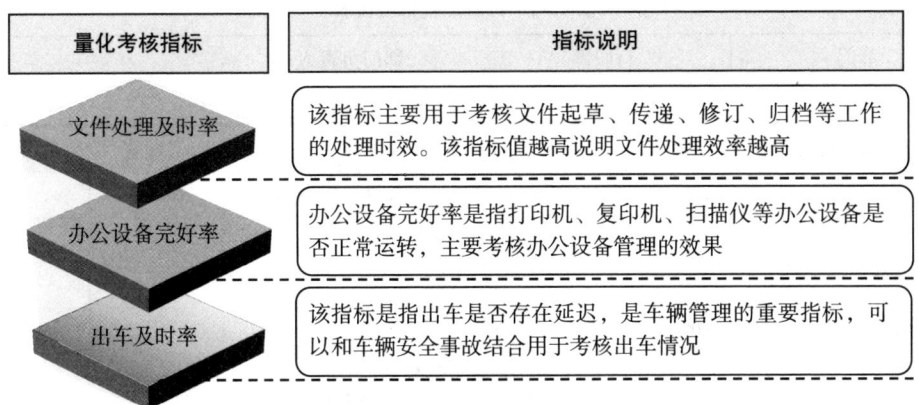

量化考核指标	指标说明
文件处理及时率	该指标主要用于考核文件起草、传递、修订、归档等工作的处理时效。该指标值越高说明文件处理效率越高
办公设备完好率	办公设备完好率是指打印机、复印机、扫描仪等办公设备是否正常运转，主要考核办公设备管理的效果
出车及时率	该指标是指出车是否存在延迟，是车辆管理的重要指标，可以和车辆安全事故结合用于考核出车情况

图 12-3　行政部量化考核指标设计

2. 行政部量化考核说明

（1）行政部岗位考核指标设计。图 12-4 从两方面对行政部岗位的绩效考核指标进行了设计。

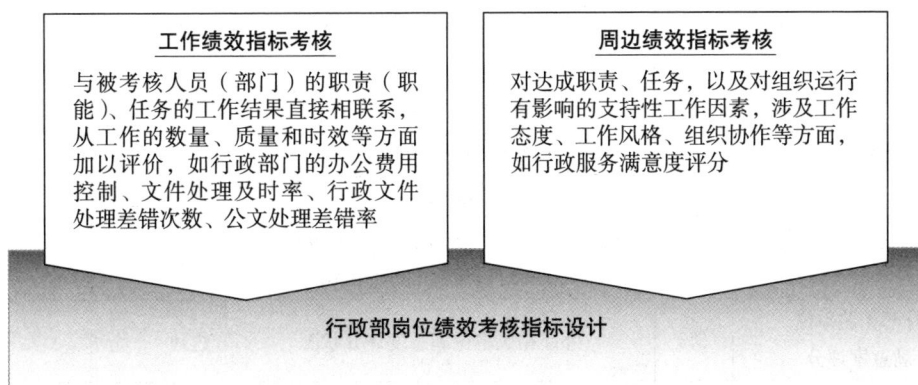

工作绩效指标考核	周边绩效指标考核
与被考核人员（部门）的职责（职能）、任务的工作结果直接相联系，从工作的数量、质量和时效等方面加以评价，如行政部门的办公费用控制、文件处理及时率、行政文件处理差错次数、公文处理差错率	对达成职责、任务，以及对组织运行有影响的支持性工作因素，涉及工作态度、工作风格、组织协作等方面，如行政服务满意度评分

行政部岗位绩效考核指标设计

图 12-4　行政部岗位绩效考核指标设计

（2）绩效考核的改进。考核结束后，行政部需对设置的绩效指标是否明确、是否有针对性、是否可作为行政部绩效考核的标准，以及绩效考核方法是否适用等事项进行总结评估。

3. 考核量表

行政部量化考核表如表 12-1 所示。

表 12-1　行政部量化考核表

部门		行政部	部门负责人		
考核期限		___年___月___日至___年___月___日			
量化考核指标	权重	指标计算 / 说明		目标值	考核得分
行政费用	10%	办公用品、日常消耗等各种费用的总和		预算内	
行政文件处理及时率	5%	$\dfrac{\text{及时处理的文件数量}}{\text{处理的文件总数量}} \times 100\%$		达到___%	
行政文件处理差错次数	10%	—		0 次	
档案资料完好率	5%	$\dfrac{\text{完好的档案资料数量}}{\text{档案资料总数量}} \times 100\%$		达到 100%	
资料及时归档率	5%	$\dfrac{\text{及时归档的资料数量}}{\text{归档的资料总数量}} \times 100\%$		达到 100%	
办公设备完好率	10%	$\dfrac{\text{完好的办公设备数量}}{\text{办公设备总数量}} \times 100\%$		达到___%	
办公用品发放及时率	5%	$\left(1-\dfrac{\text{延迟发放的次数}}{\text{发放总次数}}\right) \times 100\%$		达到___%	
办公用品发放差错次数	5%	—		0 次	
会议组织满意度评分	10%	参会人员、会议领导等的满意度评分		达到___分	
会议纪要完整率	5%	$\dfrac{\text{完整的会议纪要份数}}{\text{会议纪要总份数}} \times 100\%$		达到___%	
出车及时率	10%	$\left(1-\dfrac{\text{延迟出车的次数}}{\text{出车总次数}}\right) \times 100\%$		达到___%	
车辆完好率	10%	该指标反映在考核期内，技术状况良好、可随时出车进行运输工作的车辆的情况		达到___%	
外部相关单位满意度评分	5%	外部相关单位满意度评分状况		达到___分	
前台接待平均等待时间	5%	—		___分钟内	
量化考核得分					

12.1.4　车辆管理量化考核细则

车辆管理量化考核细则示例如下。

制度名称	车辆管理量化考核细则	编制部门	
		执行部门	

第1条　目的

为客观评价车辆管理工作，提高车辆利用效率，有效做好车辆调度与保养，控制用车成本，特制定本细则。

第2条　考核原则

1.指标选取本着可控性原则，即指标能够测量或具有明确的评价标准。

2.考核内容既要全面又要突出重点。

第3条　适用范围

本细则适用于公司车辆管理事务的考核。

第4条　考核周期

1.季度考核，即下季度第1个月的前____个工作日内完成对上季度工作的考核。

2.年度考核，即下年度前____个工作日内完成对上年度工作的考核。

第5条　考核内容

对于车辆管理的考核主要从车辆年检手续办理、出车任务完成情况、车辆安全管理、出车服务、车辆养护管理五个方面进行，具体内容和标准见附表。

第6条　本细则自发布之日起执行。

第7条　本细则未尽事宜可参考公司相关考核制度。

附表　车辆管理量化考核内容和标准

考核大项	考核指标	考核标准	权重	减分原因	得分
车辆年检手续办理	车辆年检手续办理及时率	每有1次延迟，减____分	10%		
出车任务完成情况	出车任务达成率	每低于目标值____%，减____分	20%		
	出车及时率	每有1次延迟，减____分	10%		
	百公里耗油量	每高于目标值____%，减____分	10%		
车辆安全管理	车辆安全事故发生次数	每发生1次车辆事故，减____分	15%		
	交通违章次数	每发生1次交通违章，减____分，情节严重的，另行按相关规定处理	15%		
出车服务	有效投诉次数	每发生1次有效投诉，减____分	5%		
车辆养护管理	车辆完好率	每低于目标值____%，减____分	10%		
	车辆养护费用	每高于预算____%，减____分	5%		

编制日期		审核日期		批准日期	
修改标记		修改处数		修改日期	

12.2 后勤部量化分析与量化考核

12.2.1 后勤部量化管理分析

根据后勤部职责提取的量化考核项目如图 12-5 所示。

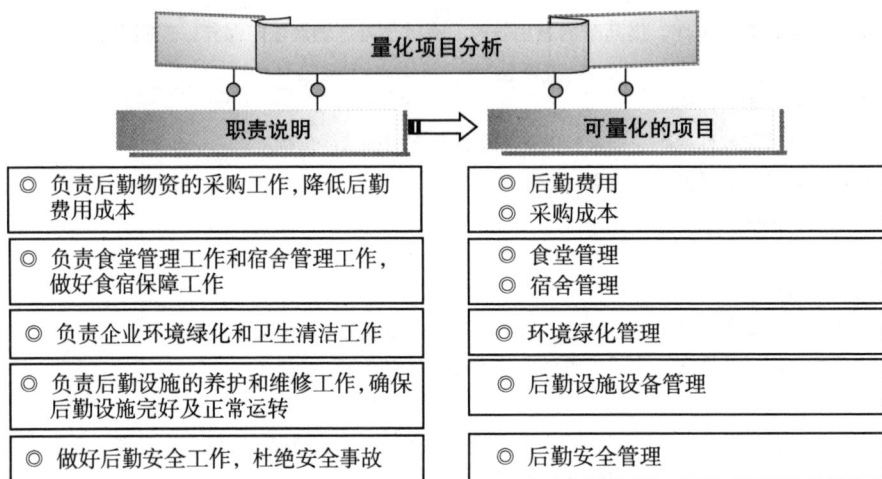

图 12-5 后勤部量化考核项目

12.2.2 后勤部量化指标设计

根据后勤部工作目标设计的量化考核指标如图 12-6 所示。

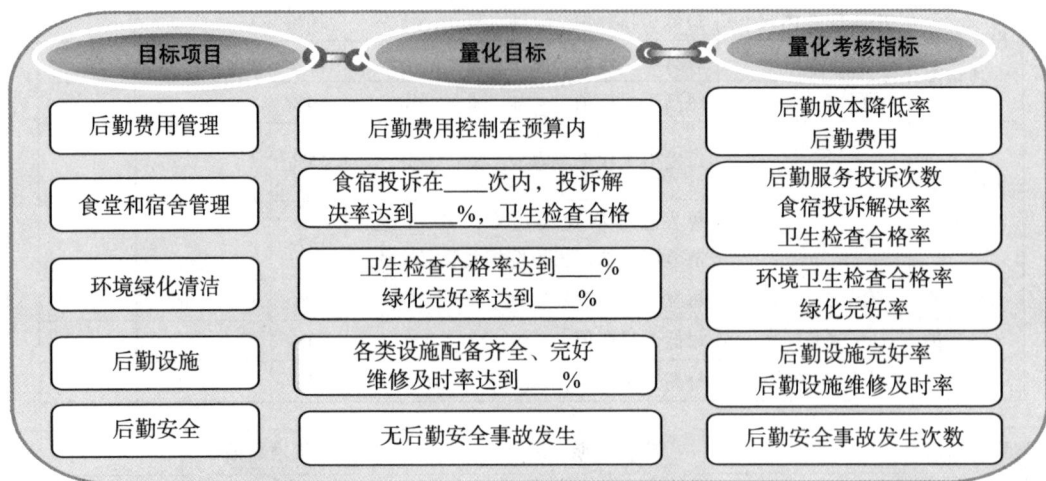

图 12-6 后勤部量化考核指标

12.2.3 后勤部量化考核设计

1. 量化考核指标说明

图 12-7 对后勤部量化考核指标体系中的三项指标进行了相关说明。

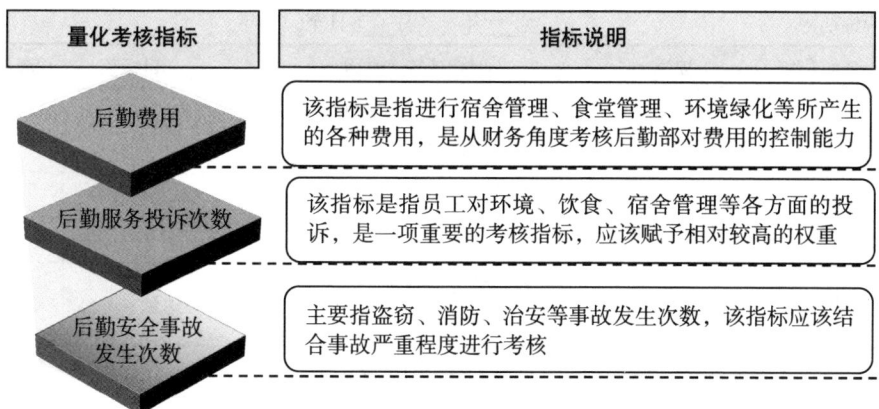

量化考核指标	指标说明
后勤费用	该指标是指进行宿舍管理、食堂管理、环境绿化等所产生的各种费用,是从财务角度考核后勤部对费用的控制能力
后勤服务投诉次数	该指标是指员工对环境、饮食、宿舍管理等各方面的投诉,是一项重要的考核指标,应该赋予相对较高的权重
后勤安全事故发生次数	主要指盗窃、消防、治安等事故发生次数,该指标应该结合事故严重程度进行考核

图 12-7 后勤部量化指标说明

2. 后勤部量化考核方案说明

在了解了后勤部职责、量化项目和量化指标后,进行后勤部量化考核方案设计,设计时需注意如图 12-8 所示的相关问题。

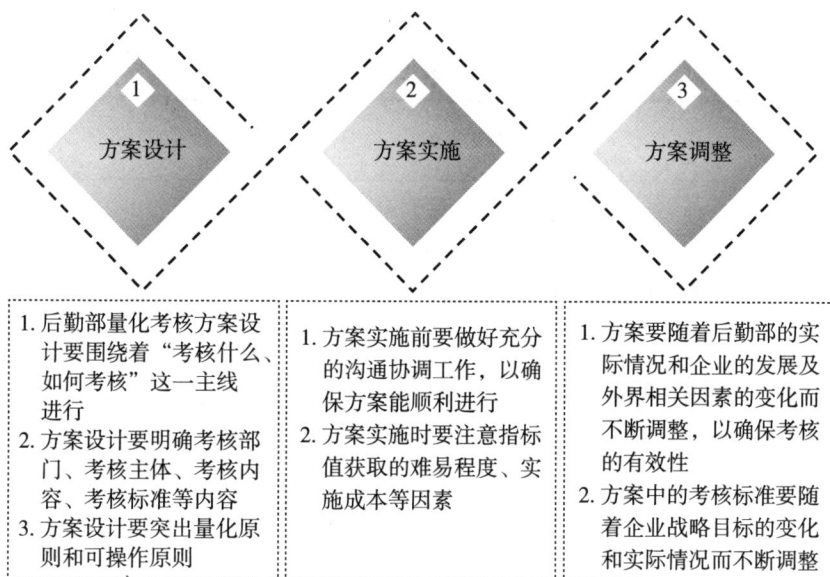

1 方案设计	2 方案实施	3 方案调整
1. 后勤部量化考核方案设计要围绕着"考核什么、如何考核"这一主线进行 2. 方案设计要明确考核部门、考核主体、考核内容、考核标准等内容 3. 方案设计要突出量化原则和可操作原则	1. 方案实施前要做好充分的沟通协调工作,以确保方案能顺利进行 2. 方案实施时要注意指标值获取的难易程度、实施成本等因素	1. 方案要随着后勤部的实际情况和企业的发展及外界相关因素的变化而不断调整,以确保考核的有效性 2. 方案中的考核标准要随着企业战略目标的变化和实际情况而不断调整

图 12-8 后勤部量化考核方案相关说明

3. 考核量表

后勤部量化考核表如表 12-2 所示。

表 12-2　后勤部量化考核表

部门		后勤部		部门负责人	
考核期限		___年___月___日至___年___月___日			
量化考核指标	权重	指标计算／说明		目标值	考核得分
后勤成本降低率	5%	$\dfrac{后勤成本预算－实际后勤成本}{后勤成本预算}\times100\%$		达到___%	
后勤费用	10%	—		预算内	
后勤服务投诉次数	15%	—		少于___次	
投诉解决率	10%	$\dfrac{投诉解决的数量}{投诉总数量}\times100\%$		达到___%	
卫生检查合格率	10%	$\dfrac{卫生检查合格的次数}{检查总次数}\times100\%$		达到___%	
绿化完好率	10%	$\dfrac{完好的绿化面积}{绿化总面积}\times100\%$		达到___%	
设备设施完好率	10%	$\dfrac{完好的设备台数}{设备总台数}\times100\%$		达到___%	
设备设施维修及时率	5%	$\dfrac{及时维修的次数}{维修总次数}\times100\%$		达到___%	
安全事故发生次数	15%	包括盗窃、火灾、治安、食物等安全事故		0 次	
安全隐患整改率	10%	$\dfrac{整改的安全隐患项数}{安全隐患总项数}\times100\%$		达到___%	
量化考核得分					

12.2.4　宿舍管理量化考核制度

××公司宿舍管理量化考核制度示例如下。

制度名称	××公司宿舍管理量化考核制度	编制部门	
		执行部门	

第1章 总则

第1条 目的

为了加强公司宿舍管理，使公司员工有一个清洁、安全、舒适、文明的生活环境，规范员工住宿行为，特制定本制度。

第2条 适用范围

本制度适用于公司所有住宿员工。

第3条 职责分工

1. 后勤部设立宿舍管理科，负责员工宿舍的日常管理工作。

2. 每个宿舍设舍长一名，负责宿舍内卫生和日常的宿舍管理工作。

3. 后勤部组建考核小组，负责宿舍各项考核内容的检查与监督工作。

第2章 绩效考核的组织实施

第4条 考核小组

考核小组对员工住宿管理进行考核。考核小组成员包括宿舍管理员、宿舍长代表、后勤部宿舍管理人员、宿管科人员，具体考核名单由后勤部安排执行。

第5条 考核实施

1. 后勤部制定宿舍管理考核表，于考核前发放给考核小组成员。

2. 考核小组对宿舍进行定期检查和不定期抽查，对宿舍内务进行考核。

3. 考核小组将考核结果反馈至宿管科，由宿管科进行汇总，并提交后勤部。

4. 后勤部对考核结果进行审核并公示。

第6条 考核周期

考核分为定期考核与不定期考核。定期考核由考核小组和宿舍管理员进行，宿舍管理员对各宿舍进行每日例行的检查与考核，考核小组于每月进行一次考核。

第7条 考核内容

宿舍管理考核包括宿舍卫生考核与宿舍安全考核两项内容。

第3章 宿舍卫生考核

第8条 室内物品摆放杂乱无序，每发现1次，扣＿＿＿分。

第9条 禁止在宿舍墙面乱刻、乱画、乱钉，每出现1处，扣＿＿＿分。

第10条 员工必须养成良好的卫生习惯，共同维护宿舍的卫生环境，不得在走廊内乱放垃圾或杂物，每发现1次，扣＿＿＿分。

第11条 每位员工必须按照舍长安排的卫生值日表按时打扫寝室卫生，包括倒垃圾。宿舍卫生不达标，每次扣＿＿＿分。

第12条 宿舍所有垃圾必须用垃圾袋装好，由各宿舍当日轮值人员放到指定地点。

1. 不按要求放置的，每次扣＿＿＿分。

2. 将清扫的垃圾堆积到楼道内或寝室门口的，每次扣＿＿＿分。

第13条 保持宿舍地面、窗台、桌面等干净整洁，不合要求的，扣＿＿＿分。

第14条 保持宿舍内通风、无异味，不合要求的，扣＿＿＿分。

第4章 宿舍安全考核

第15条 爱护公共设施，不得故意损坏，否则扣＿＿＿分，并原价赔偿。

（续）

第16条　宿舍区域内严禁存放易燃易爆物品，每发现1次，扣＿＿＿分，并没收全部物品。

第17条　严禁在宿舍内吸烟、动用明火，每发现1次，扣＿＿＿分。

第5章　其他相关说明

第18条　检查要求

1. 各检查人员评分本着公开公正原则；评分记录需做到清晰明确，最后相加得出总分；不得凭主观印象任意打分。

2. 检查人员必须当场向宿舍成员解释宿舍卫生的详细扣分情况并下发宿舍卫生整改通知单。

第19条　绩效考核等级

员工宿舍管理绩效考核分为：优秀（85分及以上）、合格［70（含）～85分］、不合格（70分以下）三个等级。

第20条　考核奖惩

1. 连续两次考核优秀的，将获得公司的优秀住宿奖，并获得奖金＿＿＿元。

2. 连续两次考核不合格的，予以通报批评。

第21条　检查人员若在宿舍发现违规电器等安全隐患，该宿舍不得参与本考核期星级文明宿舍和文明宿舍的评比。

第6章　附则

第22条　本制度由公司后勤部负责解释。

编制日期		审核日期		批准日期	
修改标记		修改处数		修改日期	

12.3　法务部量化分析与量化考核

12.3.1　法务部量化管理分析

根据法务部职责提取的量化考核项目如图12-9所示。

图 12-9　法务部量化考核项目

12.3.2　法务部量化指标设计

根据法务部工作目标设计的量化考核指标如图 12-10 所示。

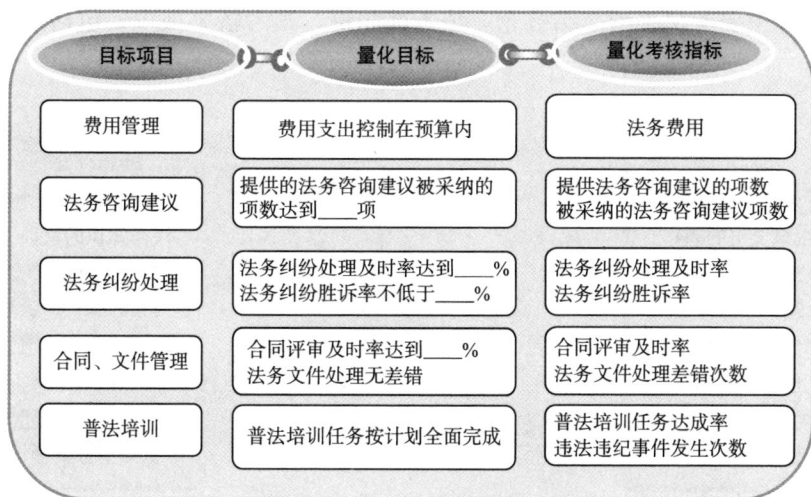

图 12-10　法务部量化考核指标

12.3.3 法务部量化考核设计

1. 量化考核指标说明

图 12-11 对法务部量化考核指标体系中的三项指标进行了相关说明。

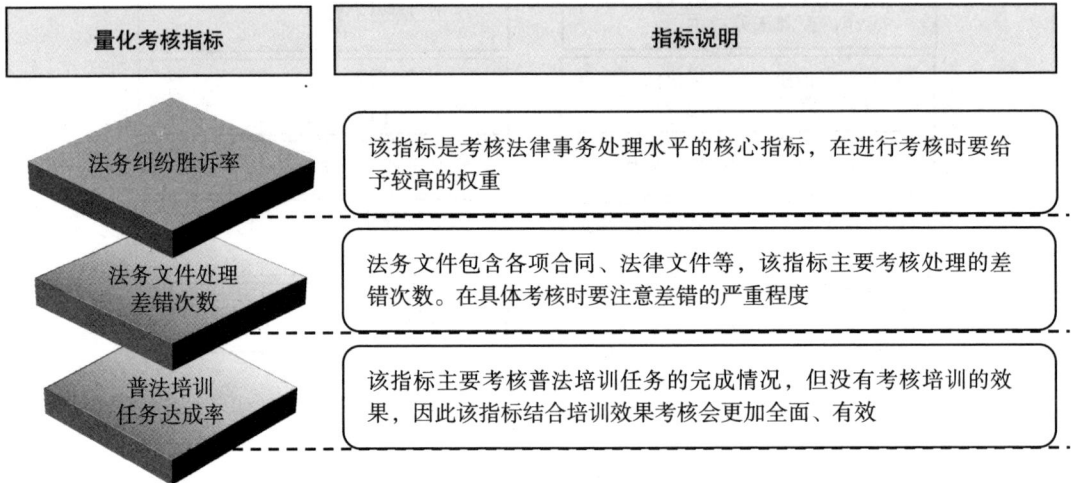

量化考核指标	指标说明
法务纠纷胜诉率	该指标是考核法律事务处理水平的核心指标，在进行考核时要给予较高的权重
法务文件处理差错次数	法务文件包含各项合同、法律文件等，该指标主要考核处理的差错次数。在具体考核时要注意差错的严重程度
普法培训任务达成率	该指标主要考核普法培训任务的完成情况，但没有考核培训的效果，因此该指标结合培训效果考核会更加全面、有效

图 12-11　法务部量化考核指标说明

2. 法务部绩效考核说明事项

（1）明确主要考核事项。结合企业法务部职责，其考核事项主要包括如图 12-12 所示的十大项。

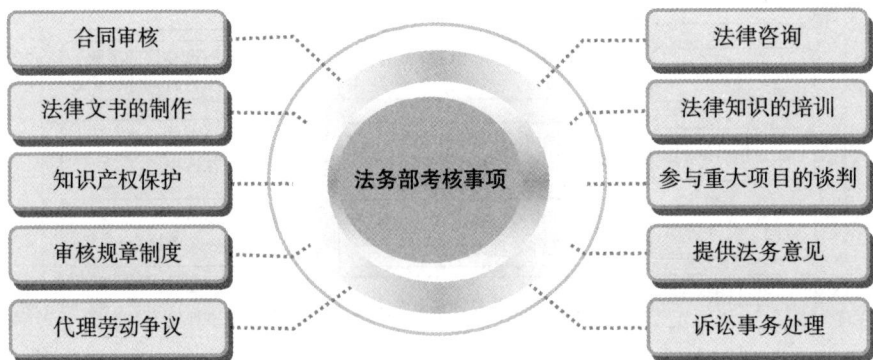

合同审核　　法律咨询
法律文书的制作　　法律知识的培训
知识产权保护　　参与重大项目的谈判
审核规章制度　　提供法务意见
代理劳动争议　　诉讼事务处理

法务部考核事项

图 12-12　法务部考核事项

（2）定量考核与定性考核相结合。在对法务部进行量化考核时，要注意对重要定性项目的考核。例如，对"提供法律咨询"这一事项进行考核时，可以从投诉情况发生次数、是否能够准确解答员工的疑问两个角度进行评估。

3. 考核量表

法务部量化考核表如表 12-3 所示。

表 12-3 法务部量化考核表

部门		法务部	部门负责人		
考核期限		___年___月___日至___年___月___日			
量化考核指标	权重	指标计算 / 说明		目标值	考核得分
法务费用	5%	诉讼费、律师费等各种法务费用总和		预算内	
提供法务咨询的项数	10%	为企业各部门提供的法务咨询的数量		至少___项	
被采纳的法务建议项数	10%	—		至少___项	
法务纠纷处理及时率	10%	$\dfrac{\text{及时处理的法务纠纷数量}}{\text{法务纠纷总数量}} \times 100\%$		达到___%	
法务纠纷胜诉率	20%	$\dfrac{\text{法务纠纷胜诉次数}}{\text{法务纠纷总次数}} \times 100\%$		达到___%	
合同评审及时率	10%	$\dfrac{\text{及时评审的合同数}}{\text{评审的合同总数}} \times 100\%$		达到___%	
法务文件处理差错次数	10%	—		在___次内	
资料归档率	5%	$\dfrac{\text{实际归档项目数}}{\text{应归档项目总数}} \times 100\%$		达到 100%	
重要文件泄密次数	10%	—		0 次	
普法培训任务达成率	5%	$\dfrac{\text{普法培训实际课时}}{\text{普法培训计划课时}} \times 100\%$		达到___%	
违法违纪事件发生次数	5%	—		0 次	
量化考核得分					

12.4 人力资源部量化分析与量化考核

12.4.1 人力资源部量化管理分析

根据人力资源部职责提取的量化考核项目如图 12-13 所示。

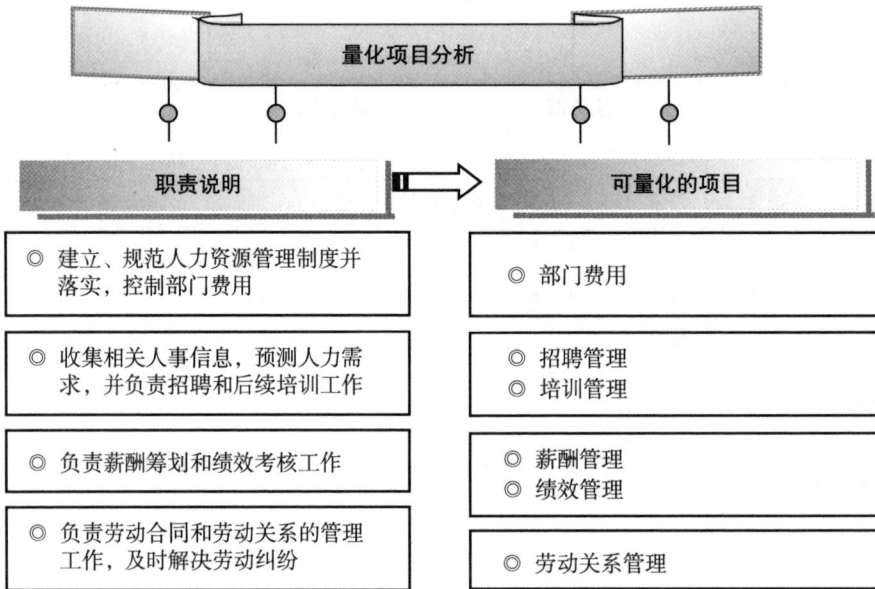

图 12-13 人力资源部量化考核项目

12.4.2 人力资源部量化指标设计

根据人力资源部工作目标设计的量化考核指标如图 12-14 所示。

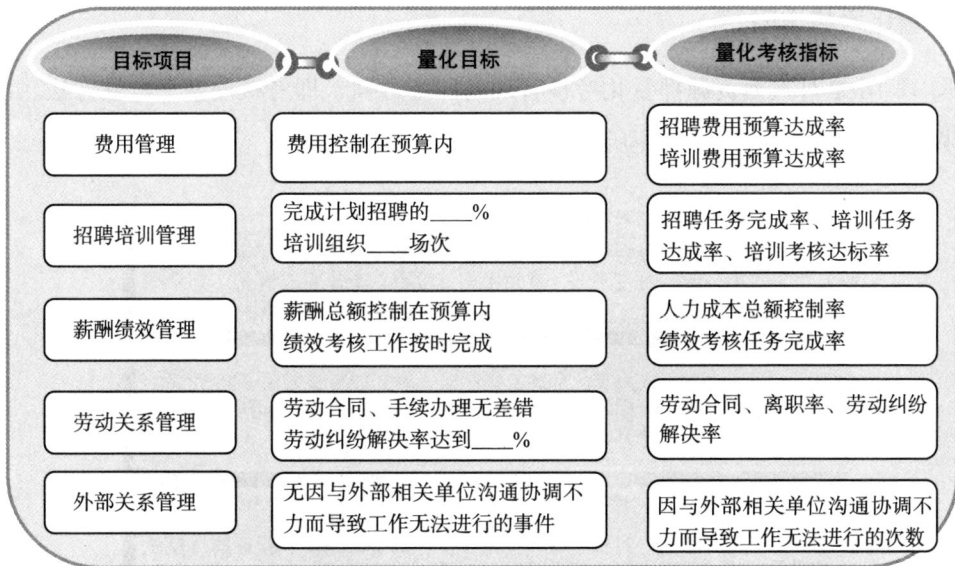

图 12-14　人力资源部量化考核指标

12.4.3　人力资源部量化考核设计

1. 量化考核指标说明

图 12-15 对人力资源部量化考核指标体系中的三项指标进行了相关说明。

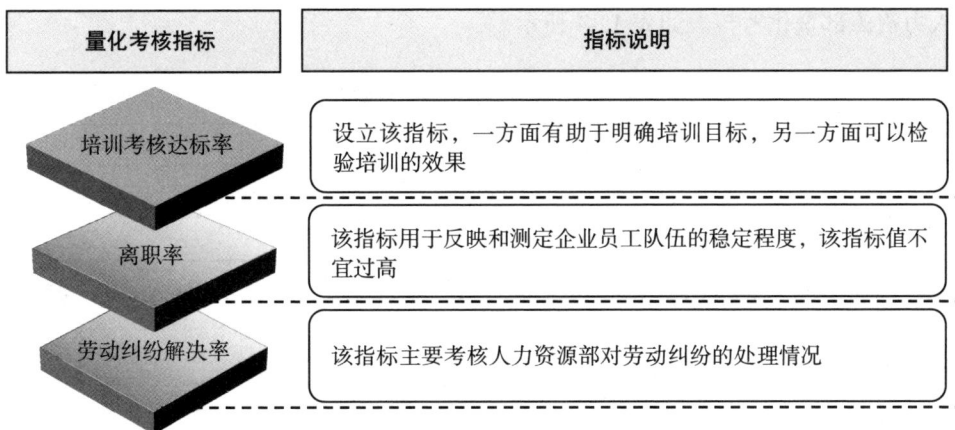

量化考核指标	指标说明
培训考核达标率	设立该指标，一方面有助于明确培训目标，另一方面可以检验培训的效果
离职率	该指标用于反映和测定企业员工队伍的稳定程度，该指标值不宜过高
劳动纠纷解决率	该指标主要考核人力资源部对劳动纠纷的处理情况

图 12-15　人力资源部量化考核指标说明

2. 量化考核说明

图 12-16 是对人力资源部量化考核管理的四个方面，即考核周期、考核方法、考核内容权重及标准、考核结果运用所做的相关说明。

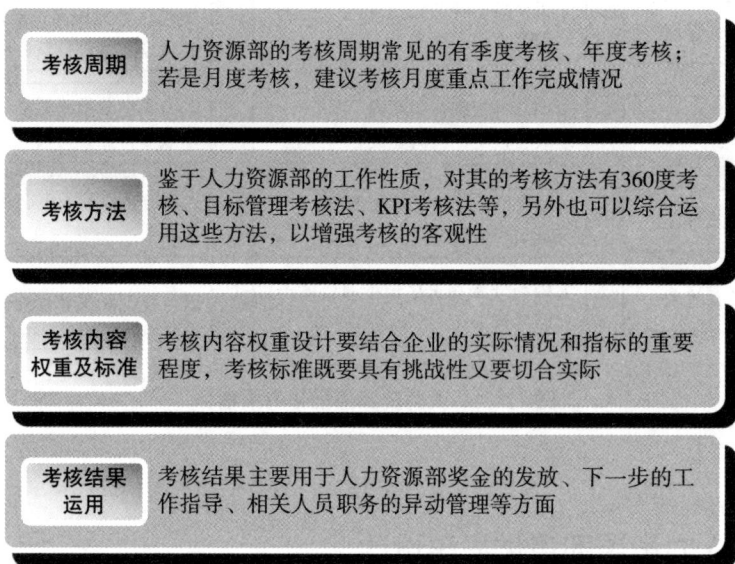

考核周期	人力资源部的考核周期常见的有季度考核、年度考核；若是月度考核，建议考核月度重点工作完成情况
考核方法	鉴于人力资源部的工作性质，对其的考核方法有360度考核、目标管理考核法、KPI考核法等，另外也可以综合运用这些方法，以增强考核的客观性
考核内容权重及标准	考核内容权重设计要结合企业的实际情况和指标的重要程度，考核标准既要具有挑战性又要切合实际
考核结果运用	考核结果主要用于人力资源部奖金的发放、下一步的工作指导、相关人员职务的异动管理等方面

图 12-16　人力资源部量化考核说明

3. 考核量表

人力资源部量化考核表如表 12-4 所示。

表 12-4　人力资源部量化考核表

部门	人力资源部		部门负责人		
考核期限	____年___月___日至____年___月___日				
量化考核指标	权重	指标计算 / 说明		目标值	考核得分
招聘费用预算达成率	5%	$\dfrac{\text{实际招聘费用}}{\text{招聘预算费用}} \times 100\%$		____%	
培训费用预算达成率	5%	$\dfrac{\text{实际培训费用}}{\text{培训预算费用}} \times 100\%$		____%	
人力成本总额控制率	10%	$\dfrac{\text{实际人力成本}}{\text{计划人力成本}} \times 100\%$		____%	

（续表）

量化考核指标	权重	指标计算/说明	目标值	考核得分
招聘任务完成率	10%	$\dfrac{实际招聘人数}{计划招聘人数} \times 100\%$	____%	
招聘空缺职位平均用时	5%	—	____天	
试用期适岗率	10%	$\dfrac{试用期转正人数}{实际到岗人数} \times 100\%$	____%	
培训任务达成率	10%	$\dfrac{实际完成的培训项目（次数）}{计划培训的项目（次数）} \times 100\%$	____%	
薪酬报告提交及时率	5%	$\dfrac{及时提交的薪酬报告的数量}{提交的薪酬报告的总数量} \times 100\%$	____%	
工资奖金计算错误人次	5%	出现工资、奖金计算错误的人次数	____人次	
绩效考核任务完成率	10%	—	____%	
考核申诉处理及时率	5%	及时处理的绩效考核申诉占考核申诉总数的比例	____%	
劳动纠纷处理及时率	10%	$\dfrac{及时处理的劳动纠纷次数}{劳动纠纷总次数} \times 100\%$	____%	
因与外部相关单位沟通协调不力导致工作无法进行的次数	10%	—	0次	
量化考核得分				

12.5　行政部各岗位目标量化与考核

12.5.1　行政部经理目标量化与考核

行政部经理岗位基本信息与工作目标如图12-17所示。

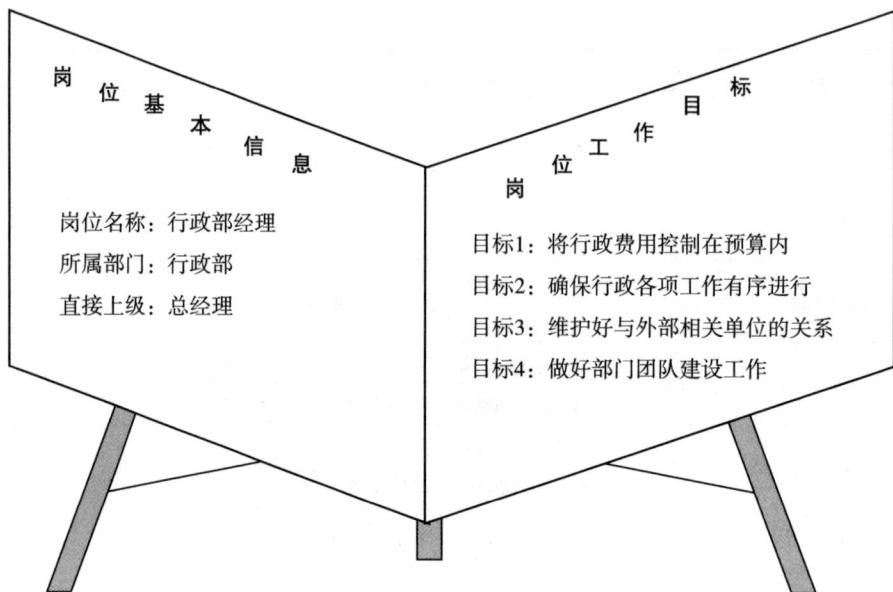

图 12-17　行政部经理岗位基本信息与工作目标

行政部经理量化考核表如表 12-5 所示。

表 12-5　行政部经理量化考核表

目标执行人		岗位	行政部经理	直接上级	总经理
考核期限		___年___月___日至___年___月___日			
目标项目	量化考核指标	权重	绩效目标值	考核频率	考核得分
成本目标	行政费用	5%	控制在预算内	季度 / 年度	
内部运营目标	办公文件处理及时率	15%	达到____%	季度 / 年度	
	办公设备完好率	10%	达到____%	季度 / 年度	
	出车及时率	5%	达到____%	月度 / 季度 / 年度	
	文书档案资料及时归档率	10%	达到 100%	季度 / 年度	
	安全事故发生次数	15%	0 次	月度 / 季度 / 年度	
客户目标	相关单位满意度评分	10%	达到____分	年度	
	会议组织满意度评分	10%	达到____分	年度	
	领导满意度评分	10%	达到____分	年度	
发展目标	培训计划完成率	10%	达到 100%	季度 / 年度	
量化考核得分					
考核实施说明					

12.5.2　办公室主任目标量化与考核

办公室主任岗位基本信息与工作目标如图 12-18 所示。

岗位基本信息	岗位工作目标
岗位名称：办公室主任 所属部门：行政部 直接上级：行政部经理	目标1：及时采购办公用品，控制采购成本
	目标2：做好办公文件、会议等管理工作
	目标3：办公设备完好、办公用品发放及时
	目标4：指导和规范下属的工作

图 12-18　办公室主任岗位基本信息与工作目标

办公室主任量化考核表如表 12-6 所示。

表 12-6　办公室主任量化考核表

目标执行人		岗位	办公室主任	考核时间			
考核期限		___年___月___日至___年___月___日					
业务目标	实际完成	权重	评价标准	考核得分			
				初核	复核	得分	
办公用品采购及时率达到___%	___%	10%	每延迟 1 次，减___分				
办公用品采购成本降低率达到___%	___%	15%	每低于目标值___%，减___分				
办公文件处理及时率达到___%	___%	15%	每延迟 1 次，减___分				
办公设备完好率达到___%	___%	15%	每低于目标值___%，减___分				
办公用品发放及时率达到___%	___%	15%	每延迟 1 次，减___分				
办公会议组织满意度评分达到___分	___分	10%	每比目标值少___分，减___分				
办公资料及时归档率达到___%	___%	10%	每低于目标值___%，减___分				
下属考核平均得分达到___分	___分	10%	每低于目标值___分，减___分				
量化考核得分							
考核结果划分	优秀 90分及以上	良好 80（含）~ 90分		一般 70（含）~ 80分	合格 60（含）~ 70分	待改进 60分以下	
备注							

12.5.3 行政文秘目标量化与考核

行政文秘岗位基本信息与工作目标如图 12-19 所示。

岗位目标分解

岗位基本信息	岗位工作目标
岗位名称：行政文秘 所属部门：行政部 直接上级：办公室主任	目标1：及时、规范地处理文件资料
	目标2：及时做好文件资料的归档工作
	目标3：确保会议记录完整、无误
	目标4：确保印章规范使用

图 12-19 行政文秘岗位基本信息与工作目标

行政文秘量化考核表如表 12-7 所示。

表 12-7 行政文秘量化考核表

姓名		出勤	迟到		事假	病假	旷工
岗位	行政文秘	奖惩事项	加分事项			减分事项	

序号	量化考核指标	权重	评分标准	数据来源	得分
1	文件处理及时率	20%	每有 1 次未在规定时间内完成，减____分	行政部	
2	文件处理差错次数	20%	每发生 1 次，减____分	行政部	
3	文书档案及时归档率	15%	每低于目标值____%，减____分	行政部	
4	会议记录完整率	15%	每有 1 项缺失，减____分	行政部 相关部门	
5	会议记录准确率	10%	每有 1 项错误，减____分	行政部 相关部门	
6	印章违规使用次数	10%	每发生 1 次，减____分	行政部	
7	领导满意度评分	10%	每低于目标值____分，减____分	行政部	
量化考核得分					

被考核人签字：	考核人签字：
日　　期：	日　　期：

12.6 后勤部各岗位目标量化与考核

12.6.1 后勤部经理目标量化与考核

后勤部经理岗位基本信息与工作目标如图 12-20 所示。

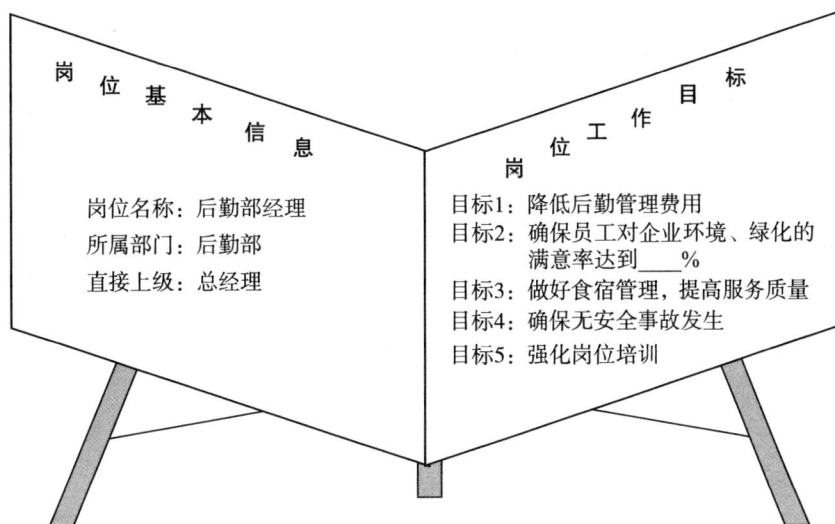

图 12-20 后勤部经理岗位基本信息与工作目标

后勤部经理量化考核表如表 12-8 所示。

表 12-8 后勤部经理量化考核表

目标执行人		岗位	后勤部经理	直接上级	总经理
考核期限		___年___月___日至___年___月___日			
目标项目	**量化考核指标**	**权重**	**绩效目标值**	**考核频率**	**考核得分**
费用管理	后勤管理费用降低率	10%	达到___%	季度 / 年度	
后勤环境目标	环境卫生达标率	15%	达到___%	季度 / 年度	
	绿化完好率	10%	达到___%	季度 / 年度	
后勤食宿目标	服务投诉次数	15%	___次内	季度 / 年度	
	投诉解决率	10%	达到___%	季度 / 年度	
后勤安全目标	后勤安全事故发生次数	15%	0 次	季度 / 年度	
设施管理目标	基础设施故障率	10%	低于___%	季度 / 年度	
	维修及时率	10%	达到___%	季度 / 年度	

（续表）

目标项目	量化考核指标	权重	绩效目标值	考核频率	考核得分
部门管理目标	培训计划完成率	5%	达到100%	季度／年度	
量化考核得分					
考核实施说明					

12.6.2　食堂主管目标量化与考核

食堂主管岗位基本信息与工作目标如图12-21所示。

岗位基本信息	岗位工作目标
岗位名称：食堂主管 所属部门：后勤部 直接上级：后勤部经理	目标1：确保食堂设施、餐具等完好 目标2：节约成本，营造良好的就餐环境 目标3：确保员工用餐安全 目标4：规范食堂工作人员的工作行为

图12-21　食堂主管岗位基本信息与工作目标

食堂主管量化考核表如表12-9所示。

表12-9　食堂主管量化考核表

目标执行人		岗位	食堂主管	考核时间			
考核期限		___年___月___日至___年___月___日					
业务目标	实际完成	权重	评价标准		考核得分		
					初核	复核	得分
食堂设施完好率达到___%	___%	15%	每低于目标值___%，减___分				
食堂餐具损耗率低于___%	___%	10%	每高于目标值___%，减___分				
食堂设施维修及时率达到___%	___%	5%	每低于目标值___%，减___分				
食堂环境卫生达标率达到___%	___%	15%	每低于目标值___%，减___分				
食堂采购成本降低率达到___%	___%	15%	每低于目标值___%，减___分				
无重大安全事故发生	___次	20%	每发生1次，减___分				

（续表）

业务目标	实际完成	权重	评价标准	考核得分		
				初核	复核	得分
员工投诉次数不超过＿＿次	＿＿次	10%	每多出 1 次，减＿＿分			
食堂工作人员违规次数为 0	＿＿例	10%	每有 1 例，减＿＿分			
量化考核得分						

考核结果划分	优秀 90 分及以上	良好 80（含）~ 90 分	一般 70（含）~ 80 分	合格 60（含）~ 70 分	待改进 60 分以下
备注					

12.6.3 宿舍主管目标量化与考核

宿舍主管岗位基本信息与工作目标如图 12-22 所示。

岗位基本信息	岗位工作目标
岗位名称：宿舍主管 所属部门：后勤部 直接上级：后勤部经理	目标1：确保设施完好 目标2：做好宿舍安全工作 目标3：做好宿舍卫生检查和监督工作 目标4：定期做好宿舍管理员的培训工作

图 12-22　宿舍主管岗位基本信息与工作目标

宿舍主管量化考核表如表 12-10 所示。

表 12-10　宿舍主管量化考核表

目标执行人		岗位	宿舍主管	考核时间		
考核期限		＿＿年＿＿月＿＿日至＿＿年＿＿月＿＿日				
业务目标	实际完成	权重	评价标准	考核得分		
				初核	复核	得分
设施完好率达到＿＿%	＿＿%	15%	每低于目标值＿＿%，减＿＿分			
设施报修及时率达到＿＿%	＿＿%	5%	每有 1 次未在规定时间内告知相关部门，减＿＿分			
安全隐患项数为 0	＿＿项	20%	每有 1 项，减＿＿分			

（续表）

业务目标	实际完成	权重	评价标准	考核得分		
				初核	复核	得分
宿舍安全事故发生次数为0次	____次	20%	每发生1次，减____分			
宿舍卫生达标率达到____%	____%	15%	每低于目标值____%，减____分			
突发事件处理及时率达到____%	____%	15%	每有1次未在规定时间内予以处理，减____分			
培训计划完成率达到____%	____%	10%	每有1次未按计划完成，减____分			
量化考核得分						

考核结果划分	优秀 90分及以上	良好 80（含）~90分	一般 70（含）~80分	合格 60（含）~70分	待改进 60分以下
备注					

12.7 法务部各岗位目标量化与考核

12.7.1 法务部经理目标量化与考核

法务部经理岗位基本信息与工作目标如图12-23所示。

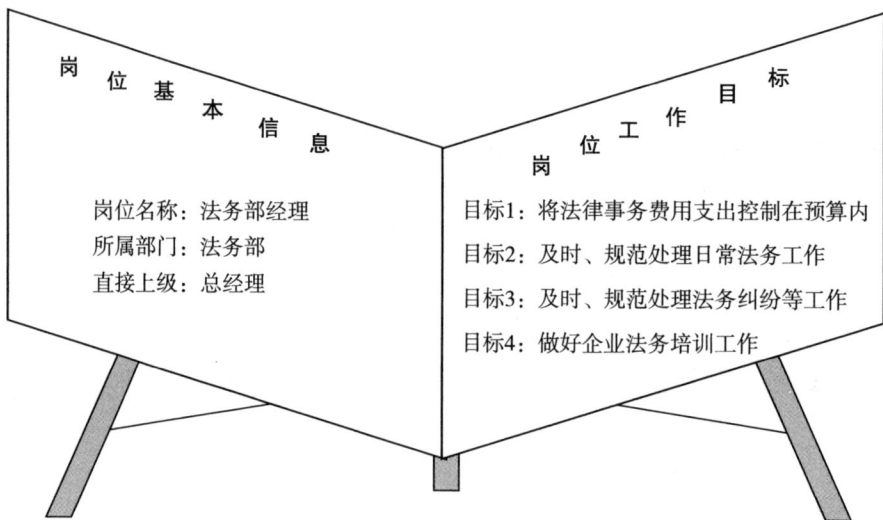

岗位基本信息

岗位名称：法务部经理
所属部门：法务部
直接上级：总经理

岗位工作目标

目标1：将法律事务费用支出控制在预算内
目标2：及时、规范处理日常法务工作
目标3：及时、规范处理法务纠纷等工作
目标4：做好企业法务培训工作

图12-23 法务部经理岗位基本信息与工作目标

法务部经理量化考核表如表 12-11 所示。

表 12-11　法务部经理量化考核表

目标执行人		岗位	法务部经理	直接上级	总经理
考核期限		___年___月___日至___年___月___日			
目标项目	量化考核指标	权重	绩效目标值	考核频率	考核得分
成本目标	法律事务费用	15%	预算内	季度 / 年度	
内部运营目标	文件处理及时率	10%	达到___%	季度 / 年度	
	法律纠纷胜诉率	15%	不低于___%	季度 / 年度	
	合同评审及时率	10%	达到___%	季度 / 年度	
	（因负责审核的制度规范、合同、协议等而引起）法律纠纷的次数	20%	少于___次	季度 / 年度	
客户目标	相关单位满意度评分	5%	不低于___分	年度	
	领导满意度评分	5%	不低于___分	年度	
发展目标	普法培训计划完成率	10%	达到100%	季度 / 年度	
	被采纳的建议数量	10%	不少于___项	季度 / 年度	
量化考核得分					
考核实施说明					

12.7.2　法务主管目标量化与考核

法务主管岗位基本信息与工作目标如图 12-24 所示。

岗位基本信息	岗位工作目标
岗位名称：法务主管 所属部门：法务部 直接上级：法务部经理	目标1：及时处理法律文件
	目标2：为企业提供高质量的咨询服务
	目标3：及时处理法律纠纷，进行合同评审
	目标4：为下属提供专业培训

图 12-24　法务主管岗位基本信息与工作目标

法务主管量化考核表如表 12-12 所示。

表 12-12　法务主管量化考核表

目标执行人			岗位	法律事务主管	考核时间		
考核期限		_____年_____月_____日至_____年_____月_____日					
业务目标	实际完成	权重	评价标准		考核得分		
					初核	复核	得分
法律纠纷发生次数控制在____次内	____次	20%	每超过 1 次，减____分				
法律纠纷处理及时率达到____%	____%	30%	未在规定时间内处理，减____分 / 次				
合同评审及时率达到____%	____%	15%	每低于目标值____%，减____分				
合同文本管理差错次数为 0	____次	25%	每有 1 次，减____分				
法务培训课时不少于____小时	____小时	10%	每少于____小时，减____分				
量化考核得分							
考核结果划分	优秀90 分及以上	良好80（含）～ 90 分		一般70（含）～ 80 分	合格60（含）～ 70 分		待改进60 分以下
备注							

12.7.3　法务专员目标量化与考核

法务专员岗位基本信息与工作目标如图 12-25 所示。

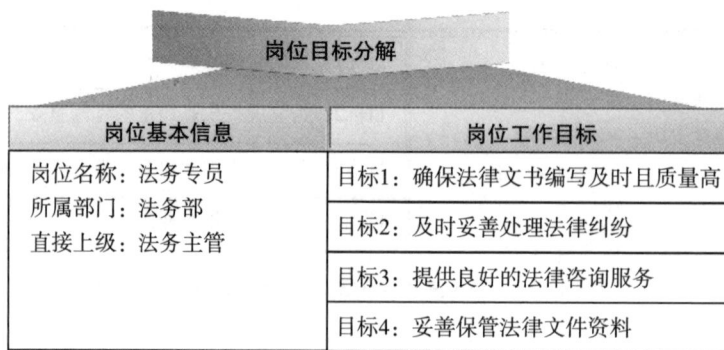

岗位目标分解

岗位基本信息	岗位工作目标
岗位名称：法务专员所属部门：法务部直接上级：法务主管	目标1：确保法律文书编写及时且质量高
	目标2：及时妥善处理法律纠纷
	目标3：提供良好的法律咨询服务
	目标4：妥善保管法律文件资料

图 12-25　法务专员岗位基本信息与工作目标

法务专员量化考核表如表 12-13 所示。

表 12-13　法务专员量化考核表

姓名		出勤	迟到		事假		病假	旷工	
岗位	法务专员	奖惩事项	加分事项				减分事项		
序号	量化考核指标	权重	评分标准				数据来源	得分	
1	报告提交及时率	10%	未在规定时间内提交，减＿＿分 / 次				法务部		
2	法律文书起草差错次数	25%	每发生 1 次，减＿＿分				法务部		
3	法律纠纷处理及时率	15%	未在规定时间内处理，减＿＿分 / 次				法务部		
4	法律纠纷证据遗漏项数	20%	每有 1 项重大遗漏，减＿＿分				法务部		
5	手续办理差错次数	20%	每发生 1 次，减＿＿分				法务部相关部门		
6	法律文书及时归档率	10%	每低于目标值＿＿%，减＿＿分				法务部		
量化考核得分									
被考核人签字： 日　　　期：			考核人签字： 日　　　期：						

12.8　人力资源部各岗位目标量化与考核

12.8.1　人力资源部经理目标量化与考核

人力资源部经理岗位基本信息与工作目标如图 12-26 所示。

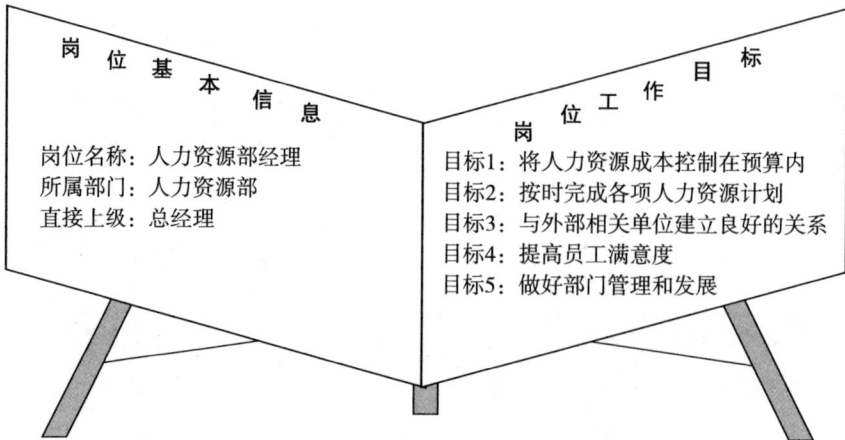

图 12-26　人力资源部经理岗位基本信息与工作目标

人力资源部经理量化考核表如表 12-14 所示。

表 12-14　人力资源部经理量化考核表

目标执行人		岗位	人力资源部经理	直接上级	总经理
考核期限		___年___月___日至___年___月___日			
目标项目	**量化考核指标**	**权重**	**绩效目标值**	**考核频率**	**考核得分**
成本目标	人力资源成本	15%	预算内	季度 / 年度	
内部运营目标	招聘计划完成率	20%	达到___%	季度 / 年度	
	薪酬管理差错率	15%	低于___%	季度 / 年度	
	劳动纠纷解决率	10%	达到___%	季度 / 年度	
客户目标	部门协作满意度评分	10%	不低于___分	年度	
	员工满意度评分	10%	不低于___分	年度	
发展目标	培训计划完成率	15%	达到100%	季度 / 年度	
	核心人才流失率	5%	低于___%	季度 / 年度	
量化考核得分					
考核实施说明					

12.8.2　人力资源主管目标量化与考核

人力资源主管岗位基本信息与工作目标如图 12-27 所示。

岗位基本信息	岗位工作目标
岗位名称：人力资源主管 所属部门：人力资源部 直接上级：人力资源部经理	目标1：确保人力资源管理各项任务达成
	目标2：及时处理劳动纠纷及考核申诉等
	目标3：妥善管理人事档案
	目标4：及时指导下属的工作

图 12-27　人力资源主管岗位基本信息与工作目标

人力资源主管量化考核表如表 12-15 所示。

表 12-15　人力资源主管量化考核表

目标执行人		岗位	人力资源主管	考核时间			
考核期限		___年___月___日至___年___月___日					
业务目标	**实际完成**	**权重**	**评价标准**	**考核得分**			
				初核	**复核**	**得分**	
招聘人员适岗率达到___%	___%	15%	每低于目标值___%，减___分				
培训计划达成率达到___%	___%	10%	每低于目标值___%，减___分				
薪酬核算差错金额控制在___元内	___元	10%	每高于目标值___%，减___分				
薪酬分析报告提交及时率达到100%	___%	10%	未在规定时间内提交，减___分/次				
绩效考核计划按时完成率达到100%	___%	10%	未在规定时间内完成，减___分/次				
劳动纠纷处理及时率达到___%	___%	15%	未在规定时间内处理，减___分/次				
绩效申诉处理及时率达到___%	___%	10%	未在规定时间内处理，减___分/次				
人事档案及时归档率达到___%	___%	10%	每低于目标值___%，减___分				
下属违规次数为 0 次	___次	10%	每出现 1 次，减___分				
量化考核得分							
考核结果划分	优秀 90分及以上	良好 80（含）~ 90分	一般 70（含）~ 80分	合格 60（含）~ 70分	待改进 60分以下		
备注							

12.8.3 招聘专员目标量化与考核

招聘专员岗位基本信息与工作目标如图 12-28 所示。

岗位目标分解	
岗位基本信息	**岗位工作目标**
岗位名称：招聘专员 所属部门：人力资源部 直接上级：人力资源主管	目标1：搜集相关信息，开拓招聘渠道
	目标2：按时完成招聘任务，提高招聘效率
	目标3：提高招聘质量，确保人员适岗
	目标4：将招聘费用控制在预算内

图 12-28　招聘专员岗位基本信息与工作目标

招聘专员量化考核表如表 12-16 所示。

表 12-16　招聘专员量化考核表

姓名		出勤	迟到	事假	病假	旷工
岗位	招聘专员	奖惩事项	加分事项		减分事项	

序号	量化考核指标	权重	评分标准	数据来源	得分
1	招聘渠道开拓数量	15%	每少 1 个，减____分	人力资源部	
2	招聘计划完成率	30%	每低于目标值____%，减____分	人力资源部	
3	招聘空缺职位平均用时	15%	每比目标值多____天，减____分	人力资源部	
4	人员适岗率	15%	每低于目标值____%，减____分	用人部门 人力资源部	
5	试用期合格率	15%	每低于目标值____%，减____分	用人部门 人力资源部	
6	招聘费用	10%	每超出预算____%，减____分	财务部 人力资源部	
量化考核得分					

被考核人签字： 日　　期：	考核人签字： 日　　期：

12.8.4 培训专员目标量化与考核

培训专员岗位基本信息与工作目标如图 12-29 所示。

图 12-29 培训专员岗位基本信息与工作目标

培训专员量化考核表如表 12-17 所示。

表 12-17 培训专员量化考核表

姓名			出勤	迟到	事假		病假	旷工
岗位	培训专员		奖惩事项	加分事项			减分事项	
序号	量化考核指标		权重	评分标准			数据来源	得分
1	培训需求调研报告提交及时率		10%	未在规定时间内提交，减____分/次			人力资源部	
2	培训计划完成率		30%	每低于目标值____%，减____分			人力资源部	
3	培训参与率		15%	每低于目标值____%，减____分			人力资源部相关部门	
4	培训效果评估报告提交及时率		10%	未在规定时间内提交，减____分/次			人力资源部	
5	员工培训档案归档率		15%	每低于目标值____%，减____分			人力资源部	
6	员工投诉次数		10%	每发生1次投诉，减____分			人力资源部	
7	培训费用		10%	每超出预算____%，减____分			财务部人力资源部	
量化考核得分								
被考核人签字： 日　　期：				考核人签字： 日　　期：				

12.8.5 薪酬专员目标量化与考核

薪酬专员岗位基本信息与工作目标如图 12-30 所示。

岗位目标分解	
岗位基本信息	**岗位工作目标**
岗位名称：薪酬专员 所属部门：人力资源部 直接上级：人力资源主管	目标1：及时、有效地展开薪酬调查
	目标2：确保薪酬核算及时、准确
	目标3：进行薪酬分析，及时处理薪酬异议
	目标4：对薪酬相关资料予以及时归档

图 12-30　薪酬专员岗位基本信息与工作目标

薪酬专员量化考核表如表 12-18 所示。

表 12-18　薪酬专员量化考核表

姓名		出勤	迟到	事假		病假	旷工
岗位	薪酬专员	奖惩事项	加分事项			减分事项	

序号	量化考核指标	权重	评分标准	数据来源	得分
1	薪酬调查报告提交及时率	10%	未在规定时间内提交，减＿＿分／次	人力资源部	
2	工资、奖金计算差错次数	20%	每有 1 次，减＿＿分	财务部 人力资源部	
3	薪酬分析报告提交及时率	15%	未在规定时间内提交，减＿＿分／次	人力资源部	
4	报表数据准确率	30%	每有 1 处错误，减＿＿分	人力资源部	
5	薪酬异议处理及时率	15%	未在规定时间内提交，减＿＿分／次	人力资源部	
6	薪酬资料及时归档率	10%	未在规定时间内完成，减＿＿分／次	人力资源部	
量化考核得分					

被考核人签字：	考核人签字：
日　　　期：	日　　　期：

12.8.6 绩效考核专员目标量化与考核

绩效考核专员岗位基本信息与工作目标如图 12-31 所示。

岗位目标分解	
岗位基本信息	**岗位工作目标**
岗位名称：绩效考核专员 所属部门：人力资源部 直接上级：人力资源主管	目标1：做好考核前的培训工作
	目标2：确保考核数据统计及时、准确
	目标3：及时处理考核申诉
	目标4：考核资料及时、完好归档

图 12-31　绩效考核专员岗位基本信息与工作目标

绩效考核专员量化考核表如表 12-19 所示。

表 12-19　绩效考核专员量化考核表

姓名			出勤	迟到	事假	病假	旷工
岗位	绩效考核专员		奖惩事项	加分事项		减分事项	

序号	量化考核指标	权重	评分标准	数据来源	得分
1	绩效考核计划按时完成率	30%	未按计划完成，减____分/次	人力资源部	
2	考核数据统计差错次数	20%	每有 1 次，减____分	人力资源部	
3	考核申诉处理及时率	20%	每低于目标值____%，减____分	各部门 人力资源部	
4	考核资料及时归档率	15%	每低于目标值____%，减____分	人力资源部	
5	员工投诉次数	15%	每发生 1 次，减____分	人力资源部	
量化考核得分					

被考核人签字： 日　　　期：	考核人签字： 日　　　期：

12.8.7 劳动关系专员目标量化与考核

劳动关系专员岗位基本信息与工作目标如图 12-32 所示。

<table>
<tr><th colspan="2">岗位目标分解</th></tr>
<tr><th>岗位基本信息</th><th>岗位工作目标</th></tr>
<tr><td rowspan="3">岗位名称：劳动关系专员
所属部门：人力资源部
直接上级：人力资源主管</td><td>目标1：及时、规范地为员工办理入职、离职等手续</td></tr>
<tr><td>目标2：及时解决劳动争议和纠纷</td></tr>
<tr><td>目标3：妥善保管劳动合同，及时归档</td></tr>
</table>

图 12-32 劳动关系专员岗位基本信息与工作目标

劳动关系专员量化考核表如表 12-20 所示。

表 12-20 劳动关系专员量化考核表

<table>
<tr><td colspan="2" rowspan="2">姓名</td><td rowspan="2">出勤</td><td>迟到</td><td>事假</td><td>病假</td><td colspan="2">旷工</td></tr>
<tr><td></td><td></td><td></td><td colspan="2"></td></tr>
<tr><td colspan="2" rowspan="2">岗位</td><td colspan="2" rowspan="2">劳动关系专员</td><td rowspan="2">奖惩
事项</td><td colspan="2">加分事项</td><td colspan="2">减分事项</td></tr>
<tr><td colspan="2"></td><td colspan="2"></td></tr>
<tr><td>序号</td><td>量化考核指标</td><td colspan="2">权重</td><td>评分标准</td><td colspan="2">数据来源</td><td>得分</td></tr>
<tr><td>1</td><td>入职、离职等手续办理出现差错次数</td><td colspan="2">20%</td><td>每出现 1 次，减____分</td><td colspan="2">各部门
人力资源部</td><td></td></tr>
<tr><td>2</td><td>劳动合同签订、变更、续签、终止等办理及时率</td><td colspan="2">15%</td><td>未在规定时间内完成，减____分 / 次</td><td colspan="2">各部门
人力资源部</td><td></td></tr>
<tr><td>3</td><td>劳动合同管理差错数</td><td colspan="2">20%</td><td>每发生 1 次，减____分</td><td colspan="2">人力资源部</td><td></td></tr>
<tr><td>4</td><td>劳动纠纷处理及时率</td><td colspan="2">15%</td><td>未在规定时间内处理，减____分 / 次</td><td colspan="2">人力资源部</td><td></td></tr>
<tr><td>5</td><td>劳动纠纷解决率</td><td colspan="2">20%</td><td>每低于目标值____%，减____分</td><td colspan="2">人力资源部</td><td></td></tr>
<tr><td>6</td><td>合同资料及时归档率</td><td colspan="2">10%</td><td>每低于目标值____%，减____分</td><td colspan="2">人力资源部</td><td></td></tr>
<tr><td colspan="8">量化考核得分</td></tr>
<tr><td colspan="4">被考核人签字：
日　　期：</td><td colspan="4">考核人签字：
日　　期：</td></tr>
</table>

12.9 行政人事人员薪酬体系设计

12.9.1 行政人事人员薪酬设计要考虑的因素

1. 薪酬设计要考虑的因素

行政人事人员薪酬设计主要应该考虑的因素如图 12-33 所示。

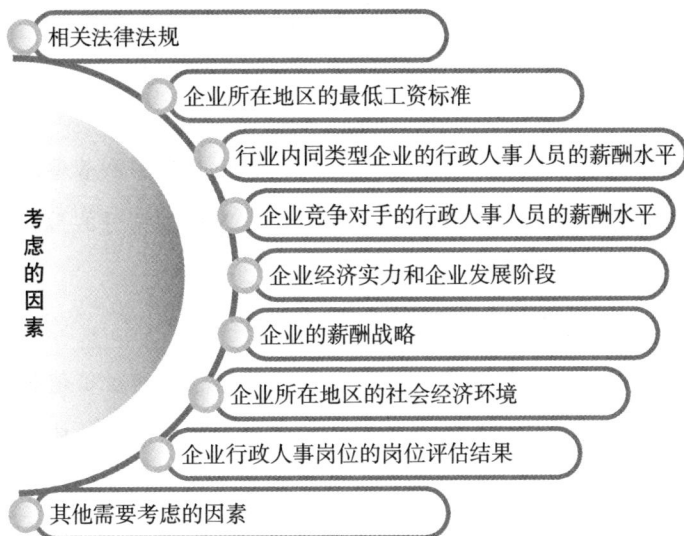

图 12-33 行政人事人员薪酬设计要考虑的因素

2. 行政人事人员薪酬结构设计示例

×× 企业行政助理薪酬结构设计示例如图 12-34 所示。

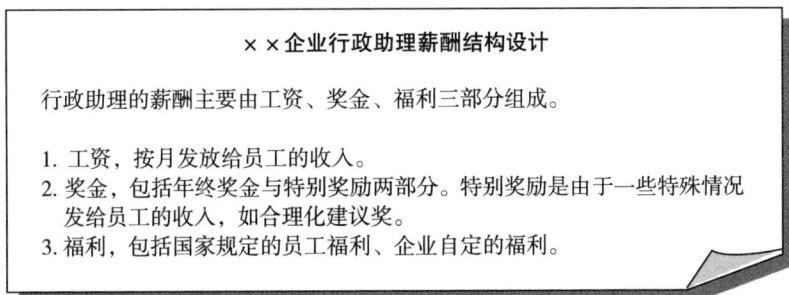

×× 企业行政助理薪酬结构设计

行政助理的薪酬主要由工资、奖金、福利三部分组成。

1. 工资，按月发放给员工的收入。
2. 奖金，包括年终奖金与特别奖励两部分。特别奖励是由于一些特殊情况
   发给员工的收入，如合理化建议奖。
3. 福利，包括国家规定的员工福利、企业自定的福利。

图 12-34 ×× 企业行政助理薪酬结构设计

12.9.2　行政人事人员薪酬体系设计方案

行政人事人员薪酬体系设计方案示例如下。

方案名称	行政人事人员薪酬体系设计方案	编制部门	
		执行部门	

一、薪酬设计目的

为了建立科学合理的薪酬体系，加强行政人事人员的薪酬管理，提高其工作积极性，确保行政人事后勤工作质量，从而为公司发展提供良好的后勤保障，特制定本方案。

二、薪酬体系设计原则

1. 坚持公平、公开、公正的原则。公司对工作岗位的相对价值和胜任资格进行分析评定，使薪酬管理工作实现透明化，以尽可能合理、客观地确定各岗位及从业人员的薪酬标准。

2. 坚持岗位薪酬动态化的原则。将员工所得报酬与工作绩效及实际贡献挂钩，实行薪酬的动态管理。

3. 坚持"对内具有公平性、对外具有竞争力、对员工具有激励性"的薪酬原则。不断改进薪酬结构，发挥薪酬在引才、留才方面的作用。

三、薪酬体系构成设计

1. 经理级人员薪酬体系构成如下。

（1）岗位固定工资。行政人事经理级员工的岗位固定工资主要包括如下表所示的四部分内容。

××公司行政经理岗位固定工资构成

岗位固定工资构成	核定标准
奖金	____元/月
学历津贴	____元/月

（续表）

岗位固定工资构成	核定标准
通信补助	＿＿＿元/月
餐费补助	＿＿＿元/月

（2）职等工资。根据公司岗位评估的结果，行政人事系列经理级为管理职位的＿＿＿等，享受＿＿＿元/月的职等工资待遇。

（3）绩效工资。绩效工资根据当期考核结果进行核定，以季度为考核周期，具体计发标准依据公司制定的"行政人事部门目标责任书"中的相关规定。

（4）年度特别奖励。年度特别奖根据公司整体效益而定，具体计发标准如下表所示。

经理级年度奖励标准

目标完成情况	年度奖励标准
实现年度经营目标	＿＿＿元
超出年度经营目标的＿＿＿%	＿＿＿元
超出年度经营目标的＿＿＿%	＿＿＿元
超出年度经营目标的＿＿＿%	＿＿＿元

（5）福利。福利包括法定福利和公司自定的福利，具体参见公司福利管理制度。

2. 一般行政人事人员薪酬体系构成如下。

（1）基本工资。基于薪酬调查的情况，公司在其平均值的基础上上浮＿＿＿%作为行政人事人员的基本工资。

（2）学历职称工资。学历职称工资根据学历和职称两个因素而定，公司基层人事人员学历职称工资标准如下表所示。

学历职称工资标准

职称学历	高级	中级	初级	助理
硕士及以上学历	＿＿＿元	＿＿＿元	＿＿＿元	＿＿＿元
全日制本科	＿＿＿元	＿＿＿元	＿＿＿元	＿＿＿元
全日制专科	＿＿＿元	＿＿＿元	＿＿＿元	＿＿＿元
其他学历	＿＿＿元	＿＿＿元	＿＿＿元	＿＿＿元

（3）岗位工资。行政人事人员岗位工资共设有三档，具体标准如下表所示。

行政人事人员岗位工资标准

档级	一档	二档	三档
岗位工资标准	____元	____元	____元

（4）绩效工资。绩效工资按照季度绩效考核结果发放，行政人事人员绩效工资发放标准如下表所示。

行政人事人员绩效工资发放标准

季度考核得分	90分及以上	80（含）~90分	70（含）~80分	60（含）~70分	60分以下
发放比例	100%	____%	____%	____%	无
绩效工资基数	以岗位工资的____%作为计发基数				

（5）工龄工资。

行政人事人员工龄工资体现员工的工作经验及对公司的忠诚度，具体发放标准如下表所示。

行政人事人员工龄工资标准

公司工龄	2年以内	3~5年	5年以上
工龄标准	____元/年	____元/年	____元/年

（6）奖金。行政人事人员的奖金主要包括年终奖和其他奖项。年终奖根据公司年度经营情况和利润分享计划而定，由总经理决定具体发放额度。其他奖项主要有优秀建议奖、创新奖等，具体参照公司奖金管理办法执行。

（7）福利。福利包括法定福利和公司自定的福利，具体参见公司福利管理制度。

四、薪酬调整

行政人事人员的基本工资调整的主要依据是物价指数和相关法律法规的变化、劳动力市场行情等因素，绩效工资则根据公司经济效益及业绩考核而调整。

编制人员		审核人员		批准人员	
编制日期		审核日期		批准日期	

12.9.3 行政人事人员薪酬管理制度

××公司行政人事人员薪酬管理制度示例如下。

制度名称	××公司行政人事人员薪酬管理制度	编制部门	
		执行部门	

第1章 总则

第1条 目的

1.建立一种以岗位为基础，以工作绩效考核为核心的正向激励机制。

2.将行政人事人员的薪资收入与岗位责任、工作绩效密切结合起来。

3.实现薪酬管理与分配的制度化、规范化。

第2条 适用范围

本制度适用于公司所有的行政人事人员，不含临时工和试用期员工及特殊聘用人员。

第3条 薪酬管理权限

1.公司高层根据公司的战略发展规划，提出本制度的制定与修正原则，以及公司收入分配的原则；组织讨论并批准本制度的实施。

2.人力资源部负责组织本制度的修订和实施过程中的解释工作，以及本制度的执行和监督工作；负责行政人事部门上报的考勤、考核等资料的统计工作，计算员工工资与奖金；拟订薪酬年度预算，提出行政人事人员薪酬调整议案。

3.财务部负责对人力资源部提交的行政人事人员工资表进行复核及最终发放。

第2章 薪酬构成和计算

第4条 薪酬结构

1.公司行政人事人员的工资由固定工资和浮动工资两部分组成。

2.固定工资包括基本工资、技能工资、住房补贴和医疗补贴。固定工资根据行政人事人员的职务、资历、学历和技能等因素确定，是相对确定的工作报酬。

3.浮动工资包括考勤工资、绩效工资、效益工资三部分。浮动工资是根据行政人事人员的考勤表现、工作绩效及公司的经营业绩确定的，是相对不固定的工作报酬。

4.行政人事人员工资扣除项目包括个人所得税、代扣社保费、代扣补充保险、代扣住房公积金、罚款等。

5.行政人事人员工资如果发放有错漏，将在下月工资"补杂"项补发。

第5条 薪酬计算

1.行政人事人员的薪酬计算公式主要如下。

（1）应发工资＝固定工资＋浮动工资。

（2）实发工资＝应发工资＋补杂项目－扣除项目。

（3）固定工资＝基本工资＋技能工资＋住房补贴＋医疗补贴＝工资标准×固定工资系数之和。

（4）浮动工资＝考勤工资＋绩效工资＋效益工资＝工资标准×浮动工资系数之和。

2.工资标准的确定。根据行政人事人员的工资系列确定行政人事人员的薪级，再根据薪级确定对应的工资标准，具体标准参见公司职员职务薪级对照表。

（续）

3. 工资标准系数的设定。

（1）固定工资标准系数设定。固定工资标准系数为A，其中基本工资、技能工资、住房补贴、医疗补贴标准系数分别为A1、A2、A3、A4，则A=A1+A2+A3+A4。

（2）浮动工资标准系数设定。浮动工资标准系数为B，其中考勤工资、绩效工资、效益工资标准系数分别为B1、B2、B3，则B=B1+B2+B3。

（3）固定、浮动工资标准系数。行政人事人员固定、浮动工资标准系数如表1所示。

表1　行政人事人员固定、浮动工资标准系数

系列	固定工资标准系数A					浮动工资标准系数B			
项目	基本工资	技能工资	住房补贴	医疗补贴	合计	考勤工资	绩效工资	效益工资	合计
	A1	A2	A3	A4	A	B1	B2	B3	B
标准	0.2	0.4	0.06	0.04	0.7	0.1	0.1	0.1	0.3

4. 固定薪酬计算公式：固定薪酬 = 工资标准 × （A1+A2+A3+A4）。

5. 浮动薪酬计算公式：浮动薪酬 = 工资标准 × （B1×C1+B2×C2+B3×C3）。其中，C1为考勤考核系数，C2为绩效考核系数，C3为效益考核系数。C1、C2、C3的确定如表2、表3、表4所示。

表2　考勤考核系数C1确定表

考勤结果	C1扣除值
旷工1天以上	1
病假、事假每请1天	0.2
月累计迟到/早退每满3次	0.3
月累计迟到/早退每满4小时	0.3
C1初始值为1，C1= 初始值 – 扣除值	

表3　绩效考核系数C2确定表

绩效考核得分	90分及以上	80（含）~ 90分	70（含）~ 80分	60（含）~ 70分	60分以下
绩效考核等级	A等	B等	C等	D等	E等
考核系数C2	＿＿	＿＿	＿＿	＿＿	＿＿

表4　效益考核系数C3确定表

效益指标达成率	C3取值	效益指标达成率	C3取值
50%以下	0	100%~ 125%	1.0
50%~ 75%	0.6	125%~ 150%	1.2
75%~ 100%	0.8	150%以上	1.5

（续）

第6条　福利津贴

1. 社会保险。根据国家相关规定执行。

2. 短期培训。为创立学习型组织以适应日益激烈的市场环境，从而增强公司的核心竞争力，同时不断提升各岗位工作人员的技能，实现公司与员工双赢的根本目的而设立的福利方式。

3. 带薪休假。公司将给予工作业绩突出且在本公司已达到规定时限的员工一定的带薪假期。

4. 意外伤害保险。视岗位性质与工作条件的不同以及可能给岗位从业人员带来人身伤害，公司将酌情给部分岗位加入意外伤害保险。

5. 法定节假日慰问品。依据经营周期取得效益的大小，节假日发放慰问礼品。

6. 通信费用。视岗位性质和公务通信的需要而核定的通信费用补助。

第3章　薪酬调整和发放

第7条　薪酬调整

1. 薪酬晋级。若员工已达到所处职级的最高职档，需要考虑通过职级晋升或岗位调整来实现员工的薪酬晋级。人力资源部负责综合审核，确认员工在达到晋级资格的同时也具备新职级任职资格和能力，并提出晋级建议，经总经理批准后晋级。

2. 员工降级降职。人力资源部提出降级降职建议，报总经理批准后实施。

第8条　薪酬发放

1. 正常发放：公司于每月____日前发放上月员工工资，各审核部门务必于每月____日前完成各自的审核工作。若适逢公休日或法定假日，发薪日提前至节假日的前一个工作日发放。

2. 特殊情况员工的薪酬发放：离职的行政人事人员，待其办理完个人离职手续后，由财务部发放其应得工资。

第4章　附则

第9条　本制度由公司人力资源部制定并负责解释。

第10条　本制度自颁布之日起开始起执行。

编制日期		审核日期		批准日期	
修改标记		修改处数		修改日期	

第 **13** 章

其他辅助人员量化考核与薪酬设计

13.1　企业兼职人员

13.1.1　企业兼职人员量化考核

目前，很多企业因业务发展需要招聘兼职人员，如兼职程序员、礼仪人员等。结合工作特点，企业对兼职人员的考核也多侧重于工作成果的考核，而弱化对工作态度、工作能力的考核。表13-1提供了一份××企业兼职访问员量化考核表，仅供读者参考。

表 13-1　××企业兼职访问员量化考核表

考核项目	绩效目标	扣分项	赋分	得分
入户访问	入户访问工作保质、保量完成	1. 伪造问卷/自填问卷/诱导被访者协同作弊（5分） 2. 擅自让未经培训的他人代替自己做访问（5分） 3. 擅自改变访问形式（5分） 4. 未按照抽样要求入户访问（5分） 5. 无效问卷超过____%（5分）	25分	
拦截访问	拦截访问工作保质、保量完成	1. 伪造问卷/自填问卷/诱导被访者协同作弊（5分） 2. 擅自让未经培训的他人代替自己做访问（5分） 3. 擅自改变访问形式（5分） 4. 关键问题漏问，故意简化问卷，无法补访（5分） 5. 无效问卷超过____%（5分）	25分	
电话访问	电话访问工作保质、保量完成	1. 诱导被访者协同作弊（5分） 2. 随意填写问卷/自填部分内容（5分） 3. 关键问题遗漏（5分） 4. 漏写/录错答案或读错题目（5分） 5. 因个人原因导致记录答案与受访者回答不一致（5分）	25分	
神秘顾客访问	顺利完成访问工作，达到访问预期效果	1. 未到指定地点观察，伪造问卷/自填问卷（5分） 2. 擅自让未经培训的他人代替自己做访问（5分） 3. 问卷内容与实际出入较大（5分） 4. 未按要求对顾客进行访问（5分） 5. 在店内填写问卷，透露信息（5分）	25分	

13.1.2　企业兼职人员薪酬设计

通常情况下，影响企业兼职人员薪酬设计的因素主要包括如图13-1所示的四个方面。

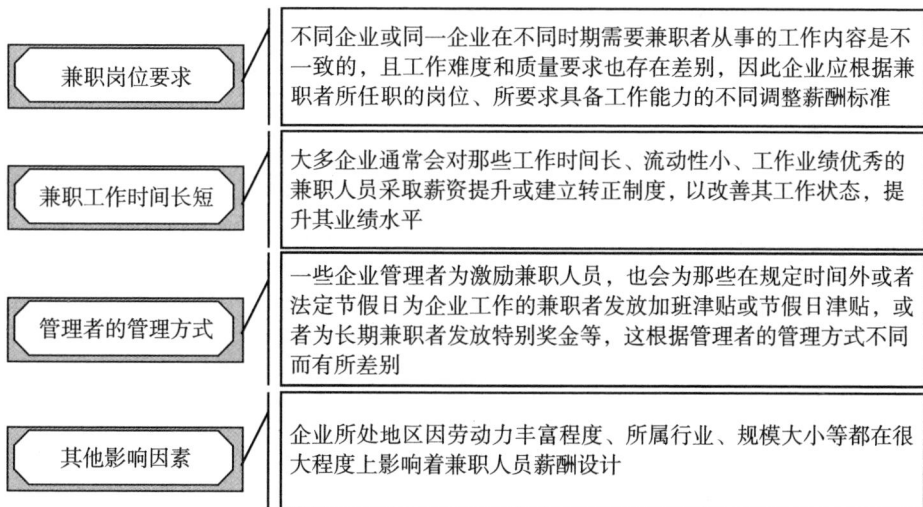

兼职岗位要求	不同企业或同一企业在不同时期需要兼职者从事的工作内容是不一致的，且工作难度和质量要求也存在差别，因此企业应根据兼职者所任职的岗位、所要求具备工作能力的不同调整薪酬标准
兼职工作时间长短	大多企业通常会对那些工作时间长、流动性小、工作业绩优秀的兼职人员采取薪资提升或建立转正制度，以改善其工作状态，提升其业绩水平
管理者的管理方式	一些企业管理者为激励兼职人员，也会为那些在规定时间外或者法定节假日为企业工作的兼职者发放加班津贴或节假日津贴，或者为长期兼职者发放特别奖金等，这根据管理者的管理方式不同而有所差别
其他影响因素	企业所处地区因劳动力丰富程度、所属行业、规模大小等都在很大程度上影响着兼职人员薪酬设计

图 13-1 影响企业兼职人员薪酬设计的因素

以下为 ×× 公司兼职人员薪酬设计方案，仅供读者参考。

方案名称	×× 公司兼职人员薪酬设计方案	编制部门	
		执行部门	

一、薪酬方案设计目的

为改善和提高兼职人员在工资分配上的公正性与公平性，充分体现"多劳多得，公平分配"的原则，以达到激发兼职人员工作积极性，提高工作效益，促进公司发展的目的，特制定本方案。

二、兼职人员薪酬结构

兼职人员薪酬＝基本工资＋加班津贴＋奖金

1. 基本工资

（1）兼职人员的基本工资依据其所担任的职务、技术、经验等因素，由人力资源部与兼职人员共同协商确定，并以合同形式加以明确。

（2）兼职人员基本工资给付不得低于相关部门所规定的最低支付金额，即不低于____元／月。缺勤期间应从工资中直接扣除相应的缺勤基本工资额。

2. 加班津贴

兼职人员因工作需要而延长工作时间，或于休假日返回公司工作时，应依下列计算方式，以小时为计算单位计算加班津贴：加班津贴＝基本工资（小时工资部分）×____。

3. 奖金

兼职人员在公司服务满 1 年，且工作表现优秀，经主管负责人推荐和人力资源部审核，可给予____ ~ ____元的现金奖励。

三、薪酬发放管理

1. 发放时间

兼职人员计薪周期为前一个月的____日开始到当月的____日为止，并以当月的____日为薪酬支付日。

2. 离职或解雇时的薪酬发放

兼职人员申请离职或被解聘时的薪金，应从离职日的____日内计算并支付该员工已执行工作任务所应得的薪金（申请离职日若恰逢薪金支付日，则于当日计算并支付）。

编制人员		审核人员		批准人员	
编制日期		审核日期		批准日期	

13.2 企业实习人员

13.2.1 实习人员量化考核

实习是指学生在校期间到单位的具体岗位上参与实践工作的过程。实习人员主要是指在校学生。

对企业而言，招聘实习人员的目的不仅在于满足工作需要、节省成本支出，还在于选拔与储备专业人才。因此，对于实习人员的考核应更全面、更科学。表 13-2 提供了一份 ×× 企业实习人员考核表，仅供读者参考。

表 13-2　×× 企业实习人员考核表

考核项目	考核标准	自评	同级	上级	得分
工作质量	能够按照工作要求，保质、保量地完成领导交付的工作				
工作效率	能在规定的时间内完成领导交付的工作				
遵章守纪情况	能够严格遵守企业各项规章制度以及相关工作流程				
专业知识技术	能够运用所掌握的专业知识和技术开展工作				
主动性	能够主动提出合理化、创新性建议				
责任感	能够主动做好分内、分外工作				
合作精神	能够自觉地融入团队，与同事合作完成工作任务				
学习能力	具备自我学习的意识、大胆创新和追求上进的工作态度				
应变能力	能够觉察外界所发生的变化，并对外界变化做出适当反应				
问题解决能力	能够对问题进行分析和判断，并找到有效的解决途径				
注：考核项目满分为 10 分，考核者根据实习人员工作业绩表现填写评估分数					

13.2.2　实习人员薪酬设计

实习人员薪酬依据企业性质、岗位性质、劳动力需求等状况不同，而有所差异。以下为 ×× 公司实习人员薪酬设计方案，仅供读者参考。

方案名称	×× 公司实习人员薪酬设计方案	编制部门	
		执行部门	

一、薪酬方案设计目的

为规范实习人员薪酬管理，保障实习人员的合法权益，充分调动实习人员的工作热情和积极性，特制定本方案。

二、实习人员薪酬构成

1. 实习费

实习人员实习费的标准为：与本岗位专业对口的实习人员，为____元／月；相关专业实习人员，为____元／月。特别优秀的实习人员，其实习费可在面试初期与公司协商确定，但最高实习费不得超过____元／月。

2. 商业保险

为避免实习人员在实习过程中因工受伤后的经济赔偿纠纷，确保公司与实习人员双方的权利，公司为每位实习人员购买意外商业保险。

三、薪酬发放管理

1. 薪酬发放时间

实习人员薪酬应于次月____日前发放。

2. 其他相关规定

（1）实习人员因完成学业需要而请假期间，公司不予发放实习费。

（2）实习人员在法定节假日以及参加正当的社会活动期间，公司应依照相关规定发放实习费。

编制人员		审核人员		批准人员	
编制日期		审核日期		批准日期	

13.3　劳务派遣人员

13.3.1　劳务派遣人员量化考核

对劳务派遣人员的考核一般由实际用工单位组织，考核的内容通常包括工作业绩、工作能力、工作态度、突出贡献、工作纪律等方面，具体考核指标由各用工单位自行量化确定。

1. 考核依据

（1）岗位职责。

（2）用工单位的规章制度。

（3）劳务派遣企业的规章制度。

2. 考核量表设计

表 13-3 提供了一份 ×× 企业劳务派遣人员的量化考核表，仅供读者参考。

表 13-3　×× 企业劳务派遣员工量化考核表

考核内容	绩效量化考核标准	权重	得分
工作业绩	（1）工作任务完成率达到 100%，每低于目标值＿＿个百分点，减＿＿分 （2）工作差错率控制在＿＿% 以内，每高于目标值＿＿个百分点，减＿＿分 （3）客户投诉次数为 0，每出现 1 次客户投诉，减＿＿分	45%	
专业知识与技能	（1）因业务知识不熟练导致工作出现差错，减＿＿分，出现重大差错，减＿＿分 （2）熟练掌握本岗位所需的工作技能，并能有效指导他人，得＿＿分 （3）基本掌握本岗位所需的工作技能，并能有效完成工作，得＿＿分 （4）需要进一步提升工作技能，基本能完成工作，该项不得分	40%	
考勤纪律	（1）每出现 1 次迟到 / 早退，减＿＿分；每出现 1 次工作期间无故离岗、串岗，减＿＿分 （2）违反用工单位规章制度，减＿＿分 / 次，严重违反规章制度的，另行参考企业其他规定处理	10%	
对劳务派遣企业的认同度	（1）积极配合劳务派遣企业的工作，并严格遵守企业的各项规定，得＿＿分 （2）积极为劳务派遣企业提供合理化建议，得＿＿分	5%	

13.3.2　劳务派遣人员薪酬设计

劳务派遣这一用工形式只能在临时性、辅助性或者替代性的工作岗位上实施。在劳务派遣这一用工形式中，涉及三方主体：劳务派遣企业、用工企业、被派遣员工。其中，劳务派遣企业与被派遣员工之间属于劳动关系；劳务派遣企业与用工企业之间属于合同关系，双方签订劳务派遣协议；用工企业与被派遣员工之间是基于劳务派遣协议所产生的一种劳务用工关系。

根据劳务派遣人员的特点，下面提供了一则 ×× 公司劳务派遣人员薪酬设计方案，仅供读者参考。

方案名称	×× 公司劳务派遣人员薪酬设计方案	编制部门	
		执行部门	

一、设计目的

规范劳务派遣人员的薪酬设计、工资发放等工作。

二、设计要求

1. 匹配性

为了确保劳务派遣人员能够更好地满足公司的需求，公司需将他们的胜任素质与公司的业务内容紧密关联。

2 合理性

制定的工资水平要符合劳动相关法律法规。

3. 透明性

要保持薪酬体系的透明度，让劳务派遣人员了解自己的薪酬构成和计算方式。

三、薪酬结构设计

本公司劳务派遣人员的薪酬由"基本工资＋岗位工资＋绩效工资＋补贴＋福利"构成。

1. 基本工资

公司根据本地的有关规定，结合自身实际情况，对本公司劳务派遣人员制定的基本工资标准为＿＿＿元／月。

2. 岗位工资

岗位工资因岗位不同而异，根据劳动力市场的供需关系、劳务派遣人员的技能水平和工作经验等因素确定。岗位工资设定标准如下表所示。

岗位工资设定标准

劳务派遣人员	岗位工资标准
生产线员工	＿＿ ~ ＿＿元
餐饮服务员工	＿＿ ~ ＿＿元
后勤服务员工	＿＿ ~ ＿＿元

3. 绩效工资

根据劳务派遣人员的工作绩效评估结果对其进行奖励，可以激发员工的积极性和工作动力。绩效工资是根据员工的工作表现和工作成果来确定的，通常是按月计算的。绩效工资的计算方法是：绩效工资＝岗位工资 × 绩效系数。

4. 补贴

补贴是为了鼓励劳务派遣人员提高工作效率和保障其生活质量而设置的。补贴包括餐费补贴、通信补贴、交通补贴等。

5. 福利

福利包括社会保险、住房公积金、带薪休假、节假日福利、其他员工福利等。

四、薪酬核算与发放

1. 薪酬核算

在核算劳务派遣人员薪酬时，需要核对员工的工作时间、工作量、考核结果等信息。

2. 工资发放

根据本公司与用工方签订的劳务派遣协议的规定，用工方考核派遣员工的工作，确定派遣员工应发工资总额、本公司扣除代缴的派遣员工本人应交的社保等后，明确实发金额，并及时发给派遣员工本人。

3. 其他

劳务派遣员工应了解自己的工资状况，如有异议应及时与用工单位或派遣公司沟通解决。

编制人员		审核人员		批准人员	
编制日期		审核日期		批准日期	

第 **14** 章

绩效量化与
薪酬体系的实施

14.1 绩效量化考核的实施

14.1.1 绩效量化考核实施工作流程

1. 量化指标设计

实施绩效考核时，常常会根据岗位的主要职责对岗位责任人进行考核。其中，量化考核指标的设计是其中的一项重要工作。对绩效指标进行量化管理时，需达到如图14-1所示的四点要求。

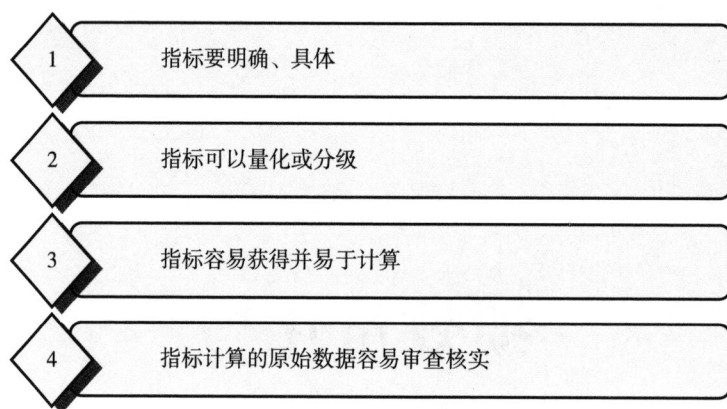

1	指标要明确、具体
2	指标可以量化或分级
3	指标容易获得并易于计算
4	指标计算的原始数据容易审查核实

图 14-1　量化指标设计的要求

2. 指标权重设计

指标权重可以体现出各个指标在考核中的重要程度，在进行具体的配置过程中，需要注意以下五个要点。

（1）体现指标的重要程度。

（2）根据项目目标达到的难易程度赋予权重，越难达到的项目分值越高。

（3）突出业务重心导向。

（4）体现战略阶段性。与战略实现越密切的项目，分值越高。

（5）权重要考虑不同阶段的发展重点，根据实际情况的变化而变化。

3. 考核方案设计

企业在进行考核方案设计时，需把握好如图 14-2 所示的两个问题。

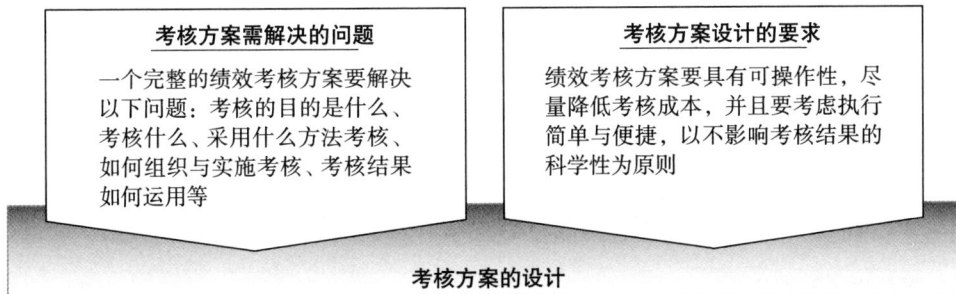

考核方案需解决的问题
一个完整的绩效考核方案要解决以下问题：考核的目的是什么、考核什么、采用什么方法考核、如何组织与实施考核、考核结果如何运用等

考核方案设计的要求
绩效考核方案要具有可操作性，尽量降低考核成本，并且要考虑执行简单与便捷，以不影响考核结果的科学性为原则

考核方案的设计

图 14-2　考核方案设计需把握好的两个问题

4. 考核管理部门

企业人力资源部是绩效考核工作的主要管理部门，负责制定企业考核政策与相关制度，指导各层级人员、各部门的考核，建立并推行科学、公正的全员绩效考核机制等工作。

14.1.2　绩效量化考核实施注意事项

在绩效量化考核管理的过程中，主管人员应对可能出现的问题和障碍进行有效的预期，协助员工完成工作，以使员工获取更加优秀的业绩。在实施量化考核时，主管人员需注意如图 14-3 所示的三点事项。

1. 要检查工作内容，明确哪些工作可以量化，对那些比较笼统、很难直观考核的工作事项，可以通过运用数量、质量、成本、时间等元素将比较模糊的工作目标进行量化，以便于考核

2. 设计的目标必须有标准，有衡量尺度

3. 避免陷入纯粹的量化管理的误区

图 14-3　量化考核实施注意事项

14.1.3 绩效量化考核实施工作改进

绩效考核的结果将作为确定员工薪酬、奖惩、职位异动等人力资源决策的重要依据之一，但考核的目的不仅仅局限于此，员工能力的不断提高以及绩效的持续改进才是其主要目的，而实现这一目的就离不开绩效量化改进工作的开展与实施。

1. 明确量化改进目标

确定量化改进目标，如在多长时间（期限）内达成怎样的目标。

2. 量化指标改进

在众多与量化改进目标有关的指标中，找出主要的指标影响因素，并对量化指标进行分析和改进。

3. 量化方案改进

在对企业绩效考核分析的基础上，可从改进目的、改进的要求和改进所需达到的效果三个方面提出绩效考核改进的总体要求。

在具体改进过程中，企业可从考核类别、考核内容、考核周期、考核指标、跟踪反馈机制等方面提出了绩效量化考核的改进方案。

4. 制订绩效改进计划

绩效改进计划表示例如表 14-1 所示。

表 14-1　绩效改进计划表

姓名		所在岗位		所属部门	
直接上级		执行日期	___年___月___日至___年___月___日		
一、改进的内容					
待提高的方面		达到的目标	完成日期	直接上级提供的帮助	
二、员工职业生涯发展规划（主要从职业规划的目标及如何实现其目标方面填写）					

（续表）

三、绩效改进结果评价（改进阶段结束后由员工的直接上级填写）

14.2 薪酬体系的设计实施

14.2.1 薪酬体系设计与员工激励

1. 薪酬体系设计原则

薪酬体系设计需遵循如表 14-2 所示的五项原则。

表 14-2 薪酬体系设计原则

薪酬体系设计原则	说明
战略导向性原则	企业在进行薪酬设计时，必须从企业战略的角度进行分析，即分析付酬因素中，哪些因素相对重要，哪些因素显得相对次要，并赋予这些因素相应的权重，从而确定各岗位价值的大小。以此为基础进行的薪酬制度设计，则能较好地体现企业战略发展的要求
公平性原则	公平是薪酬系统的基础，员工的积极性不仅受绝对报酬的影响，还受相对报酬的影响。公平原则包括横向公平、纵向公平和外部公平 1. 横向公平是指企业所有员工之间的薪酬标准、衡量尺度应该是一致的 2. 纵向公平是指员工过去的投入产出比和现在乃至将来应该基本上是一致的，其获得的报酬应与劳动付出成正比 3. 外部公平是指同一行业、同一地区及同等规模的不同企业的相似岗位的报酬应该基本相等
经济性原则	企业设计薪酬时必须充分考虑企业实际能力的大小：一方面保证薪酬水平有一定的竞争性和激励性；另一方面要保证留存企业追加和扩大投资的资金能确保企业的可持续性发展
激励性原则	简单的高薪并不能有效激励员工。在企业内部，不同的职务之间的薪酬水平应在合理的基础上适当拉开薪酬差距，以此来鼓励员工提高业务能力，创造出优良的工作业绩
外部竞争性原则	企业要想获得具有竞争力的优秀人才，就必须制定出一套对人才具有吸引力并在行业中具有竞争力的薪酬体系。因此，企业在设计薪酬时必须考虑同行业整体薪酬水平和竞争对手的薪酬水平，以保证企业的薪酬水平在市场上具有一定的竞争力，能充分地吸引和留住企业发展所需的战略性、关键性人才

2.薪酬体系设计程序

薪酬体系的设计是一项系统的工作，涉及企业的各个部门和每一位员工，具体如图14-4所示。

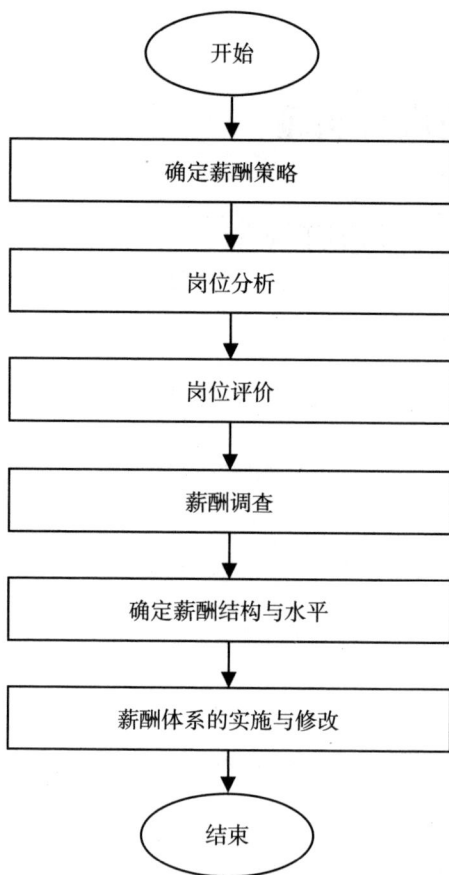

```
              ┌─────────┐
              │   开始   │
              └─────────┘
                   │
                   ▼
        ┌────────────────────┐
        │    确定薪酬策略      │
        └────────────────────┘
                   │
                   ▼
        ┌────────────────────┐
        │      岗位分析        │
        └────────────────────┘
                   │
                   ▼
        ┌────────────────────┐
        │      岗位评价        │
        └────────────────────┘
                   │
                   ▼
        ┌────────────────────┐
        │      薪酬调查        │
        └────────────────────┘
                   │
                   ▼
        ┌────────────────────┐
        │   确定薪酬结构与水平  │
        └────────────────────┘
                   │
                   ▼
        ┌────────────────────┐
        │  薪酬体系的实施与修改 │
        └────────────────────┘
                   │
                   ▼
              ┌─────────┐
              │   结束   │
              └─────────┘
```

图 14-4 薪酬体系设计程序

（1）确定薪酬策略。

企业在进行薪酬策略考量的时候，需要考虑的是如何体现战略性，即如何让薪酬体系驱动企业短、中、长期目标的实现。

不同的发展战略决定了其薪酬政策、薪酬水平、薪酬结构、薪酬制度的不同。若企业处于发展阶段，企业的经营战略是追求快速成长，其采取的薪酬策略可能是企业与员工共担风险，在薪酬结构上采取降低固定薪酬的比例、提高浮动薪酬的比例的方式。若企业处于成熟阶段，企业的经营战略是追求稳健的发展，其采取的薪酬策略可能是给予员工较高的薪酬水准，提高员工固定薪酬的比例。

（2）岗位分析。

岗位分析是根据企业发展战略的要求，采取问卷法、观察法、访谈法、日志法等方法，对企业所设的各类岗位的工作内容、工作方法、工作环境以及工作执行者应该具备的知识、能力、技能、经验等进行详细的描述，并由此制定岗位规范、工作说明书等人力资源管理文件的过程。它为岗位评价及薪酬水平的制定提供了客观的依据。

（3）岗位评价。

岗位评价是保证薪酬体系内部公平性的重要手段之一。它不仅有助于比较企业内部各个岗位之间的相对价值，还为薪酬市场调查建立了统一的岗位评估标准，避免了由于企业间岗位名称相同而实际工作内容和工作职责不同或者是工作内容和工作职责相同而岗位名称不同等情况给薪酬调查带来的不便，确保了不同企业岗位之间、企业内部各岗位之间薪酬水平的可比性。

（4）薪酬调查。

①薪酬市场调查的目的。

在实施薪酬市场调查前，需先明确其目的主要是解决企业薪酬外部均衡性的问题。

外部均衡是指企业员工的薪酬水平应与企业所在地、同行业的薪酬水平保持基本一致，二者之间不能偏差太大。薪酬外部均衡失调主要有如图 14-5 所示的两种情况。

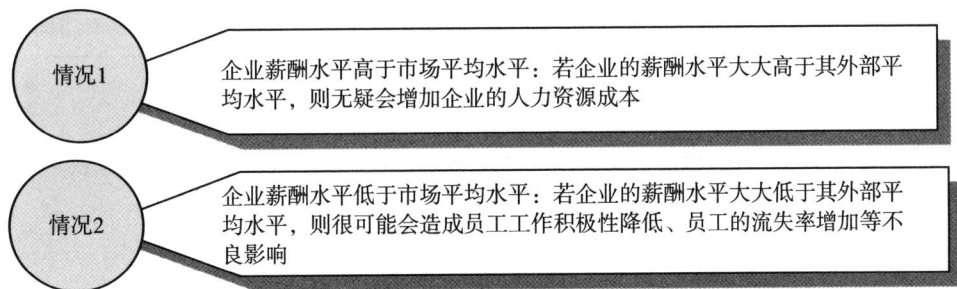

| 情况1 | 企业薪酬水平高于市场平均水平：若企业的薪酬水平大大高于其外部平均水平，则无疑会增加企业的人力资源成本 |
| 情况2 | 企业薪酬水平低于市场平均水平：若企业的薪酬水平大大低于其外部平均水平，则很可能会造成员工工作积极性降低、员工的流失率增加等不良影响 |

图 14-5　薪酬外部均衡失调的两种情况

市场薪酬调查结果还可以为企业整体薪酬水平调整、薪酬晋升政策的调整、薪酬级差的调整等提供重要的依据。

②薪酬调查的内容。

通常薪酬调查需要获得如图 14-6 所示的三个方面的信息。

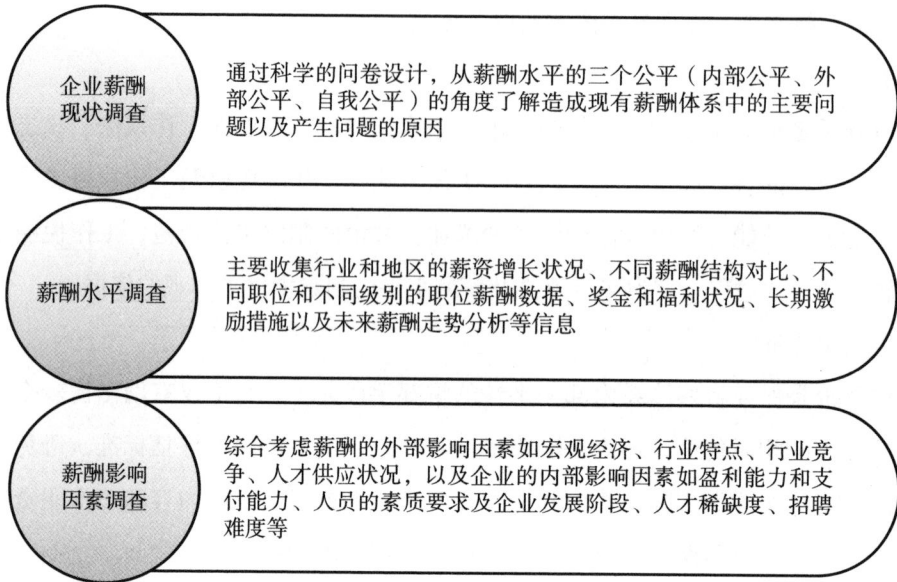

图 14-6　薪酬调查需获得的信息

③调查的对象。

企业进行薪酬调查的对象一般包括如图 14-7 所示的两类。

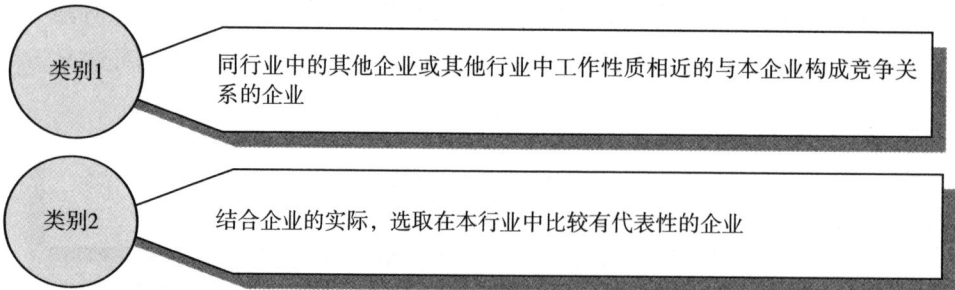

图 14-7　薪酬调查的对象

④薪酬调查的方式。

企业进行薪酬调查通常采取如图 14-8 所示的四种方式。

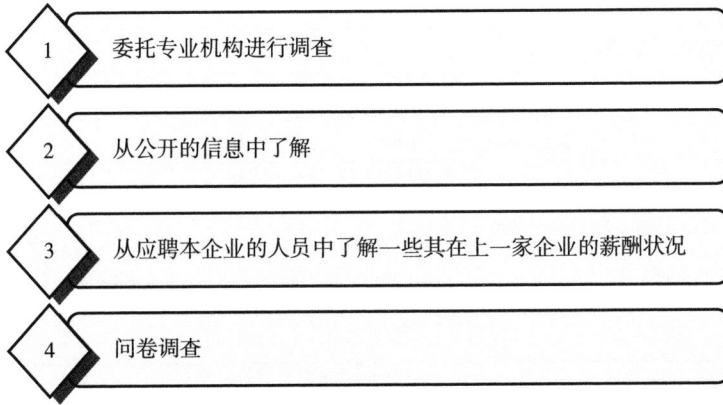

图 14-8　薪酬调查的方式

表 14-3 是一份某企业的薪酬调查问卷，仅供读者参考。

表 14-3　某企业的薪酬调查问卷

个人资料							
姓名		年龄		性别		加入企业时间	
所在部门		职务		学历		毕业院校	
企业资料							
企业所属性质	□外商投资　　□民营企业　　□股份制企业　　□国有企业　　□其他（请注明）						
	注：若是外商投资，请选择						
	□外商独资企业　　□中外合资企业　　□中外合作企业						
企业的主要产品或服务							
企业成立时间			所属行业			企业员工人数	
薪酬状况							

1.您目前的年薪
□＿＿万~＿＿万元　　　□＿＿万~＿＿万元　　　□＿＿万~＿＿万元

2.您的薪资构成

薪资的组成	所占总薪资的比例

（续表）

3. ×× 部门薪酬状况（年薪）			
部门经理	□___万~___万元	□___万~___万元	□___万~___万元
主管级人员	□___万~___万元	□___万~___万元	□___万~___万元
一般员工	□___万~___万元	□___万~___万元	□___万~___万元
4. 贵企业是否采取逐年加薪制度或定期给员工加薪			
5. 福利待遇			
（1）体检			
新员工入职，是否为其提供健康检查	□是 □否		
每年是否定期为员工提供健康检查	□是 □否		
（2）社会保险			
养老保险	每月缴纳（ ）元		
医疗保险	每月缴纳（ ）元		
失业保险	每月缴纳（ ）元		
生育保险	每月缴纳（ ）元		
工伤保险	每月缴纳（ ）元		
（3）假期			
除了国家规定的法定节假日外，企业是否还提供其他节假日，若有，请注明			
（4）其他			
6. 您觉得您所在企业的薪酬水平在同行业处于何种水平	□较低 □中等 □偏高水平		
7. 您对目前的薪酬满意吗			
8. 您对本次薪酬调查的建议			
非常感谢您的合作，祝您工作愉快！			

⑤薪酬调查统计结果分析。

在对调查数据进行整理汇总、统计分析时，可根据实际情况选取如图14-9所示的三种方法。

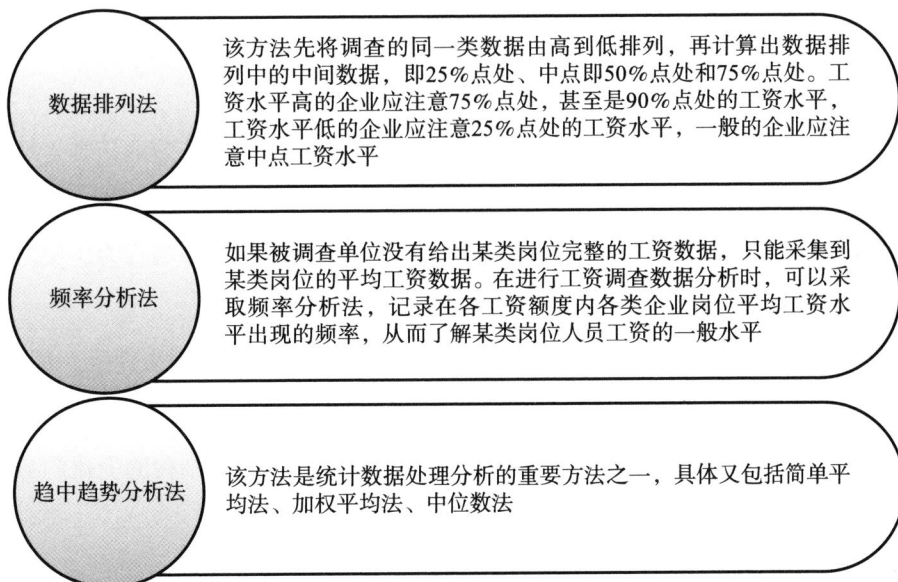

数据排列法　该方法先将调查的同一类数据由高到低排列，再计算出数据排列中的中间数据，即25%点处、中点即50%点处和75%点处。工资水平高的企业应注意75%点处，甚至是90%点处的工资水平，工资水平低的企业应注意25%点处的工资水平，一般的企业应注意中点工资水平

频率分析法　如果被调查单位没有给出某类岗位完整的工资数据，只能采集到某类岗位的平均工资数据。在进行工资调查数据分析时，可以采取频率分析法，记录在各工资额度内各类企业岗位平均工资水平出现的频率，从而了解某类岗位人员工资的一般水平

趋中趋势分析法　该方法是统计数据处理分析的重要方法之一，具体又包括简单平均法、加权平均法、中位数法

图 14-9　薪酬调查结果分析的方法

（5）确定薪酬结构与水平。

在分析了同地区、同行业的薪酬数据及企业自身特点和支付能力后，接下来就要确定薪酬结构和水平了。

薪酬结构是指企业的组织结构中各岗位的相对价值及其对应的实付薪酬之间的关系、薪酬的组成以及各组成部分之间的比例。

薪酬水平是指企业所支付的薪酬在市场薪酬中所处的位置。

企业设计薪酬的构成时，需综合考虑以下四个方面的因素：一是岗位在企业中的层级，二是岗位在企业中的职系，三是岗位员工的技能和资历，四是岗位的绩效。

（6）薪酬体系的实施与修改。

薪酬体系设计必须根据企业的实际情况，紧密结合企业的战略和文化，全面、科学地考虑各项因素，并及时根据实际情况进行修正和调整。

3. 建立健全配套制度

薪酬体系在企业管理中并不是孤立存在的，它需要其他管理体系的支撑才能发挥其应有的作用。这些配套制度包括绩效考核制度、员工奖惩制度等。

4. 员工激励管理

（1）员工激励的原则如下。

①物质激励与精神激励相结合。

②内部激励和外部激励相结合。内部激励是工作本身的挑战性与成功感，外部激励是工作之外的回报、奖赏、赞扬。

③正向激励与负向激励相结合。正向激励指奖励符合组织目标的行为，使之强化和重复；负向激励是指约束和惩罚违背组织目标的行为，使之消退。

④按需激励。激励的起点是满足员工的需要，但员工的需要因人而异、因时而异，并且只有满足最迫切需要（主导需要）的措施，其效价才高，其激励强度才大。因此，领导者只有深入地进行调查研究，不断了解员工需要层次和需要结构的变化趋势，有针对性地采取激励措施，才能收到实效。

（2）激励方式的选择。

通过激励可以挖掘人的潜能，调动人的积极性和创造性，并且吸引更多的人为实现组织目标而不断提高工作绩效，使符合企业目标的行为得到强化。常见的激励方式有如图 14-10 所示的七种。

1. 目标激励：通过目标的设置来激发人的动机、引导人的行为，使被管理者的个人目标与组织目标紧密地联系在一起，以激励被管理者的积极性、主动性和创造性

2. 物质激励：主要是通过物质刺激的手段鼓励员工工作，主要表现形式有工资、奖金等

3. 精神激励：包括向员工授权，对他们的工作绩效的认可，公平、公开的晋升制度，制定适合每个人特点的职业生涯发展路径等方面

4. 情感激励：通过建立一种和谐良好的感情关系，来调动员工积极性的一种激励方法

5. 奖惩激励：如表扬、赞赏、晋级和批评、处分、开除等分别就是奖励和惩罚的一些常见形式

6. 参与激励：让员工参与企业管理，使员工产生主人翁责任感，从而激发员工的工作积极性

7. 环境激励：包括良好的规章制度、和谐与积极的文化氛围、优越的办公环境等

图 14-10　激励的方式

5. 激励与薪酬管理

设计有激励性的薪酬体系，企业应该从如图 14-11 所示的五个方面来把握。

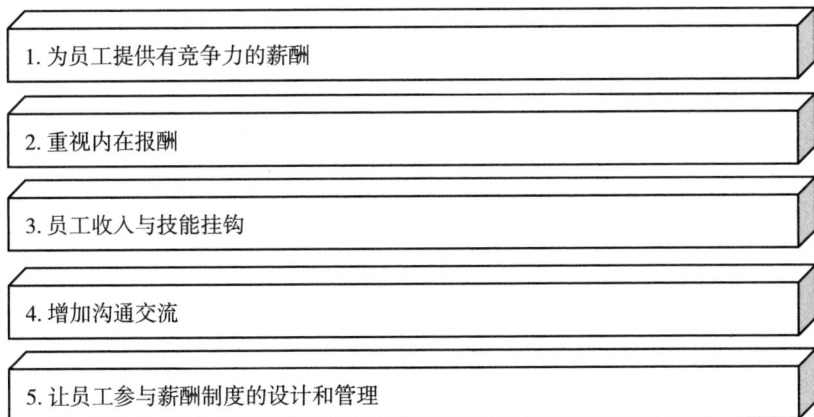

1. 为员工提供有竞争力的薪酬
2. 重视内在报酬
3. 员工收入与技能挂钩
4. 增加沟通交流
5. 让员工参与薪酬制度的设计和管理

图 14-11　设计激励性的薪酬体系的要点

14.2.2　薪酬体系动态调整与管理

如果薪酬管理一成不变，必然导致薪酬管理静态化，使薪酬的管理与绩效管理、市场变化、物价指数变化和企业盈利能力变化脱节，最终导致企业薪酬在员工的吸引、保留和激励中缺乏竞争力。

1. 薪酬水平调整

薪酬水平调整是指薪酬结构、等级要素、构成要素等不变，调整薪酬结构上每一等级或每一要素的数额。

（1）影响薪酬水平调整的因素如图 14-12 所示。

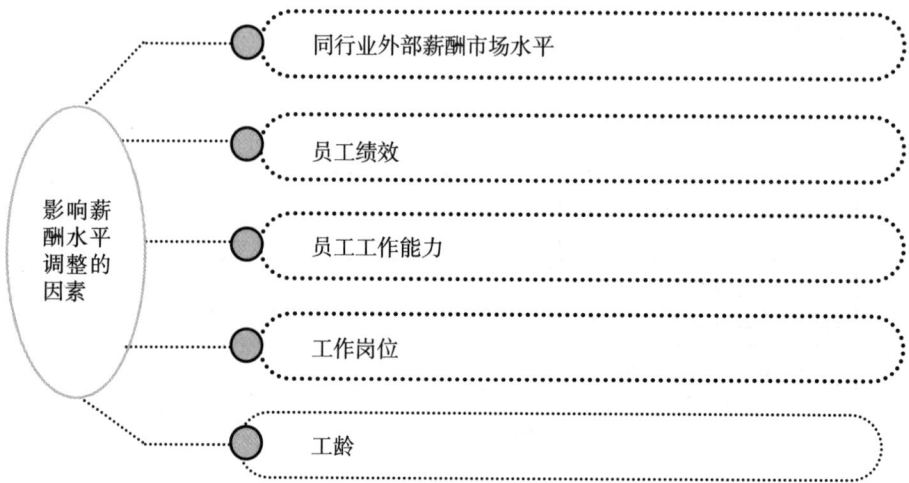

图 14-12　影响薪酬水平调整的因素

（2）薪酬水平调整的类型主要有如图 14-13 所示的四种情况。

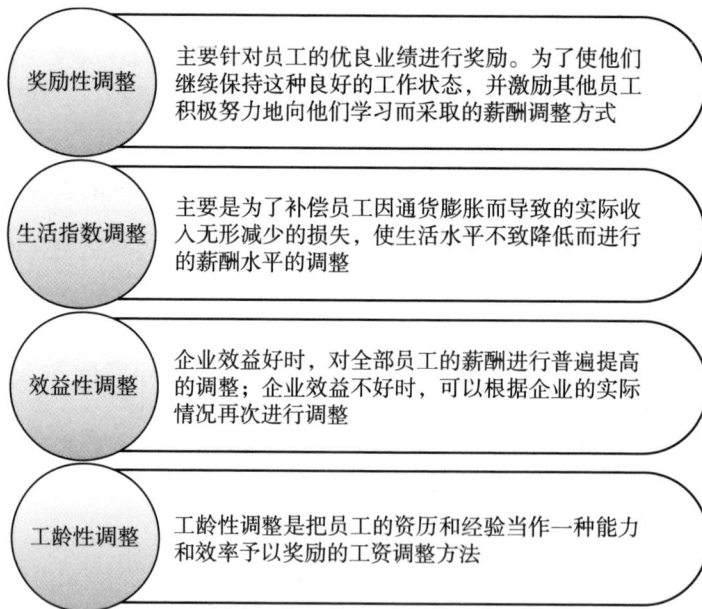

图 14-13　薪酬水平调整的类型

2. 薪酬结构的调整

在薪酬体系运行过程中，随着企业发展战略的变化，组织结构应随之而调整，尤其是在组织结构扁平化趋势下，企业的职务等级数量会大大减少。另外，由于受劳动力市场供求变化的影响，企业不同层级、不同岗位薪酬差距可能发生变化，这些都会对薪酬结构的调整提出要求。

调整薪酬等级主要有两种方法，具体内容如图 14-14 所示。

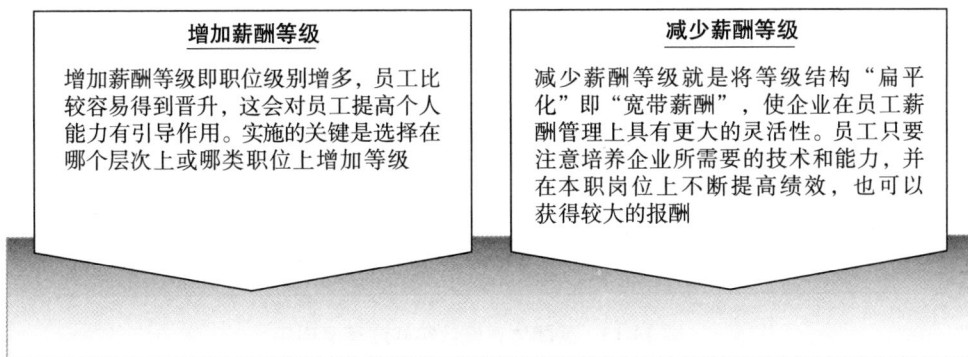

增加薪酬等级

增加薪酬等级即职位级别增多，员工比较容易得到晋升，这会对员工提高个人能力有引导作用。实施的关键是选择在哪个层次上或哪类职位上增加等级

减少薪酬等级

减少薪酬等级就是将等级结构"扁平化"即"宽带薪酬"，使企业在员工薪酬管理上具有更大的灵活性。员工只要注意培养企业所需要的技术和能力，并在本职岗位上不断提高绩效，也可以获得较大的报酬

图 14-14　薪酬等级调整

3. 薪酬要素构成调整

薪酬要素结构的调整可以有两种方式：一是在薪酬水平不变的情况下，重新配置固定薪酬与浮动薪酬之间的比例；二是通过薪酬水平变动的机会，增加某一部分薪酬的比例。相比之下，后一种方式比较灵活，引起的波动也小。

薪酬管理作为人力资源管理的一项核心工作，其制度或者策略必须与企业的战略、组织结构、运营流程等结合，通过调整上述因素让薪酬"动"起来，以更好地体现薪酬的公平性与激励性。

14.2.3　薪酬体系设计实施注意事项

薪酬体系在实施过程中，需注意如图 14-15 所示的五点事项。

1	在进行薪酬体系设计及执行的过程中，首先要考虑所在企业的企业文化、管理风格、现有制度的完善性等情况
2	薪酬元素组合不宜过于复杂。太少了缺乏灵活性，太多了又会因过于复杂而造成操作成本过高
3	选用具有激励性的计酬方式
4	必须处理好短期激励和长期激励的关系
5	要注意克服激励手段单一、激励效果较差的问题

图 14-15　薪酬体系设计实施注意事项